信念的较量

鲜为人知的红岩故事

蔡佑祥 ◎ 著

重庆出版集团 重庆出版社

图书在版编目（CIP）数据

信念的较量：鲜为人知的红岩故事/蔡佑祥著. —重庆：重庆出版社，2015.9（2023.6重印）
ISBN 978-7-229-09896-4

Ⅰ.①信… Ⅱ.①蔡… Ⅲ.①革命烈士—生平事迹—中国 Ⅳ.①K820.6

中国版本图书馆CIP数据核字(2015)第108854号

信念的较量：鲜为人知的红岩故事
XINNIAN DE JIAOLIANG：XIANWEIRENZHI DE HONGYAN GUSHI
蔡佑祥 著

责任编辑：周北川　杨秀英
责任校对：何建云
封面设计：丁　楠
封面题字：方　登

重庆出版集团
重庆出版社　出版

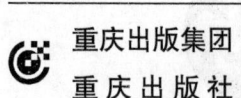

重庆市南岸区南滨路162号1幢　邮政编码：400061　http://www.cqph.com
重庆豪森印务有限公司印刷
重庆出版集团图书发行有限公司发行
E-MAIL:fxchu@cqph.com　邮购电话：023-61520417
全国新华书店经销

开本：710mm×1000mm　1/16　印张：27.75　字数：383千字
2015年9月第1版　2023年6月第2次印刷
ISBN 978-7-229-09896-4
定价：68.00元

如有印装质量问题，请向本集团图书发行有限公司调换：023-61520417

版权所有　侵权必究

目 录

第一章 "蒋委员长丢掉脑袋" ··· 1
   1 蒋介石催生力行社 ··· 2
   2 军统密捕杨虎城和黄显声 ································· 12
   3 "蒋委员长丢掉脑袋" ····································· 27
   4 徒步逃往德黑兰 ··· 37
   5 叶剑英领导特工打入军统的心脏 ··························· 45
   6 共产党人："至死也不投降！" ····························· 61

第二章 蒋介石劝降叶挺和廖承志 ····································· 76
   7 "人的躯体哪能由狗的洞子爬出" ·························· 77
   8 中美合作所的真相 ······································· 98
   9 年轻的英灵守望在翠绿高原 ······························ 111
   10 出狱的第一件事是恢复党籍 ····························· 131

第三章 斗智斗勇的较量 ·· 140
   11 《挺进报》成为星星之火 ······························· 141
   12 "六一"大逮捕惊心动魄 ································ 159
   13 保密局拼命加强审讯 ··································· 173
   14 韩子栋九死一生脱险 ··································· 184

第四章 重庆地下党领导人叛变 ………………… 195
15 《挺进报》"攻心战"引起震怒 …………… 196
16 中共地下党的缺口打开 …………………… 207
17 暴风骤雨来临后 …………………………… 223
18 "岂有这样的人我不爱他" ………………… 233
19 酷刑也无法让共产党人开口 ……………… 244
20 一座光芒四射的丰碑 ……………………… 262

第五章 歌声、笑声和哭声 …………………… 272
21 国民党内没有这么坚强的人 ……………… 273
22 "我没有什么需要自白" …………………… 288
23 监狱中的追悼会 …………………………… 302
24 舞蹈把她们变成了美丽的天使 …………… 318

第六章 邓小平拍板买棺材 …………………… 338
25 邓小平拍板买棺材 ………………………… 339
26 他们牺牲在共和国成立后 ………………… 355
27 最后的紧急营救 …………………………… 370
28 狱中八条 …………………………………… 389
29 虎口脱险 …………………………………… 410
30 千古流芳 …………………………………… 423

后 记 不仅仅是铭记 …………………………… 439

第一章 "蒋委员长丢掉脑袋"

1 蒋介石催生力行社

2 军统密捕杨虎城和黄显声

3 "蒋委员长丢掉脑袋"

4 徒步逃往德黑兰

5 叶剑英领导特工打入军统的心脏

6 共产党人:"至死也不投降!"

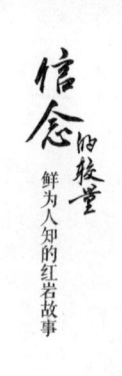

1
蒋介石催生力行社

1932年的早春，龙盘虎踞的六朝古都南京春意盎然：弯弯曲曲的秦淮河波光潋滟，纵横交错的道路边的小草吐露出柔嫩的鹅黄色，城郊星罗棋布的庄稼地一片碧绿，逶迤如练的散发出湿润气息的万里长江滔滔东去。

2月下旬的一天，朦胧的春夜刚刚降下帷幕，在南京郊外陵园别墅一间宽大的屋子里，济济一堂地坐着二十多名英姿勃发的黄埔军校毕业生。在严肃而压抑的气氛中，学生们掩饰不住地流露出些许的兴奋与躁动。

从日本留学归来的黄埔军校毕业生滕杰见时机到了，对所有参加会议的人依次点了名。然后同其他学生一样，毕恭毕敬地等待被学生们原称作"校长"而现改称"领袖"的蒋介石发表讲话。

主持会议的蒋介石正襟危坐在藤椅上，抬头扫视一眼寄托了无限希望的每一个学生。他神色凝重地说："党国现处于非常危难中，特约你们来谈谈，听取你们各个人的意见，故不采正式会议形式，重在听取你们每个人发表的意见，说话不受时间限制。"

一直把自己视为民族的脊梁和国家希望所在的黄埔军校的学生们，兴奋之情溢于言表，按照班次和年龄的顺序进行慷慨激昂的发言。

在学生们发言的时候，蒋介石时而全神贯注地倾听着，时而认真地做着记录。对有些没有听清楚的发言，他会和颜悦色地小声询问，似乎生怕影响学生们讲话的兴致和思路。令学生们惊讶的是，平常出现在公众视野里的蒋介石以威严和居高临下而著称，而现在大相径庭的是和蔼、亲切与平静。但令人更加惊愕与意外的是，在有国民政府的最高领袖参加会议的重要场合，居然没有设立保卫安全的警戒。而如此重大的责任仅由黄埔军校第六期学生戴笠一人担当。

干练的戴笠不时起身进进出出，警惕地巡视着会场内外可能引起不安因素的蛛丝马迹。

此时，戴笠进入了会场，在轮到他发言的时候，站立在会场的正中央，"对汉奸共党活动情形，作了颇扼要的报告"，讲完之后，他恭敬地请领袖蒋介石和与会者给予指教。令所有参加会议的黄埔军校的学生们没有想到的是，这个貌似谦逊的黄埔军校第六期未毕业的学生，是他们此时发言讨论、近期将要成立的这个组织中脱颖而出的佼佼者，并由此发端在日后成长为一个令人惊恐万分与机构庞大的特务组织的主宰者！

紧张而亢奋的会议一直进行到23点，在蒋介石的要求下结束。

第二天晚上，同一批人在同一地点继续讨论第一天晚上的会议内容。

会议到了第三天晚上。黄埔军校的学生娄绍恺、干国勋、易德明和滕杰就反抗日本侵略、对共产党和国民党内的反对派采取强硬措施、继续推进孙中山总理未能完成的革命事业等内容各抒己见。在这些朝气蓬勃的学生中，尤其以筹备处负责人滕杰的讲话最为慷慨激昂，振聋发聩。

此时，已是深夜。窗外春风吹拂，万籁俱寂。

由于大多数学生都强烈地提出了反抗日本侵略的狼子野心，蒋介石清楚再回避抗日这个同仇敌忾的敏感问题显然不行了，为此他强调了"攘外必先安内"的政策。他语重心长地对年轻的学生们说："日本已有50年的侵华准备，装备精良。我华北平原，绵长海岸线和长江水道，都极适于他陆海空军

之活动。现代化武器杀伤力极强，机械装备行动迅速。我们虽地大、物博、人众，一点准备没有，有什么用"，"我所能做的是忍辱负重"，"决不轻言作战"。

蒋介石和他的学生们在南京郊外陵园连续三个晚上迫不及待开会的原因是1931年的国际国内矛盾。一件是软禁胡汉民事件。1931年2月，由于危机四伏的深重矛盾和政见的对立，颇有破釜沉舟之意味的蒋介石干脆把国民政府立法院院长胡汉民软禁在了南京汤山。蒋介石冒天下之大不韪的举措使国民党的元老们愤怒异常，他们聚集南下广州，在"南王"军阀陈济棠的支持下，在广州另行成立了国民政府，矛头直指蒋介石，随即战争爆发。另一件是万宝山事件。1931年7月3日，一直对中国居心叵测的日本人以保护朝鲜人不受中国的压迫为理由，使用武力逼迫世代生活在万宝山的中国人背井离乡，从而占领了吉林省长春县（今属吉林省德惠县）万宝山地区。这两件咄咄逼人而又锋芒毕露的事件被留学日本的黄埔军校学生视为非常严重的民族危机，拥护蒋介石的学生们认为他的政权面临极大的挑战。二十多名黄埔军校留学生为此在日本紧锣密鼓地行动起来，他们在经过激烈的唇枪舌剑的辩论后认为：日本将要发动全面的侵华战争，并决定他们中的一些人应该先行回国，担负起拯救国家与民族的重任。

1931年7月下旬，带着如此重大特殊的使命，留学日本的滕杰和萧赞育回国了。二人满怀期望地到达南京，拟就拯救国家和民族的深沉危机向政府部门的有识之士慷慨陈词，但二人在南京的耳闻目睹使他们大为吃惊：国民政府内外交困，离心离德，四分五裂；官员投机钻营，腐败贪婪，醉生梦死，对国家的前景和民族的危机漠不关心；麻木不仁的民众对政府政客们钩心斗角而又层出不穷的种种闹剧、军阀之间的厮杀和夏天里发生的长江水患冷眼相向，置若罔闻……这种景象是何等的颓废与衰败。滕杰更加惴惴不安，心急如焚。经过深思熟虑，滕杰起草了一个拯救国家与民族的计划，拟在非常秘密的前提下，以黄埔军校的毕业生为基础，招揽全国的精英参与其中，建立一个纪律严明、职责明确和行动有力的强大组织，以此来解决国家面临的各种危机。令滕杰始料不及的是，他的计划得到了众人的响应，于是大家便推荐滕杰、贺衷寒、康泽等筹备，经协商确定将要产生的组织命名为三民主义力行社。"力行"一词出自中国著名的古典书籍《中庸》，它的内涵是有力量的行动。滕杰的计划由蒋介石的秘书给予了呈报，待在老家奉化的蒋介石从众多的救国方案中独具慧眼地选中了滕杰的计划，"决定接受力行社的组织计划"，以此来化解日益加深的国际国内危机，巩固自己的执政地位。

经过陵园别墅连续三个晚上的讨论，一个重要的时刻来临了。

1932年2月29日上午8时，在南京励志社的一间长方形的教室里，参加创建力行社的黄埔军校的学生们整齐就座，神情严肃地等待着领袖的到来。他们对面的墙壁上悬挂着孙中山先生的遗像，两边的对联上书"革命尚未成功，同志仍须努力"。这样的对联在这样的时刻无疑是极大的昭示和鼓励，让他们信心百倍，勇往直前。

正在这时，蒋介石在侍从秘书邓文仪的陪同下走进了会场。

滕杰见之，立即带领大家向他们的领袖喊"起立"，并向蒋介石汇报参会的人数。

蒋介石看了一眼参加会议的人员名单，走到黑板前写下"知易行难，力行哲学"，接着滔滔不绝地阐述其含义。之后是三民主义干事会的选举。蒋介石在会上出了两篇作文：一篇原文标题是"论俾斯麦的铁血政策"，另一篇标题大意是"试述合作社的意义"，要求学生们在第二天上午交卷。

3月1日上午8时，学生们按时来到励志社，将完成的作文交给蒋介石阅读，然后准备开会。正当极端秘密的会议刚要举行时，一个意外的情况发生了。正在南京陆军大学读书的黄埔军校第一期毕业生冷欣不知从什么地方得

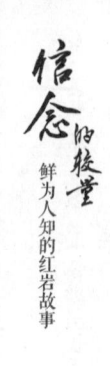

到了力行社成立的消息，他冒冒失失、风风火火地赶到了会场。这位不速之客刚一进会场，就被蒋介石发现了。一直高度重视保密工作的蒋介石情知不好，立即从主席台跑了下来，毫不犹豫地阻拦了这个冒昧的人——他一边把冷欣往会场外推，一边说："这个地方没有你，这个地方没有你。"把冷欣赶出了会场。冷欣被撵走之后，会场大门立即紧闭，蒋介石才回到主席台继续主持会议，宣布三民主义力行社今天正式成立。学生们面朝孙中山的画像站立，拿出宣誓词，在蒋介石的监督下，庄严宣誓：

余誓以精诚，力行三民主义，恢复革命精神，复兴中华民族，牺牲个人一切利益，服从命令，严守秘密，完成革命建国任务。如违誓言，愿受严厉制裁。谨誓。

宣誓完毕，由滕杰把宣誓词收集起来焚烧。

蒋介石与学生们手拉着手，站立成一个圆形的圈子。他对学生说："大家从此要更加精诚团结，不达目的决不终止。我现在预祝大家成功。"

令所有组织者与参与者没有想到的是，在多年以后，社会各界评价说，三民主义力行社这个庞大的神秘组织只成就了一个人，就是从该组织中脱颖而出的佼佼者戴笠。

三民主义力行社成立后，以常务干事会为领导机构，由发起者滕杰担任第一任书记。下设组织处、宣传处、总务处和特务处。特务处处长由桂永清担任，助理为戴笠。力行社成立不久，为了确保极端的秘密，又成立了两个前沿的外围组织：第一个是"革命军人同志会"，第二个是"革命青年同志会"，三级外围组织是"中华民族复兴社"。在这四个组织最为庞大的时期，它的成员达数十万人之多，敏感的触角遍布中国广袤的城市和乡村，甚至到达国外的一些国家和地区。在这四个组织中，毫无疑问，三民主义力行社是最核心、最隐秘、最权威的组织，另外三个外围组织是起掩护的作用，它的最大特点是外围组织不知道内层组织机构和人员，更不知道在开展什么样的工作。如此的扑朔迷离和真伪难辨，使三民主义力行社显得更加神秘莫测，以至于在相当长的历史时期内，人们并不知道三民主义力行社的存在，而误把它当成了劣迹斑斑、臭名昭著的"蓝衣社"。

力行社成立不久，戴笠的一个千载难逢的机会来临了：桂永清因另有任务而辞职，常务干事会在讨论特务处处长一职时，提出了包括戴笠在内的六人由蒋介石审定。蒋介石经过慎重的思考，选择了戴笠。蒋介石为何对戴笠情有独钟？因为早在1930年以前，戴笠就凭借着过人的智慧和灵敏的嗅觉作出判断：就自己的特长而言，只有通过搞情报的特务工作，才能到达出人头地的成功彼岸。最初，戴笠对自己费尽艰辛搜集到的情报的呈报大伤脑筋：他没有直接面呈蒋介石的机会，托人转呈却遇到阻挠，同时也不能判断这些情报的价值是否能引起蒋介石的兴趣。但不管什么结果，戴笠锲而不舍地坚持通过各种渠道向蒋介石呈报了情报：戴笠几乎在同一时间——每三天把搜集到的情报送到警卫部食堂的后门厨房，毕恭毕敬地把情报交给厨师或勤务兵，希望他们层层传递上去，直至送到蒋介石的手中。在呈送情报的过程中，十分精明的戴笠从来不询问情报送上去之后的效果与反应。如同任何一桩平常的事情一样，开始，戴笠传递的情报并没有引起蒋介石的机要室主任毛庆祥的关注。毛庆祥看到情报之后，"懒得为其转呈"。这样的结果就导致戴笠传递的情报没有送达蒋介石那里。工于心计的戴笠却持之以恒地呈报情报。不久，情况就有了转机，毛庆祥"看到那些情报中有些也还有点意思，便开始转呈给蒋介石看"。蒋介石连续看了几次之后，觉得还不错，便支付给戴笠一定的活动经费。努力终于换来了收获，戴笠由此受到鼓励，工作更加积极。同任何艰巨的挑战性的工作一样，戴笠呈报情报不仅饱尝磨难，甚至还有生命危险。不入虎穴，焉得虎子？有时为了直接把情报面呈蒋

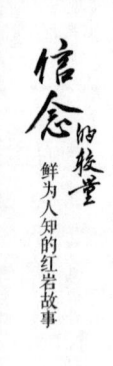

介石，戴笠事前就费尽心机地打听蒋介石的行踪，然后在蒋介石的汽车停顿的地方隐蔽等候，待蒋介石汽车停稳下车时，迅速地跑过去把情报呈报给蒋介石。但这样做的风险极大，可能导致的后果是，高度警惕的侍卫有可能把戴笠当成居心叵测的危险人物，瞬间就会把他打死。为此，蒋介石的侍卫长王世和大动肝火地警告他说："如再有所要求，就把你赶了出去！"并且声称，如果再遇到类似的情况，将给予严厉惩办。但所幸的是，戴笠执着呈报情报遇到的困难与风险被蒋介石知道了，他向侍卫打招呼说："如戴笠有事面报，准其随时来见。"从此，戴笠苦尽甘来，不仅得到蒋介石的主动接见，而且随时可面见蒋介石呈报情报或汇报工作，二人之间的关系也渐渐地密切起来。这就是蒋介石选择特务处处长时确定戴笠为首要人选的主要原因。

蒋介石在陵园别墅接见戴笠说："主持特务处的工作，已经保举六个人，我认为只有你才适宜，能够做好这种工作。"

没有想到蒋介石如此器重自己，这让戴笠万分的欣喜。但他深知自己阅历太浅且又年轻，因此假意推辞说他不适合担当如此重任。

早已洞悉了戴笠心思的蒋介石说："这不要紧，一切有我，不必顾虑，现在就是有没有决心的问题。"

善于审时度势和察言观色的戴笠没有瞬间的犹豫，他斩钉截铁地回答："就黄埔的关系说，你是校长，我是你的学生；就革命的关系说，你是领袖，我是你的部下。既然如此，我只有绝对服从命令。"

数日后，蒋介石颁发了对戴笠的任命。

1932年4月1日，这是戴笠领导三民主义力行社特务处的一个非常重要的时刻——该组织在南京正式成立。此后，戴笠凭借着自己的聪明才智和与蒋介石建立起来的特殊亲密关系，有恃无恐地把特务处从三民主义力行社分离出来，建立起遍布全国广大城市和乡村的特务网络系统。之后戴笠领导的军事委员会调查统计局（简称军统）和毛人凤领导的国防部保密局就由此演变而来。该组织建立后，对大批的共产党人、反对蒋介石政权统治的社会各界人士和异端分子进行了惨无人道的逮捕、血腥的审讯和残酷的镇压打击，成为令人谈虎色变的中国"希姆莱"，成为让人望而生畏而又毛骨悚然的杀人魔王。

自此，三民主义力行社特务处演变而来的特务组织军统在烽烟四起的中国大地上掀起滔天的浊浪，在其指挥者的发号施令下，一批又一批的革命者、爱国青年、民主人士、作家、诗人、工人残酷地受到这个组织监视、搜查、逮捕、审讯、关押和杀害甚至焚尸灭迹。许许多多的家庭在这个组织的惨绝人寰的迫害下妻离子散，支离破碎。

一些为了心中神圣理想而推迟谈婚论嫁的年轻的革命者，他们纯洁得令人震颤和心悸的恋情尽管遭到这个组织血腥的摧残，但仍然绽放出让人心醉神迷和遐想不已的绚丽的爱情之花；众多有着钢铁一般坚不可摧的意志的中共地下党员，他们在这个组织的威逼利诱和数十种刑罚的严刑拷打下，终日同黑暗、饥饿、严寒、疾病和死亡作斗争，最终满怀豪情、谈笑自如地走向刑场。

1938年，戴笠领导的军统局随国民政府迁往中国战时的首都重庆，以位于中二路罗家湾的原重庆市警察局警士教练所为办公地点。之后，由于军统机构的日渐庞大和人员的众多，原来的办公地点不够用了，军统局通过强占和购买方式，相继把重庆市警察局游民习艺所、枣子岚垭的"漱庐"和罗家湾十九号等近二百亩的区域据为己有，使之成为军统办公室和宿舍。但此处的办公室由于经常受日机空袭的干扰，影响正常开展工作，戴笠命令在近郊重新选择地址建立"乡下办事处"。军统特务经过踏勘，最后目光锁定了位于歌乐山下杨家山五灵观至缫丝厂的大片区域。

歌乐山，重庆近郊一座长满了青翠树木的莽莽苍苍的山峰。它的名字来

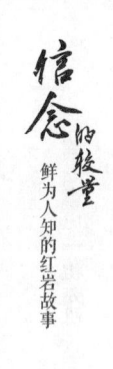

源有着悠久的历史并充满了神秘的色彩：一说是此山郁郁葱葱的树木遇风雨万籁齐鸣，蔚为壮观，犹如歌乐，古人取其意，称之为歌乐山；另一说是远古的治水英雄夏禹同重庆南岸涂山氏之女喜结连理时，曾歌乐于此而得名。

特务把确定的选址目标报告给戴笠后，戴笠亲自前去察看了一番。他发现该区域浓密的树木遮天蔽日，不仅有利于躲避日机的空袭和外界的关注，而且距离主城区又近在咫尺。戴笠非常满意这个地方，踌躇满志的他油然而生时势造英雄的感慨，欣然为此地命名为"造时厂"。1939年5月，军统局以军事委员会战地服务团的名义，在歌乐山下的五灵观、缫丝厂一带征用大片土地大兴土木，修建了戴笠公馆、政训处、司法科和警务科等办公和住宅建筑。

为了关押更多的犯人和隐藏从事特工的秘密性，1939年10月，军统局总务处处长沈醉在戴笠的授意下，用30两黄金购买下了白公馆，经过改造后作为军统的特别看守所。白公馆地处风光旖旎的歌乐山峡谷之中，是四川军阀白驹大约在20世纪30年代所修建。自诩为唐朝著名诗人白居易后裔的他便采用了白居易的字号"香山"给新修建的别墅命名为"香山别墅"，并在大门的左右两边镌刻了充满浪漫情调和鸟瞰气象万千的对联："洛社风光闲适处，巴江云树望中收。"因别墅的主人姓白，当地人习惯把香山别墅称为白公馆。让白驹无论如何也想象不到的是，地处绝妙风景而且充满了诗情画意的别墅，将被军统改造成为人间地狱——以关押和迫害共产党人的监狱而臭名昭著。

军统把白公馆改造成为特别看守所后，与之相适应，还建立了附属白公馆的杨家山秘密囚室、红炉厂蒋家院子秘密囚室和黄家院子秘密囚室。白公馆关押的对象是共产党人、进步人士和军统的违纪分子，而三处秘密囚室关押的囚犯是闻名遐迩的重要人物，即将迎来的囚犯是赫赫有名的杨虎城、叶挺和廖承志。

　　从此，军统的监狱系统已经形成：在重庆的有望龙门、白公馆和三处秘密囚室等，在贵州的有息烽监狱。

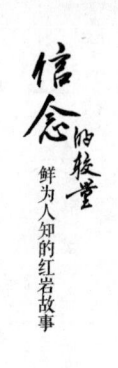

2
军统密捕杨虎城和黄显声

1936年12月12日，凌晨。

漆黑的夜色中，一辆装满荷枪实弹士兵的汽车猛然冲到了西安临潼华清池的大门前。

驻防在大门前担任警戒任务的士兵迅速前来盘问、阻拦。高度警惕的士兵见情形不对，毫不犹豫地开枪了。

汽车上的士兵一边下车一边开枪还击。

瞬间，战斗打响了，两股力量进行了激战，响成一片的枪声在寂静的古城是那样的清脆而刺耳。

杨虎城的西北军负责扣押蒋介石在西安城内的高级将领，冲击华清池大门一方的士兵由东北军张学良的部下警卫营长孙铭久等人率领，他们拟捉拿的目标是国民政府的领导人蒋介石。驻防华清池担任安全防守任务的是中国国民政府的最高领袖蒋介石的卫队。

霎时，孙铭久等人带领的先头部队冲到了二道门，但遭到更加猛烈的阻击。见硬攻难以成功，他们迅速改道，从假山石小路冲进了蒋介石的卧室五间厅。

这是中国近代史上难以形容的重要时刻。

五间厅室内，蒋介石的军帽、衣服和假牙等井然有序地摆放着，但人却不见了。

紧张万分的孙铭久用手一摸被窝，余温尚存！

遂命令搜捕。经过士兵一阵忙碌而又紧张的搜寻之后，终于在骊山的半山腰找到了由于惊恐而浑身哆嗦的蒋介石。

至此，影响了中国历史进程、引起了全世界关注目光的西安兵变爆发了！

西安兵变史称西安事变，由于发生的时间是1936年12月12日，又称双十二事变。

12日，由杨虎城领导的十七路军的机关报——当天西安唯一发行的报纸《西北文化日报》在报社总编辑宋绮云的带领下安排印刷二期号外，内容是他在前一日同张学良、杨虎城拟定的抗日救国八项主张和当日凌晨兵变的经过。报纸印刷完毕，宋绮云动员报社全体职工连续作战，到西安的大街上免费向群众发放。西安的军民看了报纸的报道，才知道昨晚枪声大作中发生了让人喜出望外的重大事件。之后，《西北文化日报》在宋绮云的领导下，一鼓作气地对发动西安事变的目的、意义等作了连续报道："昨日张、杨兵谏与八项救国主张""双十二兵谏的伟大意义""双十二革命行动之前因后果"等。这些报道积极评述了西安事变的深远意义，热情地宣传了中国共产党的抗日民族统一战线政策。

张学良、杨虎城向国内发表了抗日救国八项主张后，邀请中共中央派遣代表前来共商抗日救国大计。1936年12月17日，以周恩来为代表的中共中央代表团到达西安，协商处理西安事变。12月22日，宋美龄与澳大利亚新闻记者、蒋介石的私人顾问端纳在特务处处长戴笠的陪同下飞往西安，随即进行了谈判。在这种风云突变处境不妙的情况下，明哲保身的蒋介石被迫接受了联共抗日的主张。

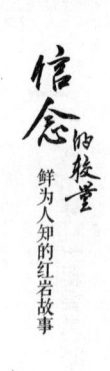

12月25日，张学良和杨虎城释放了蒋介石。是日，不顾个人安危的张学良乘专机送蒋介石返回南京。但令社会各界始料不及的是，张学良随即被蒋介石扣留，交国民政府高等军事法庭进行审理，判处张学良有期徒刑10年。不久，迫于社会压力，翻云覆雨的蒋介石呈请国民政府对张学良进行特赦。史料显示，怀恨在心的蒋介石一度曾欲置张学良于死地，但因夫人宋美龄的阻碍未能实现。从此，叱咤风云的一代名将张学良失去了自由，从1937年1月开始，张学良相继被军统特务软禁在浙江奉化、江西南昌、湖南益阳、贵州的修明县和桐梓、重庆的歌乐山等地。

西安事变巨大的功勋与深远的历史意义在于：结束了十年内战，实现了国内和平，促使国共合作，发动了全面抗战，为抗日战争的最终胜利打下了基础。

毫无疑问，张学良、杨虎城以牺牲个人安危而发动的惊世骇俗的壮举，使二人的知名度和赞誉度达到了前所未有的顶峰，成为中国20世纪最具有影响力、最富有传奇色彩的历史事件之一。

但西安事变给个人带来的后果却是巨大的和灾难性的，不仅直接导致了张学良、杨虎城及其家属被判刑、软禁、关押乃至惨遭杀害，而且相继导致了另外二人——东北军将领黄显声，杨虎城的部下、《西北文化日报》总编辑宋绮云及其家属被捕。之后四人及其家属被军统关押在贵州和重庆等地，尤其悲惨的是，除张学良被软禁外，另外三人及其亲人于1949年被残酷杀害在重庆歌乐山。

蒋介石扣押了张学良，下一个目标就是他牙根恨得发痒的杨虎城了。

这个机会终于来临了。

1937年春，蒋介石瞅准时机，逼迫杨虎城辞去了西安绥靖公署主任和十七路军总指挥的职务，以"欧美考察军事专员"的身份远赴欧美各国考察。在这形势险恶山雨欲来的时刻，杨虎城将军不由得担心起部属宋绮云的安全。他充满担忧地对宋绮云说："现在西安危险，我提供经费，你出国留学去吧。"有心出国的宋绮云因不久之后七七事变的爆发而放弃了出国留学，这为他被军统特务逮捕埋下了伏笔。

1937年6月29日，杨虎城和妻子谢葆真、儿子杨拯中及随员一行从上海乘船出发，前往美国。数天之后，震惊中外的七七事变爆发了。杨虎城得知消息，多次致电蒋介石要求回国抗战，但蒋介石毫不犹豫一口拒绝了他的请求。身怀民族大义的杨虎城觉得这正是他发动西安事变的初衷，并没有灰心，心中反而升起了无限的爱国主义热情，便改变了返国计划：企图前往苏联借考察之机，从蒙古经陕北秘密回国。蒋介石洞悉了杨虎城的意图，便指示由宋子文同杨虎城联系返国事宜。经过杨虎城数月锲而不舍的联系，1937年10月2日，宋子文终于回电同意杨虎城返国："吾兄虽未奉电召，弟意宜自动返国。"随行的人员研究认为：蒋介石和宋子文的行为居心叵测，似乎潜伏着不可告人的目的和阴谋，应该在国外静观其变，然后再决定是否回国。但杨虎城已经急不可待了，他义正词严地说："我们发动双十二事变是为了抗日，现在国内全面抗战已起，如我仍然逍遥国外，实无脸面对待中国人民。至于我回国之后，不管蒋介石怎样对待我，我绝不后悔，只要问心对得起国人，死何足惜？"

1937年10月29日——在出国考察刚好整整四个月后，杨虎城与妻子谢葆真、儿子杨拯中及随行等从法国马赛乘船回国了。令杨虎城始料不及的是，等待他回国的不是驰骋在烽烟四起的抗日战场，而是长达12年的惨遭迫害的监狱生活，直至被杀害。

在得知杨虎城回国的消息后，咬牙切齿的蒋介石首先想到的不是利用杨虎城的一腔爱国热忱和他的影响力来抗战，为解决民族的危机作贡献，而是雪洗在西安被扣耻辱的机会来临了。蒋介石立即电召戴笠前往南昌，指示扣押杨虎城的办法。戴笠不敢怠慢，迅速落实办理：命令特务队长李家杰选

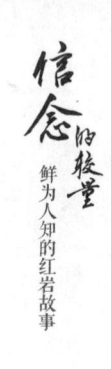

好便衣警卫20多名，由戴笠"亲自点名传见后，由李家杰率领先往南昌布置"。蒋介石为了防止发生意外，特意增加了一个连的宪兵担负扣押和看守杨虎城的工作。同时，戴笠为了在南昌秘密关押杨虎城，命令特务处江西站王立生等在南昌租赁条件较好的住房以作备用。戴笠为了确保扣押杨虎城的事情万无一失，命令香港区的特务机关对即将返国途经香港的杨虎城加以监视。

特务摩拳擦掌，一张捕捉的大网就这样悄无声息布置好了，只待时日。

杨虎城返国的路途危机四伏。

杨虎城回国抗战的消息像长了翅膀一样，传到他原领导的十七路军一七七师的部队中，"正当士气高涨誓死抗倭救亡之际"，杨虎城返国消息传来让部队官兵"群情欢腾，平添无限力量"。师长李兴中、政治部主任郭则沉、副师长王根僧等人研究决定：全师将士对杨虎城将军回国表示热诚的欢迎，同时派遣王根僧前往香港迎接杨虎城。1937年11月24日，王根僧从西安乘飞机到达香港，部属王菊人、王维之、王炳南等"亦先后来到"，迎接他们朝思暮想的杨虎城将军。

在部下望眼欲穿的等待中，11月26日上午，杨虎城偕妻子谢葆真、儿子杨拯中和众多的留学生到达香港，随即到已布置好的九龙半岛酒店住宿。

王根僧激动地迎接到了数月不见的杨虎城将军。

戴笠精心安排的特务监视悄然展开。

11月28日，蒋介石致电杨虎城说，已安排由戴笠接待，之后到南昌会见。戴笠的电报也接踵而至——内容是邀请杨虎城先到长沙，然后再前往南昌。

王根僧回忆起了赶赴上海送杨虎城将军出国的情景，仅仅数月又相见了。这样的情景让他有恍如梦中的感觉。他询问起了杨将军的返国经过。

杨虎城将军说:"我们在国外得悉举国一致抗日,寝食不安,曾两电蒋介石要求回国参加抗战,没有答复。乃另电宋子文嘱其转请,始接宋子文复电表示同意,才决定回国。"王根僧就杨虎城将军叙述的情况进行了研究分析后,"认为杨将军只身前去,诸多不便",因王根僧是江西人,以他"陪随前去为宜"。11月30日,杨虎城对跟随在身边各界人士的行程进行了安排:他本人由王根僧陪同到南昌见蒋介石,之后返西安;妻子谢葆真与儿子杨拯中等人乘机直飞西安。是日,杨虎城在王根僧的陪同下,乘机前往长沙,然后再转乘火车赶赴武昌与戴笠相见。12月1日,杨虎城和王根僧一行乘坐的火车到达武昌,提前到达武昌的戴笠组织了100多名行营和湖北省政府人员到火车站隆重迎接,住宿安排在胭脂坪省政府的招待所里。

一路上的吃穿住行安排得井井有条。礼仪是那样隆重,服务是那么周到,一切都是如此的美好。

但杀机四伏的端倪开始显现了。

杨虎城和王根僧一行在胭脂坪省政府招待所住宿以后,就发现有特务在进行秘密的监视了,甚至杨虎城前去拜访国民党元老于右任时,特务也在一旁不离左右。这样的做法引起于右任勃然大怒,他说:"杨虎城是回国抗日的,戴笠为什么要这样胡搞?我以后见到蒋先生,一定要把这些情形向他提及。"王根僧把担心与被监视隐藏着的危机告诉了杨虎城。光明磊落的杨虎城将军对王根僧的担心感到惊讶,他说:"我又不是回来做汉奸,中央不需要这样做吧?"

12月2日,王根僧陪同杨虎城拟乘坐戴笠早已准备好的可坐三人的飞机。但戴笠原来安排是他本人、杨虎城和一副官三人乘坐,根本没有考虑王根僧一同前往——显而易见,此举是戴笠为了隔离王根僧,孤立杨虎城。情知不妙的王根僧坚决地"再三要求",戴笠叫副官下飞机,这才有了王根僧的座位。飞机到达南昌后,杨虎城一行乘车前往戴笠在南昌二纬路一号的办

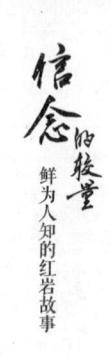

公楼住宿。当奔驰的汽车驶向办公楼附近时，心中一直忐忑不安的王根僧不经意地往周围看了一眼。

就是这一眼，王根僧吃惊地看到了令他终生难忘的一幕：一队全副武装的宪兵如临大敌，正在这办公楼周围布置岗哨，加强警戒。多年后，这一瞬间看到的一幕，在新中国成立后担任新疆生产兵团副参谋长的王根僧依然记忆犹新，历历在目。

这一切反常情况的出现，都发出了一个危险的信号：杨虎城面临的环境越来越险恶严峻了，留给他自由的生龙活虎的时光愈加短暂和宝贵了！

王根僧趁没有特务和宪兵监视的时机，把看见布置岗哨面临的危机告诉了杨虎城将军。

杨虎城仍然坦然地说："我又不是回来做汉奸，他们不需要这样做吧！"

王根僧忧心忡忡地回答说："以君子之心，度小人之心，往往是不正确的。我应该去试探一下。"随即拿了衣服和肥皂，下楼佯装出去洗澡，在门口就被卫兵阻拦了。卫兵说："外面风声不好，不能出去。"王根僧上楼告之杨虎城刚才遇到的情况。

杨虎城将军长叹一声，许久沉默不语。

当日晚，戴笠避开杨虎城和王根僧，特意叮嘱特务队长李家杰说："我派你当杨先生的警卫队长，明里是警卫，暗里是监视，防止他逃跑或自杀，要保守秘密，不许让外人知道此事。"之后把李家杰带到楼上，恭敬地对杨虎城说："李队长忠实可靠，特别选了来侍候杨先生。"

在南昌的这一段时间里，口蜜腹剑的戴笠对杨虎城和王根僧二人不仅"有说有笑"，招待"甚是周到，伙食特别好"，而且还陪同杨虎城乘车前往南昌的万寿宫等地旅游。12月5日，有消息说蒋介石要前来南昌，在晚餐时杨虎城就询问戴笠蒋介石是否到南昌来。戴笠回答说他不能确定蒋介石是否前来。杨虎城根据这一段时间的观察判断认为：蒋介石不可能到南昌来。

他说："把我们弄到这个地步，他来与不来，都不相干。"杨虎城尽管失去了宝贵的自由，但对抗战的消息非常关注，他在看报时得知侵华日军已经打到南京近郊一带的新闻时，怒发冲冠地说："我今不能上前线杀敌，至感无聊，作为一个军人能上前线多杀几个外国敌人，才算得光荣！若论内战，则难免一将功成万骨枯。"在与杨虎城将军被监禁的日子里，王根僧有时为了尽可能消除寂寞与苦闷，就说些笑话来以解忧愁。一天夜里又谈到了杨虎城回国抗战的话题，王根僧谈道："若不回国，岂不省却许多烦恼？"杨虎城正气凛然地说："我是一个军人，且在双十二时我和张先生为了抗日救国而发动兵谏。今中央和全国一致抗战，我若竟逍遥国外，那么，就失去双十二举动的意义了。我今回到祖国，为的是愿当一兵一卒，亲上前线杀敌。但是人家不让我上前线，或竟把我牺牲了，我也问心无愧。但愿蒋介石能抗战到底就好了！"

但蒋介石再也不会放虎归山让他驰骋沙场了。

在日机轰炸南昌城的时候，杨虎城想到的不是自己的安危，仍然感慨不已的是"我国空军力量太弱"，并叮嘱王根僧说："如果你能恢复自由，必须告知王炳南同志，抗战必胜，要有信心；抗战到底，国家才有前途。"12月10日，日机轰炸南昌的警报骤然响起，杨虎城和王根僧在警卫人员的带领下，来到江边一个名叫下沙窝的地方躲避空袭。下午，一直担心杨虎城趁空袭混乱机会逃跑的戴笠见时机成熟，他对杨虎城说："敌机常来轰炸，城内不安全，请杨先生迁到乡下去。"戴笠说完，立即要求杨虎城上车转移到乡下，但不容许王根僧一同前往。

分别的时刻残酷无情地突然来到了。

瞬间出现的变化令王根僧猝不及防！

一直对杨虎城将军的安危充满担心的王根僧顿时泪如泉涌，"不胜悲愤"。

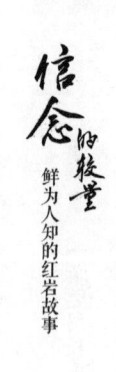

二人百感交集地挥手告别。

就在这样的时刻，杨虎城将军想到的不是自己的安危，他始终不渝的信念仍是抗日。他嘱咐王根僧："速返前方，晓谕十七路官兵，要上下一心全力杀敌。"

心潮澎湃的王根僧不断地点头示意说：杨将军，我牢记了，杨将军，我牢记了，请您珍重！

杨虎城便被戴笠转移到远离南昌市区十多公里外的梅岭——江西省政府主席熊式辉的别墅里，分别由特务和宪兵警戒这里的安全。至此，戴笠对杨虎城的监禁越来越严密了。

返回西安的谢葆真和十七路军的将领们得知杨虎城将军被关押的消息后，无不义愤填膺。经过将领们的研究和谢葆真的坚决要求，决定由杨虎城的妻子谢葆真，儿子杨拯中，副官张醒民、阎继明前去照料杨虎城的日常生活。1938年1月14日，谢葆真一行四人由西安飞抵武汉，然后在戴笠的安排下由武汉乘轮船前往江西。令谢葆真一行没有想到的是，他们此去无异于自投罗网，立即就被扣押，不仅失去了宝贵的自由，而且最终付出了生命的代价。

1938年5月，由于日机经常轰炸南昌，杨虎城的关押之地梅岭的安全形势日益严峻，戴笠按照蒋介石的批示，将杨虎城押往长沙朱家花园监禁数月，再押送到益阳桃花坪监狱。然后再把谢葆真、杨拯中、张醒民、阎继明转移到益阳桃花坪，同杨虎城关押在一起。11月，由于日寇的长驱直入，长沙的形势也日益严峻了，军统基于当时的情形，决定从益阳转移杨虎城一行前往贵州。在启程前的一天晚上，特务们对关押在益阳的二十多名中共党员和进步人士进行了屠杀。当枪声、惨叫声在漆黑的夜里响起的时候，杨虎城认为他生命的最后时刻到了，他搂着儿子杨拯中说："我死了不知有谁来照料你？"

杨虎城一行被押解到贵州后，先关押于军统设置在息烽县的阳朗坝看守所监禁。1939年，戴笠到息烽检查工作，发现阳朗坝离公路太近，担心对杨虎城的监禁不利，便命令特务另外寻找更安全可靠的地方。经过寻找，特务们发现在距离息烽县城十多里远一个名叫玄天洞的天然岩洞是理想的关押之地，戴笠得到报告后，亲自前去察看。玄天洞是一个由岩石形成的天然洞，是一个最佳的监禁场所。戴笠确定玄天洞为关押杨虎城的场所之后，便在附近修建住房，以供给在这里警戒的特务和宪兵居住。之后，杨虎城一家三人便从阳朗坝转移关押到玄天洞，副官张醒民、阎继明仍然关押在阳朗坝。杨虎城一家被关押在玄天洞之后，这里便成了名副其实的人间魔窟：玄天洞的四周不仅有宪兵和特务分层监守，而且在后山的高地和前面的上山路口都驻防有虎视眈眈的宪兵与特务。每到夜色降临的时候，为了防止驻防的特务和宪兵打瞌睡与脱岗，便采用竹梆传更的方式——第一值班的特务或宪兵敲打几下，"梆梆"声音便会依次传递下去。不管是月华如水的静谧之夜，还是风雨交加的喧闹之夜，这样的"梆梆"声都会永不停息地在空旷的山野中响起，显得单调而刺耳，同时又充满冷酷与杀机。

　　在这远离人烟的荒山野岭中，在这没有更多的人交流对话的漫长而苦难的日子里，叱咤风云的一代名将杨虎城唯一没有被剥夺的自由就是在白天走到住宅附近的"山嘴上去眺望通过息烽的公路"——如飘带般地缠绕在重峦叠嶂的山间公路上，往来的汽车轰鸣着驶向苍茫的远方。只有在这渴望自由的眺望中，杨虎城才能感受到人世间的气息。也许，只有这时，他纵横驰骋的联翩浮想又回到了金戈铁马的岁月。

　　由于居住环境潮湿、一腔赤诚的抗日爱国热情无处发挥和自由被无情地剥夺，被羁押在玄天洞的杨虎城开始经常生病了。同时杨虎城也看出蒋介石在短时期内不会放他，便开始作长久打算。他向特务队长李家杰说，他愿意拿点钱出来，在玄天洞外修建住房供自己一家三人居住。唯利是图的李家杰

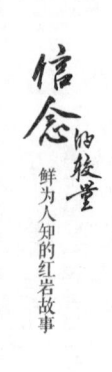

听了杨虎城的想法，觉得自己揩油的机会到了，心中一阵窃喜，便千方百计在戴笠面前汇报说在玄天洞外修建住房的好处，终于得到戴笠批准。杨虎城拿出省吃俭用的四百美元交给李家杰修建住房。利欲熏心的李家杰在兑换美元、建造住房时狠狠地捞了一把，从而使住房修建得非常简陋。这使得希望改善住宿条件的杨虎城气愤不已，但由于自己身陷囹圄，也无可奈何。

杨虎城一家不仅失去了宝贵的自由和做人的尊严，而且身体和精神上也饱受摧残。军统总务处处长沈醉受戴笠的派遣，时常前往贵州桐梓县和息烽县，分别看望关押在这两个地方的张学良和杨虎城。主要的目的是"了解一下他们的生活情况，也顺便送给他们一点吃的东西"。而在沈醉送的食品中只有张学良的一份，因蒋介石对杨虎城"特别仇恨"，没有外边的人接济，或者说就是有外界人士馈赠生活用品和食品给杨虎城，也会因为秘密封锁消息等原因而无法送达。这就使杨虎城一家三口的生活处在极端的艰难困苦之中。在最为困难的时候，他不仅缺少起码的日常生活用品，而且想换一件新棉衣的愿望都无法实现。沈醉去看他时，杨虎城把这些困难进行了"诉苦"，但沈醉由于所处的立场和观点不同，"当时哪里会同情他，还不是敷衍一下，叫他忍耐点"。为此，杨虎城一家常常被生活上极度的缺吃少穿和恶劣的环境弄得痛苦不堪。更令杨虎城夫妇担心的是，儿子杨拯中在特务们的关押和呵斥下，不仅身体极度衰弱，少年就白了头发，而且还没有上学的机会。

在这度日如年的长期监禁中，谢葆真也受到了残酷的折磨。由于一家三口受到非人的虐待和为丈夫鸣不平，有着一身正义感的谢葆真敢作敢为，她把一家三口被关押视为对蒋介石和特务们不共戴天的仇恨，就在戴笠前去看望杨虎城将军时，她怒火万丈地对其抨击，严厉斥责戴笠的倒行逆施。谢葆真的中共地下党员身份本来就让特务们憎恨不已，她对戴笠的呵斥使特务们加深了对她的仇恨，这样的做法就直接导致特务们千方百计来折磨她。1941

年2月，谢葆真生下女儿杨拯贵。又一个小生命的降生，给这对监狱中患难与共的夫妻增添了不少欢愉的气氛。但很快地，由于狱中缺少起码的物质保障与特务们的借机报复，孩子降生的愉悦变成了痛苦，忧愁取代了欢乐。一次，一家人对非常粗劣的饭菜难以下咽之际，恰好李家杰来到了屋内。谢葆真质问李家杰：这饭菜为什么越来越不像话？李家杰反而冷嘲热讽给予还击。怒火万丈的谢葆真将手中的饭碗用力向李家杰砸去。李家杰一看形势不对，闪身躲过饭碗，迅速跑开了。从此，二人之间的仇恨进一步加剧。那一段时间，李家杰不敢在谢葆真面前出现，但暗地里却向戴笠汇报说杨虎城夫妇辱骂"党国领袖""谢葆真是精神病"等诸如此类诋毁二人的话语；同时汇报说谢葆真有严重的精神病，为了防止她影响杨虎城的正常生活，建议对夫妻二人实行隔离关押。一直对杨虎城耿耿于怀的戴笠同意了李家杰的建议。谢葆真与奶妈被无情地赶回潮湿异常的玄天洞中居住，杨虎城则继续在洞外自己出资修建的房内居住。从此，夫妻二人被分开，近在咫尺却不能见面。谢葆真被关押在洞内后，精神和情绪进一步恶化，每天不停地叫骂。在这种情况下，惧怕和仇视谢葆真的特务们不再放她出来，整天把她关押在玄天洞内，连每天短暂的放风机会都剥夺了。杨虎城听到妻子声嘶力竭的叫喊，心疼万分，"不敢去劝慰，只有暗中挥泪，难过异常"。

一日，戴笠来看望杨虎城。刹那间，杨虎城想起自己一腔的报国之情竟然落得如此下场，不仅自己惨遭蹂躏，而且还导致妻子和儿女被残酷迫害，不由得热血沸腾。他猛地站了起来，用手拍打桌子怒吼着说："这种日子我没法过了，请你转告蒋某人，要么放我出去打日本，要么把我枪毙算了。"戴笠尴尬而恼怒，但慑于杨虎城的威名而不敢发作。戴笠见李家杰无法在这里工作，只得派遣军统特务龚国彦接替李家杰的工作。

1937年，卢沟桥事变爆发后，五十三军副军长黄显声率领部队与日军进

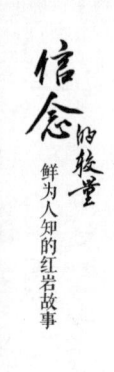

行了一场恶战，正厉兵秣马再度作战之际，他收到周恩来和东北抗日救亡总会的通知，要他前往武汉参加营救张学良的工作。

中共领导人对营救张学良的工作如此重视和自己的想法不谋而合，不由得使黄显声喜出望外。他对部队和家庭等事情作了简单的安排后，便迅速奔赴武汉。但令他没有想到的是，此一去即被军统特务秘密逮捕。从此，中国的抗日战场上失去了一员生龙活虎的猛将，等待他的只有漫漫无期的铁窗生涯。

1936年8月，有着共产党人的坚定信仰的黄显声由中共领导人周恩来直接发展成为一名中共特别党员。特别党员的特殊之处是非常时期的非常之举：很少有人知道和绝对地保守秘密。而这样就导致了令人唏嘘不已的结果——黄显声的特别党员身份是在他牺牲三十多年后的1986年，通过东北党史组在中共中央组织部调查后才被最终证实并为社会所知。在西安事变爆发之前，张学良为了防止五十三军发生兵变，就派遣自己信任的东北军将领黄显声到该部队任副军长兼一一九师师长一职，拟在适当的时候取代军长万福麟。震惊中外的西安事变爆发后，当得知张学良慷慨以赴送蒋介石回南京被扣留的消息时，敬重张学良人格和治军才能的黄显声不禁扼腕叹息说："汉卿为实现国家统一，置个人安危于不顾，可敬可叹。但他怎么能相信言而无信之人？"

此时，黄显声收到周恩来和东北抗日救亡总会邀请前去营救张学良，这是求之不得的事情呢，今有组织安排他去营救钦佩的人，他哪能不高兴！

黄显声到达武汉后立即开展了营救张学良将军的系列工作，同时把工作进展情况向中共中央驻武汉办事处进行汇报。周恩来对营救张学良的工作非常重视，他多次来到黄显声的住处研究营救张学良的事情，要求东北抗日救亡总会和各界人士出主意想办法，千方百计地保护张学良的安全，从各个渠道努力营救。听了周恩来的讲话和指示，黄显声备受鼓舞，对共产党的光明磊落和周恩来的人格魅力钦佩有加。

黄显声为营救张学良不断地在东北军的一些重要人物间奔走呼号，了解情况，他找来了张学良的弟弟张学思一起想办法。他拜访宋子文说："张先生本是为抗日进行兵谏，现在对外抗日已经开始，对抗日的问题各方面看法都已一致，再囚禁张先生不仅没有必要，还会让大家感到不能理解。"

宋子文支支吾吾，言语闪烁。

黄显声见状有些恼怒地说："担保张先生安全的是你，你到底负不负责，你说话究竟算不算数？"

在事实面前，理屈词穷的宋子文不敢正视黄显声的目光，唯有不断地叹息。

找宋子文没有希望后，黄显声直接找宋美龄。但宋美龄带来的答复非但没有希望，反而充满了严厉与杀气："黄显声和其他东北军将领如果再提释放张学良的事，就以不服从领袖论处。"

营救的形势严峻了。

但黄显声依然不到黄河心不死，他和张学思协商后，使出了最后的一着险招——向蒋介石提出："愿以我和张学思两人的自由换取张学良一人的自由。"

冷若冰霜的蒋介石毫不理会。

一次次满怀希望的努力换来的是一次次无情的失败，这让进一步深刻认识了蒋介石嘴脸的黄显声愤怒异常。这种强烈的愤慨终于在一次东北军官的同乡会上爆发了，他抨击蒋介石说："在座无不关心张副司令（张学良）的自由，也都做过各种努力，结果是徒劳和妄想。我干了半辈子军人，这回算是长了见识。我总算明白了，他蒋介石要能讲仁义道德，就不会将汉卿拘禁起来了，他要能主动抗日，就没有'九一八'的事情，也就不需要西安事变了……"

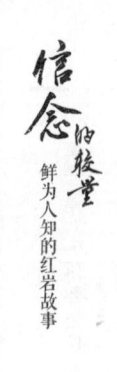

让黄显声始料不及的是，在参加同乡会的东北军官中有一个名叫张碧天的人把他的讲话记录下来，报告给了军统特务头目之一的康泽。康泽呈报了蒋介石。对桀骜不驯的黄显声早就不满的蒋介石提笔作了两个字的批示："拘审。"

山雨欲来风满楼。

一场危机就要来临了。

共产党人周恩来得到了危险信息，在第一时间通知了黄显声："迅速转移并停止公开活动。"

黄显声接到通知后，首先想到的是张学思的安全。在他的布置和一再催促下，张学思于1938年2月1日安全转移。他自己则安排在2月6日动身前往那个让他遐想不已、激动不已的革命圣地——延安。

但军统抓捕的时间提前了。

2月2日，两个神秘的不速之客走进了位于武汉太平洋饭店的黄显声住处，对他说："我们是从延安来的，有事情请黄将军到外面商量。"

黄显声未假思索，同二人来到外边的街道上。

埋伏在附近的数名特务见时机成熟，面目狰狞地包围了黄显声，把他架上汽车扬长而去。

黄显声最初被关押在武汉稽查处、湖南益阳等地，之后被转移到贵州息烽监狱和重庆白公馆监狱关押。

从此，黄显声开始了长达近11年的铁窗生活，直到在1949年11月的重庆大屠杀中，被数粒子弹从后背击中而惨烈牺牲。

3
"蒋委员长丢掉脑袋"

1941年9月的一天，在西安杨虎城旧部第四集团军任少将参议兼总部干训班政治教官的宋绮云突然接到一份心急火燎的电报："家中有急事，请速回。"他接到电报之后，风尘仆仆地往已搬迁到西安西南郊蒲阳村的家中赶。回到家中，他询问妻子徐林侠是否给他发了这样一份电报。

徐林侠说她没有发电报。

妻子的回答让宋绮云立即意识到这可能是敌人设置的圈套，他警惕地说："这是敌人耍的阴谋，我不能在家里久留，必须立即离开这里……"

但令宋绮云没有想到的是，潜伏着的危险竟然来得是那样的猝不及防。第二天上午，一群戴墨镜的不速之客悄然来到他的家中。这群人对宋绮云似乎非常的熟悉，没说几句话，他们就一拥而上，推搡着只穿了一双拖鞋的宋绮云出门了。这样迅速的抓捕过程恰巧被宋绮云的儿子宋振华、女儿宋振苏看见了。宋振华急忙跑进屋给父亲拿了一双布鞋换上，准备同父亲说句话时，宋绮云被特务押解着往外推。

万分紧张的宋振苏慌乱地从家中跑了出来，她一边跑一边喊："妈妈，妈妈，有几个人要把爸爸带走！"

正在邻居家中剥玉米的徐林侠听到女儿的呼喊，抱起小儿子宋振中就往

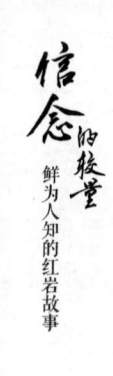

家里跑。

此时，宋绮云已被特务们推出了大门，准备拉他上马车。

心中焦急的徐林侠张了张嘴，正想询问，但丈夫用制止的眼神作了无言的回答。

宋绮云在妻子和儿女们热切的关注中，无情地被推上了马车。

宋振苏和她的弟妹们想扑上去拖住爸爸，但被妈妈拉住了。无助而委屈的儿女们看了一眼妈妈，只见母亲饱含泪水的眼睛中充满了对特务的刻骨仇恨和异常愤怒。

马车开动了。

孩子们不由自主地向马车涌了过去，但被特务无情地阻挡了。

马车缓缓地离开大门，渐行渐远地向东驶去。

徐林侠抱着小儿子，带着孩子们赶到大门前，眼巴巴地望着丈夫消失在远方。

孩子们见父亲被特务逮捕，他们无可奈何地扑向母亲怀中，伤心地痛哭起来。

从此，健壮而又仪表堂堂的宋绮云在特务的推搡下从容不迫离去的情景永远地定格在了孩子们的记忆之中，成为挥之不去的往事。令孩子们没有想到的是，他们此次与父亲分别竟成永别。

宋绮云，原名宋元培，字绮云，1904年出生在江苏邳县一个贫苦的农民家庭。1927年3月，在黑暗中苦苦寻找多年的宋绮云终于光荣地加入了中国共产党，从此共产党的主张和绚丽的远大目标成为他始终不渝的信仰与强大的工作动力，直到生命的最后一刻都一如既往，坚定不移。1928年，宋绮云积极参与了中共邳县县委的筹建，并因出色的组织能力担任了首任县委书记。1936年10月，踌躇满志的蒋介石飞临西安，摩拳擦掌地布置对红军主力的军事围剿。西安各大报纸按照国民政府的要求，以醒目的标题在头版头条刊登了"中央社"关于蒋介石飞抵西安前来督战的消息。而宋绮云领导的《西北文化日报》却不是那么听话，在他安排和授意下，报社把蒋介石到西安的消息刊登在第二条的位置上，而且把"蒋"字去掉草头。如此，蒋介石前来西安的消息就变成了"将委员长飞抵西安"的一出闹剧。是日，有着不同凡响的胆略与气魄的《西北文化日报》洛阳纸贵，人们争相传阅，奔走相告，颇有辛辣讽刺意味的"蒋委员长丢掉脑袋"成为全城的一大新闻，让人忍俊不禁而又啼笑皆非。1936年12月，西安事变发生后，以中共领导人周恩来为首的中共代表团抵达西安，在宣传共产党的主张与和平解决西安事变后，周恩来交给宋绮云一项艰巨的工作：让他想办法为中共中央解决一套印刷设备。宋绮云接受任务后，原拟将《西北文化日报》的印刷设备运往延安，但考虑到该设备属西北军所有，便随即决定在报社私人筹集资金，不仅购买了《西北画报》的整套印刷设备和照相器材送往延安，而且还派遣了十多名优秀的技术工人前往指导印刷工作。印刷设备和工人到达延安后，使得《解放日报》由石印改为铅印，印刷水平得到突飞猛进的提高。现这套印刷设备珍藏在北京军事博物馆里，成为铭记那一段峥嵘岁月的有力佐证。

在宋绮云被捕后，万分焦急的徐林侠迅速赶到西安，分别向地下党组织、第四集团军驻西安办事处作了汇报，请求设法营救。之后，在同敌人多年的斗争中积累了丰富经验的徐林侠深知敌人残酷，时刻担心丈夫的安危，每天抱着年仅周岁的小儿子，相继到西安的保安处、稽查处、宪兵营、警察局以及国民党所有可能关押人的地方一一寻找，不停地打听丈夫的消息。但无一例外的每次都是失望而归。在宋绮云被捕两个月后，一个冷雨霏霏的日子里，一个工人打扮的人来到蒲阳村徐林侠的家中。他径直走到徐林侠面前，和颜悦色地说："您是宋社长的太太徐林侠吧？"

徐林侠问道："先生是……"

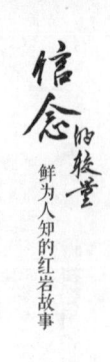

来人说:"我是宋社长手下的工人,我从宋社长那儿来。"

来人为了消除徐林侠的怀疑,又从身上拿出一封书信来,他说:"宋社长的亲笔信。"

一直在苦苦寻找丈夫的徐林侠不由得大喜过望。她满怀期待地急切拆开了信封,见到了丈夫熟悉的字迹,但奇怪的是只有短短的两句话:"我要去受训,速将换洗衣服送来。"

书信如此简略让徐林侠有些不解,她忧心忡忡地问来人:"宋绮云现在哪里?"

来人说:"他在报社。"

徐林侠问:"他为什么不亲自回来?"

来人说:"他工作太忙,脱不开身。"

徐林侠说:"东西怎么送给他?"

来人说:"宋社长吩咐,请您亲自送去。"

徐林侠问:"东西送到什么地方?"

来人说:"我给您带路。明天中午12点我在报社门前等您。"

徐林侠略加思考后说:"好吧。"

为了安排好孩子们的生活和可能出现的最坏情况,徐林侠找来了宋绮云的警卫员王迁升和他妻子,嘱咐夫妻俩在她走后给予照料。王迁升听说后,意识到这是敌人特意导演的一个阴谋,潜伏着巨大的危险,因此异常坚决地反对徐林侠到西安去给丈夫送衣服。凭借着多年的对敌斗争经验,徐林侠同样意识到了危险,但为了营救丈夫,她别无选择,只能义无反顾前往西安送衣服。

冬天的夜晚早早地降临了,薄雾笼罩下的蒲阳村一片寂静。一盏如豆的灯光下,徐林侠在儿女们企盼的目光中,开始为丈夫收拾衣服。然后,她思绪万千地坐下来凝视着需要照料的四个儿女,她有太多的话需要交代和太多的不放心需要叮嘱。她说:"我要去找爸爸,最多三天就回来,你们不要乱跑。"

徐林侠转过身,看着二女儿宋振苏说:"振苏,你最大,要带好弟弟妹妹。"

年仅12岁的宋振苏一边流着眼泪,一边不停地向母亲点头,她尽可能地让妈妈放心走。她说:"妈妈,爸爸能回来吗?"

徐林侠回答说:"爸爸会回来的。"

儿子宋振华问:"他们为什么抓爸爸?"

徐林侠说:"爸爸为了打鬼子,救中国,让穷人都过上好日子。"她停顿一下看着像没出窝的小鸟一般的儿女,禁不住热泪长流。她说:"反动派不让穷人过好日子,他们恨爸爸,怕爸爸,所以才抓他。爸爸是没有罪的呀!"

这是徐林侠肝肠寸断的时刻,为了防止给孩子们造成太多的悲伤,她极力控制住心潮起伏的情绪——她转过脸,揩干泪水,和颜悦色地对孩子们说:"天不早了,你们快睡吧。"

懂事的孩子们上床睡觉了。

母亲看着孩子们睡了,再去为孩子们整理本已盖好的被子,"用手把被角裹得严严的"。然后就是深情地凝视,爱怜地一个个去亲吻儿女们的脸蛋,当亲吻到最小的儿子宋振中时,未满周岁的儿子露出了幸福的微笑。

已有不祥预感的徐林侠在安顿孩子们入睡后,总感觉到有很多的事情等待她去做:开始为儿女们收拾衣服,然后又找出被子、过冬的棉衣不停地缝补,似乎只有这样才能补偿对儿女的内疚。儿子宋振华在妈妈不停忙碌的时候,却怎么也睡不着,他发现妈妈一边缝补衣物,一边在悄悄流泪。他不知一向坚强的妈妈为何这般伤感,正迷迷糊糊入睡之际,他蓦然感觉到脸上微微发烫的湿润气息,睁眼一看,原来是妈妈在亲吻他的脸

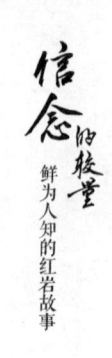

蛋。妈妈对他喃喃地叫着："妈妈的好儿子。"少顷，一串晶莹的热泪滴落在他的脸上和嘴上……

天亮了，分别的时刻到了，徐林侠饱含深情地叮嘱儿女们说："你们好好地在家等着，我要进城看爸爸去。多则三天，少则一天就回来。"说完，她抱起小儿子宋振中，在王迁升陪同下往西安走。朝夕相处的邻居送行来了，生怕失去妈妈的孩子们紧紧地跟随着，"从后街送到前街，从村内送到村外的东门"，走了一程又一程。徐林侠几次催促他们返回，但儿女们不听招呼，仍然亦步亦趋地紧跟着。

一行人走到离家很远的一座石碑了，徐林侠下决心再不准儿女们往前走。她严厉地说："谁也不能再送了，立即返身回去。"

儿女们见妈妈严肃的神情，十分不情愿地停下了送行的脚步。最让人伤心的时刻到了。

当徐林侠从女儿宋振苏怀中抱过宋振中时，最小的儿子竟然紧紧地搂着姐姐脖子，无论如何也不愿分开。当徐林侠强行从女儿手中接过他时，小儿子突然号啕大哭起来，他把两只手伸向空中，不停地哭喊。

徐林侠百感交集，霎时，热泪夺眶而出。

已是深秋，田野里碧绿的麦苗郁郁葱葱，一阵凛冽的寒风拂过，麦苗摇曳起来，骤然间刮起一股无边无际的碧绿波浪。零星的庄稼地里，竖立着的已经枯萎的苞谷秸秆在寒风中瑟瑟发抖，呈现出让人伤感的颓废色彩。

徐林侠一行越走越远了，只有小弟弟宋振中的手还在向姐姐哥哥们不停地摇动，渐渐地消失在远方的迷茫雾霭中。尽管已看不见妈妈了，但徐林侠的儿女们仍然凝望着母亲远去的方向，久久地伫立着，不肯离去。令徐林侠无论如何也没有想到的是，她此行一去就被逮捕，最初夫妻二人分别被关押在西安，相继被转移到重庆集中营的白公馆和贵州省息烽监狱关押。她此去竟是和牵肠挂肚的家中的儿女们永远的分别，等待她和丈夫与小儿子的将是遥遥无期的监狱生活和残酷的迫害，直到1949年被秘密杀害在重庆歌乐山。

徐林侠，这是一位敢作敢为的有着钢铁般坚强意志的革命者。1904年，她出生在江苏邳县，由于受五四运动的影响，学生时代就投身于轰轰烈烈的革命洪流中。她主张男女平等，反对封建礼教，在她十三四岁的时候，受传统影响的父母自作主张给女儿定下了亲事。性格刚烈的她怒火中烧，毅然举刀砍断左手指以示严重抗议，吓得父母胆战心惊，从此再也不敢擅作主张为她提亲。1926年，在徐州第三女子师范学校读书的徐林侠怀着满腔热情前往武汉，成为了在共产党领导下的第一批革命女兵，并在1927年4月加入中国共产党。1928年，徐林侠按照党的指示回到邳县发展组织，担任新成立的中共邳县县委委员。共同的革命理想和在白色恐怖下结成的战斗友谊，使她和宋绮云心心相印，结为连理。1929年7月，时任中共邳县县委书记的宋绮云机智地躲过了敌人的第二次抓捕，恼羞成怒的敌人逮捕了正在学校教书的徐林侠。敌人把怀孕七八个月的徐林侠关进了苏州监狱，在监狱的斗争中，徐林侠战胜了残酷审问、严刑拷打和陪法场，严守党的机密，保持了一个共产党员的操守。没有从她嘴里捞到任何口供的敌人见她腆着大肚子，临近生产期，就把她"交保"转移到监狱旁边的一户百姓家中，并随时前来监视她的行动。由于在监狱中受到刑讯逼供和饥饿的折磨，身体极度虚弱的徐林侠在生产的那天晚上，频繁与死神擦肩而过，竟然连续昏死过去七次。在一个好心的老妈妈帮助之下，徐林侠用无比坚定的意志战胜了死亡，迎来了一双孪生女儿。由于身体羸弱，生产之后的徐林侠没有一点奶水，两个刚出生的小生命饿得哇哇啼哭，她只好把仅有的一点米汤喂给女儿。但没有吃饱的一双女儿仍然以不断的啼哭来抗议这个不公平的世界。再也找不到任何食物和饮用水的母亲只好用洗脸水喂女儿，被饥饿和干渴折磨得十分痛苦的一双女儿

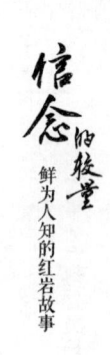

把这不干净的水当作了甘甜的乳汁，大口大口地吮吸起来。母亲见此情景，顿时泪流满面。

徐林侠进城给丈夫送衣服后，留在家中的孩子们开始饱受煎熬地苦苦等待。

第一天过去了，妈妈没有回来。

第二天过去了，仍然没有妈妈的消息。

第三天来临了，望眼欲穿的孩子们认为：妈妈该回来了！他们不愿在家中等待了，在姐姐的带领下走到村口去看妈妈。但从早晨一直等到夜幕降临，他们视野中没有出现妈妈的身影。孩子们精神萎靡地回到家中，东倒西歪地睡在床铺上，绝望地发呆。

这时，饥肠辘辘的小妹叫了起来："姐姐，我饿。"

二姐宋振苏在弟弟妹妹的帮助下，到厨房里做饭吃，然后早早地上床了。期望妈妈早点回家的宋振苏不由得伤心地哭了起来，接着，弟弟妹妹们也痛哭起来，霎时，哭泣声响成一片。

第四天，孩子们坚持到村口等候，但妈妈仍然没有归来。

第五天，锲而不舍的孩子们刚要去村口再次等待迎接妈妈时，王迁升叔叔风尘仆仆地回来了。王叔叔带来了让孩子们大失所望而又震惊不已的消息：妈妈和小弟弟宋振中被捕了！

在爸爸被捕后，现在妈妈和弟弟又被关押了，如此雪上加霜的遭遇简直就像天塌地陷一般。四个孩子不知所措，放声大哭，直到哭累了，脸上挂着泪珠渐渐进入了梦乡。

自从宋绮云、徐林侠夫妇和小弟弟宋振中被捕后，孩子们的悲惨生活开始了——监狱外的六个孩子分别住在两个地方：大女儿宋振平和三儿子宋振西居住江苏邳县的老家，其他的四个子女宋振苏、宋振华、宋振镛和宋振亚则住在西安的蒲阳村。在没有父母的情况下，年仅12岁的宋振苏在王迁升叔叔和表兄韩瑞光等人的帮助下，带领三个弟弟妹妹艰难地学习煮饭、磨面、洗衣和找柴等家务事。粮食不够吃了，四个孩子就到田野里去挖野菜，不仅田野里的野苋菜、马齿菜、苂菜、灰条、雪蒿等当作了充饥的食品，而且树上生长的榆钱、洋槐花等凡是能吃的东西无一例外都被采摘回家，洗干净后同玉米面一起煮好，这就是四个孩子的一日三餐了。随着天气渐渐变冷，就是这让人难以下咽的野菜也越来越少了，伴随而来的是刻骨铭心的饥饿。往往在这样的时候，饥饿难忍的弟妹们就去找姐姐宋振苏要吃的，可是姐姐哪里有食品给予他们呢？唯有抱着弟妹们哭成一团。除了食物匮乏经常折磨着四个孩子外，衣服的缺少也让他们常常发愁。他们穿的衣服都是用旧衣服改做而成，破损较快，需要一次次地缝补，因此衣服上补丁重叠着补丁。即使如此，这样的衣服也不能扔掉，必须是宋振苏穿得不合身了，再传给老四宋振华穿，直到宋振华不合身了，再传给老五宋振镛穿。这样的衣服穿到活泼调皮的宋振镛身上，要不了多久就会成为破破烂烂的布条。在天寒地冻的时候，为了防止冻伤与感冒，四姐弟在韩瑞光的带领下不断地跑步取暖，以此来缓解严寒的侵袭。穷困潦倒的四姐弟最怕生病，因为他们不仅无钱买药品，更没有能力请医生。每遇生病，姐弟们采取的办法是"喝碗盐水或姜汤"，然后静静地睡在床铺上望着天花板久久地发呆。对孩子们而言，饥寒交迫和衣衫破烂的艰难困苦都是可以忍受的，最难过的是逢年过节的时候。因为每逢传统佳节，映入孩子们眼中的是邻居亲人团聚和亲情洋溢的幸福时光，而这看似平常的一切皆因父母与弟弟的被捕而变得遥不可及和分外的珍贵。每当这样的时刻，他们就渴望得到血浓于水的亲情关爱，希冀能看到父母的一颦一笑和举手投足，因此格外地思念在监狱中的爸爸、妈妈和可爱的小弟弟。

所幸的是，中共地下党组织得知生活在蒲阳村的四个孩子的遭遇后，不仅安排人员对他们艰难的生活给予最大可能的帮助，而且相继把他们转移到

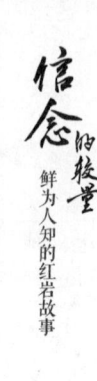

西安城里去上学。

但生活在江苏邳县的两个孩子就没有这样幸运了——老大宋振平和老三宋振西的命运经历了万般的艰难。长女宋振平在西安事变后被送回老家，生活颠沛流离，她在四年的时间里竟频繁地同四五个亲戚生活过。最先同外祖母一起生活。但不久外祖母撒手人寰，她就同姨母生活，非常不幸的是，没有多久姨母也去世了。走投无路之际，她给地主当了丫头，从此，更加悲惨的命运便降临到了这个女孩身上。她不仅经常惨遭打骂和虐待，而且在一次重病时，地主担心她死在家中带来晦气，竟然把奄奄一息的她抛弃到荒郊野外喂狼。但命不该绝的她遇到了好心的尼姑师父，师父把她背回尼姑庵里悉心照料，生命顽强的宋振平活了下来。养好了身体之后，别无选择的她便在尼姑庵里当了尼姑。宋振平当尼姑的事被祖父知道了，心疼孙女的他卖了属于宋绮云的一亩土地，按照当地的规矩购买一头毛驴作为替身送到尼姑庵里，把孙女换了出来。同祖父一起生活的宋振平享受了短暂的亲情与温暖，但厄运很快又接踵而至——祖父在日伪军开展的大扫荡中因痛骂日本人被毒打，不久含冤去世。又一次失去了依靠的宋振平和宋振西便同养母程霞云一起生活。身为村妇女会长的养母是中共地下党员，在同国民党的斗争中不幸被关押。伯父把家中仅有的几亩田地卖了80块银元，送出去拟赎出被关押的养母，但没有成功。人没有赎出来，更大的灾难却降临了：一天夜里，一个乡干部的亲属在紧急的情况下不顾危险给宋振平送信来了，她急切而担忧地说："他们要活埋你，坑都挖好了，快逃命吧！"宋振平惊愕不已，在亲属的帮助下，连夜向南京逃亡，从此日复一日地以捡煤渣和拾碎米为生，开始了乞讨般的流浪生活，直到解放。

4
徒步逃往德黑兰

1942年初春的一个早晨,乍暖还寒,山城重庆起雾了。

浓浓的大雾犹如天空中飘浮着的朵朵白云,又宛若酽酽的牛奶,把天地间的一切都裹了起来,显得无边无际,汪洋恣肆。在这一片迷茫之中,山峰、田野、村庄和碧绿的树木都被这白色淹没了,无影无踪。

这样的天气对被关押在重庆郊外集中营的原国民党中央干事朱念群来说,无疑是个最佳的逃跑时机。

从事过警察职业的朱念群屏住呼吸,悄无声息地爬到了集中营的铁丝网边。他警惕地看了一眼周围的环境,集中营熟悉的一切:庙子、草房、铁丝网、卫兵等都没有了,视野里呈现的是白茫茫的一片雾霭。

逃跑的时机到了。

他毅然地向早已选择好的一个缺口爬了过去,敏捷地往铁丝网外钻。

成败在此一举。

尽管在事前对逃跑可能发生的情况进行了反复的思考和推敲,但意外还是发生了——铁丝网钩住了他的衣服。霎时,警铃发出了尖厉的叫声,紧接着,卫兵开枪了,紧张的空气顿时在集中营弥漫开来。

尽管越狱出现了意外,但只有孤注一掷了,朱念群瞬间就钻出了铁丝

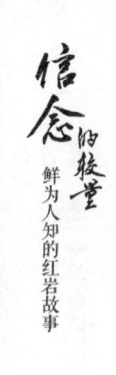

网，在大雾的掩护下跑过马路，越过一个小坡到了江边。正在走投无路的危急时刻，江边出现的小船和船工令朱念群眼前一亮。他迅速地跑过去，请求船工把他渡过江去。好心的船工答应了，帮助朱念群逃出了集中营。

朱念群逃出集中营后，找到保外就医的集中营难友，二人就如何跑到安全的地方进行了整夜的探讨。他对难友分析说："我们是从集中营逃跑出来的，敌人不会放过我们，后方遍地特务，绝不能久留，要想找生路，除非逃到国外去。十年前，我想去苏联看看，没有成功。这次决心去苏联，一来可以逃生，二来可以考察苏维埃制度，亲眼看看社会主义社会。"难友赞同他的想法。二人经过深思熟虑后，决定从云南前往缅甸，然后途经印度和伊朗，最终到达目的地苏联。

朱念群，原名朱伯屏，1912年出生在南京市区太平路。从6岁时起，相继在私塾、中华路实验学校、浙江省警官学校读书。1930年毕业后分配到浙江省余姚县梁弄区任警察局长一职。西安事变之后，在安徽省保安处特别党部负责人李登云的帮助下，朱念群调动到该处任干事一职。朱念群由于才能出色，之后又被调动到武汉的国民党中央党部担任干事一职。1938年10月，在日军的进攻下，武汉沦陷。朱念群趁国民政府混乱的撤退之机，历尽千辛万苦到达了朝思暮想的革命圣地延安。憎恨国民党政府黑暗腐朽的朱念群到了延安后，这里洋溢着的革命乐观主义和积极向上的精神风貌使他耳目一新，精神为之一振。在延安短暂学习的6个月时间，是朱念群人生中一个非常重要的历程：他不仅受到了中共领导人张闻天等人的接见，而且还加入了中国共产党。1939年春，朱念群结束了在延安的学习，拟重新回到国民党统治区工作。他对朋友叙述在延安学习的感受时说："我去延安，是想看看共产党与国民党有哪些不同，共产党的心脏地区是怎样治理的，共产党领导人是怎样的人物。既然在延安生活了几个月，要看的都看了，要了解的都了解了，我自己要做的事还很多，我可以回到大后方去告诉人们，共产党是真诚抗日的，是真心实意为群众谋解放的。延安就比国民党统治区高明，那里处处充满生气……我多么想留在延安干革命啊！"

朱念群在西安的旅馆住宿时，被胡宗南的军警稽查队关押，遂上报国民党中央党部。国民党中央党部要求胡宗南：把朱念群作为要犯送往重庆审讯。军统特务头目都是朱念群熟悉的人物——戴笠曾在浙江警官学校当过他的教官，三青团中央组织处长康泽是他在国民党中央党部的同事，因此，对朱念群的审讯较为和气。戴笠和康泽尊敬地称呼他为"朱先生"，和颜悦色地问他为什么前往延安，共产党安排了什么任务等。朱念群一概拒绝回答。无可奈何之下，二人引诱他说："你是我们党国年轻有为的骨干，只要悔过自新，前途无量。"朱念群义正词严地说："我没有什么可说的，随你们怎么办吧！"二人见诱降不行，随即露出了狰狞的面目，把他送到重庆郊区的一个集中营打得皮开肉绽，眼镜也被残暴的敌人打坏了——仅剩下一块玻璃和一端的骨架，眼睛近视的朱念群就用一根绳子把眼镜拴戴在耳朵上。但意志坚定的朱念群没有屈服。敌人见残酷的折磨没有收到效果，便又变换了对付朱念群的办法：采用优待的方式，康泽前往访问朱念群的次数变得频繁了——每次来总是带着一脸的微笑，或邀"朱先生"散步叙往日的旧情，或同"朱先生"一起坐在营部石凳上谈心，企图以此来拉拢软化朱念群，让他说出有价值的情报。但朱念群不为所动。有人为此问朱念群："康泽为什么对你那么客气？"朱念群愤恨地说："这些人过去都是我的老朋友，现在看到有机可乘，想从我口里探听共产党和延安的情况，借此立功讨赏。我恨透了这些口蜜腹剑、落井下石的伪君子！"

关押在集中营牢笼中的朱念群并不甘心受敌人的摆布，他凭借着从浙江警官学校学来的本事，敏锐地观察到这个集中营有脱险的机会。他为此悄悄地准备着，一旦时机成熟，他就会伺机逃走。今天浓雾姗姗来临了，朱念群抓住机会终于逃出了集中营这个人间魔窟。但令朱念群没有想到的是，从

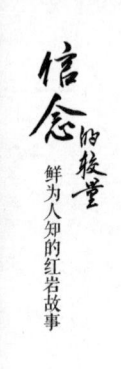

此，他就走上了一条漂泊异国他乡的万般艰难的坎坷之路。

1942年初春，在朱念群逃出重庆郊外集中营的第三天早晨，他和难友打扮成学生模样，向昆明出发了。到达昆明后，在请难友的亲戚帮忙办理前往印度的护照时，机警的朱念群为躲避特务机关的抓捕，特意把姓名由朱伯屏改为"朱念群"。他向难友阐述改名的意义："我在延安看到，共产党为人都很正派，做什么事都讲群众路线，为群众谋福利。而国民党办事专搞裙带关系、部属关系，念念不忘私利。这是共产党和国民党的最大区别。我取这个名字，就是要学共产党念念不忘群众的意思。"至此，朱念群这个姓名就伴随着他起伏跌宕的短暂人生，直到他英勇牺牲数十年后仍以此名被追认为革命烈士。

然而在昆明等待了一个多月，申请出国的护照迟迟没有办理下来。他得知原浙江警校的同学现在昆明的国民党党部任特派员，朱念群请他帮忙办理护照。警惕性很高的同学猜测朱念群有不可告人的秘密，说他要打电报向戴笠汇报才行。朱念群感觉到了潜伏着的危险，立即收拾行李赶到滇缅公路的停车场，请求司机让他搭车前往缅甸。司机被他的恳求和焦急的神情打动了，让他装扮成助手，穿上工作服坐在驾驶室里，随着浩浩荡荡的车队逃到了缅甸。朱念群一路风餐露宿到达缅甸后，不料疯狂的日军正在向东南亚进攻，许多地区被封锁，前往苏联受阻。在异国他乡每天的步行和生活非常艰辛，但令朱念群感到一丝欣慰的是，他平时学习的英语和法语在这流浪的生活中派上了用场。在经历了无数的磨难之后，朱念群在当地的居民和黑人士兵的帮助下，踏过了千山万水，步行穿越了印度、巴基斯坦，来到了万里之遥的伊朗首都德黑兰。

眼看离自己向往的目标越来越近了——这里毗邻苏联的高加索地区，朱念群怀着有些兴奋的心情，写信告诉国内的亲朋，他准备翻越高加索前往苏联，最终到达莫斯科，他要亲眼看看红色的苏维埃是一种什么样的生活情景，有哪些事物让全世界的无产者为之心驰神往？但由于第二次世界大战导致高加索口岸没有开通，因而朱念群苦苦期盼的前往苏联的愿望被无情地推迟。但他一直在德黑兰锲而不舍地等待着，满怀信心地期待着前往苏联的时刻到来。

1944年的春天来到了。

这是个姹紫嫣红的美妙季节。

朱念群所处的环境没有季节这样的美好——他没能等到前往苏联的消息，相反却等来了厄运的降临。军统特务机关发现他在伊朗活动时，迅速地将他逮捕了。朱念群对军统在遥远的外国逮捕他怒不可遏，并提出强烈抗议。特务不好明目张胆地在他国逮捕政治犯，便对外界宣传是"欢迎朱先生回国抗战"，将朱念群押上飞机，送往重庆巴县的五云山集中营。

朱念群被押送到集中营的第二天，便同其他难友一样开始正式训练。

在高低不平的操场上，管理难友的值星官煞有介事地点名。在点了几个人的姓名之后，他大声喊道："朱念群，入列！"

身着西服留着长发的朱念群却眼看天空，一动不动。

值星官被朱念群傲慢的态度激怒了，他吼道："朱念群，入列！"

朱念群没有入列，他默默地转过头，投向值星官的目光充满了蔑视。

有的难友担心朱念群受到处罚，好言劝他入列。

集中营的中队长也劝他说："有什么问题，编队后再讲嘛。"

朱念群却把目光投向了远方，仍不说话。

受到侮辱的值星官恼怒了，他上前强行拉朱念群入列。

朱念群奋力地挣开了值星官的手，勃然大怒道："我不是这里的人，不入列！"

整个操场内气氛顿时紧张了，不知所措的难友目不转睛地注视着朱念群。

很少遇到这种情况的中队长惊讶不已，随即怒火万丈地大声吼叫："给

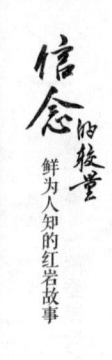

老子打，打二十板屁股！"

值星官拿起扁担冲上前去，对着朱念群就是一顿毒打。

难友们听到扁担打在肉体上沉闷的声响，禁不住心惊肉跳。他们对朱念群顽强不屈的斗争精神充满了敬佩，同时又担心他的安危。

对朱念群一番毒打之后，特务还不解恨，继续惩罚地把他单独关押在厕所里，企图逼朱念群就范。

已把生命置之度外的朱念群采取了一个让特务目瞪口呆的办法：宣布绝食。

第一天过去了，朱念群没有吃饭。

第二天过去了，朱念群仍然不吃饭。

第三天来临了，身体非常虚弱的朱念群依然不吃不喝。

这时，斗争的双方都达到了极限——气息越来越微弱的朱念群的身体承受力达到了极限，而特务则是心理承受力已达极限，因为他们知道：朱念群孱弱的身体如果再不吃东西，随时有死亡的可能。而朱念群死亡了，特务们面临杀人灭口和渎职等不利因素，从而脱不了干系。在第四天里，黔驴技穷的特务们心急火燎地把奄奄一息的朱念群送回团部管理。

第一个回合的较量，浑身是胆、一身傲骨的朱念群战胜了穷凶极恶的敌人。

刚出虎穴，又进狼窝。朱念群被送到团部后，新的考验又来了：特务多次强行要他按照集中营的规矩办事——编制囚号、剃光头和穿囚衣。每一次朱念群都义正词严地拒绝了，他谴责敌人说："我是回国抗战的，不是囚犯，决不穿你们的囚衣！"

特务们从来没有遇到过这样顽强不屈的"罪犯"，仇恨朱念群的他们对其采取了最严厉的处罚：把他一人关押在禁闭室的"站笼"里。这个"站笼"是特务专门为摧毁犯人的意志而精心制作的。朱念群被关押在这狭窄的空间里，不能坐着或躺着，只能弯腰站着，没有任何反抗能力。这时，特务们拿出早已准备好的铁钎子，伸进"站笼"里毒打朱念群，逼迫他服从管教。面对敌人惨无人道的刑罚，一身铁骨的朱念群仍然不剃头、不更衣、不听课、不受训。

特务们见残酷的刑罚不能征服朱念群钢铁一般的意志，一番冥思苦想后，他们采取了一个自认为能从精神上瓦解朱念群的办法：单独为朱念群制订了一个培训表，意图把国民党的三民主义和总裁言论之类的理论灌输给朱念群，潜移默化地影响朱念群。从此，教官每天轮流换人，和颜悦色地陪同朱念群在院子里谈天说地，在不经意中转移到国民党的理论上，力图进行春风化雨润物无声的教育，以此来腐蚀和转变朱念群的信念。开始的时候，没有觉察到敌人意图的朱念群对这种既可以到室外散步聊天又可以呼吸新鲜空气的方式感到欣喜。但高兴只持续了几天——当发现这是敌人一个居心叵测的阴谋时，他宁愿每天关押在一片漆黑和没有自由的禁闭室里，断然拒绝到室外去散步聊天。

朱念群以机智和警惕又一次战胜了敌人。

正当朱念群单枪匹马在集中营与敌人斗智斗勇的时候，他的老师北平国民大学教授萨空了被特务逮捕后关押到五云山集中营来了。让萨空了惊讶不已的是，他不仅得知自己的学生朱念群被关押在这里，而且还听说了许多朱念群与敌人斗争的传奇故事。正当他好奇地准备去见见自己钦佩的学生——现今集中营的英雄朱念群时，得知消息的特务竟主动地找上门来了：原来，敌人还心存侥幸，希望借助二人之间的师生之情来让萨空了说服朱念群。

得知敌人的意图后，具有敏锐分析能力的萨空了断定朱念群是一个有着坚定信仰的人，因而没有轻易答应特务。他说："不能负责劝他受训，因为人各有志，不能相强。"

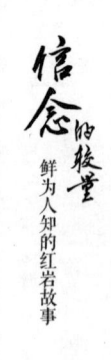

深秋到了，五云山上树叶飘零，一片萧瑟，天气渐渐地寒冷起来了。集中营的难友们都领到了御寒的囚服棉衣，然而穿着单薄西装的朱念群拒绝领取，因他觉得穿囚服棉衣有辱人格尊严。他对特务说：把扣押的行李给我，那里有我御寒的衣服。但敌人哪里会给他行李。不穿囚服棉衣的朱念群经常被冻得瑟瑟发抖，但无论如何，他就是不穿敌人的囚服棉衣。老师萨空了和难友同情朱念群的遭遇，帮助朱念群在特务面前说情，得到允许后他领到了行李，拿出箱子中的几件破旧衣服。在整个冬天里，朱念群依靠单薄的衣服过冬。尽管身体寒冷，但朱念群为了追求理想的火热情怀和难友们的关心，使他的内心深处不仅没有一丝的寒冷，相反地感到温暖如春。

惨无人道的毒打、聊天谈心式的理论攻势与寒冷的折磨都没能摧毁朱念群坚强的意志，无耻的敌人匪夷所思，竟然想出了采用美人计的办法来征服朱念群。一次，上级特务组织要来检查工作，五云山集中营的特务惊慌失措起来，害怕朱念群不服管制从而暴露了他们的愚蠢无能。因而，特务们说服了训育组的女办事员，让她前去同朱念群陪宿，以此来达到拉拢和征服朱念群的目的。朱念群识破敌人的卑鄙手段后，对敌人进行了严厉的呵斥。气急败坏的敌人使出了最后的杀手锏：他们把朱念群押解到刑场，执行枪毙。

刑场到了，最后的时刻来到了，面对死神的召唤，朱念群昂首挺胸地站立着，一如往常，静若处子。

"砰砰……"敌人开枪了。

准备就此告别人生的朱念群感到奇怪的是，敌人的子弹没有打到身体上。

原来敌人是用假枪毙来恐吓朱念群就范。

这最狠毒的一招都失灵了，敌人暗暗称奇而又沮丧万分。

再也没有办法的敌人最后向上级特务机关汇报说：朱念群患有精神病，不再适合在五云山集中营管制。于是，1945年，朱念群被转移到贵州息烽监狱关押。

5
叶剑英领导特工打入军统的心脏

1939年，金色的秋天来临了，一望无垠的成都平原上瓜果飘香，色彩斑斓。

这是一个美妙和丰收的季节。

在这样的日子里，正在四川新繁县的成都协进中学读书的中共地下党员车崇英得到一个让她激动的消息——父亲从成都带给她的书信说："你的同学张露萍已回到成都，过几天要去学校看你，但要注意保密。"

就要和分别了两年的结拜二姐张露萍见面了，车崇英不禁欣喜若狂，浮想联翩，同二姐相处的一幕幕往事如走马灯似的在脑海中闪现。

在车崇英焦急盼望的第三天，收发室的大爷通知她说："你姐姐来了！"

车崇英怦然心动，宛若一阵风，几步就跑到了门外。果然，那让人望穿秋水的二姐杨柳扶风般地向她走来了。

车崇英惊喜地端详起二姐，她眼中二姐的着装打扮没有了以往的普通和随意，取而代之的是一副名门望族的千金小姐打扮：身着华丽的浅咖啡色薄呢连衣裙，头戴一顶浅蓝色法兰西绒帽，一双漂亮的丝袜再配上锃亮的高跟鞋，显得雍容华贵而又风姿绰约。

张露萍看见了车崇英，笑容可掬地向她招手。

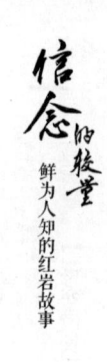

紧接着，二人相互朝对方奔跑过去，热烈地拥抱在一起，两双眼睛里闪烁着晶莹的泪花。

车崇英亲热地拉起张露萍的手走进校门。

得知消息的同学们纷纷前来看望。

张露萍欣喜而亲切地向同学们打招呼。

一位同学见她这一身打扮，忍不住问她说："你从延安来，怎么这样一身打扮？"

张露萍回答说："不这样，我还能安然无恙地回到成都吗？"

车崇英和张露萍回到室内，她这才仔细地打量起久违的二姐。只见她姣好的面容没有了以往的白皙，经过延安的风雨和骄阳的洗礼后变得黝黑成熟了，"那一双圆圆的、明澈透亮的眼睛，两腮一对大大的酒窝，十分的迷人，喜人"。

为了防止发生意外情况，警惕性极高的车崇英特意安排了地下党女生支部的几名同学站岗放哨。

晚上，车崇英同二姐睡在一个床铺里，二人开始了推心置腹的长谈。

经过延安中共党组织的培养和训练，组织观念极强的二姐隐瞒了已被分配到重庆中共南方局的秘密。她告诉车崇英说："这次回成都主要是看望父母和姐姐，不久仍要返延安。"

车崇英滔滔不绝地诉说着分别两年中对二姐的思念。

二姐亲切地对她说："四妹，延安的空气晴朗清新而又自由，许多热血儿女都异常地向往，你为什么不去呢？那儿才是理想的、大有可为的地方啊！"

车崇英讲述了自己因腿有残疾和父母担心前去延安有很多不方便的困难。

二姐这才猛然意识到四妹腿有残疾，她疼爱地搂着车崇英说："当然，前方后方都是为了抗日。四妹身体不好，留在后方也很需要。"

这一夜，姐妹俩知心的话儿说不完，一直谈到深夜。

第二天拂晓，两姐妹经过短暂的相会，就依依不舍地分别了。令车崇英无论如何也想象不到的是，她和二姐的这次分别竟成永别。从此，她再也见不到二姐婀娜多姿的身影，再也倾听不到二姐亲切的话语，再也感受不到二姐年轻的心跳与呼吸。直到半个世纪后，她和二姐见面的情景、二姐华丽着装的飒爽英姿、一对圆圆的大眼睛和两腮大大的酒窝成了她心中永恒的伤感记忆，"历历在目，永难遗忘"。

张露萍，1921年出生在北平，四川崇庆县人，原名余薇娜、余家英、余硕卿，化名黎琳、余慧琳和张露萍，以张露萍的称谓战斗在敌人的心脏，从而威震敌胆，闻名遐迩。1937年冬，张露萍怀着对理想和光明的追求，对车崇英表达了强烈愿望——得到其父亲车耀先的帮助前往延安。一直在培养和帮助张露萍的车耀先得知消息后，赞许她的追求和行为，毅然以"抗敌后援会"的名义为张露萍办理了通行证。出发时，车耀先亲自把她送到成都的万里桥边，张露萍同成都与重庆两地的十多名青年一道奔赴革命圣地延安。让张露萍和车耀先始料不及的是，仅仅两年之后的一个春天，均为中共地下党员的二人相继被捕了。奇特的是，二人再次见面时，竟然是在军统的息烽监狱。1938年10月，经过坚韧不拔的奋斗，张露萍在延安加入中国共产党。1939年秋，中央组织部希望利用她父亲余安民系眉山专署专员、川军暂编一师少将师长的身份，派她前往四川开展统战工作。张露萍愉快地接受了组织上的安排，同新婚燕尔的丈夫李清分别了，义无反顾地奔赴白色恐怖的战时首都重庆。但令张露萍和李清都未曾料到的是，张露萍此番前往重庆，竟然是与魔鬼打交道，战斗在血雨腥风的虎穴之地——秘密从事绑架、迫害、杀戮和潜伏的特务机关军统。从此，他们之间的儿女情长和无尽的相思被连绵起伏的群山和无数奔流不息的江河阻挡，天各一方。数十年之后，当年迈的

李清颤颤巍巍地揣着满肚子的话语前往贵州息烽看望张露萍时，张露萍的年轻身躯和英灵已融入大地，化作了青山绿水间的一座坟墓和冰冷的石碑，二人无情地被阴阳相隔。刹那间，李清的热泪夺眶而出。

张露萍告别车崇英之后，返回成都同亲人团聚了三天，无论亲人如何盛情挽留，她都谢绝了。她告诉亲人说：我要做一个真正的光明磊落的人，要用自己的聪明才智为心中的理想而奋斗。她给亲人留下了一张青春洋溢和微笑绽放的照片，并在照片的背面书写了对美好人生充满无限憧憬的题词：

前程是天上的云霞

人生是海里的浪花

趁着这黄金的时代

努力向着你的前途

发出你灿烂的光华

1939年11月，张露萍风尘仆仆地来到重庆，同位于曾家岩50号的中共中央南方局联系上了。曾家岩50号系邓颖超以周恩来的名义租赁，因而又称周公馆。气质高雅的张露萍的到来，让南方局领导人叶剑英眼前一亮，大喜过望：这不正是我们迫切需要的人吗？安排她做联系和传递军统电台的情报最合适——原来，在张露萍到重庆之前，南方局军事组已在军统发展了几名党员，并传递了一批重要情报。

1939年8月下旬的一天，国民政府的特务机关军统电讯总台的科员张蔚林来到南方局，请求中共领导人周恩来的接见。南方局的工作人员告诉他说，周恩来没有在重庆。张蔚林继而要求见南方局领导人、军事组组长叶剑英。南方局的同志们基于各种因素的考虑，叶剑英没有接见他，改派曾希圣出面接待。二人见面以后，张蔚林一口气对自己的工作经历和愿望进行了叙述：他说他以前就加入了共产党，但后来失去了联系，现在军统电讯总台工作；他在阅读了《新华日报》和一些进步报刊后，觉得国民政府非常的黑暗和腐败，希望党组织恢复他的党籍，介绍他前往延安或是参加八路军。曾希圣考虑到军统的复杂性等因素，没有答应张蔚林的请求，只是劝告他安心工作为抗战出力。两天之后，锲而不舍的张蔚林再次来到南方局，同时带来了军统电讯总台的领班兼报务副主任冯传庆。二人说再也不想在军统工作，同时对军统的情况再次进行了汇报。同志们觉得二人叙述的情况与南方局掌握的情报大致吻合。南方局的工作人员灵机一动，试探性地问他们：军统电讯总台有多少电台、有哪些人和编制情况等。二人如数家珍地一一回答了。南方局军事组见二人态度真诚，就进一步地要求他们今后继续提供情报。二人没有辜负期望，送来了南方局没有掌握的情报和军统使用的密码。由此，南方局军事组研究认为，张蔚林和冯传庆工作在纪律严密的军统，不畏艰难险阻主动寻找党组织，冒着生命危险传递重要情报，事实上已经接受了严峻的考验，是完全值得信赖的。之后，由叶剑英、曾希圣介绍，叶剑英在南方局的一间屋子里主持入党仪式，张蔚林和冯传庆秘密加入中国共产党。宣誓结束，二人紧紧握住了叶剑英的手，感慨万千地说："我们多年的愿望终于实现了，我们一定更好地为党工作。"张蔚林和冯传庆入党后，又介绍了军统电台的报务员赵力耕、王席珍、杨光、陈国柱和安文元到南方局军事组。南方局军事组经过考察教育后，秘密吸收他们入党。从此，令一心想打入共产党内部刺探重要情报的戴笠无论如何也想象不到的是，他自认为戒备森严无懈可击的军统竟然被中共地下党组织率先打入了，并在惊心动魄的搜集情报的过程中，做出了让他和蒋介石震惊不已的成绩。

在张蔚林、冯传庆源源不断地搜集传递出重要情报的同时，南方局军事组也充满了担忧——在国民政府的战时首都，在特务、警察、宪兵和密探遍布的重庆，身为业务骨干的张蔚林和冯传庆经常从有着严密组织纪律管理的

军统直接到南方局呈送情报风险极大，稍有不慎就会带来杀身之祸，给党组织和情报搜集带来重大损失。基于这样的认识，南方局军事组一直在寻找合适的人选来领导军统党小组和传递情报，同时在南方局军事组和张蔚林与冯传庆之间建立一个秘密联络点。正在"众里寻她千百度"的时候，张露萍姗姗来临了，这不由得让叶剑英和曾希圣喜出望外。南方局军事组研究认为：张露萍是担任军统特支负责人和联络人的最佳人选——从延安派遣来的她不仅有着坚定的信念和严格的纪律观念，更为重要的是遍布大街小巷的特务都不认识她。与其让张露萍去做联系父亲与川军的统战工作，不如安排她做领导联络军统特支的意义更大。南方局军事组最终作出了如下决定：具有城市姑娘高雅气质的张露萍扮成张蔚林的妹妹，以特意从上海前来重庆看望哥哥的名义，在牛角沱租赁住房给兄妹俩居住，并以此作为秘密的联络点。南方局军事组给张露萍布置了任务：成立由南方局军事组领导的中共特别支部，领导军统电讯处的党员，不直接与重庆地下党发生任何关系；把军统电讯处提供的情报直接传递到南方局；在有可能的情况下，继续在军统发展秘密党员。

  1939年11月下旬，张蔚林和张露萍以兄妹的身份住进了位于牛角沱的新家。在这一段深入虎穴的日子里，为了确保张露萍的人身安全和工作不出纰漏，南方局军事组要求她在细节上狠下功夫：每天如何着装、怎么化妆、上街的注意事项、如何摆脱敌人的跟踪以及联络方法等都进行了安排。从此，衣着华丽、举手投足间洋溢着高贵气质的张露萍时而给哥哥张蔚林送东西，时而以拜访哥哥的朋友名义同冯传庆等人交往，频繁出入在军统浮图关电讯总台的会客室和马鞍山的军统宿舍之间。借助这些机会，张露萍隐秘地向军统电台特支人员传达南方局军事组的指示，同时又将他们搜集的情报带回牛角沱的"家"中，然后再秘密传递给南方局军事组。

  身处险境的军统电台特支的中共地下党员利用得天独厚的优势，充分发挥聪明才智，千方百计地利用各种机会，努力为南方局军事组搜集传递了一个又一个重要的情报：在电讯处工作的张蔚林经常加班工作，悄悄地将军统电讯人员名单、各地电台的布置、波长和呼号等都抄送给南方局军事组；担任电讯总台领班兼报务副主任的冯传庆利用自己可以自由出入译电室、技术室和报房的机会，有意识地为南方局军事组搜集众多机密；为了搜集到更多有价值的情报，冯传庆和在技术室工作的杨光一起悄悄研究密码编译技术和破译方法；王席珍、陈国柱和赵力耕更是胆略过人，他们在搜集到重要和情况紧急的情报时，就通过军统电台直接向延安发报……通过这些有价值的情报，中共中央、南方局和有关地下党组织粉碎了敌人无数的阴谋和进攻。一次，杨光窃取了一份军统发给国民党高级将领胡宗南的秘电。杨光将电讯稿抄送给张蔚林看。张蔚林用密码译出，电文的内容让他大吃一惊——军统将派遣特工小组潜入延安的有关事宜。张蔚林立即将情报传递给张露萍，送达南方局军事组。南方局立即报告了延安。延安有关组织采取措施，把军统的特工小组和胡宗南的护送士兵全部抓获。1940年1月，赵力耕截获了军统向昆明警备司令部发出的逮捕昆明中共地下党人员名单，南方局通知中共昆明市委组织撤离，又避免了一起党的损失。对于军统特支取得的重大成绩，南方局领导人周恩来和叶剑英给予了称赞和表扬。

就这样，在南方局军事组的指挥和张露萍的带领下，军统电台特支的中共地下党员在看似平静然而却是危机四伏的环境中，冒着随时可能被逮捕、审讯和杀害的风险，全力以赴地为中共党组织搜集情报。因为他们深深地知道，他们每搜集到一条信息，对于避免党组织惨遭破坏、减少自己的同志被捕和推翻国民党的血腥统治都会起着举足轻重的作用。对于军统电台特支中共地下党员搜集和传递数不胜数的情报的价值，数十年之后，原南方局军事组成员雷英夫深情地回忆说："他们做了大量工作，对于中央和南方局开展抗日统战工作，揭露国民党顽固派攘外必先安内的反革命政策，提供了极大

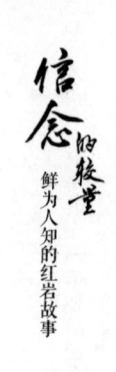

的方便。这些，对我们都是很有用处的。"

1940年春节来临了，注重传统的市民开始为准备各种各样的年货忙碌起来，空气中弥漫着浓厚的过年气氛。

这时，张露萍收到了父亲从成都家中寄来的信件，不到19岁的她想家了。

在征得南方局军事组的同意后，张露萍回到了成都的家中，久违地享受了一番其乐融融的家庭温馨。但令张露萍始料不及的是，如此短暂的家庭温暖很快就因军统电台案发而再也不能享受了，她和同志们将面临的是年复一年的冰冷铁窗和残酷的刑讯迫害，直至年轻的生命在云贵高原的一片翠绿中被无情的枪声终结。

1940年2月中旬的一天，正在稽查处电讯监察科工作的张蔚林出事故了——烧坏了收报机上的三个真空管。真空管是当时非常紧缺的电子器材，因此引起了科长肖茂如的注意，他检查后认为：作为一个有经验的报务员，张蔚林不应该犯这样的低级错误，显然是他不安心本职工作而进行的故意破坏，就把他关押在了稽查处的看守所里。缺少社会经验的张蔚林思考到自己被关押是否会暴露目标，沉不住气的他从防范不严的看守所跑了。他在惊惶失措中一口气跑到了南方局，汇报说："烧坏了真空管，要坏事。"曾希圣对他说："电台上烧坏真空管是常有的事，不算什么，你要沉住气，不要说，上街买三个补上就是了，不要做声。别人问起来，你就说在工作中烧坏了真空管，这是常有的事。"南方局军事组经过反复分析认为：敌人因为烧坏真空管而关押他仅仅是怀疑而已，如果不合情理地逃跑了反而极有可能暴露自己和党组织；同时，这件工作上的差错也可争取他的老师——电讯处副处长董益三的帮助。张蔚林听从了党组织的安排，毅然地返回了稽查处电讯监察科。

就在张蔚林从看守所跑出来正在南方局军事组汇报工作的时候，稽查处发现他逃跑后立即派人先后到牛角沱和张家花园等地去搜查，最后在张家花园的张蔚林住处发现了军统的绝密文件、电台密码、张蔚林等人加入中共党组织的入党申请书等。军统电台发生了如此重大案件，肖茂如不敢怠慢，赓即打电话通知了董益三。意识到问题严重性的董益三紧张地说："赶快向军统局本部报告。"董益三刚放下电话，张蔚林到了。董益三说："张蔚林，当初我问你有无组织关系，你说没有。现从你家搜出了东西，看你还有什么说的？今天事情到了这步，无法帮助你了。"董益三说完，安排两个哨兵把张蔚林押送走了。

张蔚林被关押在稽查处的看守所里，他首先想到的不是自己的安危，而是不知消息的党组织和同志们有随时惨遭厄运的可能。他焦急地思考着如何给党组织和同志们送信，很快把目光锁定在了新任看守所长毛烈身上。他对毛烈说他急需钱用，他愿意用50元的感谢费请毛烈派人送信到一个名叫七星岗四德里的地方，让那里的人送钱来。蒙在鼓里的毛烈信以为真，安排看守员把张蔚林的信件送到了七星岗四德里。毛烈哪里知道，他安排看守员送信的地方竟是中共党组织的一个秘密联络站。秘密联络站收到张蔚林的信件后迅速地撤退了，避免了党组织的更大损失。

军统发生如此重大的案件，这还了得！第二天，戴笠带领大批特务前往四德里准备逮捕中共地下党员时，发现那里空空如也，顿觉蹊跷展开调查，最后发现是"不分是非"的毛烈所为。这个毛烈太没脑筋了，简直就是个糊涂虫，竟然拿着军统的俸禄去为共产党办事！怒发冲冠的戴笠恨得咬牙切齿，毫不犹豫地下令枪毙了毛烈。

张蔚林被捕后，高度警惕的敌人迅速出动，当晚团团包围了电讯总台，逮捕了赵力耕、王席珍、杨光、陈国柱和安文元。正在敌人如临大敌进行逮捕的时候，在报房值班的冯传庆发现了情况的异常，机智地翻墙往南方局跑去。

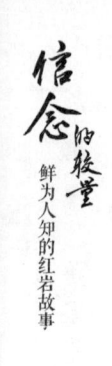

此时，南方局军事组的同事们正在担心张蔚林的安危，突然间见神色惊慌的冯传庆奔跑而来。同事们发现，冯传庆的身后不仅有特务跟踪而来，而且在南方局的门前也有特务蠢蠢欲动。气喘吁吁的冯传庆一到，要求见他认识的叶剑英、曾希圣和雷英夫三人。南方局军事组为了慎重，安排周恩来的秘书陈家康到会客室接见冯传庆。

冯传庆说："敌人已包围了电台，正在抓人，我是翻墙出来的"，"现在无路可走，只有到这里来请组织想办法"。他停顿一下又问陈家康："我还回电台去吗？党交给我的任务没有完成呀。"

陈家康说："其他同志可能已被捕，不能再回军统去了，戴笠抓到了要杀头。现在只有一条路，赶快转移！"

冯传庆严肃地说："我是共产党员，我听党的话，服从组织的安排。"

这时，叶剑英从三楼走了下来，问清楚情况之后，他教育冯传庆说：你不要难过，不要慌张，要坚定立场，接受考验。既然已暴露，敌人正在到处抓你，你就不能再回去了。你可以先到成都，再等待时机到延安或其他的根据地。之后叶剑英再给冯传庆分析形势，叮嘱他如何转移及注意联络地点和暗号等。叶剑英看见冯传庆在这样严寒的时节还穿着单薄的衣服，关心地说："你穿这一身西装出去不行，路上天气冷，又不安全。你把我的皮袍子穿上，化装出去。"说完，叶剑英把别人馈赠给他的一件漂亮的古铜色皮袍递给了冯传庆。

其他同志七手八脚地帮助冯传庆化装：让他头戴礼帽，手拿文明棍，还交给他200元大洋做路费。经过如此打扮，身材高大的冯传庆摇身一变成了着装华贵的富裕人士。同志们反复嘱咐他说：你是上层人士的穿着打扮，吃住都要和自己的身份相符，一点都不要显现出寒酸，牢记"路上要住大旅馆，进大饭店，不要暴露身份"。

凌晨两点了，寒冷中的重庆正在深度酣睡。南方局的大门前行人稀少，寂静无声。

尽管已是深夜，但特务监视仍在黑暗中悄悄地进行着，生怕放跑了一点可疑的目标。显然，冯传庆从南方局大门出去不行了。同志们又到南方局背面侦察，惊喜地发现这里没有特务盯梢。同志们带着冯传庆从防空洞地道出去，急促地来到了嘉陵江边。警惕性很高的同志们察看江边确定没有特务，便安排冯传庆乘坐一条小木船离开。

江水冰冷，寒风飕飕。

同志们的帮助和关怀让身处险境的冯传庆温暖如春。

心中惴惴不安的冯传庆在茫茫夜色的掩护下渡过了嘉陵江。

冯传庆渡过嘉陵江后，由于缺少经验和应有的警惕性，再加上紧张的连续奔波折腾，已经极度疲倦的他发现江边有一个渔民的草棚子，令人扼腕叹息的是他没有继续赶路，而是进入草棚子里睡觉。第二天早晨，渔民来到草棚子前，让他惊讶的是竟然有一个穿着讲究的人睡在这里，顿起疑窦的他把冯传庆扭送到了警察局。恰巧这时军统已经在重庆散发了逮捕冯传庆的通缉令，这样，已经逃脱了军统第一次逮捕的冯传庆最终没有逃出敌人的魔掌。

在军统的血腥审讯下，安文元叛变了，供出了军统电台特支的中共地下党组织情况。得知了张露萍在成都的联络地址后，军统便以张蔚林的口吻给她发了一封电报："病重望妹速返渝"。张露萍接到电报后，心急如焚，她首先考虑到生病的同志需要照料，但从事地下斗争的经验让她充满警惕——她写信向南方局军事组报告了自己的行踪，之后坐上了开往重庆的汽车。

南方局军事组接到张露萍的信件后，大吃一惊，迅速派人到车站守候，企图在特务逮捕张露萍之前进行营救。但特务早已张网以待，张露萍乘坐的汽车刚到重庆两路口车站，她就被捕了。

在固若金汤和防范严密的军统居然发生了如此惊天大案，让共产党组织

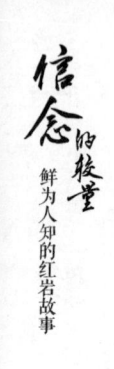

神不知鬼不觉地打入了自己的心脏，秘密窃取了难以估量的有重大价值的情报，这让戴笠暴跳如雷的同时，又让他匪夷所思，颜面丢尽。在一阵狂风暴雨般的叫骂和恼怒之后，戴笠为了雪洗耻辱，寻找到有价值的口供来报复共产党，随即对被捕的军统电台特支人员进行了严酷的审讯。戴笠采取了军统惯用的审讯手法：酷刑逼供、威胁利诱、讹诈欺骗等手段。但军统电台特支中共地下党组织的供述让他大失所望——张露萍的供述是：我是眉山专员余安民的女儿，因逃婚到了延安。但延安太艰苦了，因此返回重庆准备考大学，遇到张蔚林一见钟情而产生了恋爱。其他的朋友是通过张蔚林认识的，大家只是在一起玩耍，没有任何政治关系。张露萍的一口供词咬定后，无论戴笠绞尽脑汁怎样审讯、咆哮、恐吓、毒打和引诱，"一再诘讯，坚不承认"。张蔚林供认说：我和张露萍认识之后，彼此有好感就开始谈恋爱，其他一概不知道。对冯传庆、陈国柱、王席珍、杨光和赵力耕的审讯也是相继失败。

如此的审讯结果让戴笠深感失望，继而七窍生烟。

狡猾的军统见一计不成，又生一计。特务解除了张露萍的脚镣手铐，假惺惺地对她说：因为案件缺乏证据，决定将你无罪释放，你恢复自由了，想去哪里就到哪里。然后把张露萍带到南方局的大门外，对她说你可以走了。

张露萍一时没明白敌人的意图，但她断定这是敌人的又一个阴谋。

张露萍不紧不慢地在大街上走着，眼睛警惕地观察着周围的一切。

大街上熙熙攘攘，车水马龙，商家摆放出的各种商品五花八门，琳琅满目，此起彼伏的叫卖声增添了热闹和繁荣的气氛……这一切让张露萍感到是那么的亲切，那么的熟悉。但在今天，她又感到有些异样。这条街道她已经走过无数次了，每一次行走在这条街道的时候，她都会感到兴奋、温暖和干劲倍增，因为目的地那里，有温馨如家热情似火的同志们——在那个充满浓酽友爱的生机勃勃的大家庭里，她不仅会受到首长和同志们无微不至的照顾，而且还会得到他们充满智慧的工作指导和亲切的鼓励。

张露萍一步又一步地有些艰难地走着，脑子在快速地思考着：特务到底要干什么？

南方局军事组首先发现了可疑的情况，叶剑英命令曾希圣和雷英夫作好准备以应对突发事件，警卫班赓即荷枪实弹，防止特务伺机冲击南方局。

张露萍离南方局大门越来越近了。

从容的脚步声清晰可闻，似乎可听见她的心跳和呼吸。

此刻，只有几步的距离了。

她和同志们近在咫尺。

张露萍只要愿意，瞬间就可跨进南方局的门去，她也特别想跨进去。

但她不能进去，为了粉碎敌人的阴谋，她只能被残酷的现实隔开。

曾希圣、雷英夫和同志们都凝神屏息，只听心脏在怦怦地剧烈跳动。

同志们热血奔涌，多想一步冲出去，将自己的同志抢夺回来！

但严峻的现实不允许他们这样做。

蓦地，张露萍发现远处隐约有特务跟踪窥视，顿时，她明白敌人的意图了。

目不转睛地监视张露萍一举一动的特务的意图确实如此，他们的如意算盘是一旦看见她同谁说话就抓谁，如果她走进南方局，特务就会蜂拥进南方局搞搜查和打砸抢，继而，军统还会反咬一口，造谣说共产党破坏抗战、惹是生非云云。

张露萍继续以固有的步伐走着。她年轻姣好的面孔"绷得紧紧的"，呈现出严肃、刚毅和蔑视的神情。

特务依然在远处紧盯着。

马上就要走到南方局大门口了。

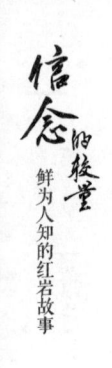

暗中较量的特务和南方局最为紧张的时刻到了。

双方都屏住了呼吸。

众目睽睽之下，张露萍迈着从容的步伐，目不斜视地走过去了。

她没有走进南方局！

特务们目瞪口呆。

南方局的同志们不由得松了一口气，钦佩、担心和感慨的复杂情感油然而生——他们知道，张露萍此举保护了南方局这个战时首都的中共领导机关，避免了党组织的重大损失。但同志们深知，她此一走，就意味着放弃了年轻的生命和宝贵的自由，放弃了牵挂的家庭和新婚丈夫的温存，走向的是无边无际的黑暗和血腥的刀枪。而这时，正值青春年华的张露萍还不满19岁。

特务们无奈地叹息着，最后的阴谋和希望化作了泡影。军统由此作出错误的判断：张露萍的领导者是中共地下党重庆市委，而不是南方局。

在张露萍壮烈牺牲44年之后的1984年，一位名叫邵燕祥的诗人写下了让人心灵震颤而又感慨万千的美丽诗篇：

你们看到了，让敌人也看到，
我的步伐仍然镇定从容。
我多想一脚跨进周公馆，
一头扑进你们怀抱中，
向你们哭，向你们笑，向你们倾诉，
那有多么好啊，可惜我不能。
我的家！我的党！我的司令部！
我是你的好女儿，你的懂事的尖兵。
再看我一下吧，亲爱的同志们，

我将永远消失于湿雾蒙蒙。

遗爱祠留下我的遗恨，

嘉陵江流尽我的身影。

……

军统电台的七名党员在虎狼之地智斗敌人的勇气和胆略，宛若晴天霹雳，让敌人惊惶失措，心有余悸。戴笠更是万分尴尬，大发雷霆。在军统全体特务参加的"总理纪念周"会议上，他火冒三丈地破口大骂："魏大铭（电讯处长）真糊涂，共产党睡在身边还不知道。我们的电台快成共产党电台了。总台长也有问题，还敢出面保共产党。"继而怒斥看守所所长毛烈的愚昧和"是非不分"，"毛烈真大胆，竟敢给张蔚林送信，让共产党全跑了"。他最后恨铁不成钢地警告部下说："共产党已经打到我们团体里来了。"

不久，蒋介石知道了这起石破天惊的重大案件，强烈的震惊之后便是勃然大怒。他责问戴笠说："你经常吹嘘军统如何厉害，如何打入共党内部。现在是共党打入了军统内部，你还不知道，你还有脸活得下去吗？"戴笠心惊肉跳，无言以对。

受到如此的重创和打击，这对争强好胜的戴笠来说简直就是奇耻大辱，令他痛心疾首，饱受折磨。在此后两个月的时间里，他的脸上没有了平常的春风得意与神采飞扬，布满了愁苦和难堪。他把耻辱和打击迁怒到了下属的身上，稍不如意就严厉训斥，动辄拳脚相向。他对亲信诉苦说："你难道不知道张蔚林案件发生后，我受的耻辱比打骂更厉害十倍。这是我一生的奇耻大辱，是我同共产党斗争中最惨重的一次失败！"

尽管军统的审讯和阴谋都失败了，但敌人并不甘心，戴笠要求继续对张露萍进行审讯。一天，司法科法官周养浩、戴笠秘书李崇诗再次来到白公馆

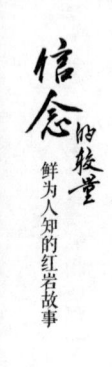

看守所，准备又一次提审张露萍。

此时，正在看守所长办公室里的张露萍向所长提要求——让他安排医生"把她鼻尖上被毒虫咬的一个红疖子治好"。并说，她从小就生活在条件优越的军阀家庭中，监狱中恶劣的生活真让人难以忍受。

周养浩、李崇诗看见这一情景，心中尚存的一点信心瞬间被粉碎了：以多年的审讯经验判断，他们遇到了一个老到的强硬对手。二人简单地询问了一下，就让看守所长把张露萍带了下去。

看守所长两手一摊，无可奈何地说："你们都看见了，她装得多像。这是她的手法，想使我们相信，她确实是一位小姐，不会吃苦，当不了共产党。"

李崇诗说："这个人真硬，戴局长亲自审讯，也拿她没办法。这几天有新的供词没有？"

看守所长回答说："招供什么？还不是只说，她是四川军阀余安民的私生女，因不满家庭，曾去延安考入抗大。不久因吃不了苦，逃回四川的，尚未找到栖身之所。在重庆，路遇张蔚林，彼此认识起来，发生恋爱。至于与总台冯传庆、杨光、赵力耕、陈国柱、王席珍等人，是因张蔚林的同事关系介绍认识的。其他什么也不承认。张蔚林也只承认同张露萍是在路上相遇认识的，彼此谈恋爱，并无政治关系。"

在采用一切审讯方法都没使电台特支的中共地下党员屈服后，军统判处七人死刑，关押在重庆白公馆。1941年3月，七人被转移到贵州息烽监狱继续关押。

6
共产党人:"至死也不投降!"

在张露萍和她领导的军统电台特支中共地下党员被捕的一个月后,她所敬重的并得到悉心帮助的"车伯伯"——车耀先和罗世文的危险降临了。

从1940年3月初开始,国民政府在成都实行"征实""征购"搜刮民间粮食的同时,官僚、奸商和地主也趁机纷纷抢购粮食,以此来哄抬物价,操纵市场,从中牟取暴利。在此情况下,地处富庶之地的成都城区和附近的郊区居然出现了人为的粮荒:有的粮店千方百计购买来数量不多的一点粮食进行高价销售,而更多的没有粮食可售的粮店干脆停止营业。在这种情况之下,穷苦百姓的苦难日子降临了,他们为了维持起码的生计早出晚归地购买粮食,一旦打听到哪里有粮食可购买,便奔走相告地涌向那里,争先恐后地购买救命的粮食。饥肠辘辘的百姓在忍无可忍的情况下,成群结队地开始冲击粮店,捣毁柜台抢购大米和捡拾大米。

面对风起云涌的穷苦百姓抢购大米的行为,军统成都站站长田动云、成都行营调查课特务队长刘崇朴等人向军统局川康区区长张严佛汇报说,如此众多的老百姓竟敢胆大妄为地捣毁粮店,抢夺大米,这其中肯定有共产党员在里面煽风点火,以此来制造春荒暴动。感觉危如累卵的张严佛立即相继向成都行营主任贺国光、重庆军统局负责人戴笠进行了汇报,同时安排下属强

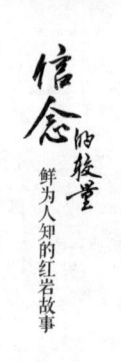

化监视，高度戒备，进一步侦察隐藏其中的中共地下党组织。

但更大的危机还是爆发了。

1940年3月14日14时左右，被贫困生活逼得走投无路的1000多名饥民在成都南门外集中后，浩浩荡荡地涌向春熙路。在潮水般扑来的巨大人流中，沿途的粮店受到冲击，吓得胆战心惊的店铺纷纷关门躲避。成都警察局侦缉队长谈荣章和刘崇朴如临大敌，先后打电话向张严佛汇报说：这些冲击粮店的饥民肯定暗中得到了共产党的指使，如任其发展，不加以镇压打击，一定会酝酿成武力暴动。

张严佛立即就饥民冲击粮店事件向贺国光作了汇报，他危言耸听地"认定这是共产党指使的一次利用春荒有计划的阴谋暴动，必须采取紧急措施，武装镇压，以防事态扩大。否则成都以至川西整个局势可能因局部暴动而发生民变，不可收拾"。

贺国光听完汇报，随即打电话同川康绥靖公署主任邓锡侯协商之后，安排宪兵二团团长周竞人、警察局长唐毅迅速布置人力进行武装镇压，驱逐抢夺大米的饥民，防止事态恶化。

在贺国光的指挥下，成都警察局、成都警备司令部和宪兵团紧急出动，一场剑拔弩张的武力镇压开始了。

警察最初采用一种名叫水龙的设备驱逐，企图以此来赶跑成群结队的饥民。但手无寸铁的饥民并不退让，依然聚集在一起。

见水龙驱逐无效后，警察和宪兵凶残起来，采取殴打驱赶，愤怒的饥民则出手还击。霎时，成都街头一片混乱：如狼似虎的警察和宪兵大呼小叫地不停驱赶，衣衫褴褛面带菜色的饥民和警察宪兵扭打在了一起。赤手空拳的饥民不是被打伤就是被踩伤，受伤者的痛哭声、谩骂声和驱逐者的咆哮声交织在一起，使街头在前所未有的混乱中呈现出野蛮和恐怖的气息。

这时，正在驱逐饥民的警察和宪兵发现了《时事新刊》的记者、中共地下党员朱亚凡在人群中采访。坛神庙警察分所所长郭善祥见朱亚凡的着装不像普通饥民，认为他是现场指挥抢大米的人，毫不犹豫就把他逮捕了。原来，国民党早就仇恨倾向进步的《时事新刊》，借此机会无中生有地说朱亚凡是共产党指挥饥民抢大米的人，以"临场指挥春荒暴动扰乱社会治安"的罪名把他枪毙了。之后，他们嫁祸于共产党，造谣说："共产党煽动群众抢米，破坏抗战后方。"国民党顽固派此举的目的是，制造四川军阀同共产党组织和爱国进步人士之间的矛盾，进而强迫四川军阀同意逮捕迫害共产党员和进步人士。

在镇压了抢米饥民、杀害了朱亚凡后，军统瞄准的下一个目标就是罗世文和车耀先。

实际上在镇压饥民抢米之前，军统早就把罗世文、车耀先列为监视和迫害对象——张严佛要求谈荣章、刘崇朴等人全力以赴对二人进行侦察。谈荣章、刘崇朴进行监视侦察后，向张严佛汇报了罗世文、车耀先等人的任职和住址等情况。张严佛随即把掌握的情报用密电向戴笠作了报告，请示予以逮捕。戴笠审定密电呈报蒋介石批准后，将拟逮捕罗世文、车耀先等人的命令转交张严佛执行。

张严佛接到命令后，召集军统川康区的下属，邀请中统、宪兵和警察负责人开会商量逮捕办法。经过协商后会议决定：对罗世文、车耀先等四人进行秘密逮捕，具体的时间为午夜以后拂晓以前；上述人员逮捕后送往特务队部关押。张严佛和川康区副区长则在成都将军衙门行营本部进行统一指挥，随时处理逮捕的有关事宜。

史料显示，早在3月14日的"抢米事件"发生以前，罗世文得到了一个从国民党省党部传递出来的消息，说他目前处境危险，应该出去躲避一下。罗世文的妻子为丈夫的安全十分着急，劝说他回延安。罗世文临危不惧地说："大敌当前，只能以国家利益和党的工作为重，怎能因我个人的利益而

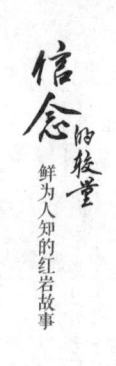

离开抗战。只要国民党还有一分抗日的诚意，即不应危害我！"

数天后，又一个危险的信息传递给了罗世文——潜伏在四川军阀潘文华部队的中共地下党送出情报说，敌人将要逮捕的名单上有罗世文等人。情况万分紧急，中共川康特委副书记周凤平对罗世文说："现在形势险恶，你应停止工作到乡下去避一下风头。"

罗世文说："我是《新华日报》成都营业分处负责人和八路军驻成都代表，是公开的中共代表，同地方军阀统战关系较好，国民党还不至于把这几顶帽子拿走。而且这里还有许多工作要做，我离开了对各方面影响很大，还是让其他同志先转移。"

在张严佛紧锣密鼓的安排布置下，逮捕罗世文、车耀先等四人的计划开始实施了。

1940年3月18日，宪兵二团团副周作桢率领二营上尉营副张贤明、宪兵司令部特高组组员郑历冰和张治及武装宪兵近20人前往成都的祠堂街，布置武装宪兵在街道的两端巡视。为了防止车耀先逃跑，周作桢命令张贤明带领便衣三人监视车耀先的住处"努力餐"餐馆。周作桢本人率领便衣包围了《新华日报》，破坏了电话线，然后命令张治以送电报的名义，到大门前称有电报送达，叫《新华日报》看门的工友开门。工友不知是计，便打开了大门，立即就被宪兵控制起来。周作桢带人迅速上楼前往罗世文的卧室，搜查了罗世文的书信之后，把罗世文逮捕下楼。为了防止工友们为保护罗世文进行反抗，郑历冰特意警告工友说："你们关门睡觉，不许做声，否则对罗先生不利。"随即对罗世文采用惯用的绑架方法——以黑布遮蒙眼睛，再用绳子捆绑两手，由便衣押解而去。

下一个逮捕的目标是车耀先。

已是凌晨1点。

车耀先一家正在香甜的睡梦之中。

周作桢率便衣来到了车耀先的住所"努力餐"餐馆。

张治如法炮制，扮成送电报的员工，上前敲门，呼叫："收电报。"

餐馆的工友一开门，一群便衣冲进来控制了工友，大声叫喊："老板在哪里？"

车耀先与妻子闻声穿衣下床，打开房门走出来说："我是车耀先，有什么事？"

便衣特务瞬间冲进屋里，首先搜查了车耀先的书信和文件。

宪兵二团上士李淑伟对车耀先说："我们是奉行辕命令，来请车先生去谈话的，谈完马上就可回来。"

另一特务说："请你有点事走一趟。"

早就经历了九死一生和无数恐吓的车耀先眼睛一瞪，正气凛然地说："不用绑，我自己会走。"

郑历冰对车耀先的妻子说："你们不要做声，否则对车先生不利。"

特务和宪兵采用绑架罗世文的方式来对付车耀先：用黑布遮盖双眼，再捆绑绳子，押解而去。

军统另外逮捕郭秉毅、汪导予二人也同时完成。

在罗世文和车耀先被捕后，中共中央南方局为了揭露事实真相，彻底粉碎敌人的阴谋，指示中共川康特委以成都市委的名义，撰写和散发了《为抢米事件告成都市民书》，及时有效地消除了对共产党的负面影响。同时，南方局领导人周恩来代表中共中央就成都"抢米事件"提出严重抗议，要求释放被逮捕的人士。

张严佛逮捕了罗世文、车耀先等四人后，立即向重庆军统局进行了报告，安排川康区司法股对上述四人进行了初步审讯。四人严词否认自己与成都的"抢米事件"有关。军统随后又派遣司法科科长余铎前往成都专门审讯。面对余铎咄咄逼人的审问，罗世文义正词严地承认自己是共产党员和

《新华日报》成都营业分处负责人的身份，其他避而不谈。车耀先态度强硬，既不承认与成都的"抢米事件"有联系，更不承认自己是共产党员。

初步审讯失败后，军统换人了。

成都行营政治部主任、军统特务邓文仪受戴笠派遣，带着礼物肩负特殊使命前来拜访罗世文。他以曾与罗世文一起留学苏联的经历，意图通过叙述同学之情，劝说罗世文放弃自己的信仰，背叛组织，以此获取国民党的高官厚禄。

罗世文怒火万丈地驳斥说："我们共产党与你们国民党是第二次合作。这次，如果国民党也以四万万人民的生存为重，国共两党的合作抗日是可以继续下去的。那么我投降干什么？用不着。如果国民党一定要把1927年的那段历史重演，再次破坏国共合作，那简直是中华民族的灾难。但是那样做的最终结果，必然是国民党的彻底完蛋。我坚决反对国民党走这种重演历史悲剧的老路。如果你们一定要倒行逆施，置国家民族的利益于不顾，那么，我至死也不投降！"

遭到罗世文的严厉斥责后，失望的邓文仪不悦而去。

罗世文，四川威远人，1904年8月出生。1924年秋，担任青年团重庆地委书记。1925年，加入中国共产党，同年前往苏联莫斯科东方大学学习。1937年秋，受中共中央的派遣，罗世文从延安来到四川，任中共四川省临时工作委员会书记兼《新华日报》成都分处负责人，从事统战和抗日救亡工作。1938年，任中共川康特委书记。是年，他在赠送友人的题词中，写下了让无数共产党人豪迈不已的诗篇："从来壮烈不贪生，许党为民万事轻。"

这时，戴笠为了处理"抢米事件"专程到了成都。他感觉到川西形势暗潮涌动，危机四伏。戴笠担心地对张严佛说："成都还潜伏有大批共产党，他们仍在暗中点火，利用刘文辉等人从中煽动捣乱。对共产党组织不加以彻底破坏，不把他们一网打尽，川西局势永不会安宁。抢米风潮表面上是平息了,第二个抢米风潮,以至更麻烦的事情还会出现。你要特别注意运用特委会、宪兵团的力量,配合川康区加紧侦察,毫不放松,使共产党没有喘息余地,给予彻底的破获。"张严佛按照戴笠的指示,组织力量逮捕了革命和进步人士二十多人,然后对洪希宗、薛特恩、唐鉴舟等七人进行引诱和严刑拷打。薛特恩被打得昏死过去,唐鉴舟的脚都被打断了,但铁骨铮铮的七名革命志士毫不屈服,被押解到简阳的一个叫龙泉驿的地方秘密杀害。

戴笠觉得罗世文和车耀先等四人关押在成都不安全,决定将四人迅速押送重庆比较保险。戴笠叮嘱张严佛说:"罗世文、车耀先、郭秉毅、汪导予四人关在成都不稳当,请你派人押解他们随我的专机到重庆去鞫讯。"

张严佛请示说派遣刘崇朴带人押解是否可行。

戴笠同意了张严佛的安排。

次日,刘崇朴带领特务押解罗世文等四人上了戴笠的专机,直飞重庆广阳坝机场,然后将四人转移到军统望龙门看守所关押。

罗世文和车耀先在望龙门监狱关押期间,戴笠和军统司法科科长余铎、行动处处长徐业道对二人进行了严酷的审讯,希望以此来逼迫二人交出"抢米事件"的有关人员,出卖组织。面对常人难以忍受的刑讯折磨,二人坚贞不屈,正气凛然地说:"成都抢米风潮,系人为灾荒,为反动派搜刮政策所致。"

尽管戴笠对罗世文和车耀先的审讯没有任何效果,但仍没放弃幻想地打起了车耀先的主意——他得知车耀先敬重冯玉祥的人品,就说:你只要发表一个声明,我们请冯玉祥先生介绍你加入国民党,让你担任四川省民政厅厅长一职。车耀先说他"宁死也不同意"。为了防止敌人利用他的名义搞阴谋诡计,给党组织造成不良的影响,车耀先在监狱中悄悄地撰写了一封书信带给住在重庆两路口的友人。他在书信中说:"此次藉蓉打仓事,诬为共党春荒暴动,我与罗(罗世文)同时被捕后,解渝拘此将二月。被询时,我力辩

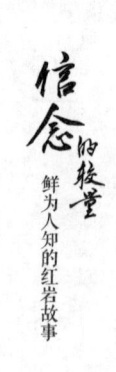

其诬。询者暗示非入国党不可，我以自由实行三民主义答之。""如逼我为特务工作，虽死不从。"

为了瓦解车耀先的斗志，特务有意在车耀先的监狱里放上了一部晚清重臣曾国藩所著的《曾文正公家书》，企图用蒋介石极为推崇的曾国藩的理论在潜移默化中腐蚀他的意志，以此来转变他的革命立场，继而为国民党政府服务。如同任何残酷的刑罚一样，曾国藩的理论说教和特务苦心孤诣的做法对车耀先没起作用，反而"引起写作与教子观念"。在面对死亡和非人折磨的监狱里，心静如水的车耀先宛若坐在家中的书桌前，开始从容不迫地给儿女撰写遗书了。他的遗书娓娓道来，在谆谆教诲中充满了缱绻深情，给今天生活在和平幸福环境里的中国人留下了振聋发聩的文化遗产：

> 因念余出世劳碌，磨折极多，奋斗四十年，始有今日。儿女辈不可不知也。故特将一生之经过写出，以为儿辈将来不时之参考。使知余：出身贫苦，不可骄傲；创业艰难，不可奢华；努力不懈，不可安逸。能以"谦""俭""劳"三字为立身之本，而补余之不足；以"骄""奢""逸"三字为终身之戒，而为一个健全之国民。则余愿已足矣，夫复何恨哉？！

车耀先，1894年出生，四川大邑人。1912年，车耀先进入川军的部队当兵。1918年，升任连长。在陕南镇巴县的一次战斗中，因作战勇敢守城有功被北洋政府授予"文虎勋章"。1923年，担任团长的车耀先在成都简阳的一次战斗中因身负重伤而昏死在战场上。第二天，曾得到他帮助的牧师聂生明到战场来收尸，发现车耀先居然还活着，将他送往成都抢救才保住了性命，但从此右脚留下了残疾。在聂生明的引导下，在茫茫黑夜里探索真理的车耀先加入了基督教。1929年，经过多年的坎坷寻找并付出了惨痛的代价后，车耀先高兴万分地加入了中国共产党，他为此写下了震撼寰宇流传至今的诗篇："幼年仗剑怀佛心，放下屠刀求真神。读破新旧约千遍，宗教不过欺愚民。""愿以我血献后土，换得神州永太平。"1937年1月，车耀先创办《大声》周刊并担任社长。该杂志积极宣传中共的政策、主张对内和平对外抗战并揭露国民党的阴谋，因此反动势力对车耀先极端仇视，经常以谩骂、抄家、恐吓和暗杀来威胁他。车耀先毫不畏缩地说："只要政府愿蹈北洋军阀的覆辙，我亦愿步邵飘萍的后尘。"邵飘萍，一身正气的著名新闻记者，因揭露和鞭挞北洋军阀的丑恶，于1926年被军阀张作霖杀害。

在同戴笠和军统特务作斗争的半年时间中，车耀先和罗世文以共产党人的机智，面对死亡的无畏与坦然，让敌人彻底以失败而告终。国民政府认为二人是共产党方面的重要人物，呈报蒋介石批准后长期关押。1941年3月，刚刚任职贵州息烽监狱主任的周养浩押送白公馆的一批犯人拟前往息烽，同时接到了押送罗世文和车耀先的命令。周养浩在办理手续时，看见材料上赫然写着："罗世文化名张世英""车耀先化名田光祖"。这样，罗世文和车耀先二人转移到了人间魔窟息烽监狱，开始了长达五年的监狱生活。

1940年4月，对于中共地下党员许晓轩和谭沈明这对为了心中的理想而不懈奋斗的战友来说，他们被捕的厄运就要来临了。令人意想不到的是，波诡云谲的命运让二人经历了太多的相同：几乎在同一时间被捕，同一时间被转移到贵州省息烽监狱关押，数年之后再乘坐同一辆汽车转移到重庆白公馆关押，甚至同一时间牺牲。

军统的逮捕来得那样悄无声息而又突然——4月的一天，担任重庆新市区区委委员的许晓轩同往常一样，按照约定到重庆大溪沟的二十一兵工厂开会。但许晓轩不知道的是，危险已经降临——他被叛徒出卖了。埋伏在这里的军统特务迅速地逮捕了他，关押在望龙门监狱里。

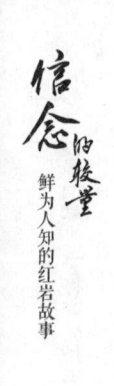

许晓轩被秘密逮捕，妻子姜绮华和家人一无所知——因为许晓轩早出晚归地忙碌事情他们已经习惯了。但过了一段时间后，许晓轩不仅没有回家，而且音讯全无。这反常的现象让细心的姜绮华感觉蹊跷，她请求许晓轩的兄长许瘦峰外出寻找，打探许晓轩的下落。

许瘦峰奔波起来，通过各种渠道打听弟弟的下落，终于得到了一个让他五雷轰顶的消息：许晓轩被军统逮捕了。

当许瘦峰把许晓轩被捕的消息告诉姜绮华时，她惊呆了，犹如泥塑木雕一般，随即不省人事。

尽管许晓轩被关押在警戒严密的监狱中，渴望能和亲人见面的他还是发现了一个可以利用的宝贵机会。他特意带信给亲人说：我们要见面不能在监狱里进行，只有在日本飞机空袭重庆时，监狱里的犯人都要押到室外的防空洞躲避轰炸。到时候你们也到防空洞里来，我们只有在那个时候寻找机会见面。许瘦峰按照许晓轩的提示，终于瞅准一次躲避日机空袭的机会到防空洞里同许晓轩见了一次面——这是许晓轩在近十年的长期监禁生活中唯一的一次同亲人见面。从此，年复一年关押在监狱中的许晓轩，他把对亲人的思念、怀想和嘱咐寄托在了屈指可数的几封书信中，他和亲人的团聚在现实里永远无法实现了，只能在万籁俱寂的冷冷清清梦境中进行。

在和亲人书信联系非常困难的情况下，机智的许晓轩想出了一个保持秘密联系的方法。他在书信中告诉亲人说：你们在收到书信后的一号或十五号，就到《和平日报》刊登一个星期的寻人广告，内容是："自汝离家，已经数载，老母……妻……望速来信……"许晓轩在监狱中发现报纸上的寻人广告后，就委托别人按广告的地址去取书信，同亲人保持联系。但由于监狱中管理严格，如此的联系常常中断，往来的书信寥寥无几。为了安慰牵肠挂肚的亲人，他在写给亲人的信中说："目前我身体还很好，生活也不差"，"只望大家生活得好，有发展，不必记挂我。我已经历得多，什么都无所谓了"。

为了表达自己坚定的意志、不屈不挠的决心和毕生的追求，许晓轩用铅笔在包装香烟的纸上书写了"宁关不屈"四个字，从监狱中捎出带给他的亲人，以鲜明的态度阐明了自己的阶级立场。现"宁关不屈"四字作为见证一个革命者崇高气节的历史文物，珍藏在重庆歌乐山烈士陵园的展览大厅里。

1941年的春节到了。

监狱里铁窗冰冷，寒气逼人。

铁窗外万家灯火，其乐融融。

转移关押在白公馆监狱的许晓轩浮想联翩，思绪万千，一气呵成撰写了一首七律。诗中充满了一个职业革命者的豪迈情怀，心中希冀的仍然是"向往新生梦北疆"。他把这首诗带给了他的亲人，一直流传到今天：

不悲身世不思乡，

百结愁成铁石肠。

止水生涯无节日，

强颜欢笑满歌场。

追寻旧事伤亡友，

向往新生梦北疆。

慰罢愁人情未已，

低徊哦诵惯于章。

许晓轩，1916年10月出生在江苏省江都县仙女庙镇，学名永安，字小轩。这是一位眉清目秀的知识分子，年轻英俊的面孔上洋溢着一个职业革命者的刚毅和严肃。1939年初，在无锡公益铁工厂担任会计一职的许晓轩随着工厂迁移到了重庆。1939年5月，经青年职业互助会领导人杨修范的介绍，

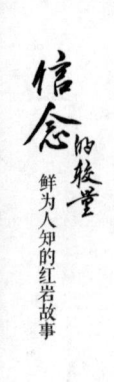

许晓轩加入中国共产党，相继担任过中共川东特委青委委员、宣传部长、重庆新市区区委委员。许晓轩入党后，把整个身心和热情投入到了革命工作中，他不仅早出晚归忙于革命工作，而且生活上也异常节省，把节约下来的钱用在了革命事业上，因而导致家庭得不到应有的照顾和帮助。时间一长，母亲有意见了，她埋怨许晓轩说："你一点不管家里的事情，简直不要家了。"

许晓轩理解母亲的心情，他说："帝国主义正在侵略中国，民族灾难这么深重，只有有国才有我们的家。只有国家富强了，才会有家庭的安宁。"

许晓轩的被捕给妻子姜绮华的打击几乎是致命的，这个孱弱而又美丽的女人在短暂的数年间经历了人生的重大苦难：许晓轩入党后，将一位同志带到家中住宿时，该同志将疟疾传染给了一岁多的儿子，致使儿子不幸夭折。儿子的死亡让姜绮华伤心得死去活来，痛不欲生。现在，许晓轩又进了牢笼——被如狼似虎的军统逮捕意味着几乎没有生还的可能，而他们的女儿许德馨才仅仅八个月，娘家的亲人又在遥远的江苏……这样的日子今后怎么过啊？在沉重的压力和忧郁之下，姜绮华患了严重的肺病，在床铺上躺了整整三年的时间，九死一生，饱尝艰辛。在与疾病搏斗的三年时光中，是天使般的女儿给她带来了心灵慰藉，给了她战胜疾病和死亡的信心和勇气——姜绮华为此经常告诫自己：为了这唯一的可爱女儿，无论如何我都要活下去。时光荏苒，在姜绮华的精心养育下，女儿渐渐地长大了，她时常爱问妈妈："我的爸爸呢？爸爸他在什么地方，为什么老不回来？"听到女儿的问话，姜绮华百感交集，心如刀绞，她拿起许晓轩的照片对女儿说："乖孩子，这就是你的爸爸，他在很远的地方工作，他很忙，哪能经常回来呢？"女儿相信了妈妈的话，蹦蹦跳跳地玩耍去了。年轻的妈妈见此情景，禁不住悲从中来，潸然泪下。一次，女儿又询问了爸爸的事情，姜绮华心潮起伏，泪流满面。妈妈的悲伤让聪明的女儿似乎知道了其中隐藏的秘密。从此，女儿像变了一个人似的，再不向她询问爸爸的事情了，常常坐在家门前，一双羡慕的眼睛痴痴地盯着有爸爸妈妈陪伴的小朋友出神，或者忧郁的眼睛望着苍茫的远方，沉默无语。

作为一个有着坚定信仰的长期遭受残酷迫害的革命者来说，毫无疑问，许晓轩以其赤胆忠心和舍生忘死的英雄气概，实践了他的入党誓言，书写了无愧于党、无愧于事业的华彩乐章。但对于血浓于水的亲人来说，由于全力以赴投身到党的事业之中，他对亲人的帮助和资助太少太微不足道，因此关押在监狱中的许晓轩复杂的内疚感常常在心中涌动，不能释怀。1941年3月7日，他给兄长许瘦峰撰写了一封书信。他在信中说：

几年来想到你的时候，总觉你是一个善良的兄长。否则我们之间隔开一段距离，但这是另一方面的事，就手足之谊来说，我是很觉内疚的。记得逃警报的时候你的两句诗是"货殖为求慈母喜，时艰倍觉弟兄亲"，当时我读了竟仍懵然，现在才体会到你的心情，也才了解到自己的稚气。

对于母亲，许晓轩的话语中充满了负罪、自责和悲伤：

想起母亲，我也很觉有罪，当时我偶而（尔）回家，总是淡然的。记得母亲说过我是哑吧（巴），真是的，为什么我不能体验到老人家的心情呢……

现在我没有什么可以安慰母亲了，说我还活着吗？然而何时可以回家呢？想来还不如不提起也许可以省掉一番伤心吧，今后还请你继续替我尽一些责任，衷心感谢你！

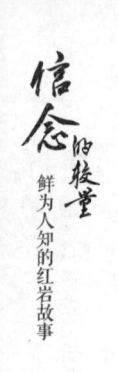

许晓轩想到年轻的妻子的未来,流露出了让姜绮华早日改嫁的意图——可以想象,在自己并未牺牲的情况下作出这样的决定是多么的痛苦,又是需要何等的气魄和心胸。他对妻子和孩子作了这样的安排:

(一)我无归期。请她早作打算,不必呆等。说起来似乎很不合适,其实是很合理的,尽这样等下去,到何时是了呢?固然办起来是不容易的,所以我想到第(二)希望她能找点无论什么事做做,以求走出家庭,并谋自立(孩子请嫂嫂或诚姊代照顾一下)。如果她愿意而又能够设法到我的老友们那里去找事做去,那就更好了。(三)新(馨)儿(许德馨,许晓轩的女儿)长大务必送到我的老友们处去教育。这三点希望全家人帮助她,说服和开导她,我衷心感谢你们!

1941年10月,军统将许晓轩等人迁移到贵州省息烽监狱关押。

1940年4月中旬的一天凌晨,重庆南岸织袜厂的七名工人急匆匆地赶到小龙坎正街,他们心急如焚地对炒房老板谭焕章报信说:"谭大爷,我们谭经理被稽查队抓去了。"

谭经理即谭沈明,是谭焕章的小儿子。

谭焕章得知消息后,惊讶万分。忧心忡忡的他立即动员各种力量和关系寻找儿子的下落,但音讯全无。

1940年4月中旬,寻找儿子的努力失败后,无可奈何的谭焕章只能借助新闻媒体帮忙了。他特意在《新蜀报》刊登了一则寻人启事:"谭沈明于4月14日从望龙门过河后,在西街失踪。经多方打听,均无消息。望知情者代为寻找,定当重谢。"

谭沈明，原籍四川广安，1915年8月19日出生在重庆小龙坎。1937年冬，经中共地下党员张维奇的介绍入党。谭沈明是军统以偷税为借口而秘密在南岸织袜厂逮捕。谭沈明被捕后，被军统关押在川东师范学院一个特务机关的防空洞里。防空洞里暗无天日，生机勃勃的大地上所拥有的一切在这里都成了奢望——这里没有明媚温暖的阳光，没有清新的空气，更没有花草树木的盎然绿意和小鸟的嬉戏与啁啾。有的是"积水很深"，有的是窒息与混沌，有的是"阴冷潮湿"，到处弥漫着恐怖的死亡气息。在这非人般的折磨中，没多久，谭沈明的衣服和袜子等都被浓重的潮气打湿了，不仅全身浮肿，一片冰冷，而且开始拉肚子了。谭沈明在惨遭恶劣环境摧残的同时，还被敌人严酷拷打审讯。面对敌人的每一次审讯，他只承认是中共党员的身份，其他一切问题严词拒绝。在防空洞中，坚强的谭沈明被特务折磨得皮包骨头，奄奄一息。心疼他的父亲和兄长打听到他的下落后，企图用金钱打通关节，拯救谭沈明出狱。谭沈明毫不犹豫一口拒绝了，他带给家人的口信说："敌人不会放过我的，望父亲不要在我身上花钱财。"

1941年10月，当谭沈明被押出防空洞时，他年轻的身躯严重变形了：身体孱弱不堪，全身浮肿，"头发和眉毛发白了"。让他始料不及的是，老战友许晓轩也被捕了，他们同时被转移到贵州省息烽监狱关押，并将在监狱中成为肝胆相照和患难与共的共产党人。

在谭沈明和许晓轩等共产党人被军统转移到息烽监狱关押数月后，重庆这座饱经战火洗礼的城市，就要迎来著名的新四军军长叶挺了。

第二章　蒋介石劝降叶挺和廖承志

7　"人的躯体哪能由狗的洞子爬出"

8　中美合作所的真相

9　年轻的英灵守望在翠绿高原

10　出狱的第一件事是恢复党籍

7
"人的躯体哪能由狗的洞子爬出"

1942年1月3日，一架由广西桂林飞往重庆的银鹰轰鸣着，徐徐地降落在珊瑚坝机场。

飞机停稳后，机舱里热闹起来，乘客们依次鱼贯下机。

最后下机的乘客是一位气宇轩昂的中年汉子，他缓步走下舷梯，看了一眼这座有些熟悉的城市，脸上呈现出一丝惊喜。

他就是著名的新四军军长叶挺。

叶挺走下飞机，军统特务团团长杨清植、总务处长沈醉迎了上去。二人毕恭毕敬地向叶挺立正敬礼。

叶挺出于礼貌，向二人点头示意。

担心有人趁机劫持的杨清植对叶挺说：重庆山高路陡不好走，我们准备好了轿子请叶军长乘坐。

叶挺看了一眼被遮掩得严严实实的轿子，心中一下明白了：这是特务为防止他逃跑和走漏消息而采取的措施。心中不悦的他对杨清植说：我不想坐轿，想走路看看城市风景。

但杨清植坚持请叶挺坐轿。

双方僵持起来。

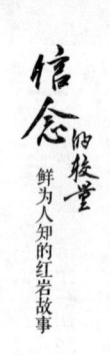

过了一会儿，叶挺不情愿地走到轿子前，坐上了轿子。

一行人随即步履急促地前往军统的望龙门监狱。

从此，叶挺被秘密关押在重庆。让叶挺没有想到的是，他的关押同重庆结缘了——同年12月，他被军统转移到湖北恩施关押。1945年9月，叶挺再从湖北恩施转移到重庆关押，直到1946年3月获得自由。

叶挺在望龙门监狱关押了一段时间后，军统又将他转移到江北的一处秘密监狱关押。一直在苦苦寻找的给中共党组织报信的机会来了。

特务押解叶挺在路上走着。

叶挺注视着眼前的一切，尽可能地寻找时机。

机会来了！

他发现了位于路边的厕所。

他对特务说他要解手。

这是一个非常普通而又合乎常理的事情。

特务答应了叶挺的要求。

叶挺疾步进入厕所，拿出纸笔快速地写道："翰笙弟：我已被押解来渝，任光在我身边阵亡。希夷。"然后在另一张纸上写道："请拾到此信的朋友，买一信封，邮寄本市中国电影制片厂阳翰笙先生收，感激不尽。所附五元钞票，权作酬谢。"

发现叶挺书信的人果真将书信转寄给了中共地下党员阳翰笙。阳翰笙收到"没有写发信地址"的书信，"怀着兴奋紧张的心情"，马上把书信送给了南方局领导人周恩来。

周恩来接到叶挺的书信，惊喜地说："好！我们正在设法找他呢！反动派玩弄阴谋诡计，说他生活得好，很自由，全是鬼话！有了这封信，我就可以立刻去找蒋介石。"通过这封书信，叶挺将自己被转移到重庆关押的消息巧妙地告诉了中共党组织。

叶挺，原名叶为询，字希夷，1896年9月10出生，广东惠阳人。少年时代，具有叛逆性格的叶挺对封建礼教非常厌恶，尤其对迷信和神权更是深恶痛绝。这种愤怒终于爆发了——他不仅把家乡几个庙宇的菩萨的胡子眉毛拔了下来，而且还把一些菩萨的手指折断，烧香用的香炉也被他砸得粉碎。

叶挺小小的年纪竟然干出了这样石破天惊的事情，乡中的众多农民愤恨不已。一名乡绅大声呵斥说："你好大胆，连菩萨都敢打！"

叶挺镇定地回答道："我打了，你敢怎么样？"

这个做错了事的少年居然敢顶撞自己，乡绅怒火万丈地说："你这个小子，当心雷公劈你的手！"

叶挺无所畏惧地说："如果真有雷公，就让他来惩罚吧，我不怕！"

1914年，叶挺从广东陆军小学毕业后考入湖北陆军第二预备学校，两年后，以出色的成绩考入保定陆军军官学校工兵科学习。1918年，孙中山领导的粤军到福建漳州一带招兵，叶挺参军进入部队并担任第一支队参谋职务。1921年，叶挺被提拔为粤军第一师工兵营二营长。从此，拥护孙中山的革命主张、敬仰其卓越才能的叶挺跟随孙中山从事起了轰轰烈烈的革命工作，并加入了国民党。1922年4月，广东省省长兼粤军总司令陈炯明背叛革命，指挥部队发生公开叛乱，冲击孙中山办公的总统府，企图把孙中山领导的革命扼杀在摇篮之中。担任总统府安全保卫工作的是警卫团——薛岳的第一营和叶挺的第二营等部。1922年4月16日，孙中山在警卫部队的护送下安全登上了永丰舰，妻子宋庆龄则留守在总统府吸引敌人。6月16日凌晨，叛军开始炮轰总统府和孙中山夫妇的住宿地粤秀楼，形势危急。第一营和第二营分别在后院和前院阻击敌人。在硝烟弥漫的战火中，叶挺"奋不顾身地站在最危险的地方指挥全营官兵抗击"，亲自填塞炮眼，沉着应战，多次打退了叛军的进攻，"使叛军想把小小的一个总统府拿下来，终不得逞"。此时，仍滞留在粤秀楼的宋庆龄处境危险，形势严峻，叶挺命令二营排长李洁之说：

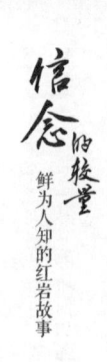

"带领全排冲过天桥，协助卫队护送孙夫人（宋庆龄）安全下来。"在叛军从总统府后门冲进来时，宋庆龄在"叶挺带领机枪连护送"下成功脱险。

1923年1月，孙中山在广州成立大元帅府，任命叶挺为宪兵司令部参谋长兼一营营长，继续担任孙中山的保卫工作。1924年，对国民党"现状不满"、拥护中共主张的叶挺向孙中山提出希望能到苏联去学习。叶挺在国民党元老廖仲恺等人的帮助下，以中国国民党党员的身份第一个前往苏联莫斯科东方大学学习。让叶挺始料未及的是，这次在异国他乡的学习将导致他的人生信仰发生重大的改变，并成为矢志不渝的追求。聚首东方大学学习的有一批来自中国的政治精英——他们是赵世炎、聂荣臻、王若飞、肖劲光、陈延年等。在苏联学习期间，如饥似渴钻研马克思主义的叶挺在聂荣臻、王若飞的介绍下加入了中国共产党，痛苦但坚定地完成了由国民党党员向中共党员的转变。1925年8月，在苏联学习的叶挺、聂荣臻等人回国了，被党组织安排在广州工作。此时，中共广东区委领导人周恩来、陈延年等决定在广东肇庆组建以中共党员为骨干的独立团，并把这光荣而艰巨的任务交给了叶挺。在筹建独立团之前，叶挺特意拜访了廖仲恺夫人何香凝。在他敬重的何香凝面前，叶挺对廖仲恺的牺牲悲痛万分，他拉着何香凝的手，这个铁血男儿的"眼泪就像一串珠子似的滚下来"。叶挺指着廖仲恺的儿子廖承志安慰何香凝说："他会继承他父亲的事业的！"让叶挺和廖承志没有想到的是，他们的命运竟然如此相同：数年之后，他们二人将在遥远的德国不期而遇；他们分别在1941年和1942年间相继都被捕了，均被军统关押在重庆集中营，均被蒋介石亲自劝降，均在1946年的春天被中共党组织从重庆集中营营救出狱，并在位于红岩村的中共南方局欣喜相见。那一刻，红岩村春风吹拂，梅花怒放。

在叶挺艰苦卓绝的努力下，独立团筹建起来了，从此，独立团在叶挺带领下，所向披靡，屡建奇功，人民群众赞誉独立团为"铁军"、叶挺为"北伐名将"。对于叶挺驰骋沙场取得的赫赫战功，新中国成立后成为共和国元帅的陈毅作诗颂扬道："秋风扫落叶，铁军声威立。"

1928年1月，中共广东省委在香港召开会议，研究处理广州起义失败的问题，会议有失公正客观地对起义的领导人给予处分，认为"任红军总司令职务"的叶挺"表现消极"，给予"留党察看六个月的处分"。之后，叶挺按照党组织的安排，再次前往苏联。让叶挺始料不及的是，更大的打击接踵而至。在莫斯科，叶挺受到共产国际领导人米夫、中共领导人王明的无理呵斥和陷害。在这种情况之下，愤怒异常的叶挺离开了莫斯科，前往德国，从此脱离了中共党组织。对叶挺遭受到无端的指责和歪曲事实的打击与陷害，周恩来站出来说话了："这件事我们应该给叶挺伸冤。"叶挺后来总结说："那时党内清算中国革命失败的问题，我觉得有些脱离事实；同时因失败情绪的影响，与国民党共产党都脱离了关系。"令人唏嘘不已的是，直到1946年，叶挺再次申请加入中国共产党时，已是18年后的事了。

1937年7月，全面抗战爆发后，为了共同打击日本侵略者，国共实现第二次合作。10月12日，国民政府正式颁发命令：将南方八省红军游击队改编为新四军，任命叶挺为军长、项英为副军长。是年底，叶挺风尘仆仆前往延安，向中共中央请示筹建新四军有关事宜。中共中央对叶挺的到来举行了欢迎宴会，毛泽东致词说："我们今天为什么欢迎叶挺军长呢？因为他是大革命时代的北伐名将，因为他愿意担任我们新四军军长，因为他赞成我党的抗日民族统一战线的政策，所以我们欢迎他。"

受到中共中央如此高规格的礼遇和毛泽东的称赞，叶挺心潮澎湃，他说："同志们欢迎我，实在不敢当。革命好比爬山，许多同志不怕山高，不怕路难，一直向上走。我有一段爬到半山腰又折回去了，现在又跟上来。今后，一定遵照党所指示的道路走，在党和毛主席正确领导下，坚持抗战到

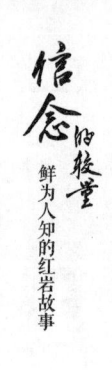

底。"在叶挺的努力下，新四军队伍以前所未有的速度发展壮大，强烈地引起了日军的不安，视其为眼中钉的日军组织力量多次对位于皖南地区的新四军进行残酷的扫荡。在强敌面前，叶挺身先士卒，沉着应战，给予日军沉重打击，赢得了中外人士的高度赞誉。毛泽东评价他说："领导抗敌，卓著勋劳。"

新四军的日益强大，不仅使侵华日军如坐针毡，更让国民政府心生恐惧。1940年10月，居心叵测的蒋介石命令军委会参谋总长何应钦，向八路军总司令朱德、副总司令彭德怀和新四军军长叶挺发出代电，命令要求在一个月内，驻防在长江、黄河以南的新四军、八路军转移到黄河以北。1941年1月4日，按照要求，皖南新四军开始向北撤离。让中共中央和叶挺没有料到的是，一场大战即将爆发了——国民党军将领顾祝同、上官云相已在新四军的四周布置了硕大的包围圈，众多年轻战士的生命走到了尽头。

1月6日，当浩浩荡荡的新四军行进到一个叫茂林的地方时，新四军同国民党军的前卫遭遇战瞬间打响——震惊中外的皖南事变爆发了。这是一场非常不对称的战争，双方的兵力极为悬殊——新四军所属部队只有9000多人，而国民党军却有8万之众，况且新四军是在毫无准备的情况下仓促作战。尤其雪上加霜的是，中共东南局书记、新四军副军长项英对"国民党顽固派抱有幻想"，几乎使身处包围之中的新四军陷入灭顶之灾。

从1月6日至13日，身处夹缝之中的叶挺指挥部队顽强苦战，多次伺机突围却遭到项英的反对而失败。

1月14日来临了，新四军的形势岌岌可危。

这时，中共东南局副书记饶漱石对叶挺说："你是否可以到三战区与顾祝同谈判，让在山上的我军指战员能下山回苏北新四军去？"

叶挺回答道："我现在是败军之将，身无一卒，根本没有条件。我是坚决不能去的。大革命失败后，我离开党已经10年，这是一个惨痛的教训，我是深刻记取的。"

饶漱石说："不是你自己要去的，是党派你去的，我自应向党中央报告。在座的同志中只要有一位能冲出去回到部队，都可以向党中央报告，证明是党派你去的。"

叶挺陷入沉思中，许久后回答说："如果是党决定派我去的，我就服从。"

叶挺派遣参谋温巨潮、游生贵拿着他的名片下山同国民党军联系谈判事宜，但二人被扣押了。之后，叶挺带领叶钦和、王聿先等十多名随从下山拟同国民党军谈判，全体人员亦被扣押。至此，叶挺五年多漫长的铁窗生涯开始了。

叶挺一行被关押不久，来了一位国民党军的军官，他对叶挺说："请军长下令，叫山上所有的新四军官兵下山。"

叶挺怒火中烧地说："我已被捕，再不是新四军军长了。我已无权下令叫他们下山。要我出卖他们，我叶挺办不到。"

军官道："请军长不要生气，我们慢慢商量。"

叶挺义正词严地说："这个问题没有什么可以商量的。"

皖南事变发生后，位于重庆的《新华日报》为了揭露国民政府的阴谋，准备在头版给予全面真实的报道，但被国民政府有关部门撤销了。怒发冲冠的南方局采取一个非常的措施——偌大的版面只刊登了周恩来的一首诗："千古奇冤，江南一叶，同室操戈，相煎何急！"除此之外，开了"天窗"：留下大片的空白以示严重抗议。让国民政府和军统始料不及的是，不会同情新四军遭遇的特务们对周恩来这首大气磅礴、含义深刻的诗篇却是非常喜爱，并在悄悄背诵，这其中就有军统总务处长沈醉。特务中出现的这一现象被军统的秘密督察注意到了，并向戴笠作了报告。得知消息的戴笠勃然大怒，他在纪念周的会上说："委员长的话和我的话你们都不记得，不去背

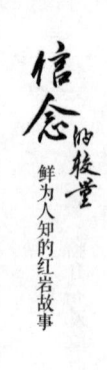

诵，而偏偏对共产党人写的东西，你们看成宝贝，居然抄下来，读得烂熟，这是什么道理？"会议结束后，沈醉送戴笠上汽车，戴笠恼怒地教训沈醉道："听说你也跟他们一样读这些诗句，还说写得好，你真太没有政治头脑！"

叶挺一行在安徽泾县被关押了几天之后，被转移到位于宁国县三十二集团军总司令上官云相总部。

1941年2月上旬的一天早晨，警卫员对叶挺的随从叶钦和说："上官云相今晚宴请军长，说为军长洗尘。"

叶钦和听罢，知道这是上官云相将要对叶挺开展劝降工作，心情骤然沉重起来。他抬头向室外望去，只见苍茫的天际布满厚重的乌云，雨雪交加中的大地一片昏暗。一阵凛冽的北风吹来，大地变得更加的混沌与寒冷。

顿时，牵挂着叶挺军长的叶钦和的心情变得更加恶劣起来。

在宴席上，担负着蒋介石特殊使命的上官云相诱劝叶挺说：你又不是中共党员，何必让自己这样受委屈呢？你只要发表一个声明，说明皖南事变是共产党一手策划的，袭击友军首先是新四军发动的。这样，一切都好说，高官厚禄和荣华富贵都是你的了。

面对威逼利诱，叶挺严词拒绝了。

叶挺回到了宿舍。

天黑了，北风越刮越大。

一直担心着军长安危的叶钦和迈着沉重的步伐，向着叶挺的宿舍走来。

叶钦和走到宿舍前，他看见偌大的房间里一只油灯散发出如豆的光芒。叶挺在屋中来回地踱着步，似乎心中风云激荡。

叶钦和看到这样的情景，心中犹豫了一下，最终还是走了进去。他对叶挺说："军长，您回来啦！和上官云相谈了些什么？"

叶挺停下了脚步，怒气未消地说："还有什么好谈？他们要我发表一篇声明，说是共产党首先袭击友军。真是颠倒是非！这些无耻之徒，什么坏事都干得出来。我想，蒋介石是不会杀我的，但监牢是有得坐的。为了民族生存，为了人民的解放事业，把牢底坐穿，我也心甘情愿，这些我都是估计到的。"

叶挺一口气说完，又在屋中踱步了。他踱着踱着，突然间在叶钦和的面前停了下来，他用手猛地拉开衬衣，指着结实的胸部对叶钦和说："我胸脯上的三块伤痕，子弹都是前面打来的，我打仗从来没有退却过。"

叶挺说完后，又迈开有力的步伐踱步了。倏地，他大声对叶钦和道："我在两次战争紧要关头，遇见了两位领导人，都是不懂军事的，有的甚至一些起码军事常识也不懂，这怎么去指挥打仗呢？"

叶钦和静静地听着，以此来理解和分担军长的忧愁。但他发现自己爱莫能助。他说："报告军长，我回去了，你还有什么交代？"

叶挺仍然踱着步，一言不发。

叶钦和见军长没有说话，迈开如铅般沉重的双腿准备离开了。就在此时，叶挺叫住了他，严肃而激动地说："你们受过共产党的教育，受过新四军的教育，现在严峻地考验我们的时候到了，要吸取大革命失败时的深刻教训，你们不要辜负党和新四军的教导！"

叶挺在自己被关押的情况下还如此爱护部下，这使叶钦和感动不已。他说："军长的教导，我永远记住，同时也尽可能转告同志们，请军长放心好了。"

数天之后，叶挺一行被转移到上饶集中营的李村监狱关押。

在上饶集中营，同样担负着蒋介石劝说使命的第三战区司令长官顾祝同，开始以保定学校的同学身份劝说叶挺了。顾祝同挖空心思，请来了叶挺认识的一些老同学和老同事，企图达到成功劝降叶挺的目的。

在宴会上，顾祝同不断地恭维叶挺的军事才能，有意透露蒋介石的电报

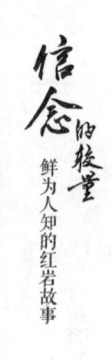

内容，十分真挚地说蒋介石对他表示"关心"，要与他"合作抗日"，并邀请他担任第三战区副司令长官一职。

叶挺早已看穿了他们的把戏，他冷嘲热讽地说："你们不顾国难当头，搞分裂、搞摩擦。我叶挺一向力主团结抗日，而你们却反复无常，不顾国共合作共同抗日的诺言，悍然发动皖南事变，以8万之众，设埋伏，袭击不足1万人的新四军，陷害新四军。'合作抗日'亏你们说得出口，叶挺头可断、血可流，志不可屈！"

尽管第一次劝说失败了，但顾祝同毫不气馁，劝说的宴席依然按照安排进行着。直到多次劝说均以失败告终后，顾祝同改变方式了——他派遣已投降的原新四军参谋处长赵凌波出面劝说叶挺。

赵凌波不敢怠慢，经过认真准备后，他穿上新四军服装，怀着惴惴不安的心情走进了叶挺的宿舍。他战战兢兢地说："军长，我住在隔壁囚室，经一再请求，今天才准许来见你一面……"

叶挺愤恨地注视着赵凌波，严厉地质问道："你来见我做什么，我都不怕死，你怕死！"

赵凌波心中一阵颤抖，他胆战心惊地说："军长，请不要误会，我赵凌波如果对军长有半点不真实的地方，天诛地灭……"

叶挺没让赵凌波说完，怒火万丈的他走上前去，扬起有力的手掌，"啪啪啪"就是几个响亮的耳光，大声辱骂道："你满身污臭，滚！马上滚开！"接着，叶挺拿起烤火炉上的茶壶劈头盖脸地朝赵凌波砸去。

赵凌波抱头鼠窜。

赵凌波的劝降引起了叶挺的警惕，他以赵凌波为反面教材的典型，教育被俘虏干部说："做叛徒是最可耻的，终究要被人们唾弃的！一个革命者，要有三军可夺帅，匹夫不可夺志的坚强意志！"

为了表达自己坚定不移的意志和抗议国民政府的无理关押，叶挺经过深思熟虑后，决定在仪表上做文章——他把头发和胡须都蓄了起来，有意让它们长势茂盛。有人劝他理发时，叶挺严肃地说："不恢复我的自由，就不理发，不刮胡子！"同时，叶挺在囚室的墙壁、门板和窗户上书写了激励自己的话语："富贵不能淫，威武不能屈""正气压邪气，不变应万变""坐牢三个月，胜读十年书"等。为了表明自己的态度，他对被俘干部说："不管怎样，我是决不会做出任何对党不利的事情！"

1941年7月，叶挺从上饶转移到广西桂林，被关押在七星岩附近的一个山洞中，从此落入军统之手。山洞中没有阳光和灯光，叶挺做了一盏小油灯用来照明和读书看报。黑夜降临时，叶挺孤独一人生活在寂静的山洞里——这里没了亲人，没了战友，没了滚滚红尘的一切喧嚣，只有展翅飞翔的蝙蝠吱吱鸣叫着，陪伴他度过漫漫的长夜。

叶挺在桂林被关押了五个月之后，戴笠接到蒋介石命令。1942年1月3日，叶挺被军统押解乘坐民航飞机转移到了重庆，关押在望龙门特务团长杨清植的公馆里。

尽管蒋介石指示上官云相、顾祝同前去劝降均遭失败了，但不甘心就此罢休的他安排第三个下属出马了——这个被委以重任的人是湖北省政府主席、第六战区司令长官陈诚。蒋介石的安排自有他的深谋远虑：陈诚和叶挺不仅是保定军官学校的同学，而且还同在粤军第一师任职，二人的友谊不错。

此时，叶挺头发长长，胡子拉碴，衣衫陈旧，一副不修边幅的模样——如此形象与皖南事变前的他相去甚远了：那时的他威严、整洁而仪表堂堂。叶挺这样的形象对于陈诚将开展的劝降工作显然不好。戴笠安排军统总务处长沈醉说：你带上服装和理发师，劝说叶挺理发和更换服装。沈醉带着理发师和副官来到了叶挺住处。为了把事情办好，善于察言观色的沈醉同叶挺谈起了生活起居的事情，他"兜了一个大圈子"后，话语一转说：重

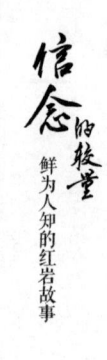

庆的火炉之称真是名不虚传啊，这样炎热的天气太难受了，好多人的头上都长虱子了，你把头发剪短一点就会好受多了。

沈醉的话没说完，叶挺立即明白了沈醉的意图。他严肃地说："我决不会为了见我所不愿见的任何人而修整须发。"

沈醉企图让叶挺理发和更衣的计划失败了。

数天后，陈诚来到叶挺的住宿处，他询问道："我想请你出来做事，如果愿意，就暂时屈就第六战区副司令长官，或者挂一个高参名义什么的都可以。"

叶挺明白了陈诚的目的，他愤怒地说："蒋介石有什么理由袭击新四军，为什么捏造叛变的罪名把我扣押？把新四军指战员镣铐加身投入监狱，为什么在国家民族生死存亡的关头做出这种令亲者痛仇者快的事情？"

叶挺勃然大怒的连续质问，让陈诚十分尴尬。

显然，再说什么都是多余的了，陈诚怏怏而退。

三个部下的劝降都失败了，爱慕叶挺出色军事才能的蒋介石只能自己出马了。

1942年5月12日晚，第六战区副司令长官郭忏的汽车来接叶挺了。他对叶挺说："委员长赐见，派兄弟接送侍候，请收拾一下上车。"叶挺坐上汽车，来到了会客厅。蒋介石"步入客厅频点首，口哼哼不止"。

蒋介石问道："身体很好？"

叶挺回答说："还好！"

蒋介石又问："一年来休养怎样？有什么反省觉悟的地方？这几年没有很好让尔做点事。"

叶挺说："屡经挫折失败，自觉能力薄弱，无法应付环境。"

蒋介石说："尔这人太老实，上了人家的当还不觉悟，人家叫尔回去尔就回去，叫尔打就打，人家利用尔完了还会杀了尔。去年为什么不来见我就跑回去，人家要尔回去，尔就回去。"

叶挺说："因为辞职没批准，只好回去，新四军案子我已尽了自己的能力……现在上饶还监禁几百干部，我对他们应该负责。我处置失当，我愿受军法裁判。"

蒋介石大声道："尔的部下就是共产党，他们破坏抗战，搅乱后方，尔上了当还不觉悟，还对他们负责，这样我关起一百多人是我错了吗？"

叶挺说："如果这样说，共产党军开始就不应该成立了。"

蒋介石说："话就说到这里止，再说就不好听，尔是不是共产党？"

叶挺说："到现在止，我没有任何党籍。"

蒋介石说："尔觉得共产党对，尔就到那里去，尔觉得国民党对，尔就到国民党来，没有中立的地方。我指示尔一条正路，尔能绝对服从我，跟我走，尔一定可以得成功，不然，尔就算完了。"

叶挺说："我早已决定我已经完了。"

蒋介石说："也不是那样意思，我叫尔到第二战区去好好休养，尔的前途是光明的。"

叶挺说："如果照这样做，大家一定说我自私，怕法律处置，我不能这样做。"

蒋介石最后嘱咐道："回去好好想一想，同郭司令（郭忏）商量好了答复我。"

蒋介石的谈话结束了，郭忏以为国民党的最高领导人都出马了，给足了面子，你叶挺总该满足了吧。接着，他同叶挺谈起了是否到国民党军任职的问题。但令郭忏万分惊愕的是，叶挺竟然这样表示："我不能够这样做，请枪毙我吧。"

蒋介石见无法说服叶挺，下令取消了叶挺的优待，把叶挺转移到白公馆监狱关押。一天，戴笠前往白公馆看望叶挺，身着短裤汗衫的叶挺不予理

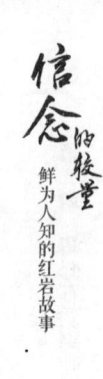

眯。看守所长侯子川担心叶挺不认识戴笠，就说："戴先生来看你。"

叶挺一动也不动地坐在地上，神情冷漠地说："我早知道，你不是派人告诉过我吗？"

戴笠主动地招呼叶挺。

叶挺说："请坐。"就没有话语了。

戴笠看到叶挺如此态度，知道谈话无法进行下去了，心中十分不悦的他在室内站了一会儿，灰溜溜地走了。

在白公馆关押没多久，叶挺又被转移到毗邻的蒋家院子秘密监禁。蒋家院子由军统技击班副主任李克炼带领24名武装看守和便衣全天候警戒，叶挺讽刺他们是"二十四大金刚，二十四个饭桶"。

丈夫在近两年的时间里杳无音讯，不知所终，叶挺的妻子李秀文焦急万分。通过各种渠道寻找，李秀文终于打听到了丈夫的下落。从此，她就急切地盼望着能早点和丈夫见面，这个机会姗姗来迟了——1942年10月，李秀文带着女儿扬眉，拿着桂林行营主任李济深的介绍信辗转到了重庆，在戴笠的安排下，夫妻俩在歌乐山下的五灵观招待所见面了。

当李秀文见到日思夜想的叶挺时，她惊诧了——丈夫长发飘飘，胡子拉碴，衣衫破旧……顿时，李秀文心中一阵酸楚，眼中的泪水夺眶而出。她问道："你的冤情，何时了结？"

叶挺愤恨地回答："天才知道。"

心如刀绞的李秀文安慰叶挺说："你们的冤情一时不能了结，即使等到须发全白了才恢复自由也是好的。"

1942年11月21日，关押在重庆红炉厂蒋家院子的叶挺心潮澎湃，文思泉涌，挥笔写了激荡人心的《囚歌》：

为人进出的门紧锁着，

为狗爬出的洞敞开着，

一个声音高叫着：

爬出来呵，给尔自由！

我渴望着自由，但也深知道，

人的躯体哪能由狗的洞子爬出！

我只能期待着，那一天，

地下的火冲腾，

把这活棺材和我一起烧掉，

我应该在烈火和热血中

得到永生。

　　这首诗抒发了共产党人的崇高气节和豪迈情怀，由李秀文带出后送给了诗人郭沫若。新中国成立后成为新中国文化部部长的郭沫若赞誉这首诗是"用生命和血写成的真正的诗"。——这首诗从监狱带出后，激励了一代又一代的共产党人和无数的中华儿女，刊印在了浩如烟海的中学生语文课本上，出现在了数不胜数的表演舞台上和精彩纷呈的文艺作品中。直到新中国成立数十年后，英年早逝的叶挺的生命仍以这种方式延续着，经久不衰。

　　蒋介石得知李秀文同中共代表团往来密切，担心叶挺被中共劫走，他指示陈诚把叶挺转移到湖北恩施。陈诚接受任务后，以故交的语气征求叶挺的意见，邀请他到湖北去。叶挺考虑到蒋介石在短期内不会放他，而且在重庆与中共中央的联系也无法进行，更换一个地方说不定就有机会了。因此他答应了陈诚的安排，但要求陈诚必准许他的条件："一是不挂任何职务，不与任何军政人员发生关系。二是生活要民办，不要官办，不沾第六战区和湖北省政府的一碗米和一碗水，一切用度暂由我的老朋友周苍柏借助，以后我如数偿还。"1942年12月，叶挺同妻子和女儿到达湖北恩施。

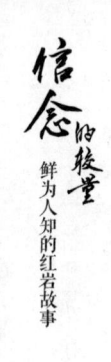

尽管叶挺被关押在监狱中,但中共党组织一直牵挂和关怀着他,千方百计地同他保持联系。1943年6月,《新华日报》记者陆诒拟到鄂西采访,周恩来指示他要想办法见到叶挺,转达党中央的关怀。

陆诒到了恩施,在陈诚的副官陪同下来到叶挺的家中。叶挺见有重庆的客人来访,分外的高兴,他说:"自从家属搬来同住以后,生活上比在桂林张向华处更为方便一些,辞修兄(陈诚)对我的照顾还算周到。"并热情地请陆诒同他一家共进午餐。

李秀文说:"吃家常饭,谈谈家常话,又不请外人。"

陈诚的副官听之,只好起身告辞。

副官一走,陆诒立即按周恩来的要求,拿出《新华日报》的合订本和《群众》杂志送给叶挺。

叶挺收到如此宝贵的精神食粮,喜悦万分。他说:"这两份精神食粮比什么礼物都要珍贵,我在乡下平时只能看看当地的报纸和过时的《大公报》。"

在就餐的时候,陆诒把周恩来的嘱托转达给了叶挺。他说:"两党谈判此刻仍在断断续续地进行,在每次谈判中,都提出恢复你自由的问题,切望你耐心等待,多多保重!"

叶挺心潮起伏地说:"我也深知我的自由问题决定于谈判结果,但我深信有党中央和毛主席的英明领导,必能获致胜利。这一信念坚定不移,在几年的囚禁中也没有动摇过。你回去请向恩来同志汇报,请他释念。"

1943年6月29日,蒋介石开始第二次争取叶挺——对一个日理万机的领导人来说,蒋介石对叶挺如此锲而不舍地争取,实乃少见。他在路经恩施时同陈诚谈起了叶挺的情况,觉得叶挺被关押了多年,也许现在去劝说就能达到事半功倍的效果。他再次对叶挺进行了劝说。

在蒋介石的客厅里,蒋介石问:"你知道错了吗?"

叶挺理直气壮地说："我没有错。"

蒋介石随即开始指责共产党的诸多不是，然后又对叶挺表示安慰和称赞。他说："请你考虑，我准备派你到六十二军或新编第二十二军去做军长。"

叶挺冷漠地说："现在，我还没有自由，怎么能考虑其他问题呢？"

让蒋介石失望的是，叶挺依然不为所动。

二人再次不欢而散。

在蒋介石漫长的政治生涯中，不知是否还有这样的劝说情形？

1943年8月，叶挺一家被军统再次转移到了桂林。此时，岳母一家人也来到了这里，人口的增多导致生活举步维艰。为了改变这种情况，叶挺在囚室前后开垦土地，种植蔬菜，饲养猪羊，以此来改善生活、强健体格和磨炼意志。他曾对一位记者说："我叶某今天学会劳动，学会放猪放羊，都是向老百姓学来的。你知道吗？今天人民想的是什么？他们看见我卷起裤脚下到河里捞鱼草，便不约而同地把小船划过来，用竹篙帮我扒鱼草，这里扒，那里扒，男女老小一起扒——哈！假如有水陆两用船，他们一定每天会载一船猪草送上我叶家来。我从人民群众的身上看见了无穷的力量。我看蒋介石是最大的笨蛋！他以为把我叶某软禁起来，就能令我灰心丧志，其实正相反，是把我叶某栽到千百万人的心窝里来了，他是把全中国的老百姓都推到共产党这边来了。"

在叶挺被捕仅仅一年多后——1942年5月30日，他肝胆相照的战友廖承志也被逮捕了。

这是廖承志漫长革命生涯中的第七次被捕。

直接导致廖承志被捕的原因是中统特务机关逮捕了原江西省委书记、南委组织部长郭潜。在刑讯逼供下，郭潜叛变并出卖了廖承志。

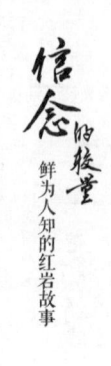

在押解途中，中统特务头子庄祖芳引诱廖承志说："小廖先生，你大号承志，你应该继承先人遗志，转到国民党里来共同奋斗才是。"

廖承志愤怒质问："你知道我父亲是怎么死的？"

庄祖芳不正面回答廖承志的质问，他转移话题说："他老人家总是信仰三民主义的吧？"

廖承志一阵冷笑。

庄祖芳哪肯放过劝说廖承志的机会，他继续道："你这次被捕，绝不会像过去在上海被捕时，会有人为你说话了。你到国民党来是大有前途的。"

廖承志蔑视地说："请你们把我的骨头拣几根交给我娘。"

一个星期以后，廖承志被转移到江西省泰和马家洲集中营关押。在这里，他见到了被捕的中共南方工作委员会副书记张文彬等人。

在集中营，中统特务对廖承志进行了突击审讯，但廖承志除了承认是共产党员的身份外，拒绝透露其他情况。他对特务说："你们不必频繁找我谈话，我同你们没有什么可谈。你们有权，尽可随时把我枪毙。"突击审讯的方式失败之后，特务遂采取疲劳审讯，让廖承志得不到片刻的休息，希望无法忍受这种审讯方式的廖承志能说出有价值的情报。在两种审讯方式都失败了之后，特务让叛徒郭潜来劝降。

郭潜刚一开口，就遭到廖承志的破口大骂："叛徒，你不配跟我谈。滚！滚！"

郭潜狼狈而去。

一系列的审讯都没有效果，绞尽脑汁的特务们改变方式了。他们同廖承志谈论起了三民主义，说："你的父母都是国民党元老，你却参加共产党来反对国民党，那不是反对你父母吗？"

廖承志慷慨陈词道："不错，我父母是国民党元老，但他们致力于孙中山先生联俄、联共、扶助农工的三大政策，也因此而遭到右派西山派的忌恨，父亲在1925年惨遭杀身之祸。试看今天的国民党，他们不仅背叛了总理联俄、联共、扶助农工的三大政策，屠杀共产党人，镇压工农运动，迫害进步人士，并且对外奴颜婢膝，丧权辱国……我参加共产党，不仅不是反对父母，相反是继承家父未竟的事业。"

1944年的春天来临了，在这个充满勃勃生机的季节，张文彬的生命却在残酷的迫害下枯萎了——瘦得皮包骨头的他对通过绝食斗争获得机会前来探望的廖承志张了张嘴，想说什么却一句话都说不出来。

廖承志心如刀绞，他大声说："你安心先去吧，我随后也会跟上你的。无论反动派怎样把我们灭尸销骨，党是总有一天会知道我们的，最后的胜利是我们的。"

奄奄一息的张文彬欣慰地笑了，对廖承志的话点头表示同意，随即"两双手紧紧地握在一起"。

是夜，张文彬死了。沉痛无比的廖承志放声大哭。他后来说："这是我在敌人狱中第一次，也是最后一次流眼泪！"

廖承志，国民党元老廖仲恺、何香凝之子，1928年加入中国共产党。先后在日本、欧洲等地从事革命工作，参加过红军二万五千里长征。抗战爆发后，受党组织的派遣前往香港，以中共中央南方局委员、香港统一战线工作委员会书记、八路军驻香港办事处主任的职务开展工作。

1945年1月，在蒋介石的指示下，廖承志被军统转移到重庆渣滓洞关押。之后相继被转移到白公馆和与之毗邻的黄家院子关押。

是年夏末，蒋介石在劝降叶挺失败之后，又开始了对廖承志的劝降工作。

军统特务对廖承志说："请你出去一下。"

早已作好就义准备的廖承志心中想道：敌人是不是"要下手了"。

走到山脚，廖承志被押上了汽车，只见"里面坐着一个大胖子"。

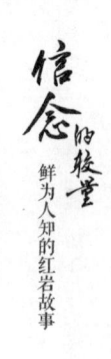

汽车开动了。

大胖子介绍说他是军统局主任秘书毛人凤。他对廖承志说："蒋委员长要看看你。"

廖承志心中想："也好，当面痛快地抢白这反动头子一顿，出一口鸟气再说……"

汽车行驶了一阵，到了山上的一座豪华的住宅。

廖承志进了客厅，只见"蒋光头早在了，远远坐在一角"。

毛人凤在另一边坐下了。

见到这种场面，不知为何，廖承志的"肚子里直管笑"。

蒋介石满面微笑，亲切地对廖承志说："你身体怎样？"

廖承志回答道："我身体怎样，你还不是顶清楚的？"

蒋介石的"面孔发红了"，他继续问："你现在想怎样？"

廖承志斩钉截铁地说："我活着是中国共产党员，死做中国共产党的鬼！"

蒋介石的脸又红了，"动了肝火"的他厉声问道："你这样做能对得起你父亲吗？"

廖承志理直气壮地说："我这样做才真的对得起我的父母。那些满口挂着我父亲的名字，双手沾满鲜血，同杀害我父亲的人称兄道弟的人，这对得起我父亲么？"

被质问的蒋介石"满面通红了"。他克制了自己的不良情绪，仍面带微笑地说："我蛮想把你留在我身边，但是……你有你的组织关系，就很不方便。"

廖承志说："这是绝对办不到的事！这种想法趁早收回去的好，两得其便。"

蒋介石沉默了，过了一会儿又说："我如果放你回去，你又回到你们的人那边去了——这样我就于心不忍。"

对这句暗藏玄机的话，廖承志愤怒了，他猛地从座位站了起来，大声质问道："那又要打仗了？你又要打内战了？"

蒋介石没有想到廖承志的质问"一直戳到了他的痛处"，他一时哑然。

廖承志说完，起身就往外走。

面对这样的情形，特务们不知所措。

情急之下的蒋介石站了起来，改用浙江宁波话说："还有话，勿忙。"

廖承志回答说："没有什么可谈的了，我洗干净脖子等着！"说完，头也不回地往室外走。

毛人凤见情况不妙，赶紧跟出来对廖承志说："你何必生这样大的气？再进去谈谈。"

廖承志一边走一边说："没有什么可谈的。"

毛人凤劝告说："你最好再考虑考虑。"

廖承志以为毛人凤威胁他，大声说："没有什么可以考虑的。你要动手，现在就请！"

毛人凤脸上依然是笑容，嘴里说："哪里……哪里……"

对于这样的结局，廖承志"以为这些反动派真要动手了"——秘密杀害。但让他奇怪的是，他们又把他押上了汽车，一阵风似的送回了歌乐山的黄家院子。

相对于众多被迫害致死和残酷杀害的革命烈士来说，毫无疑问，廖承志和叶挺都是幸运的——二人被中共中央全力以赴营救，分别在1946年1月和3月出狱了，并在重庆红岩村惊喜相见。

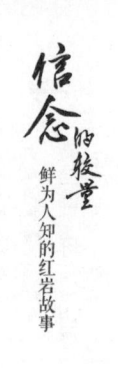

8
中美合作所的真相

1943年7月4日下午，重庆军统乡下办事处大礼堂中央悬挂着中国和美国的国旗——整个大礼堂焕然一新，庄严肃穆。

中美特种技术合作所的第一次合同签订仪式就要在这里举行了。

会议桌前，参加签字仪式的中美双方人员济济一堂：美方的人员有美国海军部情报署中校梅乐斯、美方参谋长贝乐利、主任秘书史密司等；中方参加的有参谋长李崇诗、主任秘书潘其武以及军统的"三巨头"郑介民、唐纵和毛人凤等人。

17点，军统局副局长戴笠满面春风地陪同着美国总统罗斯福的个人代表亨利·路斯、外交部常务次长胡世泽等嘉宾进入会场。

顿时，会场内响起了经久不息的掌声。

一行人走到会议桌前就座。

戴笠首先对亨利·路斯先生远道而来主持这次合同的签订仪式表示真切的谢意。然后，他用点名的方式，一一对中方参加者向亨利·路斯作了介绍。

亨利·路斯礼貌地微笑点头。

会议的重要时刻来临了。

潘其武将中美特种技术合作所合同用中文进行了宣读，之后由史密司用英语宣读。

戴笠和亨利·路斯分别在合同上签字。

亨利·路斯讲话的时间到了，他说：为了早日战胜日本帝国主义这个共同的敌人，我们的合作是符合两国的共同利益的。我国总统对这项工作是十分重视的，并寄予了殷切的希望，我相信双方今后能认真遵守合同的条款，并做出出色的成绩。

胡世泽说：我代表国民政府向美方表示最真诚的谢意！对美国总统派遣亨利·路斯先生前来中国主持签订合同仪式表示由衷的敬意。中方一定要严格遵守合同，恪尽职守，在美方的帮助下对日本这个共同的敌人给予沉重打击。

戴笠和梅乐斯表态说他们一定不会辜负两国元首的希望，力争坦诚相待，风雨同舟，善始善终地履行好合同。

至此，带着神秘色彩的中美特种技术合作所正式宣告成立了。

在第一次签订合同后，中美双方根据工作需要，相继进行了第二次和第三次合同的签订。中美特种技术合作所由戴笠任主任，梅乐斯任副主任，下设军事作战组、情报组、气象组等。

美方同国民政府的军统合作，成立中美特种技术合作所，主要的原因是军统的情报价值得到了美方的认可。在日军偷袭珍珠港之前，军统电讯处侦获了日本空军拟进攻珍珠港美军太平洋舰队的企图。戴笠把这一重要情报向蒋介石作了呈报。蒋介石指示把这一情报通知美国。戴笠电告国民政府驻美国副武官兼军统局美国站站长肖勃，由肖勃通过驻美武官郭德权通报美国海军。当美国海军收到这份十万火急的重要情报时却忍俊不禁，不仅没有重视和引起应有的警惕，反而认为这是中国政府故意挑拨离间美日关系。1941年12月7日，当驻守珍珠港的美国太平洋舰队惨遭日军毁灭性的打击之后，悔

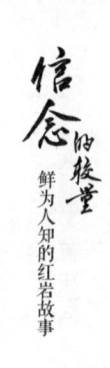

恨万分的美国海军这才认识到了中国政府提供情报的价值，便开始积极同中方联系了——中美特种技术合作所在这种情况下应运而生。

1943年9月，在戴笠和梅乐斯的共同努力下，一个不是为了服务抗战、违背中美特种技术合作所合同宗旨的组织诞生了：它就是重庆特警。重庆特警训练的项目有审讯、侦察、化装、射击和机动车驾驶等——但是，"他们几乎谁都没有受到任何能够用来对付日本人和普遍罪犯的训练。训练的课程集中在对付政治犯和有效的镇压手段方面"。1946年，中美特种技术合作所的历史使命结束后，由军统改名为保密局的特务机关就是依靠美国训练和武装的这批特务，惨绝人寰地逮捕和屠杀了一批又一批的中共党员和革命人士。

随着美方人员源源不断地来到中美特种技术合作所，军统原有的房屋远远不能满足新的需要了，这使军统工程处大兴土木，一片忙碌，以至于"数以千计的泥木石工彻夜工作着"。在炎炎的烈日下，常常每隔几天就有工人因为劳动强度大而疲劳至死，而夜以继日抓紧施工导致的工伤事故每天都在发生。尽管如此，希望立竿见影的戴笠和梅乐斯还是觉得工程进展太慢了。

中美特种技术合作所修建大量的房屋往往要占用当地农民的住房或土地。每当看中了农民的住房，这一家人的苦难日子就降临了：军统只给一点搬家费，马上叫农民搬家并动手拆除住房，从不考虑这些贫苦农民面临的各种困难。如此一来，当地农民忧心忡忡，怨声载道。但迫于军统的蛮横和威胁，农民敢怒不敢言。为此，在中美特种技术合作所范围内居住的农民每天提心吊胆，生怕有一天自己的住房或土地被军统看中了，这样就会无家可归，无地可种。一天，沈醉一行人陪同戴笠去选择存放美方炸药的仓库的地址，希望把危险品存放在远一点的地方，他们在不知不觉中走出了中美特种技术合作所的范围。回来经过一户农民的住房时，戴笠发现这家人喂养的两只毛茸茸的小鹅煞是可爱，情不自禁地走过去观看。这一家人正担忧着住房的安危，突然见到一些人众星捧月簇拥着一个人走来，全家人顿时大惊失色。当戴笠一行人走过来时，全家七人一齐向戴笠跪了下来，战战兢兢地说：我们家里的人多，一时找不到住房，请你开恩让我们住下去。戴笠莫名其妙，当他明白农民的意图时说：我们不要你的房子，是来看看你家养的小鹅。跪在地上的一家人如释重负，这才从地上爬了起来。戴笠看完小鹅，一行人扬长而去。这时，走得慢一些的沈醉看见了令人惊讶的一幕：只见这家人中的老人捉起小鹅，愤怒地把它们摔死了——显然，老人把小鹅当成了引狼入室的罪魁祸首。

　　在中美特种技术合作所范围内居住的农民不仅住房和土地随时有被剥夺的危险，而且这一区域内的女性还有被强奸和侮辱的可能。一次，戴笠陪同梅乐斯在中美特种技术合作所附近察看拟征用的土地时，突然从一个小山峦上传来了女人的呼喊声和男人的浪笑声。戴笠担心是下属的胡作非为让他在美国客人面前丢脸，他示意沈醉过去观察。这时，想了解情况的梅乐斯也朝发出声音的地方走去。走过去不远，只见一个惊慌的妇女发疯般地向这边跑来，她的身后紧紧地撵着两个美军——他们是梅乐斯的下属。妇女看到戴笠一行人后停下了脚步，惊魂未定的她迅速用手捂着被撕破了上衣的胸部。心中有些恼怒的戴笠观察着这一情形，他要看看梅乐斯是如何处理部下的。梅乐斯通过翻译得知这名妇女受到了美军的侮辱，一阵放声大笑后，他亲切地询问美军道："你们调戏这样的女人，不会嫌脏吗？"然后和颜悦色地说了几句，在他们背上拍了一下让二人一走了之。沈醉拿了点钱把妇女打发走了。看到如此情形，戴笠不以为意。

　　经过多年的连续建设，中美特种技术合作所的范围日渐扩大，整个区域达三十多华里。需要说明的是，由于中美特种技术合作所和军统重庆集中营地域的相邻和交叉，许多人把军统重庆集中营都当成了中美特种技术合作

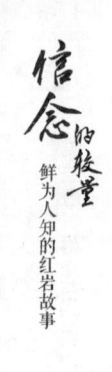

所。而实际情形是，这宽阔区域内众多办公用住房和住宅很多都是军统直接单独管理的部门，中美特种技术合作所人员所占用住房、办公室和其他区域要远远少于军统重庆集中营。

毫无疑问，中美特种技术合作所在中美两国打击日军侵略方面起到了积极作用——特别是该组织为美国提供的军事和气象情报，"成为美国太平洋舰队和在中国沿海的美潜艇攻击敌人海军的唯一情报来源"。开展的其他工作如对日心理战、经济战等方面为瓦解日军士气都起到了不小的作用。

在中华人民共和国成立后相当长的一段时期，由于对历史的误解和文艺作品的广泛宣传，众多的国人把中美特种技术合作所同戴笠领导的重庆集中营等同了起来。而实际情况是，中美特种技术合作所与重庆集中营并无隶属关系，中美特种技术合作所对重庆集中营的监狱无权过问。但不容置疑的是，中美特种技术合作所与重庆集中营有间接的联系，美方在抗战高度紧张时期，却用先进的技术和设备去武装军统的警察和部队，使他们在抗日战争结束后成为屠杀共产党人和革命人士的骨干，从而间接地帮助国民政府实现了镇压革命运动的目的。同梅乐斯一起在重庆共同工作的美国著名汉学家费正清评价说：中美特种技术合作所的弊端在于——"当1945年国共内战爆发时，它把美援全部用在了国民党一边。这就在客观上意味着美国'过早地'正式加入了反对中共的活动。这为中国共产党所深恶痛绝，并完全有正当理由把它看作是美国帝国主义的不义行为。"

从美国不远万里运输来的先进的刑具、手铐、测谎仪、枪械等设备源源不断地到达重庆——这些设备很快就用在中美合作所成立后的中国人身上。

年轻的中国教师邵全声就要体验美国人生产的测谎仪了。

1945年3月5日凌晨4时左右，重庆千厮门码头江边的石梯坎路上，在一盏书写着"费"字灯笼的橘黄色灯光的照明下，一个中年人和一个年轻人往江边的轮船码头走来。

中年人是浙江大学教授费巩，年轻人是他的学生、青年教师邵全声。二人凌晨出行的原因是，休假一年的费巩要乘坐一早的轮船前往搬迁到重庆北碚的复旦大学讲学。

二人到达码头时，只见十多名旅客已在门外等候。

费巩对邵全声说："我在这里等待，轮船的门一打开我就上船寻找座位。你去把昨天寄存的行李拿来。"

邵全声按照费巩的要求，去到数十米外的趸船仓库，喊醒正在睡觉的管理员，让他把费巩昨天寄存在这里的铺盖和箱子拿了出来。

铺盖和箱子拿出来之后，邵全声发现仅凭自己一人的力量搬运有些吃力，于是他到岸上喊了一位挑夫把费巩的物品搬运到轮船上。

就在这时，不见了费巩的身影。

着急的邵全声沿着轮船边寻找，大声喊："费先生！费先生！"

但无人应答。

轮船的旅客越来越多了，摩肩接踵，人声鼎沸。

急中生智的邵全声借了一只凳子，他站在凳子大声喊："费先生！费先生！"

但仍然不见费巩教授。

邵全声见一个地方呼喊没有效果，又换了一个地方进行寻找和呼喊，但依然不见费巩的踪影。

轮船马上就要起航了，无可奈何的邵全声回到码头上。

轮船启动了。

此时，晨曦朦胧，江风扑面。

邵全声眼睁睁看着轮船缓缓地向着水天一色的嘉陵江驶去。

邵全声心中黯然，"怅然若失"。

邵全声想道：我找不到费师（费巩），费师也同样找不到我，他会不会

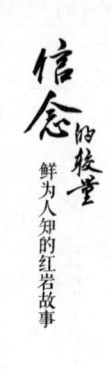

上岸找我去了？他又到附近岸边寻找尊敬的老师，但依然一无所获。

邵全声所不知道的是，从这一时刻开始，他和费巩老师的命运发生了重大的改变：费巩从此神秘失踪了，并在中美双方、国民政府、共产党领导层之间和教育界引起了轩然大波——数十年后，这位刚直不阿的教授究竟被何人逮捕，受到怎样的摧残，在何时、何地，以何种方式被杀害等都蒙上了神秘的色彩，扑朔迷离，令人费解。邵全声的厄运就此开始了，他将受到逮捕和残酷的迫害，直到两年多后才被无罪释放。

费巩，字香曾，1905年出生，江苏省苏州人。相继在英国和美国留学，1933年，才华横溢、学富五车的费巩到浙江大学任教。这是一位正直、热情和嫉恶如仇的政治学家与经济学家，时常以直率的性格"讥讽时政，深为当局所忌恨"。

在寻找费巩失败后，别无良策的邵全声只好把费巩的铺盖和箱子再次寄存到趸船仓库中，然后回到借宿的同乡处。

邵全声把刚才在码头上寻找费巩老师的事向同学们说了。

想不到居然会发生如此匪夷所思事情的同学们安慰邵全声说：主要是轮船人多拥挤找不到费巩老师了，等下午轮船到达北碚后，给复旦大学校长室打个电话询问一下就知道了。

是日晚，邵全声向复旦大学打电话询问费巩是否到达学校之事。对方回答说从重庆来的轮船已到达北碚，费巩教授已经到了。

听此消息，邵全声放心了，随即委托一位前往该校读书的李姓同学把费巩的铺盖和箱子带过去。李姓同学到达复旦大学后，经过多次寻找但无法找到费巩，立即以书信告知了邵全声。邵全声赓即通过复旦大学校长章益查询费巩教授是否到达该校的有关情况。查询的结果是：3月5日晚，当班的职员认为轮船既然已经到达了北碚，那么乘坐这艘轮船的费巩教授就应该到了。因此当邵全声询问时，当班职员就作了费巩教授已经到达北碚的回答。

显然，费巩神不知鬼不觉地失踪了。

邵全声焦急不安。

恰巧此时，浙江大学校长竺可桢正在重庆。势单力薄的邵全声拜访了竺可桢，汇报了费巩的失踪经过。竺可桢听完邵全声的汇报后认为，费巩教授被政府逮捕了，并说要千方百计地进行营救。随即竺可桢通过自己的各种关系，全力以赴地开展营救费巩的工作。同时他以自己的名义书写了介绍信，要求邵全声向重庆卫戍总司令王缵绪查询费巩的情况。邵全声前去查询了两次，均无结果。当邵全声第三次前往查询时，王缵绪说不要再找他了，可找重庆卫戍总司令稽查处查询。过了一段时间后，王缵绪向记者发表谈话说：费巩教授已被政府逮捕了，政府将妥善进行处理，希望大家不要惊慌。但没有多久，王缵绪又在报纸上发表讲话否定了政府逮捕费巩教授的说法。王缵绪的出尔反尔，让社会各界迷惘而不解。

按照王缵绪的吩咐，邵全声来到位于重庆市石灰市的重庆卫戍总司令稽查处查询。隶属军统直接管理的稽查处第二科科长宋廷钧同邵全声进行了两次谈话。3月29日，邵全声第三次前往稽查处查询时猝不及防地被关押了。之后，邵全声被转移到稽查处办公室，由军统管辖的重庆警察局侦缉大队大队长李连福和宋廷钧二人审讯。开始，邵全声以为是了解费巩失踪的来龙去脉，便有条不紊地叙述自己知道的一切情况。正在双方一问一答时，李连福突然蛮横地端起桌上的一杯热茶迎面向邵全声泼来。面对李连福的侮辱，邵全声勃然大怒。但为了弄清楚问题，邵全声强忍怒火，继续冷静地回答他们的提问。随着提问的增多，邵全声越来越强烈地感受到二人审讯的明显意图——把他当作了杀害费巩的罪犯或帮凶。

4月9日，邵全声被押往来龙巷的重庆侦缉大队，继续接受李连福和宋廷钧等人的审讯。在审讯中，提问最多的是李连福，而且更加的蛮横和卑鄙。邵全声强烈地觉得自己尊敬的费巩教授和有关同学受到了审讯者的侮辱，无

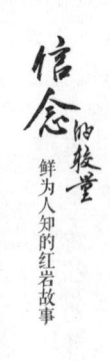

法忍受的他愤慨地用戴着手铐的双手猛烈地打击桌子。

一贯飞扬跋扈的军统特务哪能容忍"罪犯"如此嚣张，邵全声猛烈打击桌子换来了更为疯狂的报复。

在李连福的指挥下，特务脱去了邵全声的衣服，强行把他的头仰按在一个木盆中，舀水连续不断往邵全声的面容和鼻孔中猛灌。邵全声每呼吸一下，就有冰冷的水从鼻孔中吸入气管，让邵全声痛苦不堪，同时还伴随着特务的拳打脚踢。

在受到灌水刑罚的迫害时，邵全声不仅身体遭到了伤害，更为严重的是精神上的摧残，陡然间，他"头脑中残存的以为现政府也许能使中国好起来的希望破灭了，对国家和个人前途的原已受到损伤的信心崩塌了"。

在如此黑暗和险恶的环境之中，邵全声想到自己被捕后受到牵连的十多名同学，想到他们将要惨遭残酷刑罚的迫害，他心有余悸，焦急万分，感觉到只有自己承担了这份"罪责"，同学们才能逃过这一厄运。基于这样的思考，邵全声按照审讯者的意图含冤招供了：费巩教授是我推入江中淹死的，并撰写了书面供词。邵全声招供后，李连福等人如获至宝，对邵全声不再用刑。过了一段时间后，邵全声被押往一个秘密囚室继续关押，由李连福、宋廷钧等人宣布死刑，等待执行。

万念俱灰的邵全声书写好遗书。

但事件却突然出现了转折。

4月22日早晨，随着打开囚室房门的声音，邵全声被叫了起来，押解着走向看守所大门前的一辆轿车。邵全声被安排坐在汽车后排的中间，他的左右两边是手握手枪的便衣人员。

汽车启动了，向着重庆沙坪坝方向驶去。

汽车行驶一会儿后，到达了警戒森严的中美特种技术合作所。

邵全声被押往一间屋子里，这时，他发现李连福、宋廷钧等人早已在屋外站立等候。

少时，有人悄悄地小声说："来了。"

邵全声看见屋外的每一个人高度紧张，神情严肃，空气似乎凝固了——邵全声不知道，一个被惊动的重要人物来临了。

一个中等身材的中年人走进了大门，向着邵全声的屋子里走来。

邵全声定睛一看，这个人身穿中山装，"肤色微黑而红润，表情沉稳"。——这人就是赫赫有名的军统局副局长戴笠。

戴笠没有同他的下属说话，用眼神示意他们离开。

下属走开后，戴笠在一张桌子后面坐下，叫邵全声在一把椅子上坐下。

此时，屋子里只有戴笠和邵全声二人。

戴笠在作了审讯时的必要提问后，狡黠地询问是不是邵全声把费巩推入江中淹死的。

邵全声冷静地回答说："是的。"

戴笠静静地审视着邵全声，没有言语，仿佛要看穿邵全声的五脏六腑和是否说谎的蛛丝马迹。戴笠思考了一会儿说他不相信，并要邵全声一定要如实报告。

深切地体验到被戴笠部下残酷摧残滋味的邵全声不知道戴笠要的什么花招，担心这是戴笠引诱他翻供，继而再对他和他的同学进行残酷的刑讯逼供。"有死无生"的邵全声因此仍然回答说费巩是他推下江中淹死的。

老谋深算的戴笠哪肯轻易相信邵全声的口供。他说：你不要有什么担心顾虑，一切有我做主，你尽管如实说就是了。

但邵全声仍然坚持原来的口供不变。

双方僵持不下。

这是戴笠不希望看到的结果，手段丰富的他转移思路了。他询问道："你在老家有些什么人？"

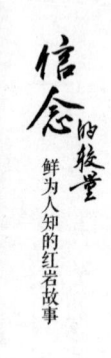

邵全声说:"有祖母、父亲、母亲和弟妹。"

戴笠严肃而惋惜地说:"你想想看,你的祖母和父母在你高中毕业后,把你送到大学读书,对你抱着多大的希望?他们已六七年没有见到你了,多么想念你。如果一旦接到消息,你冤屈自认害死老师,在重庆被枪毙了,家中的三位老人会多么伤心?"

戴笠的劝说有效了——他这一招触及到了邵全声的伤心处。

邵全声潸然泪下。

戴笠又说:"你认识军需署署长陈良吗?"

邵全声说:"认识,他是我父亲的同班同学。"

戴笠说:"陈良署长有电话打给我,托我留意你的案件。如果你有什么不敢说的话,不要有顾虑,可以照实告诉我。"

邵全声这才意识到,监狱外有人正在营救他,他有生还的可能,最主要的是他没有含冤而死,对于调查费巩教授的案件非常有益。

心中一阵狂喜的邵全声翻供了,他说:"那份供词,是李连福等人用酷刑逼供,冤枉写成,全非事实。"

戴笠听了邵全声的回答后不再询问,让邵全声同他一起到了一个安装有测谎机的房间。在这里,由美国心理专家舒莱勃用先进的测谎机对邵全声进行审问。

戴笠在一边默默观看。

舒莱勃用测谎机进行了两个小时"回答都很简略"的审问。

数天后,邵全声被舒莱勃用测谎机再次进行了更为细致的审问。

约两个月后,邵全声第三次接受了测谎机测试。

1945年8月,邵全声向重庆稽查处询问审讯结果,该处副处长张达说:"从测谎机检测的结果看,你所答的话都是真实的。"

让邵全声没有想到的是,就在他被关押监狱饱受刑讯逼供的同时,外界因费巩的失踪也引起了轩然大波。复旦大学贴出欢迎费巩教授讲学的海报被营救的海报所取代；搬迁到遵义的浙江大学发出了"还我费师"的口号；40名在美国留过学的教授们联名写信给驻华的远东战区参谋长魏德迈，恳请他出面营救费巩教授。收到书信的魏德迈十分重视，他亲自向蒋介石询问了费巩的情况，得到蒋介石否定的答复后，他把这件充满疑惑的事情交给了梅乐斯，希望梅乐斯能把费巩教授找出来，给中国的教授们一个圆满的交代。梅乐斯接到这一艰巨的任务后，安排一名叫克拉克的少校负责这项工作，同时，梅乐斯与戴笠协商说希望在其帮助下完成这任务。戴笠毫不犹豫地答应了，派遣沈醉前去协助克拉克的工作，他叮嘱沈醉说，无论如何，如果发现了费巩一定要千方百计先把他弄到军统来，不要让克拉克把功劳抢去了，以免他在蒋介石那里不好说话。

第二天，克拉克、沈醉和一名翻译动身前往位于遵义的浙江大学，向校长竺可桢了解费巩的情况。在校长办公室里，竺可桢接待了他们。当沈醉向他说明了解费巩教授的情况后，竺可桢便用英语直接回答克拉克询问费巩的问题。竺可桢对他们肯定地说：在遵义是找不到费巩教授的，最有希望找到费巩教授的地方是重庆，特别是到那些专门从事逮捕和关押政治犯的政府机关去寻找，一定会有满意的结果。之后，二人按照竺可桢提供的消息，前往湄潭县费巩一个亲戚家里去了解情况，结果一无所获。

湄潭县的调查结束后，沈醉找到军统遵义组组长了解情况。组长对沈醉说：费巩在浙江大学的政治倾向是激进的，惹人注目，除了我们军统一直在关注他外，中统也很关注他，最有可能是被中统逮捕了。

二人从遵义调查回来以后，向戴笠和梅乐斯作了汇报。梅乐斯认为竺可桢建议到政府的警察治安机关查询的意见应予采纳，这样一来费巩的事情就会真相大白，以便魏德迈答复那些联名上书的教授们。

在只有沈醉和戴笠二人的时候，沈醉悄声询问他心中担心的一个问题：

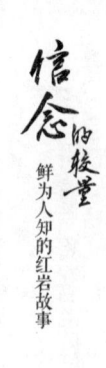

如果克拉克提出要看军统的看守所如何办？

戴笠脸色突变，大声说："他们想讨好这几十个留美的教授，别的都能依他们的，要是提到看我们的看守所时，你就干脆回答他这都是些很久以前关起来的人，没有最近逮捕的。"之后，他又补充说："我们没有抓费巩，你不是不清楚，怎么会提到这个问题？"

克拉克和沈醉相继到重庆稽查处和刑警处等政府机关查询，但均没有找到有价值的线索。这些机关的负责人向二人出主意说，费巩是不是掉到江中淹死了，因此找不到人。克拉克听之有理，二人又前往码头、唐家沱打捞江中死人的地方查询，并把没有人家认领的死人挖掘出来一一核对，但均无费巩的踪影。

就在这时，重庆卫戍总司令部接到一封署名是浙江大学学生的来信，信中说他在巫山县渡口见到了身着和尚服装的费巩教授。费巩被学生认出之后，叮嘱学生说他已看破了红尘，现遁入佛门，请学生不要声张。重庆卫戍总司令部如获至宝，立即派遣人员前往寻找。梅乐斯和戴笠得知消息，也安排克拉克和沈醉赶紧到巫山县查询。巫山县政府一看是洋大人寻找一个和尚，讨好地拟将全县的和尚扣押到县城来由他们一一查询。克拉克和沈醉觉得这样的粗暴方式不妥，二人遂亲自到每个寺庙明察暗访。经过十多天的寻找，二人足迹踏遍了巫山十二峰的数十个寺庙，结果仍然一无所获。

以浙江大学学生名义撰写的书信被稽查处副处长张达拿到监狱中向邵全声询问。邵全声阅读后，认为心胸宽广、意志坚定的费巩教授绝不会出家当和尚。他一针见血地指出书信中所说内容完全是空穴来风，纯属杜撰。在政府和军统面临社会各界巨大压力的时候出现这封信，显然是别有用心的凶手"扰乱视听之举"。

但无论费巩神秘失踪的事情闹得怎样沸沸扬扬，邵全声现在只能在监狱中待着，他出狱是两年以后的事了。

9
年轻的英灵守望在翠绿高原

躺在息烽监狱义斋牢地铺上的黄彤光因胃病发作正在难受的时候,徐林侠带着小儿子宋振中从室外的篱笆围墙边回来了。

徐林侠激动地对黄彤光说:"山坡下面正在修场地,我看到森森(宋振中的乳名)爸爸也在做工,我指给森森看了,这孩子第一次知道他爸爸是什么样子了。"

有气无力的黄彤光为宋振中认识爸爸而高兴。

兴奋的徐林侠又说:"他能出来做工,说明身体还可以,我也放心了。"

正在这时,宋振中奔跑过来了,他一边跑一边兴高采烈地叫喊:"我看见爸爸了,我看见爸爸了!"

黄彤光有意逗他说:"真看清楚了,不会弄错了?"

宋振中回答道:"不会弄错了,爸爸穿着背心在铲土呢!"

从此以后,小男孩宋振中强烈地产生了同爸爸见面的念头。

这个机会终于来临了。

一天放风的时候,男牢房的难友们正排着队走"8"字,突然传来了一个小男孩呼喊爸爸的声音。

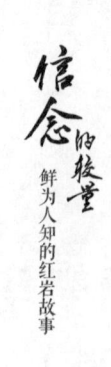

听到这熟悉的童音，宋绮云知道这是儿子宋振中来了，他惊讶地"啊"了一声，迅速冲到窗前观看。

一个小男孩快速地奔跑了过来，他跑得是那样的跌跌撞撞，又是那样的踉踉跄跄——他随时会重重地摔倒。

难友们的心提到嗓子眼上，恨不得飞奔到他面前，阻挠小男孩这一险象环生的举动。

正在这节骨眼上，狂奔的小男孩一下扑在路边的土墙上——他竟然没有摔倒！

难友们这才松了一口气，紧跟着宋绮云向山坡上小男孩的方向跑去。大家刚要同小男孩说话，小男孩却调头朝着山坡上的女牢房方向跑去了。

难友们惊诧一扭头，这才发现小男孩疯狂奔跑的原因——原来是一个看守正在紧紧追赶。

看守的行为简直灭绝人性。

怒火万丈的宋绮云泥塑木雕一般，呆呆地注视着眼前的一幕。

义愤填膺的难友们眼含热泪，却又爱莫能助。

男牢房的难友们就这样印象深刻地认识了宋绮云的儿子——那个因严重缺少营养造成皮包骨头的身体上顶着一个硕大脑袋、机警聪明的宋振中。

宋振中自从经妈妈的介绍和奔跑到男牢房认识了爸爸之后，朝思暮想着父亲的他几乎每天都趴在篱笆墙边向外探望，一旦发现爸爸朝这边观看，他就一个劲地大声叫喊爸爸。但由于距离太远，他多次叫喊爸爸仍无法听见。宋振中并不气馁，他依然坚持探望和叫喊爸爸。

这天，宋振中像往常一样，正在篱笆墙边呼叫爸爸，被女看守王金美发现了。王金美粗暴地把宋振中从篱笆墙边拉开，一边打骂一边把宋振中拖到徐林侠那里，责备徐林侠没有管理好自己的孩子。徐林侠看到小小年纪的儿子受到看守的虐待，心中既疼又恨。

愤怒的徐林侠把宋振中拉到身边，叫他伸出手来打手掌。徐林侠一边打儿子的小手一边问："以后还去看吗？"

宋振中不哭也不说话，任凭妈妈处罚。

徐林侠再打再询问，宋振中依然一言不发。

徐林侠更加恼怒了，她用力再打宋振中的手掌。

宋振中见妈妈真的生气了，他反问说："我的爸爸，为什么不让我叫？"

听到儿子的质问，妈妈愣住了，她扬起的手再也打不下去了。顿时，心中一阵酸楚的徐林侠热泪长流。

宋振中心疼妈妈了，他扑到徐林侠的怀里伤心地大哭起来。他劝妈妈说："妈妈，别哭，别哭，我不去看了……"

旁边的女难友们潸然泪下。

事后，黄彤光对徐林侠说："森森这么点点小，你别这么打他，怪让人心里难受的。"

徐林侠回答道："我自己也不忍心打他，但我的孩子不能让看守来管教，我能教育好儿子，决不能让特务来碰一下我的孩子。"

少女郑喜云也认识宋振中了——有着相对的自由和较好生活条件的他们一家人也是从重庆白公馆迁居到息烽监狱的。当郑喜云一家第一次见到这个"头大身细，骨瘦如柴"的小男孩时，"都感到很惊奇"。宋振中见到年仅12岁的郑喜云时叫她小姑姑，而称呼郑喜云年老的父亲为郑爷爷。

郑爷爷问他为什么小小的年纪就住进了监狱。

宋振中回答说他是和父母一起被关押到这里的。

非常同情宋振中遭遇的郑爷爷连忙拿来两个肉包子递给他，让他吃了再走。

从来没有吃过如此美食的宋振中高兴万分，他拿起肉包子兴高采烈出门

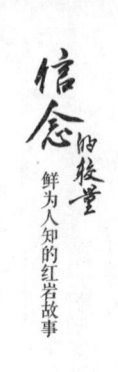

就往监狱跑。

郑爷爷一把抱住了他，询问宋振中为啥不吃肉包子。

宋振中回答说监狱中有个生病的叔叔已经几顿没有吃饭了，他要把肉包子送给叔叔。

这是一个多么懂事的孩子啊！

郑喜云一家感动不已。

郑爷爷当即让宋振中把肉包子吃了，然后又拿了五六个肉包子叫宋振中带回监狱。

从这以后，宋振中相继带领妈妈和爸爸来到郑喜云家中，渐渐地两家人熟悉了。1946年夏天，郑喜云一家获释，宋振中和他父母依依不舍地把郑喜云一家送到监狱门口。分别时，郑喜云的父母叮嘱说："一旦将来出狱到河南，一定要到我家来住住。"但令人扼腕的是，此次分别竟成永别。

宋振中，小名森森，以"小萝卜头"的称谓被众多的中国人所家喻户晓，以饱受摧残、机智勇敢和小小年纪壮烈牺牲成为中国革命史上年纪最小的烈士而被数不胜数的共和国小朋友们所爱戴和敬仰。宋振中同妈妈徐林侠一起被捕时还不满周岁，在阴森恐怖又拥挤的监狱中，由于没有他睡觉的位置，还是婴儿的他每天晚上只能睡在妈妈的身体上，大小便也撒在妈妈的身体上。在暗无天日的漫漫黑夜中，妈妈看不见儿子是否大小便，她只能依靠用手摸来作判断，然后更换儿子的尿布。潮湿阴暗的监狱里无法晾晒尿布，妈妈就在白天把儿子的尿布围在腰上或搭在肩膀上，用自己微弱的体温来烘干尿布。天长日久之后，妈妈得了风湿病，不仅关节红肿疼痛，而且起蹲困难。从小生活在监狱中的宋振中看得最多的是铁丝网、高墙和荷枪实弹的看守，听得最多的是犯人戴的脚镣手铐的哗哗声和受到毒刑拷打时发出的凄惨叫声，见得最多的是两种人：一种是衣衫褴褛、面黄肌瘦的犯人，另一种是凶神恶煞、残忍无比的看守和特务。他不知晓而好奇的事物太多太多：他不知道监狱外有色彩斑斓的世界,他不知道外界的山川、河流、辽阔的海洋和湛蓝的天空,他不知道鲜花的美丽和树木的青翠,他不知道星罗棋布的城市和街道上熙熙攘攘的人流,他甚至不知道猪牛羊马是何等模样,以至于他画的动物有些稀奇古怪……他没有品尝过的东西也太多:他不知道酸甜苦辣是什么滋味,他也没见过芳香四溢形态万千的各种水果,他也没吃过花花绿绿小巧玲珑的糖果和其他五花八门的食品。他特别喜欢听张露萍阿姨讲故事——这些故事有狼和羊、孙悟空大闹天宫和八路军打日本鬼子等。他羡慕孙悟空无与伦比的七十二变的本领,他强烈地渴望着自己在某一天也能变成神通广大的孙悟空,把看守特务这些人统统打死,尤其要消灭最大的坏蛋蒋介石。他羡慕小鸟的自由,能无拘无束飞翔在湛蓝的天空,嬉戏在茂密的树林间;他羡慕闻所未闻的生活——人们可以心旷神怡地在各地的名川大山游览、逛公园和看电影。这个生活在极端狭窄极端没有自由的严酷环境中的小男孩在妈妈用霉米和烂菜喂养下顽强成长。但由于严重的营养不足,他不仅比同龄小孩的身高要矮,而且皮肤苍白,瘦骨嶙峋。在这样的身材上顶着一个硕大的脑袋,扑闪着一双机警而又聪明的大眼睛——因为身材的特征和惨遭严重摧残,心疼万分的难友们亲切称他为"小萝卜头"。

息烽监狱位于贵州省息烽县城近郊的阳朗坝。在逶迤起伏的群山之中,息烽监狱古树参天,湖光山色,一派田园牧歌式的情调。再加上对外悬挂的招牌是"国民政府军事委员会息烽行辕",当地人和外人根本不知道这是一座阴森恐怖的人间地狱。军统内部则有自己的习惯叫法:称息烽监狱为"大学"、重庆集中营的白公馆和渣滓洞监狱为"中学"、重庆望龙门监狱为"小学"。息烽监狱的牢房以"忠孝仁爱,信义和平"来命名,分别称为"忠斋""孝斋"等。关押在这里的犯人被称作"修养人",均以代号称呼。由于不能洗澡、理发、修面和更换衣服,关押在这里的犯人衣衫褴褛,蓬头垢面,空气中弥漫着浓重的汗臭味,尿桶里发出的尿臊味令人窒息。由

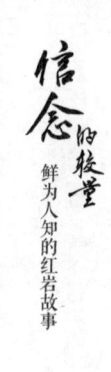

于长期惨遭残酷迫害、营养严重不良和卫生条件极度恶化，这里的犯人几乎无一例外都会生病——这些疾病有风湿、浮肿、心悸、夜盲、瘫痪、肠胃疾病等，有的甚至被折磨成残疾和精神失常。

罗世文和车耀先刚一走进息烽监狱的牢房，眼前出现的一幕让二人有些吃惊：七个形容枯槁、有气无力的犯人中竟然有三个金发碧眼的外国人。

车耀先观察这间不大的牢房只有马桶对面有一小块空隙了，他便抱着稻草和一条破棉被铺在地上，然后同罗世文坐了下来——至此，二人在息烽监狱数年的监狱生活开始了。

善于交际的车耀先很快就和监狱中的难友们打成了一片，并同其他政治犯韩子栋、宋绮云、许晓轩、谭沈明等人熟悉起来，赢得了难友们的信任。监狱里的难友们得知车耀先曾在四川的军队里担任过团长的职务，都尊称他为"车团长"。车耀先诙谐地说："啥子团长哟，脚碰脚的都是坐牢的，你们就喊我'车跛子'算啰。"

共产党人随时不忘坚持斗争的使命——罗世文和车耀先掌握监狱中的情况后，为了鼓舞难友们和中共地下党员的斗志，打击残暴的监狱主任何子祯实施的连坐法——一人越狱全体犯人将受严厉处罚的办法，二人同韩子栋、许晓轩等同志协商后成立了狱中临时党支部。罗世文被推选为支部书记，车耀先和韩子栋被推选为支部委员。

一场反抗野蛮迫害、要求改善生活待遇的斗争在悄无声息中准备就绪了。

这天，看守恶毒地用皮鞭把一个犯人抽打得皮开肉绽。

罗世文和车耀先等共产党人期待的反击时刻来临了。

在共产党人的带领下，难友们大声呼喊着："不许打人骂人！""每天放风，晴天晒太阳！""不答应就绝食！"

看守到牢房送饭来了。

罗世文对他说:"我决定从今天开始,不吃饭了,绝食。"

黄显声怒吼起来:"你们将这些东西拿走,老子也不想吃了!"

许晓轩明确地说:"告诉你们的头儿,除非取消连坐法,我们才吃饭。"

其他难友纷纷声援。

第一天过去了,没有人吃饭。

第二天和第三天依然没有人吃饭。

三天后,身体虚弱的难友们支撑不住了,有的难友甚至出现了心悸和冷汗淋漓的状况。

狡猾的看守不时到牢房恐吓、对话、协商和引诱。

但难友们不为所动,仍然坚持不吃饭。

情况越来越严重了。

再发展下去后果不堪设想。

第六天到了。

犹如热锅上的蚂蚁的何子祯再也不能让绝食事件继续发展了——因他知道监狱中一旦发生众多的犯人集体死亡,他将无法推卸这样重大的责任。

何子祯派遣看守向难友们传话说:你们先把饭吃了,连坐法可以取消。

但难友们坚持取消连坐法再吃饭。

黔驴技穷的何子祯只得答应难友们的要求。

共产党人领导的反对连坐法取得了胜利。

由于残酷的迫害引起了监狱难友们强烈反抗,何子祯被撤职了。息烽监狱主任一职由周养浩担任。周养浩吸取了何子祯的失败教训,他配合形势的发展提出了"监狱学校化""监狱生产化"的改革措施。这个伪装开明与民主的年轻主任把犯人改称工作修养人,不仅解除了难友们的脚镣手铐,允许在小院里散步,准许读书写作,而且增设了一些机构——以从事生产为目的

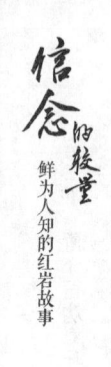

的复活工厂：这个五花八门的工厂设立有缝纫部、草鞋部、木工部和煤炭部等部门。这是一个一箭双雕的恶毒计谋：一方面，周养浩企图以此来达到用残酷的镇压和打击所不能达到的攻心目的，麻痹软化共产党人；另一方面，利用这些"犯人"为监狱创造滚滚而来的巨额财富。

针对周养浩提出的改革措施，临时党支部对共产党员是否当工作修养人进行了研究。许晓轩认为这是敌人特意设置的圈套，目的是剥削难友们的劳动成果，为了避免被敌人所利用，因此主张不去当工作修养人。韩子栋认为如果不附加任何政治条件，共产党员是可以去参加劳动的。罗世文全面听取了发言后说："息烽监狱的工作修养人有两三百人，共产党员只是极少数，如果共产党员都不去，敌人是很容易把我们孤立起来的。为了麻痹敌人，团结难友，了解情况，锻炼身体，我们可以在不附带政治条件的情况下，去当工作修养人。这对我们是有利的。但我的身份已经公开了，就不参加了。"党支部最终作出决定：凡是已经暴露了共产党员身份的难友，如罗世文、许晓轩和谭沈明等人不去当工作修养人，以免被敌人所利用。没有暴露身份的共产党员，这些人有车耀先、韩子栋和宋绮云等可以去当工作修养人，以便更好地为党开展工作。

周养浩做罗世文的工作，希望他能在工作修养人中担任职务。

罗世文明确地说："我参加共产党已经多年了，所有的熟人、朋友以及长年养成的习惯都是共产党方面的。因此，不愿也不能为监狱做工作。"

周养浩听罢，钦佩罗世文的光明磊落和他对共产党的无限忠诚。

周养浩继而找到车耀先，摆出一副善意的姿态，希望他"将确实的政治身份据实以告"。

车耀先严肃地说："我站在国家和人民的立场，从事抗日救亡工作，这就是我的身份。"

周养浩说请车耀先出来工作。

车耀先说:"我是一个军人,少年读书不多,很想借此机会读书,最好能让我管理图书。"

周养浩答应了车耀先的要求。车耀先利用管理图书的机会将一些进步书籍加以整理和修缮,把有的书刊更换封面,在扉页书写:"文优纸劣,特请珍惜""书籍比黄金,看书要小心"等字句提醒难友们爱护书籍,然后将这些进步书籍混合在一般的书籍当中提供给难友们阅读。同时,在国民党的报刊之外,车耀先有意增订了一些进步报刊。这些进步的报刊宛若黑夜中的一盏明灯,使监狱中的共产党员和众多的难友们阅读到了更为真实的消息,从而看到了胜利的曙光,坚定了斗争的信心。

始终没有搞清楚车耀先真实身份的特务们穷追不舍。

一个特务劝说车耀先道:"你要赶快自首啊。"

车耀先冷漠地回答:"我不懂得什么叫自首。"

特务说:"你不自首,一辈子都出不去。"

车耀先说:"出不去就算尿了!"

正当罗世文带领大家进行不屈不挠斗争的时候,一场几乎导致他死亡的凶猛的疾病袭击了他——这种发生在颈部的疾病名叫瘰疬病。有钱人家得了这种疾病注射一种名叫盘尼西林的药物就能挽救生命,而穷苦的百姓得了这种疾病只能眼睁睁地等待死神的降临。罗世文的疾病发展快速:没有多久,他颈部的肿块越来越多,最大的竟然像乒乓球似的高高隆起。随着疾病吞噬健康,这个钢铁般的共产党人已是生命垂危。

难友们忧心如焚,却又一筹莫展。

面对罗世文日益严重的病情,韩子栋同宋绮云商量治疗罗世文疾病的方法。

正在这时,妻子徐林侠给宋绮云传过来一个消息:儿子宋振中脖子后方正中生长了一个大疥子——这是一种被老中医称为"砍头疮"的凶险疾病。

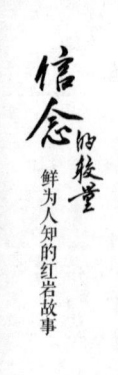

宋振中在这种疾病的折磨下，日夜啼哭。

宋绮云，这个相继被关押在西安、重庆和息烽监狱的中共地下党员尽管长年累月地生活在极其残酷与黑暗的环境之中，但早已把生死置之度外的他坚持尽可能地吃饱肚子睡好觉，以开朗的心情和饱满的战斗热情同敌人斗智斗勇。他不仅每天坚持学习和锻炼身体，悉心为难友们传授太极拳，而且还以火一样的热情鼓励难友们同凶恶的敌人作斗争。他对难友们说得最多的两句话是："一个人活着得有骨气，有志气。""我无罪，必须无条件释放我出狱。他们休想在我身上捞到什么东西。"在惨遭严刑拷打后，他以豪迈的英雄主义气概作诗明志道："漫天风雪漫天愁，革命何须怕断头。""人生百年终一死，留得清白上九霄。"

宋绮云得到儿子生病的消息非但不忧愁，反而高兴了起来———一直冥思苦想的他寻找到了治疗罗世文和儿子疾病的办法了。宋绮云曾经救助一对老中医夫妇。老中医被宋绮云的古道热肠所感动，把祖传的治疗瘰疬病的药方和炮制方法传授给了宋绮云。宋绮云在老中医的指点下，把该药方炮制成膏药免费赠给患有瘰疬疾病的穷人服用，每次都取得了不错的疗效。党支部研究认为：宋绮云的方法可行，要想尽一切办法，不惜一切代价对罗世文和宋振中的疾病进行治疗，挽救二人宝贵的生命。为了筹集购买中药的资金，韩子栋组织难友们把各自仅有的一点日用品和衣服等低价卖给了看守。有的卖了毛衣，有的卖了手表，韩子栋把自己的一件浅棕色毛衣卖给了山东老乡。山东老乡"明索暗勒不算，还说是为了照顾老乡"。

购买中药的钱很快凑齐了，宋绮云想到了找女看守购买中药并炮制成膏药——有着丰富知识、研究过《易经》的宋绮云以算卦而著称，监狱里的众多看守都找他算过卦，有着"宋半仙"之美誉。这个连生了四个女儿渴望能生儿子的看守找宋绮云时，宋绮云看了她的手相说她的命中本该有子，劝她多做善事就能早生贵子。现在这样的关键时刻，宋绮云通过徐林侠找到女看守，告诉她购买中药和煎制膏药为宋振中治疗疾病的事。女看守听说做这样的事能积阴德并且还有好处费，乐意而认真地按照宋绮云的指点购买中药并煎成了膏药。

这时，二人的疾病越来越严重了：罗世文的瘰疬疾病开始蔓延，不仅结节越来越多，而且颈部的隆起物随时有破溃的可能。宋振中的"砍头疮"继续恶化，持续发着高烧的他夜以继日哭泣不止。

必须尽快把膏药敷贴到二人的脖子上。

但必须有妥善的办法，因为监狱里为罗世文治病早已传得沸沸扬扬。——为公开身份的共产党员即被称为"红帽子修养人"治病需要冒很大的风险，如果处理不好，很多难友要遭到周养浩的处罚。

经过一番苦苦思考后，宋绮云想出了一个安全的办法：他把二十多张膏药通过女看守送给了儿子宋振中，剩余的八十多张膏药给了监狱的医官。

医官正在为罗世文的疾病所担心：他不是担心罗世文的生死，而是担心罗世文传染极强的疾病会让更多的犯人生病，如此一来，后果不堪设想。

医官问宋绮云膏药治疗淋巴结核是否有效。

宋绮云知道他的意思是指罗世文的瘰疬病。

宋绮云说是否有效尝试了才知道。

膏药就这样通过医官之手敷贴到了罗世文的颈部。

直接给药的危险避免了。

罗世文和宋振中的疾病通过膏药的敷贴，渐渐地痊愈了。

炮制膏药为罗世文和宋振中治疗疾病的事被周养浩知道了，周养浩觉得无可厚非。

已经过了吃中午饭的时间了，没有就餐的黄显声大步流星往息烽监狱食

堂走去。

黄显声被耽搁吃饭的时间是因为上午周养浩和戴笠分别找他苦口婆心地做工作：二人的意愿是让黄显声出狱，帮助军统工作。如果黄显声愿意，他从此就不再在监狱里过着艰苦的生活了，自由和幸福唾手可得——但令周养浩和戴笠感到意外的是，坚守信念的黄显声竟然放弃了这十分难得的逃生机会。黄显声在这之前还有一次出监狱的机会。在息烽监狱担任生产组长并为周养浩创造了不菲财富的黄显声一直有着相对的自由。一次，他骑着周养浩赠送给他的马驰骋到了息烽监狱外，碰到了他原来的部下刘某。身为贵州省辎重兵团营长的刘某高兴万分，他立刻恳请黄显声到营部更换服装后逃走。面对这难得的逃生机会，担心自己一走会导致狱中难友们仅有的一点自由会被剥夺的他毅然放弃了。

此刻，来到食堂的黄显声仍然怒气未消，心情抑郁。

看到在食堂吃饭的人都陆续回牢房去了，宋绮云、韩子栋、许晓轩等人围过来询问情况。

黄显声愤慨地说："他妈的，戴笠说来说去，是要我脱离与东北军与那边（共产党）的关系，还要我做一点狱中的工作，便放我出去做大官。"第二次逃生的机会就这样被黄显声放弃了——而选择继续待在监狱中，就会多一分危险和死亡的可能。

在息烽监狱的大礼堂舞台上，一台话剧《女谍》的演出正使全场的观众进入如痴如醉的状态：

> 一对热恋中的青年——女主角菱姑和她相爱的表哥铁柱考进了日本人在满洲国开办的通讯专科学校。二人毕业后，菱姑被关东军司令部录取，铁柱到了沈阳电报局工作。在身为东北抗日联

军地下交通员的叔父介绍下，铁柱参加了地下抗日工作，之后在铁柱的介绍下菱姑成为了东北抗日联军的谍报员。菱姑将一些重要情报提供给了东北抗日联军，为打击日军作出了贡献。

当深明大义的菱姑送铁柱去参加抗日联军时，她深情地对铁柱说："去吧，铁柱哥，让我们用自己的热血去浇灌五月的鲜花，让鲜花开遍中华吧！"

观众被这一幕深深地打动了，顿时热泪盈眶。

但危险降临了。

菱姑被叛徒出卖。

当抗日联军得知消息让铁柱前去通知菱姑撤离时，一切都晚了——铁柱见到他心爱的恋人被捕就义后已化作了一座坟茔。

铁柱悲痛欲绝地站立在菱姑的坟茔前，他说："表妹，我们分手后，我在你送我的上衣口袋里发现了你留给我的一首诗。那是匈牙利诗人裴多菲的名句，我早已将它铭刻在心了。表妹，现在让我向着苍天朗诵给你听，以告慰你的在天之灵！"说完，眼含热泪的铁柱将头面向台下的观众，声情并茂地朗诵道："生命诚可贵，爱情价更高……"

整个礼堂一片寂静。

蓦地，雷鸣般的掌声响起来了，经久不息。

面对观众热烈的掌声，饰演菱姑的张露萍和饰演铁柱的侯仁民热情洋溢地出台再一次谢幕。

张露萍表演得栩栩如生，感人肺腑——这不仅是她扮演菱姑剧情的需

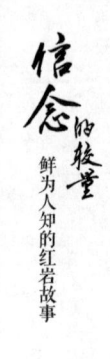

要，同时也是她领导军统电台获取情报、战斗在虎穴的真实写照啊。

张露萍等七人尽管被转移到了息烽监狱关押，但一直牢记着南方局指示的她坚持领导原军统电台六名党员的工作，同时还取得了同狱中党支部的联系。她不仅秘密带信给张蔚林、赵力耕等同志，鼓励他们在黑暗的监狱中要看到希望，坚定信心，同时还十分关心同志们和难友们的生活。当她得知赵力耕的身体被摧残得几乎瘫痪时，她卖掉了自己的一枚戒指为赵力耕购买营养品。同室的难友徐宝芝在监狱中生下小孩后严重缺少营养，张露萍把自己养的母鸡产下的鸡蛋给小孩吃。难友们担心张露萍的身体健康，劝她把母鸡杀了补补自己的身体，她说："不杀，留下生蛋给小妹妹吃。"徐宝芝为了让孩子牢记张露萍这让人难以忘怀的恩情，特意将小孩的名字取名孙记萍。每天生活在恶劣环境之中的张露萍不仅坚持不屈不挠的斗争，而且还以革命乐观主义精神积极参加了话剧《女谍》《日出》和《反正》的表演，同时还撰写了昂扬向上的诗歌《七月里的榴花》。因此，当身患重病、万念俱灰的年轻女难友黄彤光见到精神饱满、热情洋溢的张露萍时，黄彤光惊诧了——这分明不是坐牢的人啊！让她更惊讶的是张露萍对她竟这样说："你不要那么伤感，丧失信心。咱们都年轻，总有一天要出去的。他们这帮家伙早晚要垮台，你应当振作起来。"

尽管张露萍长期被关押在监狱之中，但由于她性格活泼，能歌善舞，因此明眸皓齿的她浑身洋溢着一股青春的气息——这让道貌岸然的周养浩打起了卑鄙主意。已蹂躏了不少女犯人的他以提审为名把张露萍叫到办公室。周养浩对张露萍的能歌善舞和写作才能赞美了一番，继而又说他拟呈报上级组织将要释放她，接着暴露出了丑恶的嘴脸。

张露萍看出了周养浩的别有用心，她大声训斥周养浩说："瞎了你的狗眼，你认错了人！"

受到训斥的周养浩不以为然，他继续向张露萍逼近，企图侮辱张露萍。

怒火万丈的张露萍扬起手,"啪啪"打了周养浩两记响亮的耳光。

周养浩目瞪口呆。

尽管遭到了张露萍的痛打和训斥,但一贯以伪善和民主作为幌子的周养浩不便发作,只好暂时忍气吞声,伺机在今后报复。

罗世文和车耀先得知张露萍不怕邪恶痛打周养浩的消息后,对张露萍英勇斗争的行为进行了鼓励,指示她在今后的斗争中既要保持自己的纯洁,又要善于对付险恶的环境,防止敌人在恼羞成怒之后下毒手。张露萍接到党组织的关怀和指示,心中一阵温暖,对付周养浩的技巧愈加成熟了。

果然,没有多久,周养浩就开始报复了——他得知张露萍在同《女谍》的编剧李任夫秘密通信与交往,派遣部下到李任夫的住处搜查到侮辱他的信件后,当着众多难友打得李任夫皮开肉绽,并处罚吃盐水饭一个月。对张露萍的处罚是吃盐水饭半个月,宣布使用重镣,以此来逼迫张露萍就范。周养浩再次找到张露萍进行个别谈话,他居心叵测地说:"你如此年轻美貌,被关押在监狱完全是被人欺骗而已,我是能原谅你的,今后一定寻找机会恢复你的自由。"周养浩说完,拿出一张他批的条子给张露萍,叫她去领取二百元的补助费。张露萍面对周养浩软硬兼施的无耻手段,愤怒地拿过条子"唰唰"地撕得粉碎。图谋不轨的周养浩面红耳赤,尴尬不已。

1945年的初春姗姗来临了,云贵高原绿意盎然,山谷中吹过来的风不再冰冷刺骨,明显带有微微的暖意,多雨阴暗的天空变得晴朗湛蓝起来。

决定着监狱中众多难友和政治犯生杀大权的戴笠秘密来到了息烽监狱,他对周养浩面授机宜:西安发生了犯人逃跑事件,张露萍等人如果再审讯不出新的线索,可以随时将他们七人处以死刑。

戴笠的谈话引起了周养浩的思考。

夏天,戴笠在重庆给周养浩发出处决张露萍等七人的秘电。

接到秘电后,周养浩召集警卫组长刘振乾、股长荣为箴等人,秘密磋商

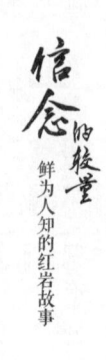

杀害张露萍等七人的办法。最终决定以"奉令将张露萍等人解押重庆"为由在路途中秘密杀害，并商议了具体的分工和枪杀办法。

军统磨刀霍霍。

张露萍等七人危在旦夕。

1945年7月14日，笼罩在晨曦之中的息烽监狱外一片翠绿，生机勃勃。女看守张家启来到关押张露萍的义斋牢房，神色异常地喊张露萍的狱中编号："253，快收拾行李，今天要送你到重庆开释。"

张露萍从女看守反常的神色中意识到生命最后的时刻来临了。

张露萍没有慌乱，没有惊诧，宛若出席一个重要的仪式一样——她开始从容地梳头、整容，然后换上了一条浅咖啡色的连衣裙。

张露萍就要走出牢房了，她俯下身深情地亲吻宋振中稚嫩的小脸。

聪明的宋振中似乎预感到了什么，他使出吃奶的力气紧紧地抱着张露萍的腿不让走。

最后告别的时刻到了，张露萍沉着地一一向难友们道别。

担心张露萍安危的难友们心揪紧了，目不转睛地看着她，肝肠寸断。

张露萍在黄彤光和黎洁霜的陪同下来到会计室行李房，她找到自己的行李，拿出红宝石戒指戴在手指上。她说："我知道要去什么地方，死是注定了的，但我并不害怕。"她从小皮箱内取出一个打火机递给黄彤光说："这个打火机送给你留作个纪念，它对你还有用。"之后，她将小皮箱关好，拒绝带走。她说："这个皮箱对我是不需要了。"

张露萍走出了会计室。

万分紧张的黄彤光和黎洁霜紧紧地跟在后面。

张露萍走到院中停放的汽车旁，她叫黎洁霜拿来口红。她对黄彤光说："你再替我化一次妆吧！这是最后的一次了。"

黄彤光从黎洁霜的手中接过口红，努力地控制住内心的巨大悲痛，但手不停地颤抖，口红怎么也搽不上去。

张露萍就像平时在监狱里参加文娱表演请黄彤光搽口红一样，她依然安详地说："你不要难过，我知道我要到什么地方去，我现在心中很坦然。"

正在这时，张蔚林、冯传庆、陈国柱、赵力耕、杨光、王席珍六人各自带着行李出来了。

此刻，这七个曾经共同战斗在敌人心脏里的中共地下党员相互用深沉的目光致意。

难友们站立在院子里默默看着，心中有千言万语却又无从谈起。

七人迈步走上了汽车。

汽车启动了。

七名勇士站立在汽车上，再一次向目送他们的难友们告别。

难友们再也控制不住了，热泪纵横的他们望着汽车久久地伫立，直到汽车消失在苍茫的远方。

汽车朝着息烽县城的方向行驶。

张露萍带头唱起了《国际歌》。

刹那间，战友们紧跟着她的歌声唱了起来："起来，饥寒交迫的奴隶……"

激越的歌声震荡着千万年亘古不变的群山。

视死如归的壮烈震撼着行刑者脆弱的神经。

刽子手开始瑟瑟发抖。

风驰电掣的汽车行驶到一个名叫快活岭的军统被服仓库停了下来。刽子手喊道："下来，下来，休息一会儿再走。我们要加油装货。"

张露萍下车了，她和战友们向着仓库门前的石阶走去。

七人缓步走上了石阶。

"砰砰……"身后的枪声骤然响了。

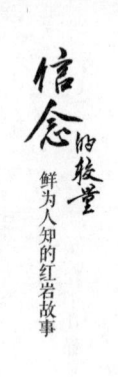

六名战友相继倒在了血泊之中。

被子弹击中的张露萍猛地一震颤，她愤怒地骂道："笨蛋！"

惊恐万状的敌人开了第二枪。

被子弹再次击中的张露萍依然大骂敌人："再开两枪嘛！"

毛骨悚然的敌人吓得步步后退，连打了几枪。

张露萍身中六枪，倒在了夏日湛蓝的天空之下，她的鲜血漫延，湿润了脚下的这片五彩缤纷的土地。

那一年，她仅仅24岁。

从此，张露萍等七人的年轻英灵就在云淡风轻的高原上开始日复一日年复一年的守望。

张露萍大义凛然地走了，但她牺牲时的愤怒痛骂和生命的顽强却给特务看守留下了无尽的恐慌。张露萍牺牲后，一直笼罩在恐怖之中的特务和看守们鸡犬不宁的日子降临了。黑夜里，正在走路的特务总觉得背后有人如影相随，不放心地回头一看，但什么也没有。于是继续走路，但令人奇异的是身后的脚步声愈加清晰了。心里紧张的特务猛然回头一看，却依然什么都没有，惊慌失措的特务被吓得冷汗淋漓，魂飞魄散。一个夜间巡逻的特务走到张露萍生前被关押的牢房附近，突然间，刮起了猛烈的狂风，特务的油灯瞬间熄灭了。心惊胆战的特务拔腿就跑，他一边奔跑一边鬼哭狼嚎地大喊："253显圣了（253是张露萍在监狱中的编号），253显圣了！"特务凄惨的呼喊划破了沉沉的黑夜，被惊醒的其他特务和看守一骨碌从床铺上坐了起来，久久不敢入睡。更神奇的是一个看守在晚上值班之后回宿舍，突然，正在走着的他后背被打了一巴掌。他回头一瞧却什么都没有。这一下，被吓得不轻的看守抱头鼠窜，万分恐惧的他竟然把裤子尿湿了。担心天理报应的周养浩也心有余悸，他亲自购买了祭祀用品，来到张露萍的坟墓前祭拜，祈求张露萍的谅解和宽恕。

时光荏苒，数十年过去了，张露萍坟茔的野草在风霜雨雪中青了又黄，黄了又青。但令人扼腕的是，她的烈士身份一直没有得到确认。

1981年12月，中共中央组织部作出了查清在敌人监狱里遇难者的问题指示。四川省委和贵州息烽县委等部门组织力量专门进行了大规模的复查，他们找到了原南方局工作人员雷英夫了解情况。雷英夫对张露萍等七人受南方局领导、张蔚林等六人的入党情况、张露萍领导军统电台等史实给予了强有力的证明。为慎重起见，雷英夫特意打电话给共和国元帅叶剑英汇报张露萍等人的情况。

叶剑英听后激动地说："好啊！好啊！我想起来了。张露萍不就是那个'干一场'嘛。"——张露萍在延安演唱革命歌曲的一句歌词："拿起刀枪干一场。"同志们亲切地为她取了"干一场"的外号。

叶剑英又询问："还有那个麻子呢？"

雷英夫回答说："是冯传庆。"

叶剑英说："是啊，我还给他一件皮袍子呢。还有那个张蔚林呢？"

1983年7月26日，日理万机的叶剑英接见了四川省委组织部复查组的同志，并撰写了如下的宝贵史料：

四十年代初，我们有两名同志打入戴笠那里，后来暴露了。一天，有一个人（冯传庆）找到周公馆，我们决定送他去延安。我送给他一件皮大衣，并且把他送到江边。但他来的时候已经被特务盯上了，后来被戴笠的人捕去了。

1984年，张露萍等七人的遗骸被迁移到息烽县烈士陵园安葬。

1985年清明节，在张露萍牺牲整整40周年之际，张露萍的丈夫李清从国家交通部长职位离休了，他风尘仆仆地从北京到息烽快活岭为张露萍扫墓来

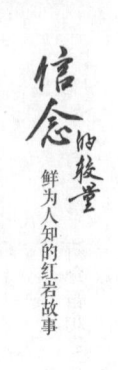

了。

　　出现在李清面前的坟茔摆满了色彩斑斓的鲜花——这是李清和张露萍在延安结婚分别45年后的第一次见面。面对阴阳相隔和一层厚厚的黄土，李清把心中积蓄了45年的情愫对张露萍作了倾诉。李清的眼前，当年在延安的那个穿着红毛衣的张露萍风姿绰约地向他走来了，她依然是那么热情开朗，依然是那么光彩照人。蓦地，李清的耳畔响起了张露萍在延安常常歌唱的那首歌曲："五月的鲜花，开遍了原野，鲜花染红了志士的鲜血……"

　　那一刻，李清心潮澎湃，热泪盈眶。

　　2005年7月，当围绕张露萍坟茔的青松翠柏又多了20个年轮的时候，李清以85岁的高龄再次登上了息烽快活岭，他对一往情深的妻子张露萍写下了壮怀激烈的诗篇："苍山埋忠骨，浩气贯河川。梦随孤魂绕，怎不忆延安！"

10
出狱的第一件事是恢复党籍

就在张露萍等七人牺牲仅仅一个月后——1945年8月15日,一个举世闻名的日子来临了:中国军民经过艰苦卓绝的十四年抗战,以伤亡总数达3500万人的惨烈,迎来了抗日战争的伟大胜利。

重庆作为中国战时的首都——全国的政治、经济、文化的中心和抗日战争的指挥中心,这座英雄城市的军民在饱受日军飞机长达五年半的惨绝人寰的大轰炸中,终于盼来了久违的安宁,他们对来之不易的和平和胜利的感受一定无与伦比。

重庆,这座在1189年因宋朝孝宗之子赵惇封恭王,后即帝位取其"双重喜庆"而得名的城市,这座被浩浩荡荡的长江和嘉陵江碧水环绕的城市,就要和抗日战争胜利后一个重大历史事件迎面相撞了——1945年8月28日,中共领导人毛泽东受蒋介石之邀请,前往重庆进行谈判。10月10日,经过国共双方的艰苦谈判,双方签订了《国共双方代表会谈纪要》,史称《双十协定》。史料显示,在毛泽东和周恩来等中共领导人与蒋介石集团长达43天的谈判中,二人向蒋介石等人提出了释放全国政治犯的要求,其中点名释放的就有张学良、杨虎城、罗世文、车耀先和叶挺等政治犯。

1946年1月8日,国民政府政协会议召开了,迫于形势的需要,蒋介石在

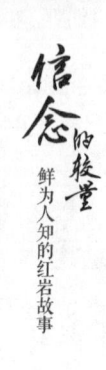

会议上信誓旦旦，承诺要保证人民的自由、承认党派的合法地位和释放政治犯等。社会各界人士对特务组织无恶不作的绑架暗杀早已极端憎恨，要求取缔特务组织的呼声日益高涨……一切都预示着军统和其管理的监狱及政治犯的命运将发生改变了。对被军统关押的政治犯和其他犯人而言，这种改变有三种结果：第一是惨遭杀害；第二是继续关押并将受到更加残酷的迫害；第三是被释放。在中共领导人的大力营救之下，廖承志和叶挺——这一对患难与共被多次转移到各地关押而又近在咫尺的战友就要迎来出狱的好运了。

1946年1月22日，一直被中共领导人和宋庆龄、何香凝要求释放的廖承志出狱了。在铁窗之中被关押了近四年的廖承志获得了难能可贵的自由，受到了驻守重庆的中共代表团和南方局同志们的热烈欢迎。让廖承志更为高兴的是，他不仅马上就可投身到波澜壮阔的革命洪流中，而且即将同多年未能谋面的叶挺在重庆见面了。相对众多被残酷迫害和杀害的革命人士来说，廖承志无疑是幸运的——他不仅获得了宝贵的自由，能为自己所追求的革命事业奋斗终生，而且看到了新中国的建立，后来还担任全国人大常委会副委员长。

下一个是叶挺出狱了。

尽管中共领导人多次向国民政府提出释放政治犯的要求，但蒋介石虚与委蛇，一直不肯释放这个让他既爱又恨的叶挺——爱是爱慕他的才能，恨是不能为其所用。1946年3月，中共只好提出用叶挺交换被解放军俘虏的国民党十一战区司令长官马法五。蒋介石这才同意释放叶挺。

这时，再次被军统从湖北恩施转移到重庆蒋家院子的叶挺从报纸上得知了中共中央营救他的一些消息。

沈醉怀着好奇的心情去看望叶挺，询问他出狱后的打算。

叶挺不容置疑地说："我出去第一件事需办的，便是请求恢复我的党籍。"叶挺说完，双眼凝视着窗外，沉默不语。

沈醉没有想到叶挺是一个脱离了共产党的非党人士,这让他惊讶不已。怕惹恼了叶挺的他言不由衷地说:"那很好,那很好……"

沈醉把叶挺说的话向戴笠作了汇报。

戴笠听了默不作声,很久之后才说:"共产党人的可怕,就是在这些地方。"

1946年3月4日,被长期关押转移了多个地方达五年多之久的叶挺终于出狱了——军统第二处副处长叶翔之将叶挺交给了国民参政会秘书长邵力子。

邵力子陪同驱车送别叶挺。

重庆中山三路的中共代表团驻地的同志们站立着,等候激动人心时刻的到来。

傍晚时分,叶挺乘坐的汽车到达了中共代表团驻地。

叶挺和邵力子健步走下了汽车。

霎时,喜庆的鞭炮炸响了,热烈的掌声经久不息。

董必武、王若飞、陆定一、邓颖超、博古和其他同志一起迎了过来。

热烈的拥抱开始了。

叶挺被同志们众星捧月拥进会议室,一眼看见了先他出狱的廖承志。

二人激动拥抱。

叶挺对廖承志说:"你是第一号,我是第二号。"

女儿扬眉扑上来抱住叶挺,在叶挺的胸前别上一朵红花。

朝思暮想的亲人终于见面了。

叶挺把女儿抱在藤椅上,热泪长流。

见此情景的同志们潸然泪下。

叶挺见同志们热泪盈眶,为了避开伤心事,他站起来拿起一个包裹放在凳子上。他对同志们说:"谁猜着里面是什么东西,给他30万元。"

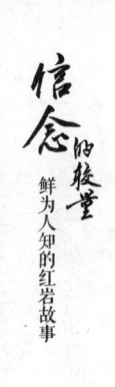

同志们目光转向了这个包裹。

包裹轻微地颤抖了一下，蠕动了起来。

扬眉急切地打开了包裹，叶挺在监狱中喂养的几只可爱的兔子显现了出来。

同志们开怀大笑，刚才的悲伤和阴霾一扫而光。

邵力子要告辞了。

叶挺握住邵力子的手语重心长地说："希望国民党不要把人民的两臂紧紧地捆着，要放开手，把全国的政治犯都释放出来。"叶挺的两臂有力地挥舞着，两只破损的袖子裸露出的白色棉花格外醒目而耀眼。

叶挺出狱第二天，心潮澎湃的他致电中共中央，请求加入中国共产党。他在电文中说：

毛泽东同志转中国共产党中央委员会：

　　我已于昨晚出狱，决心实行我多年的愿望，加入伟大的中国共产党，在你们的领导之下，为中国人民的解放事业贡献我的一切。我请求中央审查我的历史是否合格，并请答复。

叶挺的电报发出后，3月7日，毛泽东亲自修改的电报稿以极快的速度回电：

亲爱的叶挺同志：

　　五日电悉，欣闻出狱，万众欢腾。你为中国民族解放与人民解放事业进行了二十余年的奋斗，经历了种种严重的考验，全中国都已熟知你对民族与人民的无限忠诚。兹决定接收你加入中国共产党为党员，并向你致热烈的慰问与欢迎之忱。

叶挺接到党中央同意他加入中国共产党的电报后，高兴万分的他对记者说："在失去自由的五年零二个月当中，有很多的时间可以考虑既往的事情。出狱后的第二天就请求加入中国共产党，是经过五年多考虑的结果。"

叶挺与妻子儿女搬迁到红岩村和同志们住在了一起。

那一段时光，漫步在红岩村的叶挺沐浴着明媚的春光，呼吸着清新的空气，享受着融融的天伦之乐和同志们的关爱与温暖，惬意非常，幸福无比。

那一时刻，红岩村梅花怒放，满园飘香。

1946年4月8日，叶挺奉命前往延安汇报有关整军事宜，他乘坐的飞机不幸一头撞在山西省兴县黑茶山上，叶挺与同机的王若飞、博古、邓发等遇难。令人唏嘘不已的是，叶挺"几乎全家遇难"——同机的还有他的妻子李秀文、女儿扬眉、儿子阿九。噩耗传来，党和军队领导人毛泽东、周恩来、朱德和刘少奇等纷纷撰写文章纪念叶挺。陈毅作诗深情呼唤："将军之魂魄兮，归去来，归去来！"

在人民呼唤民主、反对独裁和强烈要求取缔特务机关的背景之下，国民政府为了适应形势发展的需要，维护自己的法西斯统治，对臭名昭著的特务机关采取了一些改进措施：1946年7月1日，在蒋介石的授意下，军统更名为国防部保密局。7月，息烽监狱被撤销，保密局释放了一些轻微的犯人外，把监狱中的共产党人和其他的重要人士——杨虎城、黄显声、罗世文、车耀先、宋绮云、徐林侠、许晓轩、谭沈明、韩子栋、朱念群及其部分家属等转移到重庆集中营继续关押。8月，重庆望龙门监狱也被撤销。

在同敌人长期的斗争中，机智勇敢的共产党人从来不放弃任何一个逃生的机会——一个千载难逢越狱的机会就被许晓轩和谭沈明二人捕捉到了。息

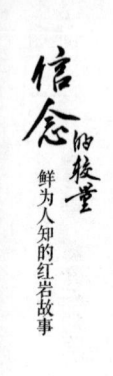

烽监狱撤销时，没被释放的犯人被转移到重庆集中营。一天，转移犯人的汽车经过长途跋涉行驶到一个名叫半壁山的地方时，汽车的水箱发生故障，被迫停了下来。

正是中午，烈日炎炎，暑气逼人。

许晓轩和谭沈明下车一看，四周山高林密，人迹罕至。

几名负责押送的狱卒由于极度的疲劳，早已到树荫下东倒西歪乘凉去了。

这是一个极佳的越狱机会。

许晓轩和谭沈明商量决定马上逃跑。

但二人一眼看到腿有残疾而行动不便的车耀先时，立即产生了"不能丢下战友"的想法——如果仅仅为了自己逃生，二人瞬间就可脱险。

二人毫不犹豫。

这时，汽车发动了。

脱险的机会稍纵即逝。

许晓轩和谭沈明为了患难与共的战友放弃了一次难得的逃生机会。而这样的机会从此再也没有了，二人迎来的是重庆解放前夕惨绝人寰的大屠杀。

毛泽东在重庆谈判期间向蒋介石提出释放车耀先等人的消息被《新华日报》《中央日报》报道后，家住成都的车耀先的亲人也知道了，"全家高兴极了"。车耀先的大女儿从外地回来，她特意拿着刊登释放车耀先等人的报纸给母亲看。望穿秋水的母亲惊喜地说："这次你爸爸该会放出来了，这些年不知他被折磨成啥样子了，我只要能再见到他一眼，死也甘心。"说完，母亲"泪流满面，泣不成声"。

从此，一家人眼巴巴地盼望着车耀先能被释放出来，像芸芸众生一样过普通人家的生活。但让这一家人无论如何都想不到的是，这个平常的愿望再也无法实现了——残酷的现实是，她们的亲人车耀先就要被杀害了，她们永远也见不到亲爱的丈夫和慈祥的父亲了。

1946年8月中旬，保密局重庆结束办事处主任张严佛接到了由南京发来的密电：这封密电由蒋介石批准，保密局局长郑介民、副局长毛人凤签署，内容是立即将关押在重庆集中营的罗世文、车耀先二人秘密杀害，"并将尸体灭迹，摄影具报"。8月16日，不敢怠慢的张严佛迅速召集办事处秘书丁敏之、原白公馆看守所所长张少云、司法课长郭文翰等人在乡下造时场开会，磋商杀害罗世文和车耀先的具体办法。张少云说采用假释放到南京的办法进行杀害。郭文翰说将二人头脑和身体分别埋葬最为保密，这样不会让人发现。丁敏之说采用汽油焚尸灭迹也不失为一种好方法。会议最后决定：为了确保秘密，杀害罗世文、车耀先的地点定在重庆集中营松林坡戴公祠停车场，方法是采用绳索勒杀，把二人的尸体分别拍摄图片，之后采用汽油、木材焚毁，并将现场彻底打扫干净。会议强调：为了严防走漏消息，警卫人员和便衣特务对白公馆至松林坡一带严密警戒。行刑时，严禁没有任务的特务和其他任何人在这一区域通行或观看。

一场秘密的杀人计划布置妥当。

1946年8月18日正午时分，骄阳似火，暑热蒸腾。

渣滓洞监狱的看守拿着两张飞机票，疾步跑到罗世文和车耀先的牢房，叫二人赶快收拾行李，马上送到南京释放。

凭借着多年练就的敏锐感觉，罗世文、车耀先知道生命的最后时刻来临了。

罗世文从一本俄文册子上撕下一页纸，然后奋笔疾书。他给毕生追求的党组织留下了这样的遗言：

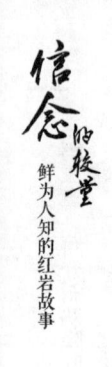

据说将押往南京，也许凶多吉少！决面对一切困难，高扬我们的旗帜！

老宋处尚留有一万元望兄等分用。

心绪尚宁，望你们保重奋斗！

世文

八月十八正午

看守催促罗世文和车耀先快走。

二人说他们要和监狱里的朋友们告别呢。

宋绮云、韩子栋和其他的难友们紧张地关注这一切，猜测释放的真假。

罗世文、车耀先缓缓地向难友们的牢房门口走过来了。

二人纷纷向难友们握手告别。

看守将二人带到了张少云的办公室。

张少云煞有介事地宣读命令，说将二人送到南京交给共产党当局。

郭文翰带领原军统警卫组长程永明，行动副组长杨丘山，行动员杨进兴、徐贵林将戴着手铐的罗世文和车耀先挟持上了汽车。

汽车急速地驶向松林坡戴公祠停车场。

戴公祠停车场青松挺立，一片翠绿。

罗世文、车耀先被要求下车。

罗世文看了一眼莽莽苍苍的山峰和荷枪实弹警戒的特务，他明白，就义的时刻到了。这位经历了长征和无数血雨腥风的共产党人突然放声大笑，继而吟诗一首：

故国山河壮，

群情尽望春。

"英雄"夸统一，

后笑是何人？

从来不承认是共产党员的车耀先在生命的最后时刻亮出了自己的身份，他高声呼喊："共产党万岁！"

罗世文的朗诵声和车耀先的呼喊声在寂静的松林坡骤然响起，高亢而响亮。

刽子手惊慌起来。

杨进兴和徐贵林随即开枪了。

二人倒在了炽烈的阳光下。

特务们迅速把木柴堆放在二人的遗体上，泼上汽油点燃。

霎时，烈火熊熊，直冲苍穹。

罗世文、车耀先的亡魂升腾到了阳光灿烂的天空——这对同时被捕、同时被转移到多个监狱、同住一间牢房的肝胆相照的共产党人，他们在天国里也会肩并肩地战斗在一起。

20世纪50年代，党和政府寻找到了罗世文和车耀先的遗骸，把二人埋葬在了一起，共和国总理周恩来为二人题写了碑文。

第三章　斗智斗勇的较量

11　《挺进报》成为星星之火
12　"六一"大逮捕惊心动魄
13　保密局拼命加强审讯
14　韩子栋九死一生脱险

11
《挺进报》成为星星之火

1947年3月的一天,《彷徨》杂志主编蒋一苇兴冲冲地来到重庆民生路的开明图书局,从提包里拿出从香港寄来的新华社关于解放战争取得胜利的通讯稿,微笑着递给了门市部主任刘镕铸。

蒋一苇对刘镕铸说:"这是《彷徨》信箱收到的新华通讯社香港分社编印的油印新闻稿,我和陈然都看过了,现在给你看。以后收到新闻稿,先让你看。"

是日晚,刘镕铸如饥似渴地阅读着新华通讯社香港分社编印的油印新闻稿,"几乎全部文句都能背诵了,还爱不释手,犹如重逢久别的亲人"。

这一夜,心情激动的刘镕铸无法入睡了,他想到:这是"一项刻不容缓的工作。要是把新闻稿翻印若干份,秘密散发给群众,让群众知道我军在东北、华北、西北都取得了辉煌的胜利,这该多好呀!"但是,让刘镕铸万分恼火的是,他现在已中断了同中共地下党组织的联系,他的想法无法向党组织汇报,也得不到党组织的任何指示。经过深思熟虑后,这个依靠"组织上用党费抚养成人"的中共地下党员认为:"翻印党的新闻稿,把它散发给群众,以揭露国民党的无耻谣言,扩大党的影响,不仅没有错,而且非常必要。"只是从事这样的工作风险很大,一定要小心谨慎,否则就会带来杀身

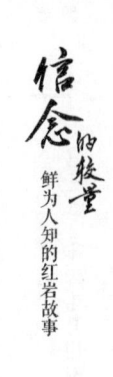

之祸。于是，刘镕铸决定翻印新华社的通讯稿，创办一份无名小报。第二天，刘镕铸找到制作镜框的工人做了一个取代油印机的木框，滚筒则用南竹片代替，当晚一人就动手镌刻蜡纸和印刷。经过一夜紧张的工作，一张刊登着新华社通讯稿的无名小报制作出来了。黎明时分，刘镕铸把一百多卷书写了地址的无名小报用提包装好，然后从民生路出发，警惕地沿街投递。十分小心的刘镕铸一边走一边想："如果这份无名小报又转回到我的手中，说明没有人怀疑我。如果没有一张转回来，那可就要小心了。"

刘镕铸为何制作无名小报，这和当年年初重庆的形势联系密切。1947年2月28日凌晨，由西南长官公署策划、重庆警备司令孙元良为总指挥、重庆警察局局长唐毅等担任分区指挥的查封《新华日报》和遣送中共代表团行动的帷幕拉开。同时被查封的还有《新华日报》成都营业处和昆明营业处。3月初，四川省委和《新华日报》的工作人员全部乘坐飞机返回了延安。3月19日，胡宗南率领23万大军占领延安。国民党的报纸连篇累牍欢呼他们的"伟大胜利"，狂妄地叫嚣："三个月消灭共军""六个月消灭共产党"。面对国民党军取得的"胜利"，重庆市政府强令市民悬挂旗帜，燃放鞭炮；机关团体频频举行"庆祝"的宴会和舞会，一时间，觥筹交错，热闹非凡。顿时，重庆的上空谣言四起，愁云惨淡。一些不明真相的群众悲观失望，更有在和平时期混进"民主同盟"的机会主义者竟然在报纸上发表退出"民主同盟"的声明……在这种情况下，中共地下党员和外围积极分子忧心忡忡，强烈地渴望能倾听到党的声音，了解到解放战争的真实情况。

刘镕铸的无名小报在这种黑云压城的情况下应运而生了。

在无名小报投递后的第三天，中国粮食公司机器厂修配车间的管理员陈然给刘镕铸送来了新华社的通讯稿，他说是《科学与生活》杂志信箱收到的。

陈然又拿出一份无名小报说："这是从新闻稿上摘录下来的，没想到别人先走了一步。"

刘镕铸一眼就认出那是他翻印的无名小报，但他沉住气，不置可否。

陈然说他想和蒋一苇办一个刊登新闻通讯稿的油印小报，不知刘镕铸是否赞成？

刘镕铸说："的确很好，只是风险太大。不出事则罢，出了事，便是'剃头匠掷骰子——要输几个脑壳'。我是光棍汉，'鹅卵石刺进笆笼——进出无牵挂'。你和老蒋（蒋一苇）上有老下有小，可得要三思而行啊！"

陈然说："你不相信我们，是吗？"

这时，有人来找刘镕铸。

刘镕铸对陈然说："老兄，'生意'就算落盘了。你先走一步，在卖主家（蒋一苇）先等我，我跟着就来。"

之后，陈然和刘镕铸相继来到了位于重庆枣子岚垭的蒋一苇家中，就如何出版油印小报的事宜进行磋商。三人协商的结果是：油印小报取名叫《读者新闻》，每周暂时出版8开版面的一张或两张，并对三人各自负责的工作进行了安排。

陈然说："我们三个人现在都没有党组织关系，最多只能算党外的布尔什维克。我们共同创办《读者新闻》，总得有个规矩，还得有个头头。"

蒋一苇说："老刘（刘镕铸）有秘密工作的经验，我提议老刘当头头。"

而刘镕铸则提议让陈然当负责人。

陈然说："我和老蒋（蒋一苇）商量过了，你比较合适，少数服从多数，不必推辞了。"

刘镕铸说："既承二位信任，甘愿效劳。不过，丑话得说在前头，办地下刊物，随时都有杀身之祸。我们切不可将中统、军统都看成饭桶，他们的反革命嗅觉还是灵敏的。俗话说，'未曾行兵，先寻败路'，我们得有精神准备，以便临事不惊。"

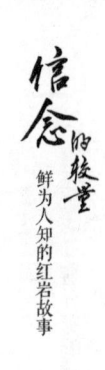

为了防范意外的发生，三人订立了严密的纪律：未经三人的协商和一致同意，严禁将《读者新闻》的事情泄露给任何人，包括父母与妻子等。在办报过程中，其中有人被捕，在敌人没有掌握证据的情况下，要千方百计地否认与《读者新闻》的联系。如果敌人掌握了确凿的证据，被捕者就要勇于承担责任，严防牵连其他同志。

最后，陈然询问："老刘（刘镕铸），我有一句不该问的话，可否领教？"

刘镕铸说："那就问吧。"

陈然说："外面流传的那份无名油印小报，是不是你搞的？我断定是你。理由是：今天我给你送新闻稿，拿出那张小报，你处之泰然，毫无惊异的表情，我就猜出了几分。后来跟老蒋一琢磨，更加深信不疑。来，我们马上对笔迹。"

刘镕铸说："不用对了。真神面前不烧假香，我认账就得了。"

说完，三人放声大笑。

《读者新闻》出版了两期之后，蒋一苇向刘镕铸提出了两件事：第一，他和陈然想推荐吴盛儒（吴子见）和吕雪棠参加《读者新闻》的工作，如果刘镕铸同意就请二人在明天参加会议。第二，他觉得《读者新闻》这个报名缺乏战斗性，建议更换一个妥当的名称。刘镕铸同意了。第二天，刘镕铸、陈然、吴盛儒和吕雪棠来到蒋一苇的家中开会。在会议上，大家积极发言，一口气提出了十多个名称。党的外围积极分子吴盛儒说："老赵（彭咏梧）建议我们的小报改名为《挺进报》。'挺进'二字有两层含义：一层，用以纪念我刘邓大军挺进大别山，刘邓大军飞渡黄河，挺进大别山，恰似一把钢刀插进敌人的心脏；二层，我们是革命者，应当挺起胸膛向前进，任何敌人都无法阻挡我们向前挺进的步伐。"吴盛儒的意见得到一致通过，会议决定从第三期开始，把《读者新闻》更名为《挺进报》，同时选取吴盛儒的隶书作为《挺进报》的刊头。

至此，让敌人闻风丧胆的《挺进报》诞生了。

从此，这份秘密报纸通过中共地下党组织、外围积极分子和进步群众传遍了巴山蜀水，传到了山川秀丽的贵州。

最后，吴盛儒和陈然提出：必须要为刚刚诞生的《挺进报》寻找一个强有力的"靠山"，即共产党组织。顿时，会议严肃起来，一时鸦雀无声。

陈然说："过去，我在宜昌有过'靠山'，在重庆有一段时期也有过'靠山'，以后就失去了联系。看见'山'却'靠'不上。此事，只有拜托老刘来办，我们四人都无能为力。"

刘镕铸说："还是那句老话，甘愿效劳。"

第一期《挺进报》出版之后，关系密切的中共地下党员刘国鋕对吴盛儒说，地下党重庆市委委员彭咏梧要找他谈话。

吴盛儒问："是真的吗？"

刘国鋕说："当然是真的。"

刘国鋕把二人的见面地点安排在位于白象街迁川实业大厦他的单身宿舍里。就这样，中等身材、西装革履的彭咏梧出现在了吴盛儒面前。让吴盛儒没有想到的是，他们二人之间的友谊从此开始了，直到成为风雨同舟的生死之交——不久，吴盛儒同彭咏梧到下川东开展轰轰烈烈的革命工作去了，直到彭咏梧在下川东英勇牺牲。

彭咏梧开门见山地说："你和党已有几年的关系，我了解你，信任你。"他话锋一转侃侃而谈，讲起了目前的形势。

吴盛儒向彭咏梧汇报了与党的联系及工作情况。

彭咏梧继续说："现在形势的发展，需要加强宣传工作，我们准备办两个报纸，一个是办一份秘密报纸，报道解放战争的胜利战绩，宣传党的方针

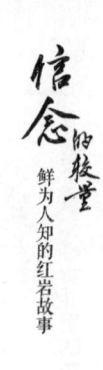

政策，也揭露国民党反动派的反动统治和蒋管区的黑暗腐败。你是学新闻的，也是搞新闻工作的，我们准备把这项任务交给你来承担。"

市委的重视让吴盛儒心潮澎湃。

吴盛儒考虑到他们已经办起了《挺进报》，何必再办一个其他的报纸呢。他向彭咏梧汇报了《挺进报》及办报三人的情况。

吴盛儒说："市委可不可以考虑将《挺进报》承认为它的报纸呢？"

彭咏梧回答道："这问题我回去研究一下再说，你先考虑一下办这两个报纸的有关问题，下次见面再谈。"

吴盛儒怀着十分高兴的心情把同彭咏梧见面及要求向刘镕铸、蒋一苇和陈然作了通报。蒋一苇和陈然听了表示由衷的高兴。

而刘镕铸则有自己的看法，他说："我们搞我们的，暂时不接什么关系。"

没有多久，彭咏梧同吴盛儒又见面了。

彭咏梧郑重地说："我们经过研究，同意将《挺进报》作为市委的报纸。老蒋、老陈都同意了，老刘有保留，这个问题我去解决，老刘会相信的。"

一个下雨后没有阳光的日子，刘镕铸正在门市部整理琳琅满目的图书。蓦地，有人拍了一下他的肩膀。

刘镕铸回头一看，只见一个身着笔挺的藏青色西服，头戴咖啡色礼帽的人出现在面前。

来人礼貌地询问："你是刘镕铸先生吗？我们学校图书馆准备买一批图书。"

刘镕铸问："书单带来了吗？"

来人说找个地方把书单写给他。

刘镕铸请他到书局的一间小屋里。

来人放下礼帽，缓缓地说："你们办的油印报纸，每期我们都收到了。组织上认为你们做得对。我叫彭咏梧，市委委员，今天，特地来找你接组织关系。"

刘镕铸说："请拿来！"

彭咏梧问："拿什么？"

刘镕铸说："拿组织关系。"

彭咏梧说："要是拿不出呢？"

刘镕铸说："那就不接。"

彭咏梧说："镕铸同志，你是清楚的，'二二八'以后（1947年2月28日，《新华日报》被国民党政府查封，中共四川省委被遣送回延安），留下的同志都跟着疏散隐蔽了。为了找你，我们费了很大劲。难道你还不相信我吗？"

刘镕铸郑重地回答道："咏梧同志，我相信你是市委委员，也相信你是党派来找我接组织关系的。'二二八'后，我同党中断了联系，早就希望接上。《挺进报》的几位朋友也委托我找党组织，我们多么盼望党来领导《挺进报》啊！但是，就凭你一句话，还不能接关系。"

彭咏梧询问："那么，要怎样才能接关系呢？"

刘镕铸说："'二二八'前夕，领导我的同志对我说：'今后可能由别的同志来同你联系。目前蒋管区形势日益恶化，一定要提高警惕。'他叫我在我的名片上亲笔签了字，交给他，言定凭名片接关系。你没有带名片来，怎么接关系呢？"

彭咏梧说："好，我们就谈到这里，下次再谈。"说完，彭咏梧走了。

数天之后，彭咏梧又找到了刘镕铸。他说出了刘镕铸原来领导人的姓名和社会身份，以此来证明他是了解刘镕铸的组织关系的。他说是否可以不要名片就能接关系。

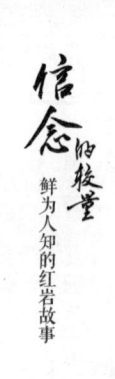

但仍被沉着老练的刘镕铸谢绝了。

又过了四五天，彭咏梧再次来到刘镕铸的门市部。他微笑着对刘镕铸说："刘经理，我们的那笔交易，今天大概可以'落盘'了。"

刘镕铸请他到楼上喝茶。

二人到了屋子里。

彭咏梧摸出一张名片递给刘镕铸，问道："名片是不是你的，名片上的签字是不是你的笔迹？"

刘镕铸确认后，表示对党组织的感谢，并请对《挺进报》提要求。

彭咏梧传达了市委的指示：从今以后，《挺进报》作为由市委直接领导的机关报由他负责联系。报纸的数量不仅要大幅增加，办报印刷的质量也要上档升级。最后，彭咏梧嘱咐道："目前《挺进报》只有你是党员，你要挑起这副重担，组织上相信你能完成任务。我们今天的谈话，可以全部告诉陈然和蒋一苇，吴盛儒今后不来了，你们也不要找他，他已经做了他应该做的事。"

刘镕铸面带笑容地问："是不是你派老吴打进《挺进报》来的？"

彭咏梧微笑回答："事情已经过去，不必再说了。"

彭咏梧走后，刘镕铸兴高采烈地赶到枣子岚垭蒋一苇的家中，他把彭咏梧的谈话告诉了蒋一苇，并叫他过江去告诉陈然。

兴奋的蒋一苇说："我马上就去。老陈听到老彭的谈话一定会高兴得跳起来。"

几个朋友共同创办的《挺进报》居然成了重庆市委的机关报，这让刘镕铸三人"做梦也没有想到，由于无法抑止的兴奋"和分外的喜出望外，刘镕铸、蒋一苇和陈然立即聚集在一起，讨论落实市委的指示：对下一步的刻写蜡纸、油印报纸、材料采购等提出了严格的要求。通过大家的艰难努力，报纸的质量不仅得到了显著提高，而且印刷份数增加到500份左右，受到了市委的表扬。

这时，彭咏梧传达了市委的决定：建立《挺进报》特支，由刘镕铸担任书记。条件成熟时，在《挺进报》的工作人员中发展党员。彭咏梧传达了市委的指示：特支的任务是办好《挺进报》，要求在原有的基础上将报纸的质量和数量进一步提高，每张蜡纸的印刷要达到800份。实际情况是，1947年6月，为了安全考虑，《挺进报》搬迁到了南岸野猫溪中国粮食公司机器厂的陈然家中印刷时，每期《挺进报》的印刷数量一般情况都是800份至1000份，多的时候达到了1200多份，最高峰时达到了2500份。每期二至三页，有时甚至达到了每期四页，远远超出了市委下达的任务要求。

1947年7月，为了让《挺进报》有可靠的稿件来源，电台特支成立——由市委书记刘国定领导，程途为书记，中共地下党员成善谋、张永昌等为委员。史料显示，除了电台特支为《挺进报》提供稿件外，中共地下党员胡其芬、陈为智等也为该报提供了宝贵的新闻稿件。10月初，彭咏梧到下川东开展工作，《挺进报》特支由市委常委李维嘉领导。为了防止出现意外的危险，根据地下斗争的规矩，这两个特支是严格分开的，各自独立开展工作——此特支不知道彼特支的情况、地点在哪里、工作人员有哪些等。

在中共四川省委被强行撤退、《新华日报》被查封后诞生的《挺进报》，由于报道内容是宣传党的方针政策、报道解放战争的胜利消息和揭露敌人的阴谋诡计等，因此，它犹如无边黑夜中的一盏明灯，驱散了蒋管区广大党员、干部和外围积极分子心中的阴影，使他们看到了胜利的希望，坚定了斗争的信念，从而义无反顾地投身到波澜壮阔的革命洪流中。

1947年夏天，正当《挺进报》在重庆出版发行进行得如火如荼的时候，远离重庆100多里外的北碚也出现了它的翻刻版。当年学校开学后，中共地下党员吴绍荣（吴吉林）风尘仆仆地来到北碚龙凤乡，他找到龙凤乡中心小学教导主任蒋人初、鸡公山保国民学校教师敖启炽，把二人发展成为党领导

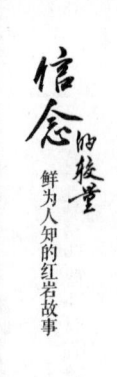

下的一个地下青年组织——"六一社"的社员。没有多久，吴绍荣对二人说："现在，你们都是组织上的人了，有一种秘密报纸，要交给你们重新刻写油印。"他说完，随即从身上摸出《挺进报》来交给他们。蒋人初、敖启炽见到刊登有刘邓大军挺进大别山等消息的报纸，并安排他们翻印，二人"简直兴奋得不得了"。

夜晚降临了，敖启炽从山上来到蒋人初的宿舍里，点燃蜡烛，开始紧张地工作了——敖启炽一笔一画认真地镌刻蜡纸，蒋人初在室外站岗放哨。尽管已是深夜，但还是有不安的事情发生：有时，楼上有响动了，二人立即把蜡烛吹熄，然后紧张地倾听，直到一切都归于平静之后，又把蜡烛点燃继续工作。敖启炽的手书写麻木了，搓一搓手接着又写，或者同蒋人初交换着干。凌晨两三点钟了，二人把蜡纸刻完，蹑手蹑脚地走进教室，轻轻地把黑板抬进宿舍，开始油印《挺进报》。油印完毕，已是黎明时分，这时，三声神秘的巴掌声响起，一只手从窗口伸进来，取走近百份报纸，发放到了"江、巴、璧、合各地"。至于这取走《挺进报》的人是谁，蒋人初和敖启炽并不知道也不能知道。《挺进报》被取走之后，二人把黑板上的油墨擦干净，悄悄抬回教室，似乎，一切都做得神不知鬼不觉。但意外的事情还是发生了：第二天，上课的女老师刚一走进教室，嗅觉灵敏的她立即就闻出了空气中异常的气息。她满腹狐疑地看了看，自言自语地说："噫，哪来的油墨味？"

晚上，敖启炽从鸡公山下来了，蒋人初一把拉住他，急切地问："你看，我们的事会不会被人发觉？"

敖启炽听完蒋人初的述说，他说："不要紧。"就到北碚街上去购买香皂去了。

之后，二人悄悄走进教室把黑板抬下来，用开水和香皂认真把黑板擦洗了，二人认为这样再不会有什么油墨味了。但事情没有朝二人期待的方向发展。第二天上课，那位女老师说："教室好香。"非常奇异这个香味是从哪里来的。

敖启炽也着急起来，他思考了一会儿说："有办法！"走到街上购买肥皂去了。到了晚上，他到教室里用肥皂把黑板反复擦洗多次，直到自己都闻不到香味才停止。最后，他还把粉笔灰撒到黑板上进行涂抹。至此，再也听不到女教师关于教室里的气味话题了。

除夕之夜，敖启炽受到当地青年农民蒋超等人的邀请，前往一个农民翻身会的会员家中过年。这个年物质上过得非常穷困——每个客人只有一碗苞谷汤圆，但由于有敖启炽和另一个青年农民的二胡表演，大家在精神上过得幸福而愉快，并吸引了许多农民过来观赏。

深夜时分，敖启炽和蒋超回家了，热情的主人为他们点燃了照明的麻秆。

远处传来了狼的嚎叫声。

二人边走边说话，走进了一片密林。

突然，一只狼冲了出来。

几只野狗见之，猛扑上去将狼紧紧围住，狂吠不已。

出生在山村的蒋超把长衫的下摆往腰里一揣，从地上捡起一根树枝，一边呼喊一边对着狼和野狗一阵猛烈的打击。

终于，狼和野狗被蒋超打跑了。

蒋超回到家中，正准备掏出《挺进报》来看。不料，揣在身上的《挺进报》不翼而飞，蒋超顿时紧张起来。

敖启炽询问怎么回事。

蒋超说他拿到《挺进报》时往身上一揣就走了。

《挺进报》绝不能让别人发现。

敖启炽思考了一会儿，点燃麻秆，拉起蒋超往刚才驱逐狼和野狗的地方

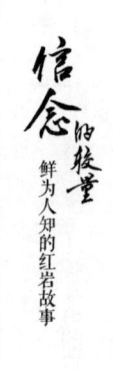

找去。

果然，就在刚才打跑了狼和野狗的地方找到了那份丢失的《挺进报》。

敖启炽松了一口气，擦拭着脸上的汗水，关切地对蒋超说："以后要注意呵，不要把文件带在身上，《挺进报》可以悄悄放进夹壁，或者放在门前那棵桐子树下面的石缝里去。"

影响日渐扩大的《挺进报》不仅在重庆市内和中共川东临委所属各级组织中广为流传，而且还流传到遥远的贵州思南地区及中共黔东北游击支队活动的九个县，使得这些地区的中共地下党员信心倍增地投入到了"打倒蒋介石，解放全中国"的轰轰烈烈的革命斗争中。

《挺进报》的镌刻、印刷和传递的秘密性有时连身边最亲近的人都不知道，《挺进报》的油印者陈然就遇到过这种事情——他的妹妹陈佩瑶在不知道的情况下把《挺进报》给他带了回来。

还是学生的陈佩瑶去找一个姓朱的女教师补习课文。她到门口一看，只见朱老师正在全神贯注地看着什么东西。

陈佩瑶轻轻地走了过去，朱老师竟然没有发现——原来朱老师在悄悄地看《挺进报》。陈佩瑶轻轻地叫了一声"朱老师！"

朱老师大惊失色，立即擦燃火柴要烧掉手中的报纸。

陈佩瑶央求说："朱老师，不要烧，我已发现你看的是《挺进报》，我想看看，行不？"

朱老师并不同意，但《挺进报》已被动作迅速的陈佩瑶抢了过来。她连忙请求朱老师让她看看报纸。

朱老师这才说："只准你在这里看一会儿，看完就马上烧掉。千万别向外人说。"她说完后把门关上了。

陈佩瑶一人在室内看完《挺进报》，兴奋不已的她准备按朱老师的要求把报纸烧掉，但她想到了哥哥陈然——他看到这样的报纸不知有多高兴呢。

舍不得烧报纸的她把《挺进报》折成小块,"藏在长袜内脚板心处",然后请假回家了。

陈佩瑶回到家中,她兴奋地对陈然说:"小哥哥,我给你看一样东西,包你高兴。"

陈然接过报纸一看,陡然恼怒起来。他说:"我不看。"擦火柴把《挺进报》烧了。

陈然的反常举动让陈佩瑶大吃一惊,气愤的她和哥哥吵闹了起来。她说:"你平时教育我,一个人要出污泥而不染,可是你……万万没想到你是这样一个胆小鬼。"

"别急嘛,瑶妹。"陈然缓慢而严肃地说,"《挺进报》你只能在学校里悄悄看,不能带回来。看了就要烧掉它。搞得不好,被敌人发现了,就要掉脑壳。懂吗?"

委屈的陈佩瑶伤心地哭泣起来。

这时,哥哥的脸上露出不易觉察的神秘微笑——这又让陈佩瑶很是不理解。

陈然安慰她说:"瑶妹,不要哭,今后你会晓得哥哥的为人。这样吧,礼拜天你回来一趟,我们好好谈一下,好吗?"他拉起妹妹的手送她回学校去。

兄妹俩边走边谈,但陈佩瑶却一句话都没听进去——因为她在想:"平常小哥那样好,怎么今天一看见《挺进报》态度就变了呢?恐怕不是胆子小吧……"

陈然把陈佩瑶送到了趸船上,他嘱咐说:"瑶妹,在外要小心些好,不要毛毛躁躁的哟!"

星期天终于来临了,早就盼望着这一天的陈佩瑶早早地回到了家中。果然,陈然在家中等待着她的到来。

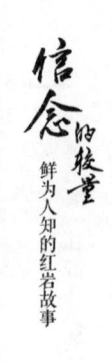

陈然高兴地说:"瑶妹,大哥来信,你看看吧。"

陈佩瑶接过一看,只见信上说大哥和一些合伙人到香港做生意去了……

陈然尝试着问她:"瑶妹,你晓不晓得做生意是什么意思?"

聪明的陈佩瑶根据大哥大姐他们平时的积极表现,她肯定地说:"哪个不晓得?到延安参加革命嘛。你还哄得过我。"

陈然满意地点了点头,他兴奋地说:"瑶妹,你这毛丫头,也懂得一些革命道理,看得出一些问题了。我当小哥的人,原来对你不放心,怕你嘴不稳,现在就对你讲了吧,使你思想上有个准备。"

陈然向妹妹讲述了他们三人制作印刷《挺进报》的事情,而且油印竟然就在自己的家中,居然没让妹妹发现。

妹妹眼含泪水说:"小哥哥,太委屈你了。请相信我,你放心大胆去干吧。我已长大了,可以去教书,可以去帮人来维持生活,一定把妈妈孝敬好。"

就在重庆的《挺进报》筹办和诞生的同时,中共成都工委副书记马识途和女党员王放也在成都紧张地筹办报纸。二人经历了一系列困难之后,马识途凭借着在中央大学学习过的一点理科知识开始购买元器件组装收音机,在收到延安的唯一一次播音后,就再也听不到一点消息了。二人毫不气馁,决定组装一部多管的收音机。为此,王放躲避开特务的监视,通过关系找到国民党市广播电台的技术员学习无线电知识。经过一个月的艰辛学习,王放学成后开始组装收音机了。

此刻,她插上电池组,扭转收音机的旋钮,收听延安广播电台。

突然,王放和马识途听到了久违的熟悉女高音——那个正在播送解放军在华北取得胜利的消息的声音是那样的清晰而又激动人心。

王放欢呼起来:"成功了,成功了!"

马识途也被这突然降临的喜讯惊讶了，他一把抱住王放，兴奋地低声说："我们又打胜仗了！"

王放沉浸在胜利的喜悦之中，没有在意一个男同志拥抱她的唐突行为。

马识途说："好，记下来，记下来。"

马识途随即用半夜的时间，把解放军打胜仗的消息刻写成一张蜡纸。

二人思考为这张即将诞生的报纸取一个什么名字时，几乎异口同声地叫了起来："XNCR！"——延安广播电台的呼号。

从此，不管是酷热炎夏，还是三九严寒，王放一人躲避在屋子里开始了收音、记录、编辑、刻写蜡纸、油印和发行等工作。深知这项随时带来杀身之祸工作的她在提着报纸出门之前，都要交代说：可能晚上就回不来了。在长期危机四伏的地下工作中，马识途和王放越来越心心相印了，他们的战斗友谊转化成了爱情，二人的"命运紧紧地联结在一起，直到解放"。

一天夜里，马识途和王放正在油印解放军在华北打了胜仗的消息，突然听到窗外的围墙边响起了脚步声。高度警惕的二人停止了油印工作，打起电筒嘴里嚷着捉小偷走到外边察看情况。二人发现围墙边新的脚印，猛地意识到这里可能已被特务监视，于是决定立即把"报馆"搬家。

第二天清晨，二人把收音机和油印器材装进了一只旧皮箱，从被监视的院子里搬迁了出来。

但是把"报馆"搬迁到哪里最为安全呢？二人犹豫起来。

王放说："先找个地方把今天这张报告大胜仗的油印出来发出去再说吧。"

马识途说："那就先到老蒲（蒲华辅）家里去印一下吧。"

二人提起皮箱急匆匆地赶往住在乡村的中共成都工委书记蒲华辅家里。

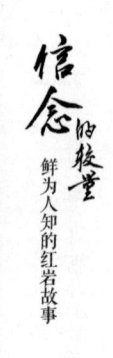

蒲华辅听说二人要在他的家中搞油印，紧张的他无论如何都不答应。

王放和马识途说："我们打了一个大胜仗，油印一个小时就可以把报纸发出去了。"

蒲华辅恼怒地指责马识途说："你们怎么可以到我这里来油印呢？王放不知道，你总应该知道吧？这是首脑机关驻地呀！"

蒲华辅如此害怕危险，让马识途惊诧不已。

马识途说："我们实在是一时找不到地方，而这张报纸特别重要，所以想到你这里来，一方面告诉你这个打了大胜仗的消息，一方面暂借你这个地方用一个钟头，我想是不会出事的。"

蒲华辅火冒三丈地说："不行，这是原则。你们马上拿走。"

马识途和王放只得提起箱子离开了蒲华辅的家。

二人思考，油印报纸的事只能转移到马识途任教的华西协中的宿舍了。

在前往马识途宿舍的路上，王放不满地说："我没有想到他这么一位高级领导人，竟是这么不通情达理，那么害怕危险。他那里是领导机关，不能搞油印，连一个钟头也不行。那么你那里不也是首脑机关所在吗？他就允许在你家里搞油印，就可以不顾你那里出危险？这算什么事？而且我们这么大白天提着这个箱子走，他就不想到对我们很危险吗？"

马识途安慰王放说："不要紧，这里隔华西协中很近，一会儿就到。那是一个外国人办的教会学校，特务活动比较困难些。"

二人到了宿舍继续开始油印，报纸由王放按原来的方式进行发放。

但一个伴生的困难是：在马识途的宿舍里因不能架设天线而无法开展正常的收音工作，而无法收音就意味着没有办报的稿件来源。

被逼上梁山的马识途想到了一个办法，他说："到云从龙家里去。"

云从龙，一个在华西大学任教的加拿大籍教授。马识途和他有着较好的友谊——除了党的秘密外，二人几乎无话不谈，马识途有时也送《XNCR》

报纸给他看。

二人到了云从龙的家中，马识途把自己与王放的特殊关系告诉了云从龙夫妇，二人受到了热情的款待。

马识途告诉云从龙说，解放区又打了一个大胜仗，《XNCR》报纸是王放收听延安的广播创办的，但现在收音机坏了，收不到消息的报纸有停刊的可能。

云从龙遗憾地询问："那怎么好呢？"

马识途直截了当地说："用你的收音机试收看看，说不定现在又有新的胜利消息了。"

云从龙同意了。

王放在他那台能收外国电台的收音机上收起音来。少时，王放捕捉到了那个熟悉的女高音。她笑逐颜开地说："在晋南又歼灭了两万多国民党军队，我从来没有见过这么好的收音机呢，收听起来简直就像听悦耳的音乐一样。"

马识途把歼灭敌人的消息告诉了云从龙，坦诚地说："我们的收音机坏了，你这架收音机很好，听起来特别清楚，我们可不可以利用这部收音机来收音呢？"

云从龙表示同意。

就在被蒲华辅拒绝油印报纸、特务又在查找《XNCR》的蛛丝马迹的危险之际，一个外国友人居然不讲任何条件地就同意了，这让马识途深为感动。直到2004年，这种国际友谊依然让年近百岁仍安详地生活在成都的马识途难以忘怀。

就这样，中共被国民党封锁的消息源源不断地送到了中共地下党员、外围积极分子和进步群众的手中。

《XNCR》与《挺进报》是同一时期出版的报纸，都是四川省委和《新

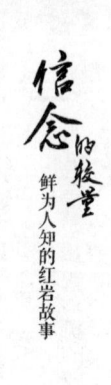

华日报》被国民党强行要求撤退延安后,由中共地下党组织创办,刊登的都是党中央的文件、解放战争的胜利消息、时事评论和毛泽东的文章等。不同的是《XNCR》尽管受到特务反复的追查,但由于马识途和王放采取更换报纸名称、纸张和油墨等办法,一直办到1948年底蒲华辅被捕叛变时才停报。

12
"六一"大逮捕惊心动魄

1947年6月2日，一群老百姓模样的人气势汹汹地冲到了成都新南门。

这些人见到大米店就冲进去，开始疯狂地抢夺大米。

顿时，新南门一片呼天抢地，熙熙攘攘的街道上立即混乱起来。

抢夺大米的情景被相馆的两个青年看见，好奇的他们拿起照相机准备拍照，瞬间就被宪兵和特务逮捕了。

此时，《华西晚报》的几个年轻人也和其他不明真相的市民一样正在这里看热闹。

"老百姓"抢夺大米的情景恰巧被《华西晚报》的总经理田一平看见了。田一平，中共地下党员、民盟成员和小民革成员。社会经验丰富并高度警惕的他立即判断出这是一场阴谋："这是1940年北门外抢米事件的翻版"——这些抢夺大米的"老百姓"是特务策划和装扮的。

田一平批评报社的几个年轻人说："人家在搞圈套，你们还不晓得，还要自己送进去。"

觉得事态严重的田一平马上召集报社全体职工开会。他在会上说："现在形势险恶，各种事件随时都可能发生。你们愿意走的就走，不愿走的，作好一切准备，连供词都要考虑好。我是不走的，因为我是民盟的，我一走，

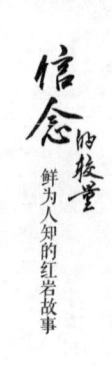

好像我们民盟的人心虚。"

会议刚开完，从川康绥靖主任公署得到消息的中共地下党员胡春浦赶来通知田一平。他说："我得到可靠消息，特务要捕人了。这次和前几次不同，逮捕的面宽，你要隐蔽一下，到乡下去。"

田一平表示赞同胡春浦的意见，感觉危急的他已做好了到乡下去短暂隐蔽一下的打算。但田一平担心中共地下党员、民盟四川省委委员杨伯恺的安危，便赶到杨伯恺家里同他商量。田一平说："局势很紧，我们是不是避一下？"

杨伯恺说："不走，不走，顶住。第一，张表老（张澜）还在上海。如果我们出了事，张表老会讲话的。第二，1940年，特务要逮捕我，邓锡侯通过张雪岩给警备司令部写了个条子，特务未敢下手。这次如果要逮捕我，我想邓锡侯还会帮忙。"——邓锡侯，时任西南行政公署副长官、四川省主席，杨伯恺和他是四川营山同乡。

田一平说："好嘛，那我们就不走。"

让二人始料不及的是，当晚危险就降临了。深夜，仍觉得天气炎热的田一平被一阵急促的敲门声惊醒，他意识到特务来了。田一平迅速起床，刚要走出房门时，一群手持短枪的特务凶神恶煞地冲了进来。

一个领头吼道："你是哪一个？"

田一平说："我是田一平。"

特务不准田一平走动，随即在屋中搜索，把全家人集中起来进行询问。

家人从来没有遇到过这样的事情，一个个被吓得不知所措。五岁多的儿子显然被这突然袭击吓坏了，站在床铺上放声大哭。

一个特务问："你那个证明书在哪里？"

田一平说："什么证明书？"

特务说："就是政府准你办报的那个通知书（《晚报》的出版登记

证）。"

田一平说:"在柜子里。"

特务寻找了一会儿没有找着登记证,出门来问:"究竟在哪里?"

田一平趁回到房中的机会拿了一件棉衣披在身上,把儿子抱了起来——小脸上挂着泪水的儿子失神无助地看着田一平。

搜查结束之后,小头目拿来一根绳子,叫田一平把儿子放下,把田一平双手朝背后捆绑着。

妻子喻素萱看着这野蛮恐怖的一幕,担心丈夫安危的她霎时泪流满面。

田一平被押上了汽车。

少时,《华西晚报》的营业员何良臣等人也被押上了汽车。

在汽车上,田一平感觉紧挨着他的何良臣瑟瑟发抖。田一平用手在他的脚背上画了几个"不"字,何良臣才镇静了下来。

1947年6月1日至2日发生的逮捕是国民党中央为了镇压民主爱国运动,在全国范围内对新闻、教育、文化、出版和工商各界的民主人士、爱国学生和进步工人等进行的统一镇压行动,史称"六一"大逮捕。在两天的时间里,成都逮捕近70人,青岛、郑州分别逮捕了100余人,重庆的逮捕人数为全国之冠——达到260多人。

成都的逮捕不仅导致民盟成员、文化界人士被捕,而且还导致一些中共地下党员被捕——这其中就有杨伯恺与于邦齐等人。

被编为14号的田一平被关入成都将军衙门的牢房不久,特务就来叫他了:"14号,跟我走。"

田一平跟随特务来到了审讯室。

审讯室里,"那凶狠的吼叫,怒目金刚似的面孔,威威乎严如阎王殿"的情形,让人毛骨悚然,心生恐惧。早就作好了准备的田一平知道,这是敌人吓唬"犯人"的"过堂"。

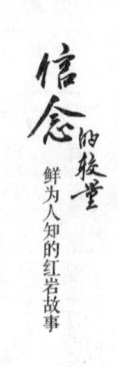

审讯的特务询问民盟的情况。

田一平回答道:"我在民盟的情况,邓锡侯同你们的负责人都知道,我同杨伯恺、范朴斋、张松涛四个人,曾经以民盟代表的身份前往川康绥靖公署会见过邓锡侯,你们不是不知道。"

特务又问四川民盟基层组织的情况。

田一平说:"我是民盟四川省委的秘书主任……基层由基层组织掌握,我不管。"

特务问道:"《华西日报》《华西晚报》,民盟的西区、北区的组织有哪些人?"

田一平说:"这些基层情况我都不知道。"

特务突然询问:"你是什么时候参加CP的?"

田一平说:"没有呀。"

特务说:"据我们调查,你是共产党。"

田一平说:"你们的调查不确实。"

显然,特务没有掌握田一平是共产党的确凿证据。在询问了其他一些问题之后,第一次审讯结束了。回牢房时,特务特意让田一平从另一间屋子里出去——那一间屋子里布置着处罚"犯人"的火炉、木架、杠子和绳子等刑具。特务的意图是打击田一平的心理防线,提醒他如果不坦白地回答问题将面临着怎样的惩罚。此时,田一平作出了判断:敌人逮捕民盟成员,"重点是打击民盟以打击共产党",只要我的共产党身份和与共产党相联系的事件没有被敌人发现,就没有太大的问题。田一平由此想出下一步的斗争策略:"就是以民盟为掩护,装成一个十足的中间派。"

第一次审讯之后,田一平又被特务多次采取不同的方式进行了审讯,但都被田一平机智地应付过去了。并不甘心的敌人相继从杨伯恺和于邦齐的口中打探田一平的有关情况,但依然一无所获。黔驴技穷的敌人继而逼迫田一平悔过退出民盟。一个法官劝告田一平说:"我们两个曾经都是川康绥靖公署的,有话好说嘛。"

田一平说:"我嘛,是民盟的,有话好说。"

一次劝说没有效果后,法官第二次又来了。他说:"我们两个说点秘密的话,我要调职了。你要申请退盟(退出民盟),由我办,快得很。我走了,就难办啰。"

田一平置之不理。

特务们又把目标转向杨伯恺——他们找了他的朋友来劝说:"你只要在申请书(退盟悔过书)上写上杨伯恺三个字,写好后秘密保藏,别人不知道。"

面对敌人的劝说,不知如何处理的杨伯恺询问田一平:"特务纠缠我,怎么办?"

田一平说他是置之不理。

杨伯恺说:"好,我也这么办。"

特务又来劝说杨伯恺退出民盟了。

杨伯恺说:"我出去可以,要群众来欢迎我。"

没有达到目的的特务恼怒不已。

在敌人的威胁利诱之下,还是有人沉不住气了:一个民盟成员不仅申请退出了民盟,而且劝说了两个难友出去。一个共产党员也悲观动摇了,他对田一平说:"我决定出去。"

田一平说:"你想后果哟。"

共产党员说:"我想过,决定出去。"之后,他按照特务的要求办理了出狱手续。

出狱的时候,这个共产党员对站在房门前的田一平说:"我要出去了,心里很难过,但我有说不出的苦衷,请你们原谅。"

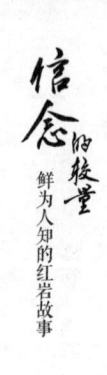

监狱里不仅居住环境和生活条件恶劣，而且更为严重的是对外界的信息一无所知。田一平和杨伯恺等人琢磨开了，善于做思想工作的他们商量做宪兵看守的工作。他们分析认为：这些宪兵特务都是年轻人，他们都是被生活逼迫所致，有的人甚至是被欺骗来的，做通他们的工作为我所用有极大的可能性。于是，难友们各显神通开始有针对性地做工作了。

田一平有的放矢地同宪兵看守聊天："你们不是想进职业学校，考大学吗？""我们的熟人多，在社会上还是有活动能力的，以后还可以多方面帮助你们……"杨伯恺则向他们传授文化知识。经过持之以恒地做工作，宪兵看守的态度开始转变了。

宪兵小郭说："长官讲，你们这些人坏得很，实际接触以后，才觉得你们并不坏，心眼好！"

渐渐地，这些宪兵看守的工作做通了：他们不仅帮助难友们同家里人联系，而且还把各自家里人送来的衣服、食物和一些书报悄悄地带进了监狱，这让大家欣喜万分。监狱里的伙食非常差，大家请看守到隔壁的餐馆购买回锅肉和盐煎肉来吃，大家吃得有滋有味，兴高采烈。难友王伯高一边吃一边称赞说："吃，这是成都市炒得最好的！"

但看守为"犯人"帮忙的事被主管特务知道了，主管特务呵斥看守被"赤化了"，并把宪兵特务和看守集中起来，将一个姓李的看守打了一顿，把原来的看守调走了，以此来杀鸡儆猴。田一平他们在新看守值班之际，依然一如既往地做这些人的工作，没有多久，这些新来的看守仍被他们争取了过来。

一年一度的中秋佳节到了，看守们觥筹交错，热闹非凡。"犯人"们各自待在冷清的牢房中静静地思念着亲人。深夜了，门窗下响起了轻轻的叫声："杨先生，杨先生。"——有人在叫杨伯恺。大家起来一看，只见看守小郭把月饼递了进来，小郭说："你们吃。"

田一平和大家品尝完月饼刚刚睡下，门外又有人小声地叫："杨先生，杨先生。"大家起来一看，出现在朦胧月光里的是被打的看守小李。小李把一包鸭子递进来说："你们吃，骨头丢在尿桶里。我和值班的商量好了，我代他值班。你们放心地吃，不要紧的。"

大家瞧着小李送来的鸭子，一时心潮起伏，感慨万端。

1947年7月至8月，胡春浦和民盟成员李荫枫协商：以策反川军名义筹集活动经费，制作了四川部分县开展武装斗争的名单，并由胡春浦经营的公司大有字号提供了一张数千万元的垫款单据，让李荫枫前往上海向小民革中央领导汇报——二人均系小民革成员。恰巧这时，重庆渝江纱厂刘厂长捎信到成都，请小民革成员葛雅波到厂里当女工管理。葛雅波和丈夫李荫枫商量后，决定一起出发：李荫枫途经重庆前往上海，而葛雅波到重庆上班。9月24日，夫妻俩和小女儿李碧涛到达了重庆，葛雅波随即投入到渝江纱厂的女工管理工作中，李荫枫则暂时居住在刘厂长的家里。让一家三口没有料到的是，一场被逮捕的厄运就要来临了。

10月8日，由于李荫枫前往上海的计划被泄露，民盟成员李子伯、何雪松和萧中鼎暴露了，李子伯当即被捕，另两人的危险降临了。特务从李荫枫的身上搜出了大有字号的垫款单据。重庆行辕二处处长徐远举亲自审讯，李荫枫承认了拟到上海向小民革中央领导汇报的事情，并书写了供词，这为萧中鼎、葛雅波和胡春浦的被捕埋下了伏笔。

保密局紧锣密鼓地布置抓捕方案。

8日下午，萧中鼎在重庆棉花街被捕了。徐远举听说逮捕了一个级别不低的共产党员，心情愉快的他亲自审讯了萧中鼎。他首先询问了萧中鼎与李荫枫、李子伯等人的情况，拿出川军将领潘文华给萧中鼎的书信，询问五万发子弹的用途。

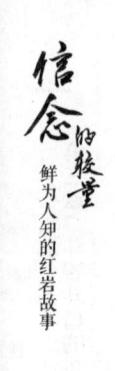

萧中鼎沉着回答:"信上不是说得很清楚,是办团练用的嘛。"

审讯结束,萧中鼎被关押在白公馆。特务给他戴上了30多斤重的脚镣——如此沉重的脚镣导致他每挪动一下都要用手提起脚镣才能走动。在特务走后,同室的新四军连指导员文泽用布条为他缠绕脚镣,以此来减轻脚镣对足部皮肉的摩擦。文泽一边缠绕脚镣一边悄悄地对萧中鼎说:"这屋有狗,说话小心,审讯时不要供认。"仅仅几句话,萧中鼎感到了无比的温暖,同时又给了他无穷无尽的精神力量。

萧中鼎被捕后,葛雅波的危险降临了。

这天傍晚,刘厂长家的工友对葛雅波说:"李先生(李荫枫)还没回来,厂长家来了四个客人。"

葛雅波一惊,询问是不是李荫枫出事了?

工友说:"不知道。"

回到办公室的葛雅波把材料整理了一下,然后步行下山。刚走到半山腰,她碰到刘厂长陪同一个身穿中山服装的人一道走来。

刘厂长对葛雅波说:"老李今天进城,不幸被汽车将脚碾伤了。这位是宽仁医院的'胡先生',你马上进城去看看。"

半信半疑的葛雅波说:"哦,怎么办,我身上一个钱没有。"

刘厂长拿出钱交给葛雅波说:"你先进城去看看,明天你如果不回来,我就进城来看你们。"

葛雅波随即到寝室请人帮助照料小女儿李碧涛,然后同"胡先生"离开了渝江纱厂。

葛雅波同"胡先生"走到马路上,只见那里停放着几辆汽车。

"胡先生"走到每一辆汽车前观察,对一辆吉普车的人说:"你们的车进城吗?我们有急事搭便车。"

汽车上的人回答道:"可以,只是要汽油钱。"

汽车上的人把"胡先生"和葛雅波带到第四辆汽车前，三人一起上了同一辆汽车。

汽车启动了，但行驶的方向不是万家灯火的城市，而是在漆黑的山野中前行。

蓦地，葛雅波意识到自己可能被捕了。她急促地想道："如果是厂里三青团仇杀我，我今晚必死无疑；如果是匪特逮捕我，我则得想好如何应对……"

汽车行驶了大约两个小时，在一个陡峭的石级前停了下来。

"胡先生"说："宽仁医院到了。"

葛雅波下了汽车，但根本不是宽仁医院。

石级两边列队站立的士兵举着的刺刀雪亮耀眼，杀气腾腾。

葛雅波跟随着"胡先生"走进了一间灯光暗淡的屋子里——葛雅波后来才知道，这个逮捕她的"胡先生"是保密局特务张家惠。一会儿，葛雅波被带到收发室，她的衣物和手表全部被士兵搜走了。

少时，一个持枪的士兵把葛雅波带进了监狱。监狱的牢门引起了葛雅波强烈的愤怒，她大声吼叫："你们这是干什么？我犯了什么罪？"

门边的一个看守说："有点误会，弄明白就是了，不要紧的。"说完，牢门"砰"的一声关上了。

葛雅波在另一个持枪士兵的押送下来到了一间牢房。

昏暗的灯光下，牢房里一个刚出生的婴儿正以响亮的啼哭声控诉着世界的黑暗，产妇正以痛苦的呻吟揭露着监狱的罪恶；"犯人"蓬头垢面，限制着自由的脚镣手铐发出的叮当声格外刺耳；扛着枪的士兵如狼似虎，幽灵似的在窗外走来走去；屋子里弥漫着浓烈的屎尿、潮湿和血腥混合着的气味，让人头晕目眩……所有呈现出的一切，让葛雅波心情极为恶劣，喘不过气来。

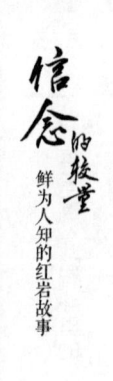

好一会儿，葛雅波才缓过气来——只见屋子里安放着四张木板床铺，其中三张床铺上都住着一对母子。

葛雅波正在思考如何对付敌人的方法时，一个轻轻的女人声音传了过来："你睡吧，来这里就得受罪，不要难过。"

葛雅波问道："这是什么地方？"

女人急切地小声说："不要说话，上面有警卫看着呢。"

葛雅波向窗外看去，果然，外面一个持枪的士兵正监视着牢房。

葛雅波无可奈何地在床铺上躺了下来。

没多久，一个士兵走到葛雅波的床铺前喊："起来！跟我走！"

葛雅波判断可能是要枪毙她，心脏开始剧烈跳动。但一瞬间，"一个求解脱的念头征服了对死的恐怖"，葛雅波随即镇定了下来。她被士兵带到了一个坐着八个人的审讯室里——桌子前坐着行辕二处司法科长陆坚如。

陆坚如对葛雅波的姓名、年龄和籍贯等进行了一一询问之后，他进入了主题："你丈夫想造反，你知道吗？"

葛雅波说："你别吓我啦，他枪都没一支，造什么反？"

陆坚如问："你丈夫加入了民主同盟你知道？"

葛雅波说："我不知道，几年来我身体不好，常在病中，我只知道他关心照顾我的生活，怕我生病，别的没听说过。"

陆坚如警告说："你要老实点，你知道我们这是什么地方吗？"

葛雅波说："我不知道，我想你们是绑票的。"

陆坚如说："我们都是穿军衣的，自然不是普通人，希望你仔细点，老老实实说出你丈夫的行为。你家里经常来往些什么人？"

葛雅波说："他因为做黄花木耳生意，家里有时也来些经纪。"

陆坚如问："那些经纪的姓名你记得吗？"

葛雅波说："我记不得，今天来张三，明天来李四，我也瞧不起那些经纪人，我哪记得他们了？"

陆坚如问："你记得黄炎培、李济深到你家吗？"

葛雅波说："他们是干什么的？我不清楚这些名字。"

陆坚如问："你怎么会到渝江纱厂工作的？"

葛雅波说："刘厂长的太太是湖南人，我们是同乡，我想找工作，她就介绍我到渝江纱厂来了。"

陆坚如问："刘厂长和你丈夫经济上有密切关系，你知道吗？"

葛雅波答："我看他们不会有什么密切关系，他太太是个厉害人，除非我们吃亏，我们吃亏又哪来的钱呢？"

陆坚如问："你对工厂工作觉得怎样？"

葛雅波说："不感兴趣！我刚到职就要打倒我，我不想去管女工们的事。"

陆坚如从公文包中掏出一张名单，煞有介事地念了几个。他说："这都是工厂闹事的名单，他们想捣乱，现在都不敢了。我们决不允许任何人捣乱。你丈夫要捣乱，我们就把他抓起来了。"

葛雅波说："一人做事一人当，你们为什么把我抓起来呢？我好不容易找到渝江纱厂的工作，这一来我的工作不又吹了嘛？我以后怎么生活呢？我请你们放我出去。"

陆坚如说："放你不难，你把你们的事说清楚，我们就可以放你。"说完，他吩咐士兵说："把她送回去。"

已是深夜，回到牢房的葛雅波疲惫不堪，准备睡觉的她把床铺上的被子掀开，她被吓得"呀"的一声，手像触电似的缩了回来——被子不仅肮脏得黑油发亮，还布满了密密麻麻的小蜘蛛和一些小虫子。葛雅波赶紧把被子捂上，坐在床铺边上发呆。

这时，一个熟悉的女人声音从牢房门边传了过来："睡一下吧，来了就

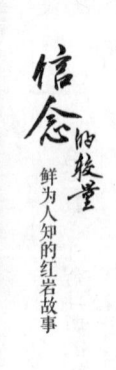

得准备受罪，不睡哪行？"

葛雅波感到一阵温暖，她看看牢房门边但没看见人。葛雅波摇摇头指了指床铺：意思是床铺太肮脏她不敢睡觉。

一会儿，一个白布团从牢房门边"唰"地扔到了葛雅波的脚边。

那个女人说："快，拾起来！"

葛雅波捡起白布团一看，原来是用无数的碎布拼接起来的一张干净床单。

女人说："小心，窗外！"

刚进监狱就有难友给予无私的帮助，这让葛雅波"热泪直涌，嗓子哽咽"，她轻轻地从口中吐出两个字："谢谢！"

第二天早晨，葛雅波走出牢房同居住在外边小牢房的女人见面了——这个给予她关心的女人是从息烽监狱转移到这里的徐林侠。

趁着吃早饭的时机，徐林侠悄悄地对葛雅波说："进来前三天不要和任何同监牢的人说话，不要走出女牢房放风，因为特务监视很严，谨防他们给你新来的一顿'杀威棒'。牢房的灯是不许关的，不要去关。进女牢门左边，天井的廊檐下角落处，是放马桶的地方，窗外哨兵看不到，可以在那里干一些悄悄事。"徐林侠还告诉她说这里就是白公馆监狱。

让葛雅波无论如何都想象不到的是，特务在逮捕了她夫妻二人后，竟然打起了小女儿李碧涛的主意——第二天上午，徐远举对她进行了审讯。徐远举声色俱厉地询问了一番昨天晚上陆坚如审讯的问题，葛雅波"一问三不知"。

恼怒的徐远举要求葛雅波写信给刘厂长，让人去他家把女儿李碧涛接到监狱来。葛雅波不想让女儿在监狱中受到惊吓和伤害，坚持不写信。而徐远举一定要让葛雅波写信，双方僵持起来。葛雅波担心女儿在外边被特务利用，最终还是给刘厂长写了书信。

10月10日中午，特务找到在学校读书的李碧涛说："你父亲出车祸受伤了，母亲在医院守他，你去看他。"并让李碧涛准备换洗衣服。

李碧涛说："我明天要上学，我不去。"

特务凶相毕露地说："不去不行，非得去！"

当晚，李碧涛被关进了白公馆女牢房，当她听到脚镣手铐发出的"哐当"声时，她奇怪了：不是说去医院嘛，怎么到监狱里来了？

这时，葛雅波一边流泪一边质问特务说："你把她抓来干什么？我们跟你有仇的话，孩子跟你没关系。"

李碧涛劝说道："妈妈，算了，来都来了。"

第二天，李碧涛见到了年幼的宋振中。

懂事的宋振中担心李碧涛难过，他安慰说："你不要难过，我在这里是老政治犯了。你在这里跟我们一起做朋友吧，我们一起读书……"

从此，在李碧涛被关押的几个月中，宋振中和她成了形影不离的小伙伴。一次，趁特务没有注意，二人跟着一个倒马桶的人到了白公馆的门外。二人贪婪地观看着歌乐山青翠的树林，聆听着溪水流淌的淙淙声，呼吸着清新自由的空气，心中愉快极了。

正是黄昏，一群群归宿的鸟儿从树林上空飞过，它们的啼鸣清脆而婉转。

宋振中若有所思地说："我们能够像鸟儿那样飞出去多好啊！"

李碧涛想道："这小孩才7岁，就想飞出去，但人不是鸟啊，怎么飞得出去？"

特别想到学校读书的宋振中又说："我自由了，就像你一样自由地去上学……"

这样的情景永远定格在了李碧涛的记忆深处，直到21世纪初，幸福生活在北京的李碧涛只要忆起这段往事，仍感慨万端，难以忘怀。

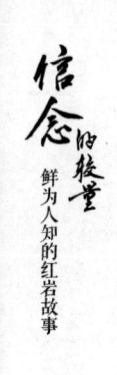

相对于众多被残酷杀害的革命烈士来说，李碧涛一家三人是非常幸运的——1948年1月10日，李碧涛和葛雅波在党组织和社会各界的营救下被释放出狱，而李荫枫在重庆解放前夕的大屠杀中成功脱险。

13
保密局拼命加强审讯

在逮捕了田一平、李荫枫一家三人、萧中鼎和李子伯之后，保密局下一个目标就是民盟成员何雪松了。

1947年10月9日晚，已接到组织上转移通知的何雪松急切地赶到重庆的家中，他一边同妻子说话一边从抽屉中拿出一叠文件放在盆中燃烧。

突然，楼梯上响起了急促的脚步声，瞬间，几个持枪的特务冲进屋里。

一个特务拿起火钳拨了拨盆中的文件灰烬，对何雪松说："你是何雪松吗？"

何雪松回答："是的。"

特务说："我们处长请你去谈话。"

何雪松明白自己被捕了，他走到躺在摇篮中的出生仅三个多月的儿子前，亲了一下儿子，然后从容地走出了家门。

妻子抱起儿子带着两个儿女追到巷子口。

特务把何雪松往一辆吉普车上推。

何雪松回过头看见了妻子儿女，他大声对妻子喊："一定要把孩子抚养大……"话还没有说完，吉普车开走了。

让何雪松的亲人没有想到的是，何雪松这一走竟成了永别。

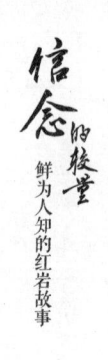

特务逮捕了何雪松之后，仍然没有放过他的亲人。负责监视的特务有时在晚上往何雪松家的窗口扔石头和木棍，甚至还有意发出一些稀奇古怪的叫声，吓得妻子和儿女胆战心惊，整夜不敢睡觉。为了躲避特务的骚扰和恐吓，一家人搬迁到了牛角沱码头居住，但特务仍然跟踪而至。失去了经济来源的一家人开始还有稀饭红苕吃，直到有一天，家中再也没什么东西可以充饥了。饿得有气无力的女儿何丹妮倚靠在门边，眼含泪水注视着码头下滚滚流淌的嘉陵江水发呆。

这时，一个提着竹筒和饭碗的"叫花子"走到了何丹妮面前，把竹筒伸向了她。

何丹妮抬起头一看，只见"叫花子"衣衫褴褛，蓬头垢面，但令人奇怪的是他深邃目光中却有一种不可捉摸的东西。

何丹妮爱莫能助地说："我自己都没有东西吃了，哪有东西给你呀？"

一直没有说话的"叫花子"听了之后，不但没有离开，反而走过来再次将竹筒递给何丹妮。

听到女儿在屋外同人说话，母亲走了出来。

"叫花子"见到母亲异常激动，仍然没说话的他目不转睛地盯着母亲，把竹筒递了过去。

母亲以为"叫花子"讨饭吃，她说："我们已没有什么吃的了，天很冷，给你一点热开水喝吧。"

母亲接过竹筒准备去盛热开水，她发现竹筒里有些烂菜梗，便把烂菜梗往垃圾里倾倒。突然，从烂菜梗里裸露出了一小卷钞票——显然，这是中共地下党组织在白色恐怖年代采取关心的措施。

母亲惊呆了，随即泪流满面。

母亲立即把竹筒盛满热开水出来送给"叫花子"，但那人早已消失在熙熙攘攘的过江人流中了。

令人欣慰的是，中共地下党组织为了防止何雪松的妻儿出现意外情况，及时将何雪松的妻子和三个儿女分别接到地下党员的家中生活，直至重庆解放。

1947年10月14日，得到了李荫枫的口供，非常怀疑胡春浦和李荫枫的军事计划与共产党有联系的徐远举率领特务到成都逮捕胡春浦来了。

但徐远举出师不利，他们在成都寻找了一天，结果没有发现胡春浦的踪迹。是日晚，徐远举来到成都警察分局局长熊倬云家拜访，但不料熊倬云不在家中，他的妻子说熊倬云到胡春浦家中喝酒打牌去了。徐远举喜出望外，便继续在熊倬云的家中等候。深夜，熊倬云回来，徐远举强迫他带路前去逮捕胡春浦。熊倬云得知朋友胡春浦要被逮捕，心中叫苦不迭，他灵机一动说喝酒太多已走不动路了。徐远举哪肯轻易放过这样重要的逮捕机会，他让熊倬云写明胡春浦的家庭住址，率领特务马不停蹄地赶到胡春浦的家中，在第二天早晨将胡春浦抓捕。

徐远举询问胡春浦："你认识李荫枫吗？"

胡春浦判断是李荫枫东窗事发，回答道："认识。"

徐远举又询问一些情况之后，对胡春浦说："委屈胡先生跟我们走一趟吧。"

胡春浦被带到成都娘娘庙街保密局特务蓉站。中午时分，一直担心胡春浦安危的熊倬云来到了蓉站，他找个借口把看守打发走了，单独对胡春浦叙述了徐远举到成都逮捕他的经过。同时将李荫枫的供词告诉了胡春浦，并说田一平也将被提到蓉站。然后借宴请徐远举之机会把胡春浦担心的一个大学生的入党申请书和一封秘密信件进行了妥善处理。

为了进一步追查线索，徐远举当晚对胡春浦进行了审讯，他问："你是不是打过游击？"

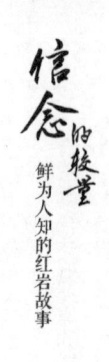

"打过！"胡春浦回答说，"那是民国二十七年，我在四十五军政治部工作，按照蒋委员长的电令去和共产党争取民众时，由军长陈书农派去打游击的……"

徐远举问："参加过小民革没有？"

胡春浦回答："李荫枫约过，但只是一句话，既没有填过表，也没有参加过什么会。"

徐远举又询问了一些情况后，突然虎视眈眈地问："你是不是共产党？"

胡春浦镇静地回答："我是国民党党员……"

在第一次审讯没有任何结果后，徐远举在第二天就大有字号和资金等情况再次对胡春浦进行了审讯。

面对狡猾的徐远举，胡春浦机智地应付过去了：既没有承认是小民革成员，更没有让敌人发现自己是共产党员。

收获不大的徐远举决定把胡春浦和田一平押解到重庆继续审讯。

二人马上就要在特务监督下见面了。

1947年10月18日，这是一个让田一平一生都永远铭记的日子——这一天，他就要被转移到重庆了，并且碰到了他此时最不愿意见到的一个人。

晚上22点左右，关押田一平的牢房外突然人声鼎沸，紧接着一群人冲了进来，同时有人在喊："在3号、在3号。"3号就是关押田一平的牢房。一会儿，一道雪亮的电筒光刺破夜空照射在田一平身上，并喊他在监狱中的编号："14号，把行李收拾好。"

心中惴惴不安的田一平对一个姓鲁的管理员大声喊："鲁管理员，什么事嘛？"

鲁管理员说："你收拾东西，不要管。"

收拾完东西的田一平跟随一群人来到办公室，一个特务们称作漆组长的胖子吩咐田一平走过去，用皮带把田一平的双手向背后捆绑起来，继而用布把他的双眼和嘴蒙着。接着有人喊了一声"走",众人齐声高叫:"抬起。"众多的手随即把田一平高高地举向空中,同时高声喊着:"嗨哟……"

万分紧张的田一平知道,这是旧政府衙门举行的一种杀人仪式——闹堂。

田一平被抬出来推上了一辆三轮车,蒙着眼睛的他紧张地判断着:如果三轮车出大门往右是前往通惠门方向,而那里就是杀人的刑场。如果今晚是到那里,结果必定是凶多吉少。但熟悉道路的田一平感觉三轮车是朝左拐往东走,不由得松了一口气。

霏霏细雨从茫茫的天际间飘洒下来,漆黑的夜晚寂静无声。

三轮车行驶一个小时左右停了下来,田一平被押进一间屋子里,解开了蒙在双眼和嘴上的布。他一看,这里是一间小屋,外边的人和重庆通电话的声音清晰地传了过来。

想了解这是什么地方的田一平对看守说:"我要小便,行不行?"

看守说:"可以。"便把反捆着田一平双手的皮带解开。

田一平走出房门察看了一下,发现这里有两排房子,后排的房子里传出打麻将的声音和女人的说话声——他猜测这里可能是个特务机关。

田一平回来后背倚靠着墙坐着,一直"睡"到东方露出了鱼肚白。

一大早,漆组长就来叫喊:"起来起来。"

田一平站了起来。

漆组长说:"田先生,你我两个往日无冤,今日无仇,请你到重庆去,把一件事说清楚,没有什么不得了的。你要规矩些,不准叫唤不准说话。"

当田一平吃了早饭走出这个院子的时候,这才看清楚了它的庐山真面目——竟然就是那个家喻户晓的娘娘庙街的特务蓉站。

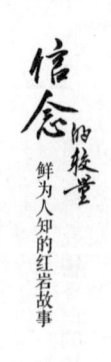

田一平正往外走，漆组长对他说："田先生，不要乱说哟。"

田一平回答："知道知道。"

田一平和漆组长走到门前的两辆吉普车前，二人拟上第一辆车。

正准备上车的田一平惊呆了：吉普车里赫然坐着胡春浦。

霎时，平静下来的田一平又陡然紧张起来，心乱如麻：我每次面对敌人的审讯都是以民盟身份为掩护的，同共产党的事情没有任何联系，而胡春浦的出现是否会暴露我的共产党员身份，"莫不是因同案而被发落？抑或他告发我而去重庆作证？"

尽管有多种疑问在脑海中闪现，但无论如何，田一平只能硬着头皮上车了。他和漆组长分别坐在胡春浦的两边。

心中七上八下的田一平不敢去看胡春浦，更不能同他说话，脑子里高速地思索着如何应付这突发的事件。

吉普车轻快地行驶着，眼看就要到达凤凰山飞机场了。

胡春浦神情自若地掏出香烟递给漆组长。他说："漆组长，请抽烟。"

聪明的胡春浦在向田一平传送信息：这是一个特务小头目。

胡春浦又说："漆组长，我这几年身体不好，在害病，做了点小小生意，哪晓得李荫枫这个狗日的乱说我一些，事情的来由我不清楚。"

漆组长说："不说不说，到重庆去讲。"

胡春浦又向田一平传递了一个至关重要的信息：是李荫枫出了问题，我们二人之间没有任何联系。

心领神会的田一平顿时放心了。

吉普车到达了凤凰山飞机场，胡春浦趁漆组长上厕所之机，他悄悄地对田一平说："李荫枫把我们出卖了，他写了厚厚一本。"

在徐远举的带领下，特务们押解着田一平和胡春浦登上了前往重庆的飞机。在飞机上，二人借助飞机轰鸣声的掩护，相互在对方的大腿上写字，以此来进行信息沟通，统一口径。

田一平就这样离开了熟悉的成都，离开了亲人、同事和难友们，开始了在重庆集中营的监狱生活。1949年12月7日，同他一起被捕的难友杨伯恺、王伯高和于邦齐等众多革命人士被杀害在成都的十二桥。

在重庆集中营，趁特务办理手续的时机，田一平和胡春浦继续对一些案情作了通报。

胡春浦说："李荫枫在搞军事活动，被敌人破获了。"

田一平说："你们搞军事活动这一段时间我在监狱里，我没有参加。"

胡春浦说："小民革你是参加了的，我们这一案是五个人，倪子民跑了。"胡春浦说的五个人是：田一平、胡春浦、李荫枫、倪子民和葛雅波。

小民革是中国民主革命同盟的简称，系周恩来抗日战争时期在重庆领导的一个秘密外围组织，与李济深领导的大民革——中国国民党革命委员会是两个不同的组织。

特务办理完手续后，二人被关押在了白公馆。

第二天下午，陆坚如对田一平进行了审讯。他问："你参加了哪些党派？"

深思熟虑的田一平说："我在川康绥靖公署时集体参加了国民党，参加过民主同盟和中国民主革命同盟。"

陆坚如说："这一堂审讯，专审小民革问题，其他问题另外再说。"

对于特务已掌握的小民革案情和无关紧要的情况，田一平进行了叙述；而对于不该让特务知道的情况，田一平守口如瓶。

陆坚如问成都的小民革成员有哪些人。他问："你说说还有谁呀，有葛雅波吗？"

田一平担心说出葛雅波的真实身份会导致众多的同志被捕，因此他酌情说："同到重庆的有李荫枫和他太太葛雅波。"

陆坚如问:"是太太吗?"

田一平说:"是李荫枫的太太。"

这次审讯后,醒悟的特务为了防止田一平和胡春浦串通案情,把二人隔开关押。

第三天下午,田一平又被押进了审讯室。田一平看见,审讯室有看守和几名法官,一个人正在看报——报纸把他的整个面孔都掩盖了。

田一平静静地站立在那里。

很久,看报纸的人把报纸放下后问田一平:"你记得我吗?"

田一平想不起在哪里见过这个人。

看报纸的人说:"我叫徐远举呀!"

田一平愣了一下,还是一脸茫然。

徐远举提醒说:"你记得李毓樽吗?我们是朋友一起吃过饭呀!"

田一平这才恍然大悟——李毓樽是他中学同学,现供职于重庆行辕二处。当年时任秘书的徐远举与田一平在李毓樽家中吃过饭。

徐远举问道:"今晚上的问题是两个,一个是李荫枫的问题,另一个是小民革的问题。先谈李荫枫,他参加了民盟,安排了几个军事据点准备暴动。你把这些情况讲一讲。"

田一平一直担心特务借李荫枫的事件来诬蔑民盟,他思考只要不承认李荫枫是民盟成员,那么李荫枫所做的事情就一概与民盟无关。他回答说:"李荫枫不是盟员,盟员入盟,有一套正式手续,先由自己写申请表,经组织委员会审查,通过后作个人谈话,再决定是否吸收入盟。李荫枫曾经告诉我他想入盟,但恰恰这个时候负责组织工作的张志和在上海,民航飞机出了事,张志和因此滞留在上海三个月不能回成都。待他回来时,时局已发生变化,不容讨论。所以李荫枫跟我说想入盟,但并未完成入盟手续,不是正式盟员,更没有人给他交代搞军事活动。这些事情,是他自作自为,与民盟组织无关。"

对于李荫枫是否是民盟成员的问题，徐远举和田一平进行了长时间的争论。而对徐远举询问的小民革的问题和李荫枫组织了许多小组的事情，田一平也是一概予以否认。

徐远举见田一平一一给予了否认，他打开卷宗拿出李荫枫写的材料让田一平看——田一平见到李荫枫的材料写得详细，介绍成立了军事小组、工人小组及负责人等事情。

徐远举问："何如？"

田一平说："李荫枫这个人向来是夸夸其谈，说大话。我不相信他那一套，比如他告诉我，他要成立什么组织，我听了就是。这些小组的组织、行动，我都不闻不问。"

徐远举问："这样多的小组、人员，难道你一点都不知道吗？"

实际情况是李荫枫做的这些事情田一平是知道的，但他只有极力否认才是聪明之举。田一平镇定地说："有时候，我去他家耍，遇到一些人在那里像开会。我坐了一下就走了。什么整套的组织，像李荫枫这样写的我确实不知道。"

颇有审讯经验的徐远举显然不相信田一平的口供，但他没有强有力的证据。"以后再问。"他无可奈何地说，"你可以把今晚的记录看一看，不对的还可以改一改。"

已是下半夜了。

田一平拿过他的口供记录，想慢慢修改以此拖延审讯时间。

但因还要审讯胡春浦和李荫枫，徐远举改变主意了，他说："算了，算了，不改了。你下去写成书面口供送来。"

在第二次审讯约10天之后，并不甘心一无所获的徐远举又提审了田一平：他要求田一平提供四川省民盟的有关情况。

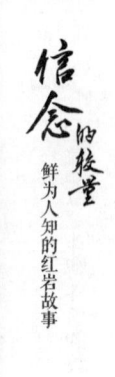

田一平说:"民盟是公开的,四川省临时支部委员会的人选是登了报的。"

徐远举强迫田一平说出民盟委员的名单。

田一平说:"委员9人有杨伯恺……"

徐远举又询问民盟组织、机构和盟员的情况。

田一平说:"我不了解,我管的是秘书处。"

徐远举毫不放松地询问:"具体情况不了解,但是概要的情况,他们在会上汇报的时候总知道一些嘛。"

这时,田一平猛地意识到:如果再说什么都不知道显然是应付不下去了。脑筋在高速思考的他就杜撰了一些情况,他说:"四川盟员有一半,约5000人由重庆分管……"

徐远举询问结束,虚与委蛇地关心起田一平的生活和家庭,他说李毓樽也问他有什么要求。

田一平说他戴的脚镣下半夜发凉后影响睡觉,能不能把它取了?

徐远举答应了,立即叫看守把田一平的脚镣取了。

徐远举还询问田一平有什么要求。

田一平说他还需要衣服与被子等生活用品及给家里写信等事情。

徐远举一一答应了。

徐远举结束对田一平的审讯后,下一个重点目标就是胡春浦。

徐远举对胡春浦全然没有审讯田一平的表面的客气,他凶恶地要胡春浦坦白交代搞军事计划的事情。

胡春浦不予承认。

徐远举叫人把老虎凳抬出来,他充满杀机地说:"再不老实交代,就不怪我对不起朋友了哟。"

胡春浦冷冷地说:"我这几年病得身体不行了,随你们嘛。"

徐远举为了达到审讯的最佳目的，他特意进行了"隔窗审案"——让特务在隔壁的房间审讯不知情的李荫枫，让胡春浦在这边听李荫枫的供述。

李荫枫叙述结束，徐远举又来询问胡春浦："李荫枫说了那么多，你看如何？"

胡春浦说："他说了就算了嘛。"

徐远举说："不行，你自己要承认呢。"

胡春浦说："我不是承认了吗？我不是说是我要他去上海找小民革要钱的么？"

徐远举问："那不是李荫枫把你骗了？"

胡春浦斩钉截铁地说："不，是我把李荫枫骗了。"

没有达到审讯目的的徐远举恼怒万分，他对胡春浦给予严厉的惩罚——戴上12斤重的沉重脚镣。

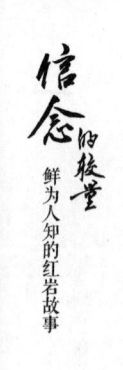

14
韩子栋九死一生脱险

1947年8月，在这个炎热的季节里，对于被原军统逮捕的"犯人"邵全声和韩子栋来说，他们二人喜从天降：邵全声在被关押两年多之后被释放，几乎是同一时辰，韩子栋从重庆集中营成功脱险。

在浙江大学校长竺可桢等人全力以赴的营救下，8月中旬的一天，法院的工作人员把邵全声带到了检察官宋世怀的住所。宋世怀拿出竺可桢签名盖章营救邵全声的正式文书给邵全声看，然后对邵全声说："你今天可以离开看守所了，再隔几天到这里领取即将办理的有关文件。"

在惨遭残酷的刑讯逼供和两年多的关押后，邵全声对马上离开监狱恍若置身于梦境之中，不由得心潮起伏，万般滋味涌上心头。数天后，邵全声收到重庆地方法院检察官签署的《不起诉处分书》，其内容的主旨是邵全声没有任何犯罪事实，给予释放。

但直到这时，他的恩师费巩从1945年3月5日神秘失踪至今，虽然经社会各界努力营救和寻找，依然还是杳无音讯。费巩究竟如何失踪、是被军统还是被中统逮捕、遭受了怎样的酷刑、忍受了哪些心灵和肉体的苦痛、如何处死等皆成了让人费解的谜，湮没在了滚滚的历史风尘之中。比较公认的说法是：费巩可能被军统逮捕，并把他的遗体放在重庆集中营中的镪水池中化尸灭迹。1978年，上海市人民政府追认费巩为革命烈士。

几乎是与此同时，在监狱中关押了14年的韩子栋抓住了稍纵即逝的脱险机会。

1947年8月18日14时，山城重庆骄阳似火，暑热蒸腾。

白公馆监狱的"犯人"韩子栋在看守卢兆春的监督下，挑着一副担子走出了白公馆——韩子栋此行的工作是前往磁器口，为监狱中的小卖部购买肥皂、香烟和牙膏一类的日用品。

二人刚走到街头，碰到了白公馆监狱的医官王殿。

王殿对卢兆春说："天这么热，我们到胡为祥家里去耍，去打麻将，耍了再说。"——胡为祥系童家桥警卫组便衣组员。

卢兆春怦然心动，他惋惜地说忘记带钱出门。

韩子栋为了促成他们打麻将，他掏出钱来拿给了卢兆春。

三人来到胡为祥的家中，王殿、卢兆春和胡为祥夫妻兴味盎然地打起麻将来。

无所事事的韩子栋坐在堂屋的椅子上打起瞌睡——他实际上是在紧张地思考逃跑之计。

卢兆春他们依然兴致勃勃地打着麻将，说话声和打麻将的噼啪声不绝于耳。

这时，韩子栋已经考虑成熟，决定实施他的逃跑计划了。

韩子栋站起身，把草帽往椅子上一放，假装上厕所走出门去。

韩子栋一出门，眼看多年的脱险愿望马上就要实现了，心情紧张与兴奋的他一阵风似的奔跑起来。他穿过大街小巷，急速地跑到了嘉陵江边。

正是涨水的季节，穿越了巴山蜀水的嘉陵江波涛滚滚，一望无垠——宽阔的江面上没有往来的渡江船只。

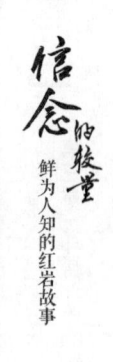

韩子栋正在焦急之间，他搜寻的目光突然发现江边停泊着一只小船。韩子栋上前请求船老板把他摆渡过江。

船老板不答应，说他已经有了生意。

韩子栋说："我有急事。"

船老板说："船是别人包了的。"

韩子栋问："包了多少钱？"

船老板说："八千块。"

韩子栋说："我给你一万块。"

船老板答应了。

心急如焚的韩子栋一步跳上了小船。

船老板划动小船，徐徐离开了江边。

韩子栋担心特务和看守撵来认出他，他把脸面掩饰起来，但这样却无法观察江岸的情况。急中生智的他趴在船舷上，谎说肚皮疼痛。

船老板说："你肚子痛就到船舱里睡倒，免得挡手挡脚的，我不好划船。"

韩子栋趁机到船舱里睡下，渡过了湍急的嘉陵江。韩子栋上岸后，在一个山坡和岔路中徘徊。黄昏时分，他向农民打听旅店，当晚在一偏僻的旅店住宿。

当韩子栋从堂屋中走出来的时候，认为他是去小便的卢兆春没有丝毫的在意，他们依然把麻将打得如火如荼。

数十分钟之后，王殿提醒说："韩子栋怎么还不回来？谨防跑了哟。"

感觉蹊跷的二人丢下麻将，相继到磁器口江边码头、新街车站等地方去寻找韩子栋。卢兆春和王殿一直找到20时左右，可哪里还有韩子栋的踪影？

知道事情严重性的卢兆春回到家中，他对妻子说："韩子栋跑了，我不遭枪毙也得坐牢，给我多准备点换洗衣服。"

已是晚上了，卢兆春赶回白公馆，他向所长丁敏之汇报说："我在茶馆吃茶，韩子栋说要去小便，我没跟着他一起去，结果让他逃跑了。"

丁敏之怒发冲冠，将卢兆春逮捕关押，并立即打电话向上级报告。特务带着军犬紧急出动搜捕韩子栋，但韩子栋早已渡过嘉陵江，逃到了僻静的乡村。

韩子栋，1909年出生，山东阳谷县人。1930年，韩子栋前往北平的私立山东中学读书，之后又到春秋书店工作。1932年1月，加入中国共产党。1933年秋，按照党组织的安排，韩子栋打入戴笠在北平建立的华北区特务组织。1934年10月，韩子栋被叛徒出卖被捕，关押在军事委员会北平分会。

特务当天对韩子栋进行了审讯，要他交出中共地下党组织。

韩子栋说他是特务组织的成员，绝不是共产党员。

特务威胁说："出门看天，进门看地。你该明白，这是什么地方。既然抓你，自有足够证据。"说完，扔给韩子栋一个记录本。

韩子栋捡起来一看，记录本上记载有韩子栋同党组织和特务组织的种种情况。他把记录本扔给特务说："这些胡说八道的东西，与我什么相干？"

特务说："敬酒不吃，就等吃罚酒吧。"

是日夜晚，特务用布把韩子栋的眼睛蒙着，将他拖出门后就是一阵暴风骤雨般的拳打脚踢。韩子栋的几颗牙齿被打掉了。之后，特务又将韩子栋架进审讯室五花大绑，两名打手轮换着用鞭子残酷地抽打韩子栋。在雨点般鞭子的抽打下，血迹斑斑的韩子栋昏死了过去。

特务用冷水将韩子栋浇醒。

一名副处长对韩子栋说："硬充好汉能扛过去么？还是识时务者为俊杰吧。"

韩子栋不予理睬。

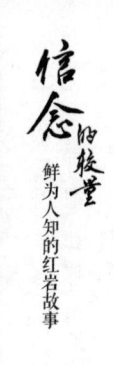

又一次审讯开始了。

特务要求韩子栋交出共产党的关系。

韩子栋说:"你们无故捕我,应即释放。"

特务咬牙切齿地说:"你再这样冥顽不化,干脆我们节省一颗子弹,让你在刑具上一滴滴血熬干滴尽。"

韩子栋被推上了一种名叫"飞机"的刑具,由于被多次残酷摧残,身体虚弱的韩子栋又昏死过去。

很久,韩子栋一动也不动,似乎没了生命迹象。

特务在法医出具了死亡证明书后,把"死亡"的韩子栋送到了停尸房。

但一个特务小头目着急起来,担心落得杀人灭口口实的他带着医生对韩子栋进行紧急抢救。医生费了九牛二虎之力,终于把在鬼门关徘徊的韩子栋抢救了过来。此后,韩子栋开始了不远万里的转移——相继被关押在南京、武汉、益阳、息烽监狱。1946年7月,息烽监狱撤销,韩子栋等众多的"犯人"被转移到军统重庆集中营关押。在白公馆监狱,韩子栋被特务安排当了从事伙食的工作修养人,之后又担任监狱中小卖部的进货工作。在长达14年的监狱生活中,机智聪明的韩子栋长期把自己扮演成一副规规矩矩的老实人形象。被韩子栋的假象迷惑得没有警戒之心的特务看守们甚至说:"我们就是把韩子栋释放了,他也会回到监狱里来。"韩子栋对敌人的成功麻痹为他逃跑创造了条件。同时,监狱里的许晓轩和谭沈明等难友也为他的逃跑出谋划策。

1947年8月19日,韩子栋从白公馆逃走后渡过嘉陵江的第二天拂晓,高度警惕的他从旅店里出来了。没有睡好觉的他找了一个隐蔽的树林昏天黑地地呼呼大睡,直到太阳落山了才起来赶路。在月光朦胧的半夜时分,韩子栋去到一家乡村旅店住宿。此时,已数天未进食的韩子栋饥饿难忍,他请旅店老板卖些饮食给他。老板给了些吃剩的饭菜,韩子栋风卷残云,一扫而光。

第二天一早，韩子栋准备往北走——因为他听说川北那里有李先念的部队，但在遭遇一个兵工厂卫兵的询问后，感觉潜伏着危险的他改变了到川北的计划，踯躅到了江边的一个小码头。令韩子栋感到欣喜的是这里竟然有船。

韩子栋向船员打听船将要到哪里。

船员说船要到万县，但要等船主回来才能决定行走日期。

打定主意顺江而下的韩子栋耐心地等待船主的归来。

过了很久，一个男子心事重重地向船走去。

判断这人就是船主的韩子栋迎上前去说话。

船主说这船不走远路，叫他另外想办法。

韩子栋似乎没听见，随着船主走进了船舱。

船主说他的船这几天都不走。

韩子栋说他没有要紧的事，等几天没关系。

船主说他的船已超载，这样行船不安全。

韩子栋说他会游泳，不会出危险。

二人说了一会儿后，船主见无法说服锲而不舍的韩子栋，就干自己的事情去了。

让韩子栋意想不到的是，一个小时左右，船竟然起航了，向着浩浩荡荡的长江下游驶去。

想着此时终于脱离了虎狼之窝，韩子栋顿时热泪长流。

韩子栋一路顺风到达宜昌下船，再次经历了一些磨难后，在一个古道热肠的熊姓船只押运员的帮助下乘船到达武汉，之后再换乘火车到达了许昌。在这里，韩子栋决定到许昌拜访难友郑绍发。郑绍发，据说是蒋介石的同母兄弟，千里迢迢到重庆认亲而被军统逮捕，相继被关押在重庆和息烽监狱。韩子栋同郑绍发相识在息烽监狱。郑绍发一家被释放时，曾邀请韩子栋到许

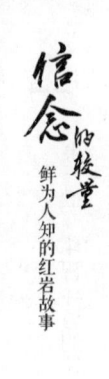

昌他的家做客。韩子栋购买了几只公鸡，打听着来到了依然贫困的郑绍发家中。郑绍发外出办事去了，郑的妻子问韩子栋找谁。

韩子栋说："你不认识我了？"

郑妻看了一会儿韩子栋说："不认识你。"

韩子栋提醒说："你认识宋太太和森森吗？"——当时关押在息烽监狱的徐林侠和儿子宋振中。

郑妻以为特务又来找她的麻烦了，她惊慌地问："你到底从哪来的？"

韩子栋说："在息烽，我们不是天天见面吗？"

郑妻还是没有认出韩子栋，好一阵才醒悟过来。她说："你是小卖部韩先生吧？"

郑绍发回家见到韩子栋后惊惶失措。他说："我到家一直规规矩矩，没乱说一句……"

韩子栋说："我不是找你麻烦来的。"

郑绍发听韩子栋这样一说，再看见韩子栋送的公鸡，平静下来的他说："老弟老兄，还送这厚礼。"

之后，郑绍发叮嘱韩子栋说："你老弟来了，息烽的事可一句也不能讲……"

韩子栋在郑绍发的介绍下到一个旅店干活。工作了一段时间，感觉不安全的韩子栋决定离开旅店时，仁义的旅店老板为韩子栋办理了身份证，购买了火车票。韩子栋乘车到达河南新乡附近下车，在田野里徘徊了整整一天，第二天走到了滑县。他见路边有一个老妇在摆摊销售货物，上前购买了两个馍充饥，询问她那里可否住宿。

老妇说：现在是战乱年代，中央军和八路军都在这里，我怎么好营业？老妇最后嘱咐说右边方向驻防的是八路军，左边方向驻防的是国民党的中央军，小心不要搞错了方向。

韩子栋向老妇道谢后，警惕性极高的他往国民党中央军的方向走，直到他认为老妇看不见他时，便调头往八路军方向走去。韩子栋发现路上常常有穿黑袍戴白毛巾的人来来往往，感觉不安全的他随即走上一座小山躲避。让韩子栋惊讶而高兴的是，小山的庙宇墙上用石灰书写着八个醒目的大字："蒋贼不死，内战不止。"——这分明是共产党的宣传标语，让韩子栋欣喜不已：难道到解放区了？韩子栋走到沟里，不经意间发现了一小块碎纸片，他捡起来一看，碎纸片上书写的内容是："知识分子与工农结合起来。"——这共产党的口号再一次让韩子栋心情激动。

韩子栋在沟里休息了一会儿，理了理思路，毅然地向前面的村庄走去。

这时，对面走来两个男子，一个问道："干啥的？"

韩子栋镇定地说："路过的。"

两个男子将韩子栋带进村庄里的一座楼房前。

一个青年询问："你干什么来的？"

韩子栋说："请问你们是中央军，还是八路军？"

青年说："问这干吗？"

韩子栋说："你是什么军，我就讲什么话。"

青年说："哈，有意思，老实告诉你，我们是人民解放军。"

青年的回答让韩子栋心花怒放，他激动地说："你要真是解放军，就请打电报给周恩来同志，说我从重庆来，有要事向党中央报告。"

对于韩子栋提出的要求，青年没了主意，他上楼请示去了。

少时，指导员走下来对韩子栋说："不着急，往下再说。"

此时，时间已到1947年10月3日，韩子栋从白公馆监狱逃出后已达整整45天，走过千山万水、跨越了无数急流险滩后终于回到了党组织温暖的怀抱。

史料显示，军统从1938年在重庆创建集中营至1949年11月27日的大屠杀期间，韩子栋是唯一成功脱险的人。解放后，小说《红岩》、电影《烈火中

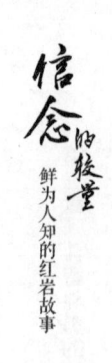

永生》中的一个让人难忘的人物——华子良就是以韩子栋为原型之一塑造的。华子良以其机智勇敢和成功脱险而为国人家喻户晓,津津乐道。

热情的同志们一层层地把韩子栋往上级组织送,一直送到了冀鲁豫区党委。一天,思念故乡的韩子栋提出要回家看看。领导安排了通讯员陪同前往。

到家附近,韩子栋拜访了祖宗的坟墓。他发现墓地里增加了两座坟茔。

这时走来一个拾粪老人。

韩子栋向老人问起了自己父亲的情况,他说:"你认识这村上的韩希钊老汉吗?"

老人说:"这韩老汉自听说他二儿被捕处死后,自己也很快死了。"

韩子栋问:"那他大儿子呢?"

老人说:"也早死了。"

韩子栋问:"他家还有人吗?"

老人说:"家里还剩三个孤儿寡母。"

韩子栋有意向老人问起自己的情况,他说:"他二儿子真的死了?"

老人说:"抓去十四五年,连个信也没有,恐怕连尸骨都烂光了。"

韩子栋进入村庄,回到告别多年的家中,见一妇女正在灶前煮饭。妇女对韩子栋说:"同志,要号房子、派军粮,请那边找村干部去吧。"

韩子栋从熟悉的声音中听出了她是谁,他说:"你是大嫂子吗?"

妇女显然被吓坏了,她猛地抓起灶前的火钩指着韩子栋说:"你,是人是鬼?"

韩子栋说:"嫂子,我真还活着,这些年苦了你们。"

韩子栋活着回家的消息被村里人奔走相告,很快,他的妻子、女儿、村里人和刚才的拾粪老人闻讯赶来,一个个眼含热泪把韩子栋围绕在中间,感叹人世间居然有这等奇特的事情发生。

1948年1月,韩子栋在中组部招待所撰写被捕与脱险经过交给组织审查。数月之后，中组部副部长安子文对韩子栋说："你的事，组织上已作过了解，你反映的情况都很真实，决定恢复你的党籍……"

安子文问韩子栋还有什么要求。

韩子栋说："只希望再活几十年，亲眼看到建成社会主义。"

安子文握着韩子栋的手说："让我们共同努力吧！"

解放后，韩子栋在中央财经委员会人事局等部门任职。1958年，韩子栋调到贵州省相继担任贵阳市委书记处书记、市委副书记等职。1985年，韩子栋离休后长期致力于整理和弘扬红岩英烈事迹，每逢重庆大屠杀的日子——一年一度的"11·27"纪念日，他都会赶到重庆烈士墓祭拜。1992年初，疾病缠身的韩子栋已走到了生命的最后岁月，他深情地说："今年'11·27'我要去，也许是最后一次了。"令人无限惋惜的是，韩子栋没能等到"11·27"的那一天——有着传奇经历的他在5月中旬与世长辞。

韩子栋从白公馆成功脱险引起了保密局的警惕，他们很容易地联想到了监狱中那些疯疯癫癫和神情古怪的"精神病人"。而朱念群正在"精神病人"之列：在监狱里，朱念群长发披肩，胡子齐胸，不和别人说话的他常常面壁静坐，口中念念有词说："我要出国。"而每次吃饭都无一例外要用水清洗之后再吃，他说这样是防止特务下毒药。

这样的"精神病人"可怕之极。

保密局下达了杀害朱念群的命令。

在韩子栋从白公馆成功逃走不到一个月的时间里——1947年9月13日夜，全副武装的特务们把朱念群、尚承文和张长鳌押上吉普车，戴上了手铐。朱念群感到生命最后时刻来临了，他不再沉默和疯癫，义正词严地对国民政府进行了猛烈的抨击。

朱念群的破口大骂让特务们惊讶不已：果真不是"疯子"，差一点又让他们上当了。

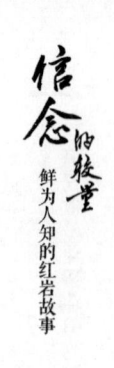

心惊肉跳的特务用毛巾堵塞朱念群的嘴。

吉普车到达重庆集中营杨家山气象台的一栋房子前停了下来。看守长杨进兴将朱念群三人强行押进屋内，把三人的手铐串联起来并接上电线。

被堵塞了嘴的朱念群三人再也发不出任何声音，但他们热血潮涌，胸膛剧烈起伏，极端仇恨的目光死死地盯着行刑的特务。

特务们在这目光中惊慌失措，立即合上了电闸。

朱念群三人在强大的电流中痛苦地痉挛、颤动，带电的手铐哗哗作响，发出一道道闪耀的光芒………

特务们惊恐万状。

杨进兴拿起十字镐疯狂地向三人的头脑劈去。

三人脑浆迸出，血流如注，牺牲在了这个炎热的季节。

朱念群英勇牺牲的事迹一直尘封在了漫漫的岁月长河之中，无人知晓。直到1983年9月，当重庆"中美合作所美蒋罪行展览馆"的工作人员来到南京找到朱念群的哥哥朱天铸老人，向他说明朱念群在监狱中英勇就义的事迹时，朱天铸顿时昏厥。他苏醒后痛哭说："老三（朱念群）和我最投脾气……他走后，我一直在想他，可怎么也不会想到，他再也回不来了。"10月15日，中共四川省委和省政府正式追认朱念群为革命烈士。而这时，朱念群已牺牲达36年之久。

第四章　重庆地下党领导人叛变

15　《挺进报》"攻心战"引起震怒

16　中共地下党的缺口打开

17　暴风骤雨来临后

18　"岂有这样的人我不爱他"

19　酷刑也无法让共产党人开口

20　一座光芒四射的丰碑

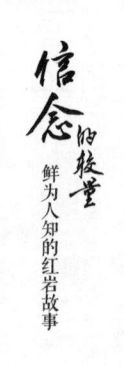

15
《挺进报》"攻心战"引起震怒

　　1948年来临了，这是让蒋介石四面楚歌而又极为焦头烂额的一年：新年的第一天，非但没有新年的欢愉气氛，酝酿已久的国民党各民主派别向蒋介石发难了。元旦节这天，由国民党各民主派别联合组成的中国国民党革命委员会在香港成立，宣言提出：脱离蒋介石劫持下的反动中央，"推翻蒋介石卖国独裁政权"，集中党内忠于总理忠于革命之同志，为实现革命的三民主义而奋斗。没有多久，在美国的中国国民党革命委员会中央常委冯玉祥遥相呼应，他发表声明说：蒋介石开除我的国民党党籍并不使我感到意外，任何忠于蒋介石独裁专制的行为，都是对中华民族和孙中山先生三民主义的背叛。1月底，中国国民党革命委员会中央常委谭平山在香港发表文章，对蒋介石政府进行了无情的揭露。不仅国民党内部的离心离德让蒋介石不寒而栗，而且国民党政府统治区内的危机四伏也让蒋介石如坐针毡：国民党军的西北战场形势进一步恶化。西南诸省提出了"打倒蒋介石，解放全中国"的号召。中共地下党组织领导的四川华蓥山武装起义风起云涌。神出鬼没的滇桂黔纵队在云南日益壮大。上海的女工、学生和舞女发起的抗暴运动此起彼伏。工人和市民组织开展的罢工罢市斗争层出不穷……

　　与蒋介石政府的穷途末路形成鲜明对比的是共产党人的欢欣鼓舞：就在

国民党各民主派别联合向蒋介石发难的同一天，西柏坡喜庆洋溢，意气风发的刘少奇在中共中央工委召开的干部新年团拜会上说：去年已取得了决定性的胜利，现在解放区的力量已经超过国民党军，蒋介石垮台为期不远。所有的这一切都预示着：蒋介石政府风雨飘摇的时刻到了，蒸蒸日上的共产党人全面夺取胜利的时刻指日可待。

夜晚，在遮盖着的灯光下，陈然全神贯注地左手拉着蜡纸，右手拿着竹板正在刮印着《挺进报》。每当油刷完一张报纸，在旁的蒋一苇就揭开油印好的报纸，然后又开始下一张《挺进报》的印刷。

一份，两份，散发着油墨芳香的《挺进报》渐渐多了起来。直到油印了几十份后，陈然和蒋一苇认真检查蜡纸是否有问题，之后又周而复始地印刷。

已是深夜了。

住在印刷室隔壁的患有严重慢性支气管炎的陈然的母亲又是一阵剧烈的咳嗽。一直担心儿子和蒋一苇在从事一项十分危险工作的她对陈然说："然儿（陈然），你们该睡了，天天这样熬，不行呀！"

陈然小声地回答说："娘，你安心睡吧。"

远处的狗吠了起来，在静谧的夜里让人产生不安的感觉。母亲更加担心了，她轻轻地敲了敲板壁说："然儿，外面狗叫得厉害啦！"

陈然安慰说："没事，甭怕，你睡吧。"

事后，惴惴不安的母亲询问陈然和蒋一苇在晚上悄悄地干什么。陈然闪烁其词——这样的回答显然不能让母亲放心，担忧、恐惧加重了母亲的病情。中共地下党组织知道情况后，同意陈然对母亲及家人进行适当的公开，并积极争取亲属的支持。

陈然把夜晚和蒋一苇工作的事情告诉了母亲。

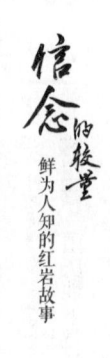

母亲流泪了，她拉着陈然的手说："然儿，你不说娘也知道你们干的是好事，可你也该替娘想想。娘是对得起国家了，你大姐为抗日死了，你哥哥又不在身边。现在你干这事，抓到要一家人杀头的哪！"

陈然说："娘，你放心，我们有组织，只要小心谨慎，那些狗特务一辈子也休想抓到我们。就是万一被抓到，为了千千万万穷人和子孙后代的幸福，杀了头也是值得的。"

为了说服母亲，陈然一有时间就同母亲谈形势、谈解放区的新生事物和共产党领导群众闹革命的事情。在陈然耐心的说服下，再加上解放战争的胜利喜讯一个又一个不断传来，母亲不再哭泣了，信任了儿子和蒋一苇。从此，母亲积极地支持儿子的工作：只要听到狗叫，她就悄悄地到窗前观察情况，一旦见到街道上有电筒光，她就敲板壁通知陈然和蒋一苇。有时还给二人送开水、点心和洗脸水。如果凌晨二人都还在印刷《挺进报》，她就强迫二人吃点食物再工作。

夜深了，单调而机械的重复印刷工作让人感到疲倦，一阵阵睡意不时袭来。陈然为了战胜睡意轻轻地哼唱起了《国际歌》。他深有感触地对蒋一苇说："'团结起来到明天！'这到明天三个字最能使我振奋。我们现在不正是处在到明天的时刻吗？"

但是也有对疲倦防不胜防的时候：一起工作的蒋一苇上厕所去了，他回来发现陈然伏在蜡纸上已酣然入梦。蒋一苇叫醒了陈然。醒来的陈然脸上沾满了油墨，让人忍俊不禁。陈然说："真侥幸，还算好，没出事故。"

快到黎明时分了，完成了工作感到一阵轻松的二人反而没有了睡意。

陈然端起一杯热开水，推开窗户，同蒋一苇一起走到窗前眺望。

嘉陵江起雾了，宛若白云的浓雾在宽阔的江面萦绕。远处，水天一色，山河苍茫。

陈然的思绪越过了千山万水，停顿在了他无限向往的革命圣地延安。他说:"听说毛主席总是夜里工作,现在他老人家可能正在看地图,指挥着百万大军吧……"想到延安,他遗憾自己没有去过,更让他唏嘘的是毛泽东在重庆谈判期间他没能见上一面。

继而,他又想到了曾无数次梦想过的苏联——他说将来有机会一定要到那里去看看这个社会主义的国家到底是啥模样。

陈然设想了解放军解放重庆的情景,他指着嘉陵江对蒋一苇说:"解放军肯定要先占领江北,从嘉陵江上渡江,迂回包围重庆,最后总攻时,说不定我们可以在这里清清楚楚看着渡江的炮火哩!"他思考了一会儿,又否定地说:"不,我们说不定已经被派到解放军里当向导去了。"

陈然,河北省香河县人,1923年12月出生,1939年以年仅16岁的年龄加入中国共产党,后因组织转移失去联系。这是一个浑身洋溢着自信和乐观的风华正茂的年轻人,因为向往苏联,他喜欢穿高统皮靴和夹克上衣,并且把手很精神地插在夹克口袋里。他爱唱爱跳,尤其喜欢唱苏联歌曲和跳哥萨克舞,他在家里表演给亲人看时,让母亲和妹妹笑弯了腰。他爱吃,有时他到担担面馆去吃一顿粉蒸牛肉,还尤其爱吃他母亲做的具有江苏风味的糖醋鱼。他路过重庆的上海饭馆时多次羡慕地说:"什么时候我们来这里吃它一顿。"尽管他有一定的收入,吃一顿没有问题,但就是没有实现过,因为更多的穷困朋友等待着他购买烧饼接济,或是为生了小孩的同志购买奶粉。他爱锻炼身体,为了防止随时可能的被捕坐牢和敌人残酷审讯时能挺得住不叛变,他每天早晨坚持锻炼,因而他的身体结结实实,生龙活虎。他爱和孩子们打闹,赢得了孩子们信任的他每次被孩子们一看见,他们就会蜂拥到"陈叔叔"的身体上——有抱腿的,有拉手的,有骑上肩的,忙得不亦乐乎,笑声一片。他经常说的一句话是:"要么不搞革命,搞革命就要准备坐牢,准备杀头。"为了全身心地从事革命工作,有着对纯洁爱情美好憧憬的他坚持不谈恋爱,他担心恋爱影响工作,给恋人及家庭带来危险和痛苦。

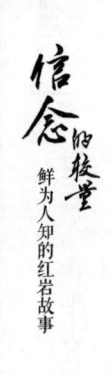

他在《论气节》的文章中，独树一帜地阐述了对气节的深刻认识：气节"是中国知识分子优良的传统精神"，"是个人修养的最高一级，也是最后的考验"。他鞭挞了这样的"英雄、志士"：

许多人在平时都是英雄、志士，谈道理口若悬河，爱国爱民，一片菩萨心肠。但到了"威武"面前，低头了，屈膝了，不惜出卖朋友，出卖人民以求个人的苟安；再不然做一个缩头乌龟"闭门读书"去了。

陈然认为只有下列这种"气节是值得我们学取的"：

只有那种"舍己为人"、"舍生取义"、为万民、为真理与正义的气节，才是值得我们去宣扬和继承的。这种例子在古今中外太多了。——像《正气歌》里面所歌颂的先贤们，像辛亥革命时慷慨就义的烈士们，像为科学真理而牺牲的哥白尼、伽利略、白鲁纳；为"不自由毋宁死"而上断头台的罗曼夫人……我们试瞑目想想，一部社会斗争史有多少这类可歌可泣的光辉例子！

在灾难降临的时候，他们不妥协，不退缩，不苟免，不更其守！固执着真理去接受历史的考验！

1948年2月，陈然和蒋一苇盼望已久的时刻来临了——中共重庆市委决定二人提前转为正式党员，并组建《挺进报》新的支部委员会，任命刘镕铸为书记，陈然为组织委员，蒋一苇为宣传委员。

2月初的一天，正是万家团聚的春节，新成立的支部委员会在陈然的家中召开了第一次会议。晚上，陈然的家人为了招待好这些客人，不仅购买了大曲酒,而且陈然母亲亲自做菜。

刘镕铸为祝贺二位同志转为正式党员,他举起酒杯对陈然说:"来,敬你一杯,光荣的布尔什维克!"

陈然母亲不明白什么是"布尔什维克",她说:"你才是'不常来的客'嘛。"

刘镕铸、陈然和蒋一苇听罢,哈哈大笑起来。他们一起举杯敬母亲说:"我们三个'不常来的客'敬你老人家一杯,祝你老人家健康长寿!"

母亲说:"这年头,吃碗饭都难,哪里来的寿啊!"

陈然说:"娘,你别着急,世界上'不常来的客'多了,穷人就会都有饭吃了。"

母亲高兴地说:"那敢情好,到那时你们天天来,我天天做菜请你们。"

几乎与此同时——1948年2月13日,川东临委的领导成员王璞、萧泽宽、涂孝文等人的秘密会议召开了。会议对下川东起义的失败、上川东一工委开展的游击战、敌人的围剿等事项进行了通报研究。川东临委书记王璞传达了川康特委书记蒲华辅从上海带回的中共上海中央分局委员钱瑛的指示:开展统一战线工作;进行对敌攻心战,增强敌人的危机感;针对特别情况可以发展特别党员;发动武装斗争要量力而行等。在形势紧张与仓促的情况之下,会议没有对钱瑛的指示作深入的研究与探讨,更没有作出科学合理的判断和结论,川东临委决定开展对敌攻心战:《挺进报》从第十五期、十六期起改变原来的发行方针,分别向重庆市的党、政、军、宪、特警等部门的大小头目投递,以起到瓦解和动摇敌人的作用。而当时形势是:全国的武装斗争力量是我强敌弱,但处于国民政府统治区的重庆恰恰是我弱敌强。因此,西南地区尤其是重庆的中共地下党组织的最好办法是隐蔽自己,麻痹敌人,深入发动群众灵活机动地开展斗争才是明智之举。在这种背景之下,毫无疑问,这个草率的决定是悲剧性的和灾难性的——在黎明前夕,大批的共产党

人就要惨遭被捕和杀害了，更为严重的是攻心战导致十多名包括中共省委一级的领导干部和地下党员叛变，不仅使四川的中共地下党组织受到史无前例的重创，而且还波及到了上海、南京和湖北等地的地下党组织。

中共重庆市委委员、宣传部长李维嘉接到任务后，紧锣密鼓地按照王璞的要求开展工作。为了收到良好效果，《挺进报》有针对性地编辑以下内容：在刊登人民解放军取得胜利的消息、中共中央方针政策的基础之上，特意增加了警告和劝降敌人，使之弃暗投明与将功赎罪，以及刊登《重庆市战犯特务调查委员会严重警告蒋方人员》等文章。在《挺进报》油印好之后，陈然、刘镕铸和蒋一苇神不知鬼不觉地邮寄给了重庆的党、政、军、宪、特警、报社、学校、商店和银行等。为了收到立竿见影的效果，深夜里，陈然不停地用毛笔或钢笔书写信封和包装，白天带着一小批一小批的信封走到重庆弹子石、小龙坎和南岸等地去投递。他还千方百计搜集许多工厂、商店、银行和美国新闻处的专用信封进行翻印，然后到这些单位附近的邮筒投递。特务发现线索包围搜查了几家商店，商店老板被吓得战战兢兢。陈然得知消息后高兴地说："嗬，在这里敌人也听我们的调动啦！干脆，再调动调动。"他有意到被三青团分子把持的中学附近投递。果然，敌人闻风而动，再次到那里去搜查自己的同伙。

1948年3月22日，第十八期《挺进报》出版后，胆略过人的刘镕铸把这期《挺进报》和一封警告信包装后，书写上"西南长官公署主任朱绍良亲启"，把信件送到了西南长官公署收发处。

很快，这封书信被管辖四川、西康、云南、贵州四省的西南长官公署主任朱绍良收到了。

朱绍良拆开信件一看，让他惊愕万分，里面竟然是一封警告信和一份《挺进报》——第一版报头左边的内容是"识时务者是俊杰，弃暗投明是英雄"，右边的内容是"准许将功折罪，让人悔过自新"，其他的报道内容有

"中共中央电贺洛阳、四平大捷"等。

在自己的管辖区内共产党的气焰如此嚣张，这还了得！

朱绍良怒火万丈，他打电话叫二处情报处长徐远举到他的办公室。

徐远举不敢怠慢，立即赶到了朱绍良的办公室。

朱绍良把警告信和《挺进报》交给徐远举，怒气未消地说："现在还未到时候，共产党就搞到我头上来了。在重庆这样嚣张还了得，这个火种非扑灭不可，你务必破案。"他给徐远举写了一个限期破案的严厉手令。

接着，在当天召开的重庆党、团、军、政、特等部门负责人参加的西南长官公署党政军干部会议上，朱绍良又提出了《挺进报》的问题，声色俱厉地把与会者呵斥一顿。他说："不要以为中共代表团和《新华日报》撤走了，就平安无事了。"朱绍良责令徐远举同军警特务机关会商，一定要限期破案，水落石出。

恰在这时，南京保密局也要求尽快破案——这对手中没有一点资料和线索，让其在横跨长江和嘉陵江的一百多万人口的大城市中去寻找《挺进报》的徐远举来说，感到巨大的压力，十分焦急。但不甘心在无形的战线上败下阵来的徐远举发出请柬，邀请宪兵、警察、中统和保密局的四个特务机关负责人到他的住所——曾家岩戴笠公馆召开"丙种会报"。为了群策群力，尽快找到破案线索，徐远举还邀请了重庆稽查处和三青团的负责人参加会议。

尽管徐远举精心准备了丰盛的美味佳肴，但迫于朱绍良限期的破案压力，心情恶劣的与会者毫无胃口。

会议在沉闷的气氛中开始了。

重庆警察局局长施觉民说："我兄弟是老粗，追随总裁多年，才从总统府调来，对重庆的情况还不大熟悉，全仗远举（徐远举）、子政（徐政）两兄多多操劳。遵照朱长官的指示，如期破案，警察局全力协助。"

中统西南区督导徐政说："中统方面对中共地下党组织虽有些材料，尚

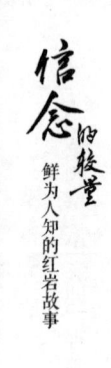

不具体，需要大家群策群力。"

宪兵二十四团团长沙吉夫说："宪兵团没有什么办法，全靠你们军统、中统，'特高组'可以协助配合行动。"

重庆稽查处处长罗国熙说："只有全市突击大检查，把警察局掌握的特种户口册和过去与重庆《新华日报》有来往的订户都进行检查，不怕《挺进报》找不着呀！"

三青团干事长罗才荣忧心忡忡地说："这个问题，这个问题不简单，《挺进报》在学校中都有发现。有些青年秘密出走到华蓥山去参军，有的家属阻挡都阻挡不了，我们要设法破获他们的组织……"

在听取各部门的发言之后，徐远举对目前的形势和情况进行了分析和介绍。他说："中共地下党在重庆市很活跃，在各工厂、学校和警备区各县，都有发现。《挺进报》流传所及，影响人心，但我们有足够的力量对付他们……"

徐远举按照朱绍良的指示，提出了工作要求和措施：《挺进报》肯定在重庆和郊区油印，一定检查邮路，严密监视报纸的投递情况；检查红色书刊，监视文化界和新闻界的左倾人士，特别要加强对几家民营报纸的监督；要充分运用潜伏的内线，千方百计接近中共地下党组织；要严密监视工厂的工人活动，尤其是兵工厂的工人，必要时进行全市突击大检查等。

丙种会议召开后，宪兵、警察、中统、保密局和三青团等机关高效而迅速地运转了起来：西南长官公署第二处的电话和报务员夜以继日地呼叫，指挥着重庆城区、郊区、远郊区县以及下川东特务们进行搜查逮捕，反馈情况。心情高度紧张的邮路检查特务睁大了眼睛，生怕那神出鬼没的《挺进报》和可疑的物品被漏检了——而这样的后果会有砍头或坐牢的危险。城区从民生路到七星岗一带的书店被一次又一次地突击检查，书店的职工遭到了一次又一次的传讯和审问，有的书店甚至每一本书刊都要一一检查，进步书刊一律没收。三青团青年馆夜夜灯火通明，特务头子们行色匆匆布置工作，听取汇报，搜集材料。机器轰鸣的兵工厂如临大敌，警戒森严，警卫稽查组的特务巡视着，如果兵工厂、工人住宅和宿舍有异常现象，他们就会像捕食的老鹰一样扑上去。成群结队的特务潜伏在邮局和邮筒的四周，他们严密地监视着这里的一切，一旦有任何蛛丝马迹和风吹草动就会毫不犹豫地猛扑过去，置可疑对象于危险的境地。大街小巷里布满了鬼鬼祟祟的明探暗哨。满载着嫌疑犯的警车鸣叫着凄厉的警笛呼啸而过。搜查线索的两个军事谍报组配合围剿部队驰赴莽莽苍苍的华蓥山区。

徐远举的天罗地网撒开以后，各机关纷纷上报发现了《挺进报》的线索。但令徐远举恼怒不已的是这些情报的价值微乎其微，甚至抓错对象闹出了一些啼笑皆非的笑话。

就在这些信息鱼目混珠的时候，一条有价值的线索让焦头烂额的徐远举眼前一亮：保密局渝站副站长吕世琨汇报说发现了在文城出版社的《挺进报》发行点和负责人——而这条线索的提供者则是渝站渝组组长李克昌。李克昌，这是一个工于心计善于伪装的老牌特务，他下属的组员和试用员五花八门，这些人中有大学生、中学教师、报馆经理、职员，甚至还有交际花和基督教徒等。他们敏感的触角伸向了社会的三教九流，刺探和搜集着一切可利用的情报。他的特务试用员中就有社会青年姚仿桓和曾继纲二人。姚仿桓以表现积极和追求进步赢得了年轻的中共地下党员陈柏林的信任。通过密切的交往，早已把姚仿桓当成朋友的陈柏林把夹带有《挺进报》的进步书籍借给姚仿桓看。姚仿桓结合陈柏林抨击国民党政府的言行，判断出陈柏林是共产党员，遂和曾继纲向李克昌作了汇报。李克昌得知如此重大的情报，万分喜悦的他担心没有社会经验的姚仿桓露出了破绽，随即安排有着丰富职业经验的曾继纲接替姚仿桓的工作，如法炮制，以失业青年的身份住进文城出版社书店，居心叵测地与店员陈柏林交往。很快地，积极肯干的曾继纲不仅赢

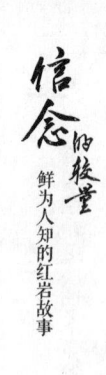

得书店同事的好感，更是被陈柏林视为了朋友。在书店里，曾继纲发现"向先生"和"顾先生"两人经常光临这里，而在他们走后，陈柏林就会拿出《挺进报》来给他看。这些情报被曾继纲源源不断地反馈到了李克昌和吕世琨那里。吕世琨遂率领李克昌和曾继纲前往徐远举的住宅汇报。

正被朱绍良和保密局一再催促的徐远举得此消息，简直是喜出望外。他指示说："这样做法很好，还要深入进去，最好与中共地下党直接发生关系。不要轻率行动，以免又扑空了。"

按照徐远举的要求，吕世琨和李克昌一边安排曾继纲继续侦探情报，一边派遣特务跟踪陈柏林和"向先生"，以便确定"向先生"和"顾先生"的住处。数天后，特务探明"向先生"和"顾先生"的宿舍在观音岩红球坝的铁工厂内。1948年3月31日，认为抓捕时机成熟的吕世琨向徐远举请示抓捕行动。徐远举果断批准，一场杀机四伏的逮捕序幕拉开了。

16

中共地下党的缺口打开

1948年4月1日,吕世琨、李克昌率领特务直扑观音岩红球坝的铁工厂和文城出版社书店,将陈柏林、"向先生"、"顾先生"抓捕——"向先生"乃向成义,系秘密传递《挺进报》的中共重庆城区支部委员;"顾先生"乃任达哉,系中共重庆城区支部书记。

在长期的对付中共地下党员的审讯中,徐远举充分利用他们中的一些人怕死、留恋家庭和不堪酷刑拷打的弱点,对被捕的革命人士通常采用的是重刑、讹诈和诱降这三种方法,以此来摧毁和动摇他们的革命意志,瓦解中共地下党组织。

任达哉被捕后,徐远举同二处侦防课课长陆坚如立即采用酷刑逼供,经过一天一夜的审讯,革命意志彻底动摇了的任达哉说出他的上级名叫"杨清",时常在磁器街的嘉阳茶馆给他布置任务。——作为对敌攻心战发动以来中共重庆地下党的第一个叛徒,假如任达哉能够承受考验而没有叛变,中共重庆地下党组织将会是另一番模样,历史将会被改写。但残酷的现实是没有假设,至此,秘密隐藏的中共重庆地下党组织就这样被徐远举撕开了一条血淋淋的口子,随着这条口子的愈撕愈大愈惨烈,重庆地下党组织、川东和川西地区等地下党组织和党员的厄运来临了。

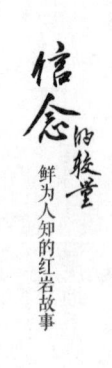

惊心动魄的大逮捕随即展开。

徐远举派遣二处渝组组长季缕押着任达哉到磁器街等地巡视，寻找"杨清"的踪影。

4月4日上午，被季缕押着的任达哉来到了磁器街嘉阳茶馆，发现"杨清"借喝茶之机正在同一个地下党员商谈工作。

"杨清"看见任达哉神色异常地出现在茶馆门前，意识到危险降临的他立即让地下党员离开。而他因任达哉的指认被捕了，被押往行营二处。

徐远举和陆坚如开始审讯"杨清"。

血气方刚的"杨清"保持沉默，"一字不答"。

徐远举勃然大怒，命令手下酷刑侍候。特务将"杨清"捆绑后吊在屋中的房梁上，手持皮鞭棍子轮番毒打，继之又浇灌辣椒水。但皮开肉绽的"杨清"毫不屈服。疯狂的特务见这些残酷的刑罚都没有效果后，使出了最严厉的刑具——他们把"杨清"绑上了老虎凳，灭绝人性地往"杨清"脚下加砖头。当特务加到第三块砖头时，"杨清"的脚骨被抬高发出了令人恐怖的嘎嘎声音。瞬间，"杨清"昏厥过去，苏醒后仍说叫"杨清"，邻水人，住在过街楼的一个旅馆里。

徐远举派遣特务前往过街楼调查，发现"杨清"说的旅馆纯属子虚乌有。搜查"杨清"的身体也没有任何线索。

经过一天一夜的审讯，"用尽各种手段，不得要领"。徐远举担心再继续刑讯会导致"杨清"死亡中断线索，命令特务把"杨清"拖回牢房加强监视。

此时，伤痕累累的"杨清"躺在牢房里，一个比疼痛更为重要的问题让他焦灼万分——那就是他存放在志成公司宿舍床铺下皮箱内的近20名同志的入党申请书和大批的《挺进报》。这些中共地下党的秘密如果被敌人搜查去，后果不堪设想。他必须尽快想办法转移或销毁这些秘密。"杨清"经过一番试探，把希望寄托在看守陈远德身上，他给陈远德讲形势和道理。陈远德一脸"虔诚"地听着，说他来自贫困的农村，表示愿意为"杨清"效力。

"杨清"以给陈远德一笔钱和介绍职业为条件，请他送一封信到志成公司。

陈远德喜出望外，为"杨清"拿来了纸笔。

为了保守党的秘密和保护同志们的安全，"杨清"在形势万分危急的情况之下给电力公司中共地下党支部书记、志成公司董事刘德惠撰写了一封书信，请他前往志成公司宿舍焚毁自己床铺下皮箱内的入党申请书等资料，并给陈远德一笔报酬。最后，早已把生死置之度外的"杨清"想到了母亲，他满怀深情地给年迈的母亲写了一封信，他说：亲爱的母亲，我决心以身殉党，你不要惦记我，"我被疯狗咬着了，我死是光荣的，你以后向人民的政府要求抚恤……"

让"杨清"始料不及的是，狡诈的陈远德并没有把这封非同小可的书信送给刘德惠，而是送到了徐远举的手中。

正在苦苦寻找破案线索的徐远举欣喜若狂，他立即派遣特务包围了新华路的志成公司，从"杨清"床铺下的皮箱内搜出了近20人的入党申请书、大批的《挺进报》等资料。徐远举这才知道"杨清"的真实姓名叫许建业，系中共地下党重庆市委的重要人物，在志成公司担任会计职务。徐远举派遣大批特务，一边守候在志成公司，对所有来往的人采取准进不准出的办法，一边将中共党员和入党积极分子刘德惠、何敬平、余祖胜、牛筱吾、皮晓云等人逮捕。

当许建业知道上当导致大批的同志被捕时，强烈悔恨自责的他决心舍生取义——他一头向墙上撞去，霎时血流如注。由于特务的阻止，许建业自杀未遂。从此，无论敌人进行怎样的残酷审讯，一直处在极度的悔恨中的许建业始终保持沉默，守口如瓶。

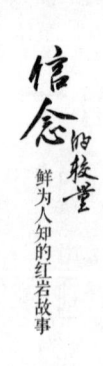

4月6日早晨，不知道许建业已经被捕的中共重庆市委书记刘国定和地下党员涂绪勋按照前一天的约定，来到志成公司找许建业准备商谈工运工作，二人相继被守候在这里的特务逮捕。由于特务没有掌握涂绪勋的确凿证据，当天晚上，涂绪勋被释放了。但刘国定因嫌疑重大被押到了行营二处。在特务的审讯中，由于志成公司的职工说他叫"黄先生"，而他的身份资料显示是南岸牛奶场的会计主任刘仲逸。自相矛盾的刘国定在特务的逼问下编造说自己是才入党的候补党员。

对于许建业和刘国定等人的被捕，中共重庆地下党组织在第二天得知了消息。4月7日，萧泽宽的妻子从电力公司那里得知了许建业、刘国定等人被捕的消息，并说特务正在寻找萧泽宽。萧泽宽得知这一惊人的消息后，意识到形势严峻的他相继通知了重庆市委副书记冉益智、中共南（川）涪（陵）工委员刘渝明等人，并让妻子通知王璞的妻子左绍英，让她向王璞报警。冉益智则迅速通知了沙磁区学运特支书记刘国鋕、北碚区学运特支书记胡有猷、南岸区学运特支书记赵隆侃等人。

徐远举在"有革命英雄气概"的许建业的口中没有获得一丝进展，现在他把希望寄托在了刘国定的身上。4月8日，徐远举开始审讯刘国定。面对阴森恐怖的刑具和步步紧逼的审问，吓得魂不附体的刘国定想到自己曾通知地下党员李忠良和"余天"转移隐藏，就假说自己曾为许建业送信给李忠良和"余天"。是日，徐远举带领大批特务直扑南岸海棠溪的永生钱庄，逮捕了李忠良、"余天"等人。徐远举随即对二人进行审讯，"余天"无所畏惧，一身正气。而李忠良迅速地叛变了，他出卖的梁山、大竹、达县的起义领导人和中共地下党员有邓照明、王敏、李大荣、陈以文、刘国鋕等数十人，以及革命积极分子余永安，指认"余天"是华蓥山起义领导人邓兴丰。李忠良背叛革命后，加入了保密局的特务组织。

从李忠良的口供中得到如此重大的收获，徐远举高兴万分。4月9日，摩拳擦掌的徐远举紧急通知梁山、大竹、达县等地的下属立即逮捕李忠良出卖的革命人士，继之命令二处渝组组长季缕逮捕刘国錤和余永安。

徐远举考虑到刘国錤的五哥刘国锁不仅是四川省建设厅厅长何北衡的大女婿，还是川盐银行香港分行的经理，与国民政府经济部长刘航琛关系密切，而且何北衡同行政院长张群的关系也非同一般。刘国錤住宿的何北衡的公馆位于曾家岩求精中学的里边，如果前往抓捕的特务多或措施不当，势必会引起学生不安。因此，他决定以诱捕或绑架的方式抓捕刘国錤。

4月10日黎明，作了精心准备的季缕按照徐远举的要求，带着几名特务乘坐一辆吉普车来到了求精中学。他将特务布置在求精中学的门外，一人悄悄走进了何公馆。

天已经亮了。

在何公馆的客厅里，刘国錤正同中共地下党员洪宝书商谈工作和布置他转移后的有关事项。

这时，守门的一个名叫向胡子的人在门外喊道："七少爷（刘国錤）有人会！"

高度警惕的刘国錤听到有人喊他，迅速走出客厅观看来人——暮地，来人鬼鬼祟祟且不认识，刘国錤判断是特务找上门来了。

刘国錤回答说："七少爷不在！"便走进了客厅。

刘国錤走近洪宝书轻轻地说："特务来了，你找机会迅速离开这里。"

季缕听到刘国錤的回答，正半信半疑的他见刘国錤出客厅往侧门的方向走了，他也紧跟了上去。

这时，特务内部的人不知为什么争执了起来。

没有人注意到坐在客厅沙发上的洪宝书——这正好是一个绝佳的逃跑机会。

洪宝书趁机从客厅走了出去，他得以安全脱险。

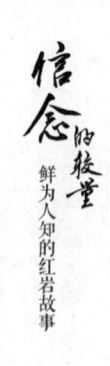

刘国鋕走出客厅后，跑向三楼的卧室中迅速焚烧和隐藏秘密材料。他临危不惧地分析：何公馆周围已经警戒，这时逃跑不仅把洪宝书置于危险的境地，而且自己脱险的可能性较小。刘国鋕决定麻痹敌人再择机行事。

数分钟后，刘国鋕走下二楼，他敲门对何北衡的太太说："姻伯母，外边有人要抓我！"

何太太闻声起床，她安慰刘国鋕说："不要怕，有我呢！"

刘国鋕说："他们是抓共产党的，准是搞错了。你打电话问一下萧毅肃、李根固他们吧，问一下究竟是怎么一回事？"

何太太说："哪里有啥子共产党？我打电话问就是了。"

刘国鋕陪同何太太从二楼走了下来。

季缕见诱捕刘国鋕无法实现，他就向何太太说是奉上级的命令来逮捕刘国鋕这个共产党的。

何太太说："刘国鋕是我家亲戚，他哪里会是什么共产党？准是有误会搞错了。"

何太太请季缕到客厅里休息，她说："你们坐坐喝点茶，用一点点心。我打个电话问一问萧毅肃。"她说刘国鋕在这里，肯定跑不了。

季缕将室外的特务叫了进来，他想到刘国鋕确实无法逃跑，就等待着何太太给萧毅肃打电话。

何太太开始拨打电话，连续两次都没有拨通，特务见之帮忙拨电话。

电话拨通了，但接电话的不是萧毅肃，而是他的太太。萧太太说："参谋长还没有起床。"电话被挂断了。

就在特务帮忙为何太太拨电话的时刻，一直在寻找机会的刘国鋕迅速走出客厅，跑到何公馆右后侧的山上，"滚下坡去了"。然后他镇定自若地穿过上清寺，来到牛角沱，消失在了熙熙攘攘的人流之中。

一瞬间，季缕突然发现刘国鋕不见了，焦急万分的他只得乘车返回行营二处。为了减轻自己承担的责任,季缕把何太太颐指气使的气势描绘了一番,他添油加醋地叙述何太太骂他说:"你们是哪一部分的?怎么到我家抓起人来了,我家犯了什么法呀?"

徐远举听了怒发冲冠,他大骂季缕道:"你这蠢货,我叫你把他骗出来,你倒好,反而让人家给骗了!"

徐远举就何太太隐藏刘国鋕逃跑的事情向朱绍良和萧毅肃作了汇报。

得知何太太包庇隐藏共产党的消息,萧毅肃怒火万丈地说:"这还了得?将何家包围起来搜查,一定要他们交人。"他下令包围何公馆,务必要何太太把刘国鋕交出来,同时打电话到成都找到何北衡,指责他的太太包庇共产党。他对何北衡说:"如果抓不到刘国鋕,只好请你太太坐班房。"

何北衡愤怒地回答说:"我太太是个妇道人家,她懂什么?要坐班房嘛,我辞职到重庆抵案好了。"

二人你一句我一句地在电话中吵了起来。

朱绍良见刘国鋕逃跑了,萧毅肃和何北衡又在电话中争吵了起来,他分别打电话向蒋介石和行政院长张群作了汇报,检举何北衡包庇共产党,同时将执行不力的特务扣押了起来。

几面不讨好的徐远举忧心如焚,焦头烂额的他担心何北衡回重庆会惹出更大的麻烦。他给何北衡打电话说:"现在事情闹大了,你也要识相点。你就留在成都不要回重庆来,我只有尽量设法把刘国鋕抓到,大家才好脱手。"

刘国鋕走到牛角沱后,想到应该向有关同志马上报警。他徒步来到两路口铁路新村,找到六哥刘国铮,请刘国铮立即到位于七星岗的女青年会找他的恋人曾紫霞。曾紫霞到达后,刘国鋕简述了特务抓捕他的经过,指示曾紫霞通知有关人员转移,并向上级"张德明"汇报情况。刘国鋕严肃地对曾紫霞说:"你是新入党的党员,不懂得同组织失去联系的严重性。一个共产党

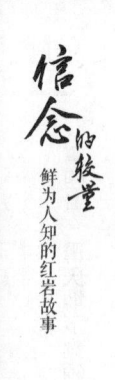

员如果是自己同组织失掉联系就是自己脱党。你没有经历过失掉同党组织的联系的滋味，无法理解我说的重要性。我告诉你，组织关系比我的生命、比我们的爱情更重要，因此，你在我走后不能随便离开，一定要在重庆等组织的安排、决定……你一定要记住，千万不能把我们的组织关系弄掉了。同组织失去联系后是十分艰难的，再找到这组织关系也是极端困难的，我吃够了这个苦处！"刘国鋕与曾紫霞商定：他马上向有关同志报警，之后前往荣昌县大东街的大姐家中等待曾紫霞的到来。在此后的数天之中，曾紫霞两次与刘国鋕的上级、她的入党介绍人"张德明"接头并听取他的指示——直到此时，由于地下工作的秘密原则要求，曾紫霞仍然不知道这个叫"张德明"的人真实身份是重庆市委副书记冉益智。冉益智安排她前往沙坪坝和市中区之间去通知有关同志转移，之后鉴于形势的日益恶化，要求她转移到荣昌的刘国鋕那里。

就在刘国鋕与曾紫霞见面之时，徐远举率领大批特务包围了何北衡公馆，特务们在楼上楼下和厕所等地方仔细搜索，尽管搜出了许多进步书刊和《挺进报》，但没有发现刘国鋕的踪影。没有见过如此阵势的何太太被吓得惊惶失措，她对徐远举说："我不知刘国鋕是共产党员，他是因亲戚关系住在我家中的。你们向我要人，我向他们刘家要人，我要和他们刘家的人拼命！"

徐远举没有搜查到刘国鋕，便逼着何太太要人。

养尊处优的何太太被吓得魂不附体，她哭着说："刘国鋕是大姑爷的弟弟，所以住在我家。我哪里知道他真是共产党？我晓得他跑到哪里去了……"

徐远举见精明强干的何太太这般模样，判断刘国鋕已经逃走，心生一计的他又逼着何太太打电话把刘国鋕的三姐刘国凤、六哥刘国铮叫到何公馆，把二人当人质关押起来。徐远举威胁刘国凤、刘国铮说："抓不到刘国鋕，你们不要想出去。只有等我把刘国鋕抓到后，我才会放你们。"

不甘心失败的特务把刘国鋕和曾紫霞的照片大量翻印，然后拿着二人的照片纷纷前往汽车站、轮船码头、飞机场等地搜索，期望逮捕二人。

当沙磁区的同志们得知刘国鋕成功脱险时，他们为刘国鋕的沉着老练而欢欣鼓舞。适存高商学校的同志们骄傲而自豪地称赞刘国鋕说："国鋕不仅是机智勇敢逃出虎口，而且他逃出虎口后想的是同志、是党，他没有为自己的危险境地而惊怕，而且鼓舞同志们要勇敢斗争，要善于隐蔽。"

刘国鋕，1921年3月出生在四川省泸州号称首富的一个名门望族家庭。1940年加入中国共产党。1947年6月，担任中共沙磁区学运特支书记。

此后，中共地下党员胡其芬、张文江来到何北衡公馆了解情况，被守候在这里的特务逮捕。

徐远举抓捕刘国鋕失败了，但他却轻而易举地逮捕了被李忠良出卖的革命积极分子余永安。在徐远举的刑讯逼供下，余永安叛变了，说他的上级叫"老张"，他在"老张"那里看见过《挺进报》，"老张"约定在本月的15日或16日要找他取一笔资金。

正在为刘国鋕逃走而苦恼的徐远举听说"老张"那里有《挺进报》，这让他喜出望外。颇具谋略的他对余永安一番威胁后，很快就把余永安作为诱饵释放了——正是这一阴险狡猾的做法，余永安的上级"老张"马上就要被捕了，抓捕共产党人的巨大口子将从"老张"的身上进一步撕开。

15日来临了。这天，"老张"打电话给余永安的妻子说他将转移到北碚去，不能到余永安那里取钱了。妻子打电话告诉了余永安——电话的内容被特务监听截获。正是这无意中的泄密，为"老张"及重庆的大批共产党员被捕带来了巨大的灾难。徐远举安排二处警卫组长雷天元带领特务前往北碚逮捕"老张"。

17日上午，转移到北碚嘉陵江对岸的"老张"坐船渡过江后，走到北碚

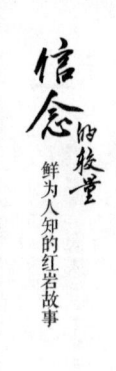

街头的一个书店时,被押着余永安搜查的特务看见,"老张"被捕了。

担心泄露消息的特务押着"老张"到一个旅馆进行审讯。

但"老张"一声不吭。

特务对"老张"一阵毒打。

无法承受皮肉之苦和死亡恐惧的"老张"崩溃了,说他只是一个普通的中共地下党员。这样的供述让另外的中共地下党员脱险了——当天上午,重庆市委常委李维嘉和萧泽宽按事前约定拟在北碚公园或图书馆与"老张"接头,如果"老张"被捕叛变立即说出二人,毫无疑问,李维嘉和萧泽宽当天难逃被捕的厄运。

是日晚,"老张"被押解到重庆行营二处。徐远举立即展开了审讯。面对血腥的刑具和特务的严厉呵斥,"老张"叛变了,说他的化名是"老张"和"张德明",而真实身份是中共重庆市委副书记冉益智。冉益智出卖了系列党组织和党员:中共重庆市委的领导集体——书记刘国定、常委李维嘉和委员许建业;三个学运特支书记刘国鋕、赵硕生和胡有猷,以及地下党员陈作仪、金臣霖、蒋启予等数十人。

冉益智这个共产党的市委副书记如此不堪一击和出卖重要情报让徐远举欣喜若狂。但同时,他又对企图欺骗他的刘国定非常的憎恨。他同保密局行动处处长叶翔之磋商后,再次提审刘国定和许建业,期待再进一步扩大破案线索。

依然是第一次的审讯方式——徐远举开始询问刘国定的姓名、年龄和职业等内容。

刘国定依然是按照第一次回答叙述——说他是候补党员,到海棠溪是为领导送信。

突然,徐远举勃然大怒,声色俱厉地命令冉益智当场指认。

刘国定浑身哆嗦,不知所措。

徐远举步步紧逼，冷嘲热讽。

一番试探和剧烈的思想斗争后，刘国定叛变了，他出卖了下列中共党组织和中共地下党员：中共重庆市委领导集体——副书记冉益智、常委李维嘉、委员许建业；四川、川东工委的组织情况；石柱、云阳和湖北宜昌等地的组织人事；北区工委委员王朴，《挺进报》特支书记刘镕铸、代理书记陈然、委员蒋一苇；电台支部书记程途、委员成善谋；市中区委书记李文祥；党员古承铄、吕雪棠、江竹筠和罗广斌等人；中共川东临委领导集体——书记王璞，副书记涂孝文，委员萧泽宽、彭咏梧。

冉益智和刘国定的相继叛变和提供的大量有价值的线索让徐远举一直处于极度的亢奋之中，期待进一步获得突破的他开始再次残酷审讯许建业。

但许建业依然坚贞不屈，守口如瓶。

大失所望的徐远举咆哮起来："你真的还不说，我们有48套刑罚，你受得了吗？"

许建业气吞山河地说："管你48套还是84套，都拿出来吧，怕了就不是共产党员！"

徐远举根据冉益智和刘国定出卖的情况，紧锣密鼓地安排特务兵分几路抓捕刘国鋕、李维嘉等大批的共产党人。吸取了上次逮捕失败教训的徐远举对再次抓捕刘国鋕的行动非常小心，他叮嘱行动组长漆玉麟说："你要知道，季缕已经够滑头的了，可是这个刘国鋕比季缕还要滑。你大意不得一点"，"你们到荣昌去，不要坐军字号牌的汽车，我给你们借一辆商字号牌的车子。你们到离荣昌县城还有一公里远的地方就下车，步行进城，让汽车开到银行旁边停下，向司机交代对外说是重庆银行的人坐的。"

刘国鋕和李维嘉的危险再一次来临了。

1948年4月18日，按照徐远举的要求，漆玉麟带领三名化了装的特务乘坐一辆银行的小轿车出发了，当天下午到达荣昌后同荣昌县政府、县党部主

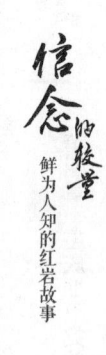

任磋商，决定在当夜逮捕刘国鋕。

曾紫霞转移到荣昌后同先期到达的刘国鋕住宿在刘国鋕的大姐家中。刘国鋕说他是陪同恋人曾紫霞回家去见未来的岳父母，再加之姐弟俩很少见面，因而受到大姐一家的盛情接待。为了防止出现意外情况，二人商量在县城住宿两天后就借故说到乡下玩耍，刘国鋕待在乡下不回县城了，由曾紫霞返回县城等候与党组织接头，看下一步的情况再决定是否回重庆。

刘国鋕和曾紫霞没有想到的是，灾难会来得如此猝不及防，他们的一切计划都无法付诸实践了，掌握了他们行踪的特务已经悄悄地潜伏在了他们的身边。

1948年4月19日凌晨四五点钟，沉睡之中的荣昌县城万籁俱寂，一片漆黑。

特务的逮捕行动开始了。

警惕的刘国鋕发现了异常，他迅速起床跑到大姐家的后花园城墙的缺口处企图再次逃走。

但特务早已张网等待。

一阵急促的脚步声和喊叫声响起。

刘国鋕被捕了。

拿着照片的特务随即闯进曾紫霞的卧室，押着曾紫霞往荣昌县政府走。在县政府里，曾紫霞听见刘国鋕在质问特务："你们凭什么抓人？"

特务把刘国鋕和曾紫霞押进一辆小汽车——为了防止二人逃跑，特务安排二人坐在汽车后排的中间，分别在两边各坐了一个特务。

汽车朝着重庆方向驶去。

曾紫霞在想"究竟是谁叛变了？"她仔细地回忆着这几天来发生的事情的细节，但年轻的她无论如何都没有想到出卖她和刘国鋕的人恰恰就是刘国鋕的上级、她的入党介绍人冉益智。觉得没有尽到保护刘国鋕职责的她心中一阵内疚和难过。当曾紫霞思考着这些事情凝视着刘国鋕的时候，她发现身处险境的刘国鋕竟然是"那样镇静、安详"。

汽车行驶在翠绿的旷野中，车窗外的景物一掠而过。

戴着手铐的刘国鋕艰难地伸出左手紧紧握住了曾紫霞的右手。他小声地鼓励说："小东西！坚强些，考验我们的时刻到了！"

顿时，一股巨大的暖流传遍了曾紫霞的全身。她粲然一笑，感觉到哪怕刘国鋕变成了囚徒，能同样地给她无穷的力量。他俩紧紧地依靠在一起，这是他们相互感受到对方温暖的最后时光——他们很快就会走向冰冷、黑暗和残酷的监狱。直到刘国鋕英勇就义，这对感情缱绻的情侣再未能依靠在一起。

旁边的一个特务拿出一张照片递到刘国鋕和曾紫霞的中间，他指着照片问刘国鋕："少爷，你究竟有多少女朋友呢？这个也是吗？"然后，皮笑肉不笑地看着曾紫霞。

刘国鋕不置可否地"哼"了一声，凝视着曾紫霞深情地微笑。受到感染的曾紫霞也情不自禁地笑了起来，二人笑得那样幸福，笑得那样甜蜜，宛若置身于自由浪漫的天地之中。

汽车到达了重庆。

4月19日下午，刘国鋕和曾紫霞被押进了位于老街三十二号的行营二处，分别关押起来。看着又一对年轻的共产党人被捕，徐远举十分的喜悦。当晚，徐远举、叶翔之、渝站站长颜齐迫不及待地对刘国鋕展开了审讯，希望从刘国鋕的身上打开破坏中共地下党组织的缺口。

三人开始询问，刘国鋕不仅回答不知道，而且态度非常倔强。

特务将刘国鋕绑上了老虎凳。

刘国鋕愤怒地质问："你们这搞的什么名堂？"

徐远举见刘国鋕很凶狠，走过去打了他两个耳光。他引诱刘国鋕说："你的上级将你出卖了，你不说我们也知道。你是资产阶级，有万贯家财的

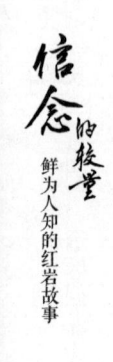

三少爷,搞什么共产党啊?你的皮肉嫩,怕吃不了这个苦吧?"

颜齐以老乡的身份劝告刘国鋕说:"你家有钱有势,你有吃有喝,你闹什么共产党?你共谁的产?你要知道,这共产是闹不得的,要坐班房、挨杀头的。"

刘国鋕置若罔闻。

徐远举说:"你的上级冉益智、刘国定什么都知道,他们都说了,你说不说其实都一样,这是看你老实不老实。"

刘国鋕从审讯中知道冉益智和刘国定叛变了,但他清楚他手中掌握的党组织秘密特务不知道。他冷笑着说:"既然刘、冉二人什么都知道,你请问他们好了,又何必来问我呢?你问我我什么也不知道。"

第二天,特务押着刘国鋕走到了院子里。为了提醒关押在旁边牢房的曾紫霞防范叛徒,刘国鋕大声吼道:"冉益智叛变了!"

特务厉声命令刘国鋕不准说话,把他往前推搡。

极度疲惫的刘国鋕跟跟跄跄,差点跌倒。

刘国鋕被转移走了。

霎时,充满牵挂和担心的曾紫霞心中一阵酸楚,热泪盈眶。她在思考刘国鋕被押到哪里去了。

当天下午,曾紫霞同胡其芬等人被转移到渣滓洞监狱关押。在这里,一个特务用手指指曾紫霞后又指指楼下,大声地说:"这个和那个是一对!"曾紫霞这才清楚:原来刘国鋕被转移到了渣滓洞监狱。

4月18日,就在徐远举安排特务逮捕刘国鋕的时候,另一路特务到了北碚,拟逮捕被冉益智出卖的北碚学运特支书记胡有猷。

当天下午,有人通知正在北碚第四育幼院教室里上课的胡有猷到院长办公室。警惕的他镇静地走进了院长办公室。

特务问道:"你是胡有猷吗?"

胡有猷说："我是。"

特务说："胡先生，请跟我们走一趟。"

胡有猷说："好吧，先找我妻子拿点衣服。"

特务凶相毕露地吼叫："不行，你的女人也一起带走！"

特务为胡有猷戴上了手铐，押着他到其家中搜查。特务没有搜查到有价值的线索，恼怒的他们把胡有猷的一双儿女扔给了邻居，强行抓捕了胡有猷的妻子和保姆。

一双儿女被吓得惊惶失措。

两岁的儿子一个劲地哭喊着："我要妈妈，我要妈妈！"

胡有猷，1911年9月出生，贵州省凤冈县人。1936年加入中国共产党，1947年10月，担任北碚学运特支书记。

特务为了防止胡有猷逃跑，将他捆绑在轿子上抬着走。当要走进北碚的城区时，特务突然问他说："你认识蒋启予吗？"

胡有猷心中陡然一惊：难道北碚师范的地下党员蒋启予也被捕了？他若无其事地回答："我不认识。"

特务又问："他家住在什么地方？"

胡有猷回答说："我与他素不相识，怎么知道他住在哪里？"胡有猷据此判断，敌人不知道蒋启予家住哪里，说明蒋启予没有被捕。

但意外还是发生了，押着胡有猷的特务竟然走到蒋启予家的对面。一个特务拿出一封书信对蒋启予母亲说他和蒋启予是朋友，是蒋启予邀请他从重庆来的。

蒋母不知真相，吩咐保姆到街上寻找蒋启予。

眼见蒋启予马上就要被捕，胡有猷心急如焚。

蒋启予刚生了孩子的妻子听到室外有人说话，诧异的她从室内伸出头来观察情况。

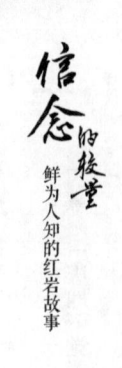

与蒋启予妻子熟悉的胡有猷故意开始咳嗽。

当蒋启予妻子看着胡有猷时,他假装不认识似的故意低下了头。

胡有猷莫名其妙的举动引起了蒋启予妻子的警惕,她抱起孩子假装上街,其实是趁机寻找蒋启予。当她找到蒋启予后,告诉他说家中有特务,叫他赶快转移。

特务等待了一会儿后不见蒋启予回家,这才知道上当的他们将胡有猷押到一个旅馆进行审讯。特务问:"快说,蒋启予是不是共产党?甘光余是不是共产党?"

明明知道二人是中共地下党员的胡有猷说:"我不认识他们,是不是共产党我不晓得。"

特务打了胡有猷一个耳光,恶狠狠地问:"你与乡建学院的甘光余是什么关系?"

胡有猷说:"我是育幼院的老师,教的是小学生,与大学没有什么关系。"

特务见胡有猷守口如瓶,便开始毒打,但胡有猷依然坚贞不屈。胡有猷趁特务不在之机,悄悄对关押在一起的妻子说要通知甘光余等同志转移,使蒋启予、甘光余等北碚的中共地下党员成功脱险。特务把押解到重庆的胡有猷进行严刑拷打,但依然没有任何收获。黔驴技穷的特务把冉益智叫来,让冉益智当面劝说胡有猷。

冉益智胆怯地对胡有猷说:"老胡,快招了吧。我和你的身份、职务,他们全知道了。"

"无耻!"怒不可遏的胡有猷厉声呵斥,"既然你们知道我是共产党员、特支书记,那就别想问出什么东西。"惨遭残酷审讯的胡有猷以钢铁般的意志保护了数十名共产党员的安全。

17
暴风骤雨来临后

1948年4月18日,就在漆玉麟前往荣昌逮捕刘国鋕以及胡有猷被捕的这一天,李维嘉的危险也愈来愈近了。

这天一早,为了抓捕唯一"漏网"的中共重庆市委领导李维嘉,冉益智带领一批特务先后来到新华路的大通商号、李维嘉的住宅华一村和位于李家沱的中国毛纺织厂等地寻找,但均没有发现李维嘉的踪影。特务遂杀了一个回马枪——重新返回李维嘉的家中搜查,采取只准进不准出的办法进行警戒。李维嘉的嫂嫂担心李维嘉回家被捕,她悄悄让为她照看小孩的少女到室外观察情况,不要让李维嘉回家被逮捕了。

这时,从北碚返回重庆的李维嘉本能地感觉了潜伏着的危险,他没有像往常那样到终点站的七星岗下车,而是提前在上清寺下车了,然后走路回家。他一路走走停停,不时观察着周围的可疑情况。当他走到家附近时再次停下了脚步。正在这时,聪明的少女发现了李维嘉,她朝李维嘉摆了摆手——意思是这里危险,不要过来。

李维嘉的心中陡然一惊,迅速返身走到了上清寺,他判断刘国定叛变了。他向有关同志报警后,同自己的交通员碰面了。交通员带来的消息让李维嘉的心境更加焦急而沉重:冉益智也被捕叛变了。

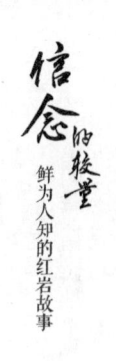

李维嘉悲愤难抑，他敏锐地意识到：在形势一片大好的时候，重庆地下党组织的大破坏将不可避免地发生了。但他又眼睁睁地爱莫能助——他不仅自己身处危险的境地，而且由于地下组织的保密原则，他根本不知道其他重庆市委领导和下级党组织掌握的情况，也就是说李维嘉无法将出现的危险尽快地通知他们，并让他们迅速转移和隐蔽。李维嘉由此判断：敌人在对重庆地下党组织进行大破坏后，下一步将对川康特委和上海中央局进行破坏——他必须尽快通知川康特委书记蒲华辅，从而让蒲华辅通知在上海的钱瑛等革命人士，以此来避免党组织的更大损失。这时，危在旦夕的他想到了仍然在印刷和传递《挺进报》的陈然，不知《挺进报》是否遭到破坏的他怀着渺茫的希望给陈然撰写了一封报警信："近日江水暴涨，闻君欲买舟东下，谨祝一路风顺，沿途平安。"他把署名写为彭咏梧和江竹筠的小孩"彭云"。他希望陈然收到书信后能迅速转移。数天之后，李维嘉绕道合川、铜梁和乐至到达成都，他向蒲华辅报告了重庆地下党组织惨遭破坏的情况。蒲华辅随即以书信向中共上海局报警。鉴于特务正在抓捕李维嘉，蒲华辅安排他到大邑县的乡村协助川西南武工委支部书记吕英从事武装暴动工作。

4月19日，陈然收到了李维嘉的书信：这显然是一封报警信，但令人扼腕的是，陈然不认识李维嘉的笔迹，更不知道这是李维嘉在非常危急的情况之下通知他迅速转移的书信。自重庆形势紧张以来，特支书记刘镕铸、宣传委员蒋一苇按李维嘉的要求进行了转移和隐蔽，集编辑、印刷、联络和发行于一身的陈然无法同亲密的同志商量，也不能向党组织请示和汇报——按照地下党组织秘密工作原则，上级知道他的地址，他却不知道上级的地址，而且约定的接头日期也没到。

从中共重庆市委要求《挺进报》开展对敌攻心战以来，特别是一些党员被捕后，地下党员所处的形势日益险恶。陈然和蒋一苇所担负的《挺进报》

的刻写、印刷和投递等工作面临着前所未有的更大风险，陈然几乎每一天都在设想被捕后的斗争方法。他说："敌人的手段再毒辣，我看不外乎两手：一手是硬的，一手是软的。硬的有啥？拷打、灌辣椒水、烙铁、上老虎凳、电刑、疯狗咬……还有啥？大不了是痛和死。这又有什么了不起？多少同志都经受住了，我们就经不住？心一横，牙一咬，不就过去了。死，又有什么不得了？人总是要死的，但活着总得有点意义。我看，卑鄙地活着比心安理得地死去要痛苦得多，真不知道那些叛徒是怎么想的，有如行尸走肉，活着有啥意思？"

他又猜想敌人会使用哪些软的手段，他说："升官、发财、美人计……这一套根本打动不了我们，可能他们还会利用我们对亲人的爱，也许会把我妈弄去哭哭啼啼，让你软下来。说不定他不打你，也不杀你，而在你面前整你的亲人，让你忍受不了。那些野兽是什么都做得出来的。但是，这只能激起我们更大的仇恨，难道会使我们投降么？"

在谈到有可能牺牲这个话题时，陈然轻松地说："我们能活到今天，亲眼看到全国大反攻，眼看革命的胜利马上要来到，比起过去牺牲的先烈，这已经是太幸福了。"他思考后又微笑着说："要说死，也还有两点不甘心哩，一个是延安没去成，我只是在唱《延安颂》的时候，自己幻想了一个延安的样子。要是死不了，将来一定得去看看。再一个是莫斯科没到过，真想亲眼看看社会主义是啥样的……"

预感到自己随时被捕的陈然把妹妹陈佩瑶叫到了印刷《挺进报》的工作室内，说了他可能被捕的危险。

陈佩瑶一听哭了，她说："那你现在就走嘛。"

陈然说："是要走，要等到这期报纸印好以后。"他说如果自己出了事，请妹妹一定要照顾好妈妈。

陈佩瑶说："你放心，我晓得。如果真的发生什么事，我去人家家里做

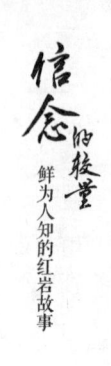

丫头，总能挣钱供养母亲的。"

陈然把收到报警信的事也告诉了一直支持他工作的姐姐陈佩韦。下定了决心继续坚持战斗的他对姐姐说："我的工作还没有谁来接替，我不能走，我不能当怕死鬼。"

陈然的预感是正确的。

一场暴风雨就要来了。

4月22日早晨，徐远举安排二处警卫组长雷天元抓捕陈然、蒋一苇等人。但特务抓错了人受到了徐远举的训斥。

中午，陈然来到捍卫路小学的地下党员吕雪棠那里取《挺进报》的蜡纸，他把收到的那封书信给吕雪棠看，并说："可能出了什么问题。"他作了一些分析，让吕雪棠谈看法。

刚入党的吕雪棠提不出意见，只是急切地询问："那该怎么办呢？"

陈然思考了一会儿后说："我们要提高警惕，但也要沉着，不能惊慌失措，完成党的任务要紧。过两天就能见到上级，这两天我突击把报纸印好发出去。如果需要转移，我会来通知你，你作好走的准备。这几天你要警惕，夜里最好不在学校里住，以防万一。"

就要和吕雪棠分别了，陈然叮嘱道："作为一个共产党员，我们都宣过誓，要随时准备为党而牺牲。但是，万一被捕，绝对不要暴露身份，就是见到我也要装作不认识。监狱里肯定也有我们的组织，和组织取得联系后，要在组织的领导下继续进行斗争。"

说完，陈然伸出强有力的手紧紧地和吕雪棠握在了一起——这一对在血雨腥风的环境里并肩作战的同志就此永别。

陈然回到重庆南岸野猫溪中粮公司修配车间的家中，开始了紧张的油印《挺进报》工作。

在上午的逮捕计划失败后，下午，打听到了陈然住址的雷天元带领特务悄然前来。

傍晚时分，天空响起了沉闷的雷鸣。

雷天元率领的特务以查户口的名义来到了陈然的家中。

发现情形不对的工人吴述华阻挡了特务，大声地向楼上的陈然传递信息说："陈先生在家吗？查户口的来啦。"

一直在室外守护着儿子的陈然母亲回答道："陈然过江去了，还没回来。"

母亲收拾起做针线活的工具朝自己的房间走去，她小声地对陈然说："来了好多人！"

陈然打开后面的窗户想跳到邻居的院子里逃走。但几支手枪对准了他，特务凶恶地说："是谁？你敢跳老子就开枪了！"

特务开始疯狂踢门。

心疼儿子的母亲诅咒着特务。

电闪雷鸣中，暴风雨来了。

房门被踢开了，瞬间，几支手枪对准了陈然的胸膛。

无所畏惧的母亲推开了特务的手枪——她用身体挡住了敌人黑洞洞的枪口，怒吼着："你们枪毙我吧，枪毙我吧！"

陈然恶狠狠地瞪着得意的特务们。

在室内搜查的特务抱出让他们一直心惊胆战的《挺进报》。

大雨瓢泼似的下着。

拿着手铐和绳子的特务强行推开母亲，企图捆绑陈然。

泪流满面的母亲愤懑地质问特务："你们凭什么抓人？"

特务推倒了母亲。

怒火万丈的陈然大声喝道："你们干什么？"

特务呆若木鸡。

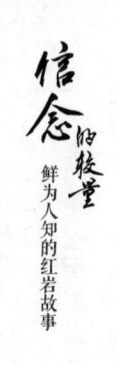

雨依然下着。

特务开始殴打冲上楼的工人。

嘴角流淌着血的吴述华质问特务："你们查户口为什么抓人？"

母亲怒吼："好吧，我和你们一起去，我们娘儿俩要活活在一起，要死死在一块！"

凶恶的特务推开了母亲。

绝望的母亲突然抓住了楼上的栏杆——她要以跳楼自杀来控诉敌人的暴行。

陈然的二姐等人赶紧把母亲抱住了。

陈然对着特务喝道："你们干什么？走就走，慌什么？我要和娘说几句话。"

他健步走了过去，拉起母亲的手说："娘，你不要难过。你的儿子没有罪，有罪的是那些吃人的野兽豺狼。你要相信你儿子所干的事是正义的。你老人家保重身体，解放的日子一定会来到，等着我回来吧！"

母亲听了陈然的劝告不再痛哭。

陈然对特务说："你们在外面等着，我要换件衣服，吃点东西。"他进室内穿了一件毛背心，然后倒了开水吃馒头。

特务无可奈何地等待。

暴雨变成了淅淅沥沥的小雨，苍茫的天际响着隆隆的雷声。

陈然被如狼似虎的特务带走。

黑夜降临了。

这时，从北碚返回重庆的蒋一苇正向陈然的家中走来。

路上静悄悄的，没有一个行人。街道上的住户都把门关得紧紧的。

细雨霏霏。

蒋一苇走到陈然的家门前台阶，他看到了一个令人奇怪的现象：一条麻绳拖得很远很远。因从事秘密工作，很早以前，蒋一苇和陈然二姐协商好：如果遇到危险，就把洗地的拖把当作报警信号放在门前的竹篱笆上。蒋一苇注意观察，但没有发现报警信号——原来是陈然刚刚被逮捕，他家的人还来不及放报警信号。

以为没有危险的蒋一苇像往常一样敲门。

吴述华把门打开了，他怒气冲冲地说："陈先生刚被警备司令部抓走了，老太太要跳楼，你赶快上去劝劝。"

蒋一苇问道："他们还留人没有？"

吴述华说："还有一个，在楼上守着。"

意识到随时可能被捕的蒋一苇说："我得赶进城去营救陈先生。"说完，他转身就跑。

在危急的形势下，蒋一苇沿着江边的小路深一脚浅一脚地走到弹子石一个熟悉的群众家中住宿，并向有关人士报警。第二天绕道进城后，为了打听家中是否出事，蒋一苇给妹妹蒋真打电话了解家中的情况——为了防止特务监听，他特意用特务听不懂的福州话同妹妹说话。

蒋真说："昨晚我在家，没出什么事。"

蒋一苇叫蒋真回家通知妻子陈曦。见到妻子后，蒋一苇叫陈曦以家庭妇女的身份来对付特务，并叫她去通知开明图书局的经理王诗维和吕雪棠迅速转移。

晚上，特务来到蒋一苇的家中进行一番搜查，没有任何收获后，恼怒的特务把带着婴儿的陈曦押进了重庆行营二处。特务向陈曦了解蒋一苇的情况，以家庭妇女身份作掩护的陈曦一问三不知。为了尽快得到释放，急中生智的陈曦不断用手拧儿子的屁股。被母亲拧痛了的儿子哇哇大哭，闹得特务心绪不宁。特务烦躁地说："算了，算了，放她回去。"

第二天早晨，特务把陈曦母子押回家中，但并不甘心地在蒋一苇的家中

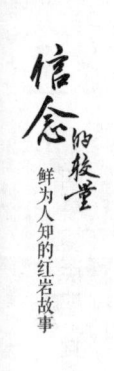

驻守了一个多星期，企图抓捕蒋一苇这条漏网之鱼。

陈然在被捕的当晚受到了审讯。他除了承认报纸是他办的和共产党员的身份外，其他守口如瓶。

第二天，企图从陈然身上进一步打开破坏中共党组织突破口的徐远举亲自出马了——在徐远举看来，这个在他眼中"娴静得像一个大姑娘"的陈然应该不难对付。

徐远举询问："你就是陈然？把你的组织交出来吧！"

陈然回答："办报是自由职业，有什么组织不组织，不让办，不办就是了。交什么组织？"

徐远举说："好一个自由职业，谁叫你办的？说吧。"

陈然说："办报有什么罪，有这么严重？"

自信正在消失的徐远举反问："你办报，为什么不登记？为什么偷着办？老实告诉你，你的全部材料，已经有人交了出来，你还不交组织？"

陈然说："没有登记，现在登记也不迟。至于说到有什么人交出材料，那不是很好吗？那还要我交什么材料！"

徐远举卷起衣服袖子，他咆哮起来："陈然，你今天要听我的。你还有什么本领不交组织？不交不行。"

陈然从容不迫地说："我说你要听我的，我人是被你逮捕了，我的思想永远不会为你逮捕的。办报都有罪吗？办报有什么组织？不交怎么不行？我说你还要向我交组织呢。"

受到嘲讽的徐远举暴跳如雷，"啪啪"拍起桌子，参加审讯的特务被这突如其来的巨大响声吓了一跳。他叫喊着："好！陈然，你看着吧，是我听你的，还是你听我的……"

陈然蔑视地说："你这个土匪流氓，根本没有资格问我的话！"

徐远举审讯了整整一个上午，不仅没有得到期望的收获，反而还被陈然痛斥了一顿。陈然的坚贞不屈和善于斗争给徐远举留下了深刻的印象，解放后成为新中国战俘的他回忆说陈然"斗争非常英勇"。

下午，陆坚如继续审讯。他绞尽脑汁使出浑身解数强迫陈然交出党组织和有关人员。

陈然驳斥说："《挺进报》是我办的，办报有什么组织？不准办，不办就是了，又犯了什么样的法呢？"

陆坚如说："你是在办报，还是在为共产党宣传？替共产党宣传当然有组织，那就得交东西。你在外面散发的报纸，交哪些人散的，这些人住在什么地方，叫什么名字，都要说出来。"

陈然说："替共产党宣传是你们说的，我说不是替共产党宣传，是据实报道，有什么没什么，这叫做宣传吗？你们说是宣传，我有什么办法。你说替共产党说话的都有组织，替共产党说话的人多的是，那都是有组织吗？我办的报决不是散发给别人看的，而是谁要谁取，我也没有限制。"

陆坚如说："你的报纸也不卖钱，不是宣传是什么呢？"

陈然说："我先是用油印试试，看有没有人看，有人看我就准备改铅印，那个时候当然卖钱。现在还是用油印的，卖什么钱呢？"

陆坚如凶相毕露地说："你不交，我就要用刑具强迫你交。"

陈然义正词严地回答："没有组织可交！"

陈然被绑上了老虎凳。

徐远举气急败坏地走了进来，他问道："交了没有？"

特务说："没有交。"

徐远举怒吼："加砖头！""垫高些！"

在最残酷的刑罚面前，有着强健身体的陈然因牙关紧咬而汗流如注。

恼羞成怒的徐远举抡起手掌朝陈然年轻的面孔上猛烈打去。

陈然昏厥过去。

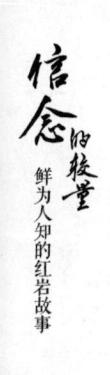

黔驴技穷的特务喝道:"你讲不讲?不讲今天就把你整死!"

苏醒之后的陈然怒目而视。

两天以后,陈然被送到渣滓洞监狱关押。

据史料显示,不甘心轻易失败的徐远举在十天之内对陈然审讯了七次,每一次都变化着使用酷刑,但每一次都以失败而告终。连特务在背地里都钦佩地说:"这家伙是好汉子。关火!"

陈然虽然被捕了,但特务仍对他的家中进行严密的监视,期望以此来发现新的线索。一天,蹲守的特务手拿照片和气地对陈然母亲说:"老太太,你看看这些照片,你都认识吧?"

母亲看都不看地说:"不认识。"

特务说:"嗨,这些人都常来你们家,你哪里会都不认识呢?"

母亲说:"你们不是说共产党六亲不认吗?我儿子不把我当亲人,他的朋友更不把我当亲人,谁理我这个老婆子,我怎么会认识他们呢?"

受到讽刺的特务沉默了,过了一会儿又说:"老太太,你的儿子其实没啥事,是他交了坏朋友,我们找到他的朋友,就把他放回来了。"

母亲愤怒地回答:"我的儿子既然没事,你们干吗要抓他?是他的朋友不好,你们抓他干啥?"

尽管特务的目的没有达到,但没有死心的他们依然挖空心思假冒工人和以中共重庆市委的名义对母亲进行欺骗,企图发现有价值的线索,逮捕更多的中共地下党员。

18
"岂有这样的人我不爱他"

1948年4月27日,被刘国定出卖的中共重庆北区工委委员、南华贸易公司经理王朴被捕了。

4月初的一天,王朴遇到了刘国定。刘国定说有同志被捕了,现在情况紧急而需要用钱。身上的钱不够的王朴就给刘国定开了一张南华贸易公司的支票。刘国定被捕后,特务从他的身上搜查出了这张支票,顺藤摸瓜查找到了川康银行的会计苟孔甲和南华贸易公司的总务唐鹤笙。徐远举即派特务对二人进行逮捕审讯,不是共产党员的二人说愿意协助二处抓捕王朴。特务遂释放了二人。

王朴在被捕前,他本来有机会从容转移的,但为了便于开展工作和照顾其他同志,他在危急的时刻留了下来。为此王朴和其他同志还发生过争论。在重庆的形势越来越紧张的时候,北区工委领导在研究哪些同志转移时,北区工委书记齐亮说:"我是外地人,本地没有什么牵连,留下对付敌人比较恰当。老王(王朴)有老婆孩子,在本地联系又广,应马上撤离学校。"

王朴说:"正因为我是本地人,有老婆孩子,还有校长身份作掩护,校内外情况也比较熟悉,可以随机应付。如果忽然走了,反而会引起敌人的怀疑。正因为你是外地人,对付敌人不大方便,你的担子更重,应该立即撤

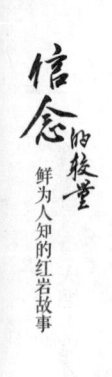

离。"

中共地下党员黄友凡也要坚持留下来斗争。最后决定齐亮转移——就这样，王朴把危险留给了自己。

王朴，又名王兰骏，1921年11月出生，重庆江北县仙桃乡人。1946年冬加入中国共产党。父亲王莲舫在经营猪鬃出口的贸易中获得巨额利润后，不仅相继在江北县和巴县购买了一千多石租谷田产，而且在重庆城区购置了门面房产，是重庆闻名遐迩的士绅。1947年，为了向党组织筹备经费，王朴说服母亲金永华，出售田产近1500石、折价黄金1000多两无偿捐赠给中共党组织。

十多天后，王朴到南华贸易公司经理室工作，唐鹤笙前来对他说："王兄，我们是初交，你若是共产党就赶快走，若不是就没有关系。"

王朴临危不惧地说："我是有几千石谷的人，怎么会是共产党呢？笑话，我不会走。"

4月27日，特务在相继接到唐鹤笙和苟孔甲的密报后，将王朴逮捕。

徐远举审讯了王朴。他询问："王朴，你认不认识刘国定？"

王朴说："不认得！"

徐远举按事前布置让刘国定走了进来。他目光转向王朴询问："刘国定，你认不认识他？"

刘国定说："他是王朴。"

王朴怒火万丈，戴着眼镜一脸书卷气的他冲上去打了刘国定一个响亮的耳光。

特务呆若木鸡。

刘国定羞愧万分。

徐远举一脸微笑地劝告说："王朴，像你这样的家庭，这样的社会地位，为什么要跟共产党跑呢？你只要答应交出组织，就可以自由。"

王朴不为所动。

特务见劝降不成,便采用残酷的电刑和老虎凳逼供,但王朴毫不屈服。见残酷的审讯都无法使王朴开口后,敌人把他关进了渣滓洞监狱。

就在王朴被捕的第二天——4月28日,为《挺进报》提供电讯稿的电台支部委员成善谋也被捕了。

五月的重庆鲜花怒放,大地芬芳。

生机盎然的季节是美妙的。

尽管关押在暗无天日的监狱里,但刘国鋕也感受到了时光的美好。

作为渣滓洞监狱中的两个重刑犯,许建业和刘国鋕"待遇"同其他"犯人"有明显不同:都戴着手铐脚镣,均分别单独关押。难友们知道"享受"这种待遇的人都是坚贞不屈保守党组织秘密的硬汉。

刘国鋕关押到这里后,尽管受到特务的审讯和折磨,但通过秘密渠道每天都要收到认识和不认识的难友们的慰问,不仅能和同志们战斗在一起,而且还能同恋人曾紫霞见面,感觉仍然生活在同志们之中的他温暖而美好。他在监狱中鼓励同志们要善于同敌人作斗争,曾紫霞她们想不到的问题,他都替她们想到了,并思考了对付敌人的办法。放风时,曾紫霞告诉了他徐远举审讯她的内容。事后,刘国鋕传递一个裹得很紧的纸条给曾紫霞。曾紫霞躲藏在角落里悄悄打开纸条,只见书写的内容是:"我的身份已被上下咬紧,完全暴露。你不需要同他们正面硬斗,要恰如其分。我反正已经暴露,只能同他们正面斗争了。你把一切往我身上推,让我去对付他们,只是不能牵连其他的人……"

曾紫霞看着那歪歪扭扭的字体,心中想象着刘国鋕戴着手铐写这几行字的艰难与疼痛,顿时百感交集。

在刘国鋕帮助下,曾紫霞能对付敌人的审讯了。一次审讯后,曾紫霞走

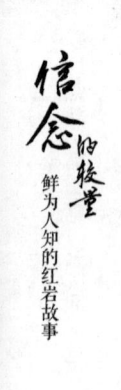

到刘国鋕的牢房门前向他讲述了审讯内容：当特务询问曾紫霞同刘国鋕一起时见过谁、找过何人时——特务以此来寻找新的线索，曾紫霞回答说："哪个谈恋爱的人愿意见着旁人呢？我们在一起总是尽量躲开人，躲都躲不及呢。"

刘国鋕听完曾紫霞的讲述情不自禁地笑了起来，从牢房门口伸出戴着手铐的手紧握着曾紫霞的手鼓励说："行，学会了！"

二人相视而笑，可刘国鋕和曾紫霞都没有想到的是，这是他们最后一次握手，直到刘国鋕舍生取义——严峻的现实再也不会给这一对心心相印的恋人任何机会了。

尽管在监狱里面临敌人的残酷审讯和百般的折磨，但对短暂关押在渣滓洞监狱的刘国鋕来说，这里是温暖、愉快和难忘的——他不仅每天能通过牢房门见到曾紫霞，而且曾紫霞还以公开的恋人关系和秘密的办法同刘国鋕说话和传递纸条。每到女牢房放风的时候，刘国鋕就会站立在牢房门口看着曾紫霞她们放风。在这难得的深情注视中，刘国鋕有时报以微笑，有时同曾紫霞说上几句话。有一天，他竟然哼唱起了一支俄罗斯歌曲：

感受不自由，
莫大痛苦。
你光荣的生命，
牺牲在我们艰苦的斗争中，
你英勇地抛弃头颅。
……

曾经听过这首歌曲的曾紫霞发现，刘国鋕的歌声是那样的高亢、优美和抒情——他似乎用歌声向同志们表明：他将同敌人作殊死的斗争，直到奉献年轻的生命。

在歌曲的感染下，曾紫霞和女难友激动了起来。旁边的一个女难友鼓励曾紫霞说："你也唱支歌！"

但大家一时想不起唱什么歌曲。

一个女难友说："唱《岂有这样的人我不爱他》。"

曾紫霞这个性格开朗、多次被刘国鋕昵称为"野丫头"的她放开嗓门唱了起来：

岂有这样的人我不爱他，

岂有这样的人我不爱他，

他是个真情汉子从不玩虚假，

这才值得人牵挂——

就说他是个穷人也罢，

有钱岂买得着情无价。

就说他是个犯人也罢，

是为什么？

他才去背犯人的枷。

他是这样的爱得深、爱得真、爱得大，

他和祖国的命运不分家。

……

刘国鋕和曾紫霞的爱情故事堪称经典——他们的爱情在志同道合的土壤中生根发芽，在五彩缤纷和激情澎湃的理想下绽放，它的纯真圣洁之美令人心灵震颤而悸动，从而产生无限遐想和感叹。

整天有做不完的革命工作的刘国鋕不仅担心恋爱要浪费他的宝贵时光，

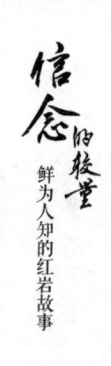

而且他见到一些同志的牺牲给亲人带来了巨大的悲痛和苦难,因此,他下定决心革命不胜利就不结婚,以至于他二十多岁了还没有品尝过恋爱的滋味。他说:"既然我已经准备为革命随时遭受逮捕甚至牺牲自己的生命,我有什么理由让亲人为自己处于担惊受恐、陷入苦痛和沉重的家室负担的境地呢?"

尽管刘国鋕压抑着自己的爱情,但富有朝气、激情和坚定理想的他在长期同曾紫霞的联系接触中,慢慢地爱上了纯洁俏丽的重庆大学医学院的学生曾紫霞。当刘国鋕发现自己深深地爱上了曾紫霞后,担心恋爱给曾紫霞带来不幸的他努力地克制着这份情感,但愈是克制愈是浓烈。

刘国鋕的这份情感曾紫霞感觉到了,但由于经历、环境等因素的影响,没有充分认识理解刘国鋕的她希望他们的爱情的花蕾迟些绽放,或者说她希望刘国鋕不要主动向她提前谈起此事。

一天下午,曾紫霞像往常一样掩护办完事情的刘国鋕走出重庆大学,当二人走到球场时,刘国鋕突然对曾紫霞说:"我们的关系应该明确了。工作不允许我们在这上面花费更多时间,我对你的感情你很清楚。"

刘国鋕的表白让没有思想准备的曾紫霞猝不及防。

曾紫霞惊呆了——她觉得刘国鋕像"谈判一桩生意的架势"对待爱情,让一直受小说、电影等文艺作品影响而赋予了爱情无限的诗意和浪漫的曾紫霞无法接受:刘国鋕的如此做法简直是对神圣爱情的亵渎,曾紫霞的心"冷得似乎要发抖了"。

根本没有注意到曾紫霞心理和表情变化的刘国鋕从包里摸出两个新鲜的荔枝递给曾紫霞说:"这是人家坐飞机刚从广东带来送给何姻伯的。我都没有吃过这么大的新鲜荔枝呢。我特意选了两个揣上,带给你尝一尝。"

刘国鋕如此不懂得爱情让曾紫霞的心中一阵隐痛,她冷若冰霜地说:"我不稀罕这玩意,我不要!"拒绝接受荔枝的她转过身,一边走一边对刘国锧说:"今后你有事找姚某联系,不要再来找我。"

曾紫霞的恼怒让刘国锧始料不及。

曾紫霞依然走着。

刘国锧紧跟着说:"你等一等,我说几句话。"

曾紫霞看见周围人来人往,她停下了脚步。

刘国锧说:"你可以不同意我们的关系,但重要的是工作。你不爱我不勉强,我保证今后再不提它。你十分清楚我同你的联系是对工作有利的,希望你冷静慎重一些。"

刘国锧的劝说让曾紫霞平静了下来,考虑到掩护他安全离开是她的职责所在,曾紫霞转过身对刘国锧说:"走吧,我还是把你送到车站。"

从此,刘国锧把对曾紫霞深深的爱恋情感埋藏了起来,尽管工作保持着以往的联系和默契,但他再也不说二人之间的感情,而是精心地培养和帮助曾紫霞成长。后来当曾紫霞了解到刘国锧的思想历程后,他们的爱情瓜熟蒂落了,曾紫霞感到"爱上了一个值得我爱的人"。

5月下旬,刘国锧同许建业作为重刑犯被转移到了白公馆监狱关押。

1948年5月26日,被刘国定出卖的处于逃亡途中的中共地下党员古承铄在脱险后又被捕了。

4月初,在《挺进报》被敌人破坏后,李维嘉得知消息后通过刘镕铸让古承铄撤离重庆转移。数天后,古承铄返回位于重庆金钢塔的家中。第二天,有两个自称是古承铄朋友的人前来家中"拜访",古承铄的大妹古承锦发现过去经常来的一个熟人却神色异常地躲藏在门外——这一反常的现象引起了她的警惕。

来人询问:"古承铄到哪里去了?"

古承锦回答:"哥嫂结婚后就没有住这里了。"

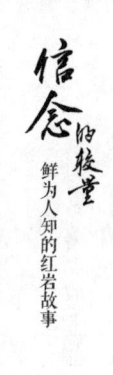

来人说:"你嫂子呢?"

古承锦回答:"在捍卫路小学教书。"

来人朝捍卫路方向走去。

这时,意识到是特务抓捕三哥的古承锦让小妹古承钰去通知三嫂黄莲生。

古承钰抄近路赶到捍卫路小学,找到正在上课的黄莲生说:"三嫂,快跑,特务向这条街来了!"

黄莲生立即转移了。

经过一番波折后,第二天,古承铄和妻子黄莲生相会了,二人协商重庆不是久留之地,决定先到位于白市驿的黄莲生的三表叔家中暂住,然后再绕道江津回南川的家中隐藏。

特务逮捕古承铄和黄莲生的计划失败后,恼怒的他们赶到古承锦的家中,将古承锦押上了汽车。古承钰一边哭一边追,一直追到了一个叫金钢塔街的地方,蛮横的特务把她也抓上了汽车,然后把姐妹俩关押在石灰市监狱二楼的牢房里。

特务见古承钰年龄小,企图利用欺骗的手段从她的口中打探出古承铄的线索。特务询问:"你的哥嫂藏在哪里?"

古承钰说:"我不晓得。"

特务凶恶地说:"一家吃饭,不知道,你骗谁?"

古承钰说:"我刚从南川来,就不晓得。"

特务再询问古承钰是否认识某人,不想说话的她一个劲地摇头。

特务从古承钰的口中问不出名堂,就开始审讯古承锦。特务厉声喝问:"你的哥嫂藏在哪里?"

古承锦用手捏着衣角,一句话也不说——她清楚地知道,说出三哥的隐藏地址无异于要了他的命。

特务问:"说不说?"

古承锦回答:"三哥好久没回家。"

特务骂道:"扯谎!"

一个手持步枪的特务把枪往古承锦的腰上砸去。

古承锦痛苦地用手按着腰蹲了下去,额头上渗出了豆大的汗珠。

心疼姐姐的古承钰扑向了古承锦,特务强行地把她推开了。

特务并不罢休,他们把古承锦双手捆绑后吊上房梁,然后用鞭子一边抽一边逼供。

古承锦开始还在呻吟,渐渐地呻吟声消失了。

特务把古承锦从房梁上放了下来。

许久,古承锦又有了呻吟声。

特务开始用竹筷夹古承锦的手。

痛彻心扉的古承锦仍然守口如瓶。

审讯结束,古承钰扶着古承锦去上厕所。

古承锦悄悄地问妹妹说:"你的裤带呢?"

年幼的古承钰一脸茫然。

受到残酷审讯的古承锦抱着妹妹哭着说:"我勒死算了。"

古承钰惊慌失措地说:"姐,你不能死啊!"

可仍然坚持要自杀的古承锦去摸妹妹的裤带。

古承钰说:"早被特务收去了。"

这时,特务在外面吼叫她们快点出来。

古承钰扶着没能自杀成功的姐姐回到了牢房。

两姐妹在监狱中被关押了近一个月,直到特务逮捕了古承铄夫妇才把二人释放。

古承铄,1920年10月出生,四川省南川县(今重庆市南川区)人。1947年加入中国共产党。他创作的歌曲《薪水是个大活宝》《綦江河》等对国民

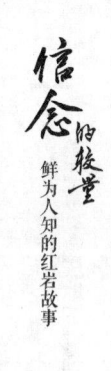

党政府的腐败和黑暗进行了无情的鞭挞与讽刺，一度在国统区广为流传，他被誉为"人民的歌手"。入党后积极参与《挺进报》的刻写和投递工作。

在白市驿的三表叔家中隐藏了半个多月的古承铄夫妇被特务发现了踪迹，逮捕的特务到达三表叔家时，由于夫妇二人走另外一家亲戚去了，致使特务扑空。特务随即把黄莲生的三表叔作为人质关押起来。古承铄夫妇得知消息后连续赶路以躲避特务的抓捕。三表叔的侄子以"姓古的害了王家的人"为借口，发动族群中的人找到古承铄夫妇并扣留，夫妇二人随即被特务逮捕。

古承铄夫妇被武装特务押解着到石灰市监狱，被古承钰从窗口看见了。

古承钰"头嗡的一声响"，随即大声叫起来："姐呀，快看！三哥和三嫂被抓来了。"

姐妹二人看着被捕的三哥三嫂号啕大哭。

尽管姐妹哥嫂四人近在咫尺，但无情的现实让他们根本没有见面的机会。盼望着能与三哥三嫂见面的姐妹俩天天趴在窗子前等待，期待着一天能看到三哥三嫂。

在锲而不舍的长久等待中，机会终于姗姗来临了——三哥被特务押着去上厕所。

古承锦迅速递给古承钰一个当地叫广柑的水果，古承钰接过后隐藏在衣服口袋里向厕所走去。

古承铄从厕所里出来了，他看见妹妹古承钰后脸上露出了一丝苦笑，欲言又止。

古承钰急忙从衣服口袋中掏出广柑向三哥递过去，她轻轻地说："三哥……"

押解的特务用枪托对着古承钰的手膀打了过来。

广柑骨碌碌地滚落在地上。

特务走上去一脚把广柑踢坏了。

姐妹俩心如刀绞，她们无论如何也想不到这是同三哥最后的一次见面：她们的三哥在监狱中被关押一年多后，被枪杀在新中国成立后的1949年11月27日的大屠杀中。三哥的一丝苦笑和广柑被特务踢坏的情景铭记在了她们的记忆深处，直至永远。

在经历了多次残酷审讯的昏迷后，遍体鳞伤的古承铄在监狱里写下了《宣誓》的诗歌：

我宣誓：
爱那些穷苦的、
流浪的、无家可归的、
衣单被薄的人民；
恨那些贪馋的、
骄横的、压榨人民的、
杀戮真理的强盗。
我宣誓：
我是真理的信徒，
我是正义的战士，
我要永远永远
为人类的自由幸福而战！
……

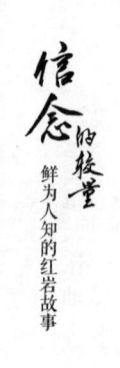

19
酷刑也无法让共产党人开口

刘国定和冉益智尽管出卖了众多的中共地下党员，但并没有完全取得特务的信任——他们从经常的威胁中感受到了前途命运的难以预料。为了苟且偷生地活着和取得特务的信任，二人深思熟虑后加入了特务组织，又开始了新一轮的竞相出卖。刘国定出卖的中共党组织和中共地下党员有：上海中共中央局机关和钱瑛、中共川康特委书记蒲华辅和副书记马识途、中共云南省工委书记郑伯克、上川东地工委委员骆安靖，以及中共地下党员罗广斌、胡其芬和何忠发、白深富、张铭新等人。冉益智出卖的中共地下党员有：川东临委副书记涂孝文、地工委委员杨虞裳，以及中共地下党员江竹筠、李青林、苟明善、颜昌豪、赖德国等人。

徐远举得到这些极具价值的情报线索，简直大喜过望——他不仅为自己的谋略成功而高兴，更为进一步扩大破坏中共地下党组织看到了希望。踌躇满志的徐远举随即安排精兵强将着手逮捕。1948年6月上旬和中旬期间，由刘国定指认，特务分别在重庆城区和上海等地抓捕了中共地下党员十多人，给地下党组织造成了进一步的危害。

与此同时，前往四川万县（今重庆市万州区）的侦捕组成立了——这个组由雷天元作组长，中统渝组组长左志良和漆玉麟等十多人组成。对于前往万县逮捕中共重要人物涂孝文等人，徐远举异常重视，他对雷天元说："破获《挺进报》你有功，已将你升成上校了，这次派你领队到万县去，不要胆小怕事，只管放手干。诸事有处里替你做后台。万县那里有无线电台，你随时可以同处里联系，要部队有部队，要人有人……"之后，依然不放心的徐远举又对漆玉麟说："你去万县要专门监视冉益智，但绝对不能公开监视。你要负责啊，不要偷鸡不成倒蚀一把米。"为了激励冉益智的积极性，老奸巨猾的徐远举特意给冉益智颁发了300万元的奖金，并要同行的特务叫冉益智的化名："王大爷"。

一行人乘船从长江到达了万县，担心冉益智不老实的漆玉麟警告他说："王大爷，这回要是叫我们白走一趟，你可要当心点。"

一副奴才嘴脸的冉益智唯唯诺诺，信誓旦旦地说万县之行肯定有收获。

为了防止走漏消息，雷天元包下高级旅馆福源商栈三楼的全部房间供办公使用，要求执行逮捕任务的特务不准外出。雷天元、左志良和冉益智等人经过几天的侦察准备和研究后，决定在1948年6月11日的端午节这天逮捕涂孝文。

这天一早，雷天元对执行逮捕任务的特务强调说："我们要开始行动了，今天是端阳节，老百姓都在看龙舟竞渡，我们行动起来，使人不防备，更不会惊动市民。我们首先逮捕涂孝文，这个人是共产党下川东的负责人，很重要。我们这次来万县，就是要在他身上找线索。"特务随即前往涂孝文挂名读书的学校辅成法学院实施逮捕，但学校没有上课，不见涂孝文的踪影。特务磋商后认为：涂孝文可能到长江边看龙船比赛去了，于是分成两个小组沿着长江边搜索。

长江边人山人海，热闹非凡。

左志良和冉益智沿着胜利路来到了杨家街口码头。

这里更是人流如织，摩肩接踵。

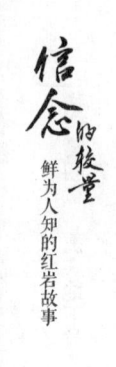

特务在人群中搜寻了一会儿仍然不见涂孝文的踪影。正在失望之际，冉益智对着远处走过来的两个人兴奋起来——他发现其中一人就是涂孝文。他对特务说："来了，来了！"

涂孝文和另一人走近后，冉益智走上前去叫喊了一声："涂孝文！"然后迅速地躲藏到一边去了。

左志良迅速地走到了涂孝文身前。

涂孝文询问："你们要干什么？"

左志良说："对不起，有点事要找你，请你跟我走一趟。"

涂孝文和他一起的地下党员被捕了。

涂孝文，又名涂万鹏，1938年加入中国共产党。1947年川东临委成立，这个出席了中共七大会议的代表担任了川东临委副书记兼下川东工委书记。

涂孝文被捕的当晚，特务把他押到中统万县区特委会进行审讯。冉益智出面劝他说："老涂呀，不交代点组织是不行的，我就是例子。交代点城市的问题不大，只要不谈及农村的事就好办。其实，有些事你可以推到彭咏梧身上去嘛。"

在刑讯逼供下，深受中共党组织器重的涂孝文叛变了，他出卖的中共地下党员有：下川东地工委委员兼开县工委书记杨虞裳，下川东地工委委员兼忠县丰都石柱南岸工委书记唐虚谷和妻子张静芳，万县县委书记雷震、副书记李青林，以及中共地下党员江竹筠、刘德彬、陶敬之、明昭、贺启惠等二十多人，并向特务告密说江竹筠是川东游击队政委兼下川东地委副书记彭咏梧的妻子。

万县之行的收获竟然如此巨大，这让雷天元喜出望外，同时也显示了冉益智的"忠心耿耿"。雷天元用无线电特意向徐远举作了汇报请示，不仅解除了对冉益智的暗中监视，而且还把他安排到条件更好的旅馆住宿。

在逮捕了涂孝文之后，特务确定的第二个逮捕的目标是雷震。6月12日上午，特务段启高、陈林和邱云到雷震的工作单位万县地方法院寻找，企图进行秘密逮捕，但没有找到雷震。下午，正在一个商铺里玩耍的特务看见几个佩戴法院证章的人从环城路往一马路方向走——原来是雷震和几个同事参加完一个宴会回来。

段启高看见其中一人像雷震，他高喊道："雷书记官。"

雷震听到有人叫他，便停下脚步问："哪个喊我？"

邱云走上前说："雷书记官，是我兄弟喊你。有个朋友在大桥头阅江楼等书记官，想找你谈几句话。"

没有怀疑的雷震便跟随着特务们走去。

雷震一行走到雷天元住宿的福源商栈旅馆时，邱云对雷震说："另外还有一位朋友在楼上，我们约他一道去吧。"

雷震同特务一起走上了福源商栈三楼。

这时，邱云见诱捕雷震已经成功，他向雷天元报告："要犯雷震已带到。"

在法院隐蔽得很好的雷震就这样被捕了。特务随即对雷震进行了审讯，但雷震坚贞不屈。黔驴技穷的特务只好叫涂孝文出面劝降，希望雷震能交出他掌握的组织情况。雷震义正词严地说："你有组织你交，我没有组织，你叫我交什么？"

特务逮捕了雷震之后，确定的下一个目标是李青林和她发展的党员贺启惠。

特务在当地警察局的带领下，前往清泉乡的第二保国民学校逮捕李青林，结果把李青林任教的第二保国民学校误记成了五保校，因此无功而返。第二天，雷天元安排漆玉麟带领特务陈林、高慕超，并由警察局换了一个熟悉情况的人带路，直扑位于清泉乡贺家院子的第二保国民学校。特务到达贺

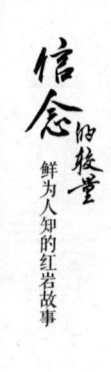

家院子后进行了分工：漆玉麟和陈林负责逮捕李青林，高慕超和警察局的人前去逮捕贺启惠。逮捕贺启惠的特务走进屋子里，只见屋子里有个老太婆和两个年轻的姑娘。

特务询问贺启惠是否在家。

老太婆问有什么事。

特务说有事找她到警察局去一趟。

老太婆说贺启惠出门办事去了，不在家里。

这时，一个姑娘说她愿意出门寻找贺启惠。

特务答应了。

姑娘从容地走了出去——其实，这个机智的姑娘就是特务要抓捕的贺启惠。

与此同时，漆玉麟和陈林走进了第二保国民学校。

学校的上课时间没到，几个小学生正在操场上玩耍。

漆玉麟安排陈林去向学生打听李青林的情况。

学生说这里只有一个女老师姓李，她马上就要来上课了。

漆玉麟和陈林便在学校附近等待。

少时，李青林上课来了。蓦地，她发现了学校附近徘徊的人，警惕性极高的她毅然不进教室了，镇定地往学校外的大路走去。

李青林反常的行为引起学生议论："李先生（李青林）她不来上课，还到哪里去啊？"

听到学生议论的漆玉麟定睛一看，学校附近除了这个女人外没有别的人了，他断定这人就是李青林。

漆玉麟上前挡住了李青林说："对不起，请你转去一下，到这个学校的教室去谈几句话。"

李青林说："我是过路的，要我到学校去谈什么呢？我还要赶路哩。"

漆玉麟说："你不愿转去也要转去，到学校去一趟，不去是不行的。这是白天，又不是晚上，你转去谈几句话，那又有什么关系呢？"

李青林只好同漆玉麟往学校里走。

走到学校时，李青林质问漆玉麟道："你们是哪里的？到底要我跟你们到哪里去？"

漆玉麟凶相毕露地说："我们是万县警察局的，要你同我们去走一趟。"

李青林说："可以，但我要到寄宿处去拿点随身用的东西。"

漆玉麟说："好嘛，拿东西可以，但你绝对不能与任何人谈话。"

当李青林被特务押着从学校路过时，学生们看到自己的老师依然不进教室上课，他们大声喊："李先生，钟点过了呵，快来上课呵。"

李青林回过头来深情地看了学生们一眼——学生们所不知道的是，他们再也见不到敬爱的老师了。

李青林，又名李方琼，四川省泸县人，1913年11月出生，1939年2月加入中国共产党。

对于李青林的被捕，冉益智向雷天元出主意说："我们这次来万县，涂、雷、李都抓到了，下一步就只能从李青林身上榨油了。她是个负责人，乡下的关系是她发展和掌握的。"

受到启发的雷天元对漆玉麟说："你们去吃晚饭，晚饭后马上来特委会审讯李青林。我们这次来抓了涂孝文、雷震、李青林三人，第一步工作是完成了。第二步就是在李青林的身上了啊。"——雷天元的意思是要用酷刑从李青林的身上打开进一步破坏中共地下党组织的突破口。

当晚，雷天元突击审讯了李青林。李青林英勇顽强，守口如瓶，连共产党员的身份都不承认。雷天元命令特务把李青林绑上老虎凳，便往李青林的脚下加砖，当加到第三块砖时，李青林的脚被残忍的特务撬断了。顿时，李

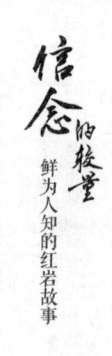

青林昏厥过去。

特务逮捕了李青林，下一个锁定的目标是江竹筠。实际上，江竹筠在被捕之前，雷震当天没有回家与重庆带来的一些党员被捕的消息，让有着丰富地下斗争经验的她明显地感觉到了重庆和万县的异常。6月14日，在万县地方法院做雇员的她特意给唐虚谷写信报警，然后走出法院找可靠的人捎信。江竹筠从法院街出来刚走上马路，一个熟悉的声音传了过来："江竹筠。"

江竹筠回头看见是冉益智在叫她。江竹筠知道冉益智在党内的身份，但在重庆和万县都处在非常时期中的他来这里干什么？警惕的江竹筠问道："你怎么来了？"

冉益智语无伦次地说："三哥……呵……老王他叫我来……"三哥是指川东临委书记王璞——在大庭广众之下谈论党内的秘密是严重违反纪律的事情。

判断有问题的江竹筠不再理会冉益智，起步往前走。

冉益智露出了狰狞的嘴脸，他伸开双手挡住了江竹筠。

江竹筠推开冉益智说："光天化日之下，你想干什么？"

两个特务迅速靠近江竹筠说："江小姐，对不起，我们行辕的左组长正四处找你，现在请你动步去一趟。"

江竹筠被捕了。

几乎与此同时，中共地下党员刘德彬的危险降临了。

这天上午，刘德彬同一个熟人到西山公园取订制的衣服后走到一个叫肖家的糖果铺时，一个小伙计走上前来对他说："刘先生，刚才你们老家有人来找你。"

刘德彬诧异地问："谁呀？"

小伙计指着马路对面的两个人说："看，就是他们。"

瞬间，两个彪形大汉从马路对面冲过来控制了刘德彬。一个人用手拉住了刘德彬的手说："不许动！"

知道被捕的刘德彬用力抽出手来，口中嚷道："这是干啥？我又不跑。"

特务立即把刘德彬带到旅馆审讯。一个大汉问道："你叫什么名字，来万县干什么的？"

刘德彬说出他的化名："我叫刘浩然，来万县找职业的。"

大汉狠狠地打了刘德彬一拳说："你胡说，你是来受训的。"

但刘德彬一口咬定是来找职业的。

没有问出什么线索的特务把刘德彬关押在了万县警察局。

就在江竹筠和刘德彬被捕的这一天，担心走漏了消息的特务倾巢而出，根据冉益智和涂孝文的出卖名单在万县进行了疯狂的大逮捕，导致中共地下党员唐慕陶、李承林、黄玉清、李明辉等人被捕。特务在万县的大逮捕一度引起了社会的恐慌，以至于两个特务走进当地的棉花市场玩耍时，人们纷纷躲藏，落荒而逃，甚至有人跳墙摔伤了腿。

史料显示，江竹筠、李青林和黄玉清在万县都受到了特务的酷刑逼供，但三人以钢铁般的意志保守了党的秘密，使特务进一步扩大破坏的希望破灭。特务叹息说："几个女人都硬得很，整死不开腔，有个家伙（李青林）脚都撬断了也不说……"

特务们在万县的收获让徐远举一直处于极度的亢奋之中，原本要亲自到万县跑一趟的他又安排几名精干的特务前往万县，协助雷天元押解12名"要犯"返回重庆——他们分别是江竹筠、雷震、李青林、刘德彬、李明辉、黄玉清、陈继贤、唐慕陶、石文均、黄绍辉、李承林、涂孝文。

在乘坐小木船时，刘德彬因反抗特务而被绳子捆绑得太紧，大汗淋漓，万分痛苦。

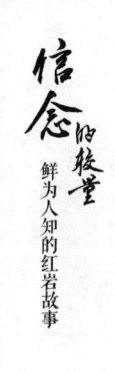

江竹筠见了对押解的警察说:"把人捆死了,你也脱不了干系的。"她一边说一边把仅有的一块银元递给了警察。收了银元的警察立即给刘德彬松了绑。

12人被押进一艘名叫民权号的轮船大厅里,两个人一组地用手铐铐了起来。天亮时分,特务送进来两个不速之客:一个是冉益智,他得意扬扬地抱着被子到餐桌上睡觉去了。另一人是涂孝文,他的精神状态与冉益智正好相反——不仅萎靡不振,而且把头埋得低低的,胆怯的目光不敢与大家对视。被捕的同志们由此得出判断:是涂孝文叛变后出卖了他们。

轮船启动了,溯江向重庆驶去。

在漫长的乘船时间里,被捕的共产党人都不约而同地想到了一个共同的问题:那就是如何把被捕的消息传递给外面的党组织,让党组织采取措施避免更大的损失。在焦急的冥思苦想中,一个行之有效的办法终于产生了——那就是每一对戴着手铐的共产党员故意频繁地上厕所,以此来引起船员和其他乘客的注意。果然,戴着手铐频繁上厕所的"乘客"引起了船员和其他乘客的关注,他们先是悄悄地传播,继而议论纷纷,甚至有胆大的乘客还到舱口探望。没有多久,"是共产党的案子","是从万县抓来的"消息在轮船上传播开来。

船舱口的人越聚越多了。

江竹筠抓住时机对着涂孝文大骂:"你个狗,乱咬人,平白诬赖别人是共产党……你没有好下场。"

江竹筠痛斥涂孝文的话被乘客中的一位中共地下党员听见了,胆大心细的他亲自到舱口察看。这位地下党员下船后立即向重庆地下党负责人邓照明作了汇报。重庆地下党组织迅速采取了应对措施,避免了更大的损失。

1948年6月17日,经过两天多的航行,押解共产党人的轮船到达了重庆码头,之后换乘汽车被带到了渣滓洞。

正是盛夏,山城重庆烈日当空,树木翠绿。

徐远举坐在院坝的座椅上,欣喜地检阅着这一批"战利品"。

傍晚时分,涂孝文被留了下来,其他的共产党人被押送到渣滓洞监狱。当特务为这些共产党人办理完入狱登记手续,打开监狱的中门时,霎时,牢房中传出了激昂的《把牢底坐穿》的歌声:

我们是天生的叛逆者,

我们要把这颠倒的乾坤扭转,

我们要把这不合理的一切打翻!

今天,我们坐牢了,

坐牢又有什么稀罕!

为了免除下一代的苦难,

我们愿——

愿把这牢底坐穿!

……

刚入狱的共产党人看着这一张张陌生而又坚毅的面孔,听着这豪迈的歌声,顿时,心潮澎湃,眼含热泪。

万县的大逮捕刚一结束,特务们又分头行动。1948年6月16日深夜,特务在开县中学逮捕了被冉益智和涂孝文出卖的中共地下党员杨虞裳。

杨虞裳被捕后,左志良和开县特委会秘书易璋立即进行了审讯。特务使用了老虎凳、水葫芦和钉竹签等酷刑,咬紧牙关的杨虞裳尽管多次昏死过去,但他连共产党员的身份都没有承认。

第二天晚上,特务对杨虞裳又是一阵暴风骤雨般的毒打,但他依然守口

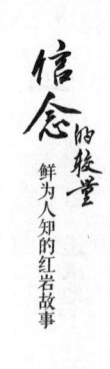

如瓶。

左志良气急败坏地命令道:"带出去枪毙!"

特务推拉着杨虞裳往外走。

眼看就义的时刻到了,杨虞裳奋力高呼:"共产党万岁,毛主席万岁!"

左志良大喊:"带回来!"

杨虞裳被带进了室内。

左志良冷笑着说:"哼,你说你不是共产党,那为啥一出门就露相?"

上了当的杨虞裳干脆严正地公开了共产党员的身份。

特务们喜出望外,询问他的领导人和下属情况。

杨虞裳说:"谁领导我,我领导谁,当然很清楚,不过这是我们党的秘密,我有保守秘密的责任。我是个共产党员,那就把你的眼睛睁大点看一看,共产党是什么样的人!"

恨得咬牙切齿的特务又开始用刑了。

在烧红的铁丝烙脚心等酷刑下,杨虞裳被折磨得皮开肉绽。

左志良询问杨虞裳为什么要参加中国共产党。

杨虞裳义无反顾地回答道:"我参加共产党,就是为了推翻蒋介石的反动统治,打土豪分田地,建设新中国。"

特务进一步加大了审讯力度,但杨虞裳毫不屈服。他说:"我肉体虽吃点苦,精神上非常愉快。"

杨虞裳,又名杨德成、杨树声,四川省铜梁县(今重庆市铜梁区)人。1919年3月出生。1938年加入中国共产党,1947年10月担任下川东地工委委员兼开县工委书记。

与杨虞裳同时被捕的中共地下党员还有荣世正、颜昌豪和冉思源。

特务逮捕了杨虞裳等人之后,下一个重要目标就是抓捕被冉益智和涂孝文出卖的下川东地工委委员唐虚谷。

由于唐虚谷在万县龙驹镇以开办"利民商号"和"安普客栈"作掩护，当地一些官员、袍哥舵把子和有头有脸的人物不仅在他经营的商号里占有分红的股份，而且相互之间还十分熟悉，以至于当特务准备逮捕唐虚谷时，当地警察局内部有人反对：警察分局的张巡官在电话上同万县警察局长顶撞了起来，他说："唐虚谷是老实的守法商人，怎么会是共产党呢？你们莫中了共党的离间计哟。"

警察局长怒吼："跑了那唐虚谷夫妇，我要你的脑袋！"他稍一思考，自己同唐虚谷的关系也非常不错，他又对张巡官说："要不就这样，你先将他们看起来，等我到马头场抓人后，再赶来龙驹亲自抓。"

1948年6月17日，唐虚谷和妻子张静芳被捕。

对于唐虚谷夫妇被捕，游击队组织了两次营救。当唐虚谷被押解着走到一个叫幺店子的地方，在当地百姓端茶递水送别的时候，唐虚谷发现了隐蔽在橘子林里企图武装营救他的游击队和洪帮组织。唐虚谷谢绝了，大声地对百姓和营救他的人说："感谢父老乡亲和朋友们的好意，我们有能力对付这场冤枉官司。别为我们担心，切莫因小失大。"

一群人押解着唐虚谷走到了江边的渡口前，唐虚谷蓦地看见江中漂荡着一二十只小船：熟悉战友的唐虚谷心中一阵感动——那是游击队水上分队的同志们准备营救他。但唐虚谷清楚，这时的力量是敌强我弱，在这样的时候进行武装营救无异于鸡蛋碰石头。唐虚谷强忍着求生的欲望，大声地用双关语对妻子而实际上是提醒游击队说："静芳（张静芳），你看那大鲤鱼多么可爱呀！鲤鱼呀鲤鱼，赶快跑远点呀，狠心的猎手盯着你们呢，快跑呀，听话哟。"

当唐虚谷乘坐的轮渡到达江中心时，小船慢慢地漂流而去了，他大声地说："鱼儿朋友们，再见了。"

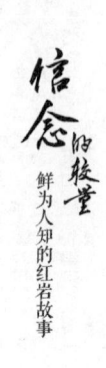

唐虚谷，又名唐成瑞、唐毅，1908年出生，四川省渠县人。1930年加入中国共产党。1947年10月，担任中共下川东地工委委员。1948年兼任川东南岸工委书记。

唐虚谷被押到一家旅馆，特务随即采用老虎凳审讯。当特务往他脚下垫砖时，以守法生意人身份作掩护的他大喊大叫起来："哎哟，你们把我的腿骨都弄断了哇，好痛啊！"

担心走漏了风声的特务喝道："不许叫！"

特务往唐虚谷脚下加第三块砖了。

唐虚谷又是叫喊"哎哟！"——声音比刚才更大了。

这时，冉益智走进来把几张纸递给了审讯的特务。

特务对唐虚谷说："唐先生不会认不得这个人吧？"他用手指了指冉益智。

唐虚谷这才知道是冉益智出卖了他，再用守法生意人身份作掩护显然不行了。他说："他么，认是认得。那时他是个人，不过此时却变成一条狗了。"

特务说："现在你还有什么话说呢？还是主动交代的好，免得再受更大的皮肉之苦哇。"

唐虚谷说："既然那条狗落在你们手里，又还在你们的掌握之中，他知道的你们也都必然知道了，何必多费口舌再来问我呢？不过我得告诉你们，休想从我口中得到半点那条狗所不知道的东西。"

特务惊讶了：刚才那个一个劲大喊疼痛的生意人怎么突然之间变得强硬起来了？他们依然耐心地做说服工作说："唐先生硬是不到黄河心不死呀。请冉专员将这个给他看看，看他还有什么话说。"

冉益智按照特务的要求将几张纸递给了唐虚谷。

唐虚谷接过纸张一看，让他吃惊不小的竟然是涂孝文叛变后的供词。唐虚谷这才彻底明白：自己被冉益智和涂孝文二人出卖了，身份已彻底暴露，难怪隐蔽得这么好都被特务逮捕了。但唐虚谷更清楚的是：在他的手中还掌握着二人所不知道的党的秘密——这就是特务一再审讯他的原因。

特务问："看完了吧，唐先生，你还有什么话说？"

唐虚谷说："我并不想再说什么，如果你硬想听我说几句的话，我提醒你们：别妄想从我嘴里听到半点叛徒所不知道的东西。还有啥招数，尽管使来，我这把骨头还顶得住，不信你可以再试！"

特务当然不会善罢甘休，不仅在第二天第三天连续审讯，而且还加重了刑罚的力度，但均以失败而告终。

在唐虚谷口中没有捞到一点线索，特务打起了他妻子、中共地下党员张静芳的主意。

但不屈不挠的张静芳只有这几句话："我是一个字都认不得的家庭妇女，丈夫做的事，我不晓得。"

之后，特务把唐虚谷一行转移到重庆渣滓洞监狱关押。

第二天，清楚唐虚谷口中线索价值的特务第一个审讯了他。

唐虚谷精神抖擞地走进了审讯室，出现在他面前的是如狼似虎的一群打手和数十种阴森恐怖的刑具。唐虚谷讽刺说："哟，如此隆重的'迎宾仪式'，再加上超古越今的'满汉全席'，唐某可愧不敢当啊。"

特务取来一把削成锯齿状的竹筷子，夹在唐虚谷的两根手指间，再用麻绳紧紧地捆上。

唐虚谷说："想必这一定是天下第一'美味'了。"

特务威胁说："唐先生，只需要说出你与你的南岸区工委副书记秦隆庭如何联络的方法和暗号，你就可以免了这道'大菜'。否则么，当拔出一根筷子时，那将是什么滋味，你应该想象得到，那一定够你消受的耶。你想好了啊，你是说呢，还是……"

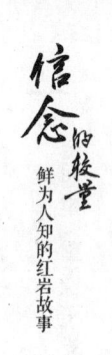

唐虚谷说:"无可奉告,悉听尊便。"

特务开始拔竹筷子——唐虚谷手指上的皮肉被血淋淋地撕破并带了出来。

唐虚谷咬紧牙关。

特务拔出一根竹筷子之后又接着拔。

唐虚谷痛得满头大汗。

特务问道:"唐先生,怎么样?好受吗?是说呢,还是……"

唐虚谷因剧烈的疼痛而昏死过去……

两天之后,特务又把唐虚谷押进了审讯室,准备采用"披麻戴孝"的酷刑来制服他。

行刑的特务举着布满铁钉的锤子在唐虚谷面前摇晃。

特务说:"唐先生,你的手还在痛吧,今天你是说呢,还是想尝尝这个新东西的味道?这个呀,比前天那个东西更不好受呢,我劝你还是说了的好。"

唐虚谷说:"我没有什么可说的,来吧,我受得了。你这几十种'法宝'全用在我身上,也一定得不到半点东西,不信你又来吧!"

特务气急败坏地命令道:"给我打,我就不信撬不开你的嘴。"

两个特务脱去唐虚谷的衣服,把布满铁钉的锤子朝唐虚谷背部扎去。

唐虚谷背上的鲜血冒出来了。

特务依然砸着锤子。

唐虚谷咬紧牙关,一声不吭。

少时,唐虚谷背部的皮肤被铁钉刺破后,汩汩流淌的殷红的鲜血汇聚成了"河流"。

特务在"河流"上粘贴纱布。

特务劝降说:"怎么样,唐先生,味道不错吧?等一会儿血干后,那纱布粘得牢牢的，再一条条地将纱布撕下来，那个味道将会怎么样，你该会想象得到的。我劝你还是说了吧，免得……"

唐虚谷斩钉截铁地从牙缝里进出四个字："无可奉告！"

特务歇斯底里地大叫："撕，给我狠狠地撕，把他的皮肉全给我撕光！"

"唰唰"，撕纱布的声音沉闷而刺耳。

唐虚谷背部的纱布才撕去一半，鲜血淋漓的他"扑通"一声倒在了地上。

特务见酷刑无法让唐虚谷开口，黔驴技穷的他们让冉益智出面劝说。

这天，唐虚谷被带到看守所长的办公室。他见到冉益智也在屋子里。

所长说："唐先生想必认识这个人吧？"他说的是冉益智。

唐虚谷憎恨地说："他是人的时候，我认识，当狗的时候也见过一面。"

所长说："冉专员（冉益智）是唐先生过去的同事，希望现在也能成为好朋友，你们慢慢聊聊吧！"说完独自出去了。

冉益智说："唐兄……"

唐虚谷说："谁是你的唐兄？如今你我之间还能称兄道弟吗？"

冉益智说："我了解你，心直口快，当年我们之间虽时常有过争吵，可你始终宽宏大量，特别是那次还是你专门派人解救了我的危难，并把我送到重庆。至今我还记得，而且很感激你……"

唐虚谷说："废话少说，你的主子专门派你来，难道是叫你说这些废话的么！"

冉益智说："盼你审时度势，俗话说'人在矮檐下，怎敢不低头？'徐处长精得很，不给点真东西，你是过不了关的。为啥偏要跟自己的皮肉过不去呢？"

"住口！"唐虚谷再次打断冉益智的话，"你以为别人都会像你一样

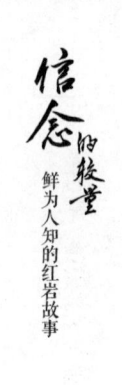

吗？你害了多少人哪，还觉得不够吗？你应当立即停止出卖活动！'苦海无边，回头是岸'，你倒应该好好想一想，怎样争取人民的宽大才是唯一出路！否则，我现在就代表人民法庭宣判你的死刑，缓期一两年执行！"

冉益智汗颜无地。

离开时，冉益智伸出手来想同唐虚谷握手。

唐虚谷说："我能握你那双沾满鲜血的罪恶之手吗？"说完，两手狠狠一甩，跨出门去。

特务的软硬兼施在唐虚谷的身上没有任何效果，绞尽脑汁的徐远举想出了诱降的办法。他把唐虚谷从渣滓洞监狱带到老街二处的办公室，让唐虚谷住进一间舒适的特别牢房。

数天后，徐远举对唐虚谷说："听说唐先生博学多才，而且对你们的政治经济学很有研究。我们打算办一个'经济研究所'，请唐先生来负责，担任所长，充分发挥你唐先生的特长，不知怎么样？"

唐虚谷说："这样的时候，这样的地点，再加上你们这帮人，想办什么'经济研究所'能研究得出个什么名堂呢？如果你一定要办，那你另找别人，我可没得兴趣当你的什么所长！"

徐远举说："唐先生先别急于拒绝，慢慢思考几天，如何？我可是为你好哇！"

唐虚谷说："没有必要再考虑！"

然而，徐远举偏偏要让他多享几天"福"，希望能有转机。

在老街二处两个月的日子里，唐虚谷吃住舒适并且没有审讯。但他却度日如年，他知道：监狱里的同志们不仅牵挂他的安危，而且更担心特务利用优待来搞阴谋诡计。在这里，与其说是"享福"，倒不如说是受罪。

果然，渣滓洞监狱里没有一个人不挂念唐虚谷，尤以楼五室的战友最为强烈。他的妻子张静芳对胡春浦说："老唐的气节，我信得过，可是他在老街那两个月中，我整天悬着一颗心，希望他早死。"

当唐虚谷重新返回渣滓洞监狱时，楼五室的战友欣喜若狂，像迎接凯旋的将军那样召开了庆功会。

唐虚谷向难友们讲述了他如何对付徐远举的"优待"之后，诙谐地说："我呀，还有个深深的体会呢，到老街去打了个转归来后，才明白什么叫'洞中方七日，世上已千年'这句古话的真正含义。我从他们的报纸上看到了多少好消息呀！"

在杨虞裳、唐虚谷等人被捕后，特务根据涂孝文和冉益智的出卖名单，相继在四川云阳（今重庆市云阳县）、湖北宜昌等地，还逮捕了中共地下党员荀明善、赖德国、师韵文、陶敬之、明昭和廖模烈等人。

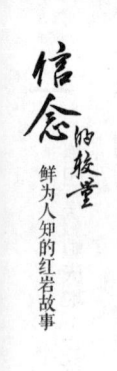

20
一座光芒四射的丰碑

审讯江竹筠的时刻到了。

她被特务从渣滓洞监狱押解到徐远举的豪华办公室。

仪态大方的江竹筠走了进来。

想同江竹筠握手的徐远举迎了上去。

不屑一顾的江竹筠置之不理。

徐远举伸出的手僵在了空中,尴尬不已。他对江竹筠说"请坐",然后走到沙发上坐下点燃了香烟。

徐远举询问了江竹筠的姓名、职业和年龄等。他说:"今天是叫你来交组织的,你不要怕。你是一个妇女,起不了多大作用。只要把组织交了,就给你自新,取保释放也可以,参加我们的工作也可以……"徐远举接着询问下川东及她丈夫彭咏梧等中共地下党组织的情况。

江竹筠回答道:"我在万县地方法院当小职员,单身一人,不懂什么组织不组织,领导不领导。根本谈不到这些事,你们应该马上释放我。"

徐远举说:"这是什么地方,你要明白。到这里来不交组织是过不去的。冉益智、涂孝文你知道么?彭咏梧是你什么人?"

面对徐远举众多的提问,江竹筠一概回答不知道或不认识,后来干脆不说话了。

徐远举火冒三丈,眼睛恰巧看到了烟灰盘下的裸体美女雕像,受到启发的他说:"你还装哑巴?我马上叫人把你的衣服剥光,你信不信?"

几个虎视眈眈的特务走到江竹筠面前——他们作好了扒江竹筠衣服的准备。

江竹筠痛斥道:"我完全相信你会那样干,因为你们是什么坏事都干得出来的。连你的母亲、姐妹、女儿的衣服你也能剥光的。"

徐远举被斥责得面红耳赤,不知如何收场。

受徐远举邀请观看审讯的保密局云南站站长沈醉看不下去了,他用脚碰了碰徐远举说:"你就不会用点别的方法吗?"

徐远举嚷道:"拉下去,给她点厉害瞧瞧。"

特务冲上去扭住江竹筠往办公室后面的审讯室推。

江竹筠推开特务从容地走了进去。

徐远举指着各种各样的刑具威胁说:"你看这是些什么东西?今天不交组织就不行,一定要强迫你交。"

江竹筠说:"什么行不行,不行又怎么样?我没有组织,马上砍我的头也砍不出组织来的。"

徐远举说:"上刑。"

特务拿来竹筷子用力夹江竹筠的双手手指。

痛苦万分的江竹筠大汗淋漓。

徐远举问道:"交不交?"

江竹筠说:"你们可以整断我的手,杀我的头,要组织是没有的。"

徐远举又叫特务夹江竹筠的手指。

江竹筠昏死过去。

特务用冷水把江竹筠浇醒。

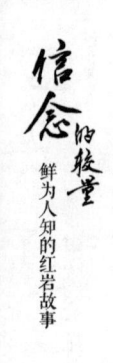

徐远举问道:"说不说?不说又整。"

江竹筠浑身被汗水湿透,脸色惨白。她说:"筷子不行,把刀子拿来。你们这是野兽行为,你以为刑具是万能的,我看是无用的。"

徐远举叫喊:"使力夹。"

江竹筠又一次昏死过去。

徐远举让特务暂停用刑。

江竹筠苏醒了。

徐远举引诱说:"快把组织交出来,给你出路。老实告诉你,你的组织早已有人交了,你不说我已知道。涂孝文就在我们这里,你要见见他吗?"

江竹筠说:"涂孝文是个流氓,为他一条狗命,平白陷害好人,我不见这个下流东西。我也老实告诉你,要我的命,有,要我的组织,没有。"

二处法官张界劝说:"你不是要革命吗?总要保住你的命才行啊。命都没有了,还革什么命?快把彭咏梧领导的哪些人谈一谈。"

江竹筠说:"革命是什么意思,你我无法辩论。我是个普通人,我知道人要活命才能做事,我更知道不能昧着良心说话,昧良心的不是人。我不认得什么彭咏梧。"

徐远举咆哮起来:"再不说就把她吊起!"

手中拿着麻绳的特务吼道:"快交组织。"

江竹筠说:"吊就吊,要组织没有。"

张界说:"更厉害的刑具多得很,你不说还要吃大苦的。你要什么条件才交组织也可以提出来嘛。"

江竹筠说:"把你们的毒刑统统用出来吧,我没有什么可说的。"

在门外观看审讯的特务议论说:"这个女人真厉害……""不用说,她是真正的共产党。"

数天后,张界和陆坚如到渣滓洞监狱再次审讯江竹筠。特务在旧伤未痊愈的情况下采取在她的手指上夹竹筷子和钉竹签子的酷刑。

江竹筠因剧烈疼痛而浑身被汗水湿透，不断地扭曲着的身体蹲下去又站起来。

江竹筠又一次昏死过去。

特务用冷水将她浇醒。

苏醒后的江竹筠破口大骂："你们简直是一群野兽……杀了我也不知道什么组织……你们是枉费心机，永远也达不到你们的目的……"

江竹筠的骂声和特务的号叫声混杂在一起，在空旷的走廊里传得很远。

酷刑依然进行着。

江竹筠又昏迷过去了。

特务又开始浇冷水。

江竹筠苏醒过来了，她又是痛斥："你们这些丧尽天良的家伙，不是说还有更厉害十倍百倍的刑具吗？请吧，拼一条命给你们整……"

特务高喊："把老虎凳搬过来……把辣椒水拿来……"

两种酷刑相继使用了，但在江竹筠身上依然没有任何效果。

泄气而绝望的特务使出了最后的招数——让涂孝文与江竹筠当面对质。

在血肉模糊但仍然坚贞不屈的江竹筠面前，没有勇气的涂孝文一句话也说不出。

江竹筠对涂孝文当头棒喝："你这条恶狗，乱咬人……你陷害好人，我变鬼也要找你算账。"

陆坚如催促涂孝文劝说江竹筠。

但涂孝文沉默不语。

张界把江竹筠不屈不挠的表现向徐远举作了汇报。

徐远举喟叹道："共产党厉害就厉害在这些地方。"

江竹筠英勇对敌斗争的行为迅速传遍了各个牢房，钦佩不已的同志们和

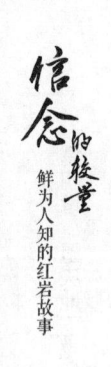

难友们自发地掀起慰问热潮，他们不仅送来了一直舍不得享用的一点罐头和半个烧饼，还通过放风的机会秘密送来了用竹签子与红药水撰写的书信和诗词。楼五室的书信在高度地颂扬了江竹筠坚贞不屈的表率作用后说："我们向你保证：在敌人面前，不软弱，不动摇，决不投降，像你一样勇敢、坚强。"诗人蔡梦慰怀着对敌人的血海深仇和对江竹筠的无限崇敬，在牢房里写下了流传至今的诗篇：

> 热铁烙在胸脯上，
> 竹签子钉进每一根指尖，
> 用凉水来灌鼻孔，
> 用电流通过全身……
> 人的意志呀，
> 在地狱的毒火里锻炼——
> 像金子一般的亮！
> 像金子一般的坚！
> 可以使皮肉烧焦，
> 可以使筋骨折断。
> 铁的棍子，
> 木的杠子，
> 撬不开紧咬着的嘴唇，
> ——那是千百个战士的安全线啊！
> 用刺刀来切剖胸腹吧，
> 挖得出的——
> 也只有又热又红的心肝！
> ……

江竹筠阅读这些热情洋溢的诗词和书信，抑制不住心潮起伏，热泪盈眶。她说："同志们太好了，我算不了什么。"她的手受酷刑后不能动作，因此她请同室的难友记录了口述的回信："毒刑是太小的考验。筷子是竹做的，共产党员的意志是钢……"

江竹筠，又名江竹君，曾用名江志伟，以江姐的称呼妇孺皆知。1920年8月20日，江竹筠出生在四川省一个叫自流井后改名为自贡市的大山铺朱家沟。1939年加入中国共产党。

江竹筠凭借着彪炳史册的英勇事迹成为了风靡华夏大地、教育了一代又一代共产党人的经典小说《红岩》中的英雄形象，走入了可歌可泣的激励着无数的中华儿女前赴后继的电影《烈火中永生》，出现在数不胜数经久不衰的电视剧、话剧、戏剧、课本、报刊等文艺作品中。她是现代中国革命史上一面鲜艳夺目高高飘扬的旗帜，她是追求真理坚贞不屈的不朽诗篇，她是家喻户晓广为颂扬的红岩烈士。她用自己惊天地泣鬼神的浩然正气和不屈不挠的共产党员的大无畏品格，把自己铸造成一座光芒四射的丰碑，永远屹立在共和国的史册上和国人的心中。

通过《挺进报》的线索进一步扩大对中共地下党组织的系列破坏，这些成果不仅轰动了国民政府保密局和国防部第二厅，"他们认为这是解放战争以来在蒋管区大城市对中共地下党最大的破坏"，也给策划指挥者徐远举带来了飞黄腾达的机会和显赫的声名。徐远举的三个上级朱绍良、毛人凤和侯腾纷纷向蒋介石请功，不仅发给徐远举奖金和奖章，而且还予以提拔使用——安排他兼任西南长官公署侦防处处长，赋予调动重庆军、宪、警的职权，保密局任命他为西南特区区长，统一领导保密局在西南地区的特务组织。毛人凤拉拢徐远举说："我们的同志地位都爬高了，不愿做领袖的耳目了，各人找了一个老板……有人在领袖面前密告你靠'政学系'，我特别为你解释，希望你努力报效领袖和团体。"多年后，毛人凤在总结自

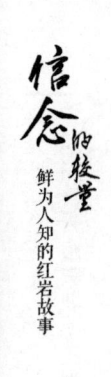

己的人生时，依然把对《挺进报》和中共地下党组织的破坏列为重要的成果之一。

刘国鋕被转移到白公馆监狱关押不久，他生命的危险又一次降临了：他的宁死不屈和英勇顽强让徐远举的杀害之心油然而生——徐远举把许建业、刘国鋕和中共地下党员李大荣列入第一批的杀害名单之中，拟于1948年7月21日进行枪杀。

这个石破天惊的消息传到了刘国鋕的家中，刘国鋕的亲属迅速动员各种力量开展营救：六哥刘国铮十万火急地赶往成都，找到国民政府经济部长刘航琛请求援助，刘航琛立即密电何应钦请求务必保全刘国鋕的生命。刘航琛还上门拜访徐远举，他表示，只要徐远举愿意，可以随意到他开办的川康银行和川盐银行提取现金使用。何北衡找到徐远举的舅子、重庆市市长张笃伦和重庆市参议长胡子昂等国民党官员相继向徐远举说情，请求网开一面，缓期执行。刘国鋕的家属多次宴请重庆的大小特务，希望能暂时保全刘国鋕的生命。在多方的努力下，徐远举把刘国鋕的名字从将要杀害的三人中勾销了。

刘国鋕的生命暂时保住了，许建业和李大荣的厄运却来临了。

1948年7月21日拂晓，西南长官公署军法处处长王郁芬将许建业和李大荣从渣滓洞押解到西南长官公署公开开庭，判决二人死刑。

刑车开动了。

视死如归的许建业高唱起了《国际歌》，继而呼喊："中国共产党万岁！"

李大荣高喊："共产党员是杀不绝的！""打倒国民党政府！"

李大荣的大声高呼让特务大为震惊，他们说："在监狱里不说话，现在口号喊得倒挺响亮。"

沿途驻足观看的市民泪如雨下。

在大坪刑场，几声枪响之后，许建业和李大荣倒在了血泊之中。

许建业被杀害的消息传到白公馆，许晓轩作诗深情颂扬："十次苦刑犹骂贼，从容就义气如虹。临危慷慨高歌日，争睹英雄万巷空。"

原本希望借屠杀来掀起一个反共高潮的徐远举没有想到的是，共产党人的牺牲反而引起了人民的同情。一个朋友对他说："你们行辕昨天在杀共产党是吗？我在路上看见一汽车的兵押解着两个人去杀，他们沿途高呼'共产党万岁'，真英武啊！"

朋友的话让徐远举黯然神伤。

通过家人的努力，尽管在枪杀许建业和李大荣时把刘国鋕的生命保全了下来，但家人对潜伏着的危险非常不放心，仍然不遗余力地做着营救的工作。在这种情况下，一直在香港做生意的五哥刘国錤风尘仆仆赶到了重庆，他专门拜访徐远举并赠送了名贵手表、金烟盒等礼物，又在何北衡的家中宴请了徐远举和二处的特务们。

刘国錤请求同刘国鋕见面。

想利用刘国錤来劝降的徐远举答应了。

第二天，刘国錤准时来到了徐远举的办公室。没有多久，刘国鋕被特务押解着走了进来。

刘国鋕惊讶地询问刘国錤："五哥，你什么时候回来的？"然后他看了一眼徐远举说："今天一早把我押出来，我还以为要枪毙我哩。"

刘国鋕褴褛的衣衫和苍白的面容让刘国錤的心中一阵酸楚，而刘国鋕舍生取义的气概让刘国錤更加着急——他担心刘国鋕的倔强会随时引来杀身之祸。

刘国錤站起身拉着刘国鋕坐到沙发上。

徐远举掏出香烟递给刘国錤和刘国鋕。

刘国鋕不予理睬。

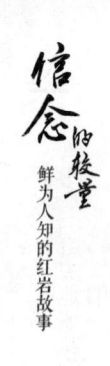

吸着香烟的徐远举对刘国鋕说:"你哥哥特地从香港回来看你。"

刘国锓说:"自从你被捕以后,全家的人日夜思念着你。我们弟兄从小没有了亲生父母,相依为命。我这次专门回来营救你,指望早点把你弄出去,一家人团聚。"

徐远举和颜悦色地说:"过去我要你登报脱离共产党,现在也不要你登报了。只要你签个字脱离共产党,我就释放你。"

刘国锓劝告说:"你就签个字吧。"

明白了徐远举险恶用心的刘国鋕对刘国锓说:"不行!"他回头对徐远举说:"要我脱离共产党,办不到。"

对于刘国鋕的坚贞不屈,徐远举已是多次领教了。考虑到不是审讯,徐远举依然和蔼地劝说:"你这样的家庭,有钱又有地位,怎么去当共产党?你要为自己的一生着想,为自己的幸福着想。签个字只不过是一个手续嘛,你签个字,我才好把你交给你哥哥,你哥就把你带到香港去,这有什么关系呢?"

担心刘国鋕生命安全的刘国锓禁不住潸然泪下。他哭着劝说道:"你不知道,现在到处都在抓共产党,广州、南京……天天都在杀人。你就签个字吧,你怕什么?签个字出来,我立刻把你带到香港,然后再送你到美国去,一家人也就放心了。"

五哥的伤心让刘国鋕心中十分的痛楚。刘国鋕敏锐地觉察到了徐远举的居心叵测——他企图利用骨肉亲情的劝说和眼泪来软化自己,借机达到阴险的动摇自己意志的目的。刘国鋕站起身对刘国锓说:"五哥,我理解你同家里人对我的思念。徐远举真要释放我,何必要你来呢?他是用你来要我的组织。你走吧,你们好好地干你们的事,不用管我了。我不去香港,更不去美国。我有我的信念、意志和决心,这是谁也动摇不了的。真理是扑不灭的,中国革命一定成功!我志愿为人民牺牲自己……五哥,走吧,不用挂念我,不要再管我,也不要再来了。"

达不到目的的徐远举失望地说:"时间不早了,以后再谈吧。"

被特务押着走到门口的刘国鋕回头对刘国锓说:"给我送一张全家的照片来。"

徐远举说:"你好好想想吧,还有时间。"

在兄弟相会以后,徐远举又派遣张界审讯刘国鋕。

刘国鋕依然不屈不挠,他大义凛然地说:"我死了有共产党,我等于没有死。我活着牺牲了共产党,还有什么用,还有什么意义呢?"

不死心的特务又安排感训员白佑生来做工作,企图从思想理论上来说服刘国鋕。二人一番较量下来,白佑生被刘国鋕的马列主义理论驳斥得体无完肤,瞠目结舌。让人啼笑皆非的是,白佑生在呵斥监狱里难友们时居然忘记了自己的职责,他说:"你们这些人算啥?刘国鋕才是硬火,他现在还宣传他的主义,宣布他就是要做一个布尔什维克。"

远处,两条大江从无数的崇山峻岭和急流险滩中奔腾而来——这纵贯四川和重庆的大江各有一个闻名遐迩的名字,那就是长江和嘉陵江。在大江流域,分布着连绵起伏的郁郁葱葱的山峰和星罗棋布的城镇和乡村。

中共地下党领导的一场声势浩大的武装起义在大江的四周即将爆发。

第五章　歌声、笑声和哭声

21　国民党内没有这么坚强的人

22　"我没有什么需要自白"

23　监狱中的追悼会

24　舞蹈把她们变成了美丽的天使

21
国民党内没有这么坚强的人

川东农村夏天的夜晚凉风习习，一片静谧。

按照预定的计划，数百名游击队员聚集在黑暗之中，神情严肃地站立在地坝上和田坎上。由于武器的缺乏，他们手持的枪支简陋而长短不一，有的干脆就是赤手空拳。

游击队领导慷慨激昂地作战前动员。

游击队员精神抖擞，摩拳擦掌——他们期待的一个翻天覆地的重要时刻就要来临了。

凌晨时分，随着一声"出发"的命令下达，游击队浩浩荡荡地向一个集镇冲去。

时间是1948年8月11日夜，地点是四川省广安县（今广安市）观阁镇的一个山村，游击队是隶属第五工委的第二总队。

队伍到达观阁镇后，随即按照既定的战斗计划进行了分工：政委陈伯纯带队包围了乡公所；总队长邓致久攻击乡公所，准备夺取敌人的枪支；总支书记刘隆华带队布置在镇口阻击敌人的增援。

瞬间，双方短兵相接，战斗打响了。

自此，华蓥山武装联合大起义拉开了轰轰烈烈的帷幕。

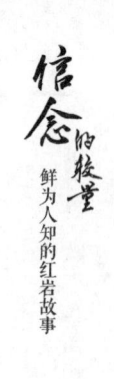

游击队向敌人发起了猛烈的攻击。

早有防范的敌人负隅顽抗。

双方呈现出胶着状态。

渐渐地，武器简陋火力不强的游击队被动起来。

战场的形势对敌人有利。

8月12日10时，游击队经过近5个小时的战斗后被迫撤退，失败分散后的游击队员悄悄向华蓥山转移。与此同时，第五工委第一总队在广安县（现广安市）代市镇的起义也以失败而告终。

决定发动华蓥山武装联合大起义的是中共川东临委书记兼上川东地工委书记王璞。在王璞的心中，一直牢固地存在着组织发动武装斗争、牵制敌人和配合解放军入川的思想。而促使王璞作出这个决定的原因是刘国定、冉益智等人叛变导致下川东的大批中共地下党员被捕，特别是最近的中共地下党员骆安靖被捕。1948年7月初，中共上川东地工委委员兼第五工委书记骆安靖被捕后叛变了，出卖了第五工委委员、下属两个特支和十多名中共地下党员。认为"消极隐蔽不是办法"的王璞决定打出起义的旗帜，以武装斗争来对抗特务的抓捕。

1948年7月14日，在四川省岳池县罗渡乡的一个中共地下党员的家中，王璞召集上川东第七、第八工委的领导人开会磋商起义问题。王璞说：在当前特务对中共地下党员逮捕的紧急形势之下，要保存党的有生力量，支援正面战场，粉碎敌人的破坏，唯一的选择就是发动华蓥山周围各县武装起义。史料显示，与会者对王璞的起义时间和方式有争议，但最终还是同意了他的决定。会议决定把上川东各个工委的武装组织成西南民主联军川东纵队，由王璞任政委、上川东地工委委员曾林负责军事管理。令王璞始料未及的是，他决定发动的武装起义充满了悲怆和伤感——华蓥山武装起义轰轰烈烈地发动起来以后的9月7日，不幸牺牲的王璞被敌人砍头示众。仅一个月之后，他的妻子左绍英和遗腹子被特务逮捕关押，牺牲在重庆解放前夕国民党反动派的大屠杀中。

华蓥山地处四川盆地东部的广安县境内，这个层峦叠嶂的山脉绵延起伏600多华里，由北向南跨越了四川和重庆两地，在它周围众星拱月般分布着的县达十余个之多。这座美不胜收的巨大山峰以绚丽多姿的云海、碧波万顷的修竹、鬼斧神工的石林和叹为观止的溶洞而著称，与峨眉山、青城山、四面山并称为巴蜀的四大名山。在华蓥山武装起义的数十年后，从广安走出的改革开放的总设计师邓小平带领中国人走上了日渐富裕的道路，华蓥山风景区、游击队武装起义活动遗址和邓小平故居成了广安一张闻名遐迩的旅游名片，吸引了数不胜数的海内外旅游者的目光。

1948年8月10日，华蓥山武装联合起义从第五工委在广安县的代市镇和观阁镇开始，到9月19日全部结束，第八工委、第七工委、第四工委、第六工委相继在华蓥山周围的岳池、武胜、合川、大竹、达县等地打响。起义让敌人惊恐万状，继而惨遭血腥的镇压。

华蓥山武装起义失败后，第一工委书记邓照明和中共地下党员唐祖美因工作需要转移到了重庆。一直在思考恢复《挺进报》的邓照明写信联系唐祖美，二人在市中区夫子池的一个同志家中见面后，便出门在临江门沧白纪念堂附近的街道上一边走一边谈。

邓照明向唐祖美介绍了当前国内的情况后，询问她在去农村从事武装斗争以前是否看过《挺进报》。

提起《挺进报》，唐祖美眼前一亮，脑海里浮现出采用浅蓝色和粉红色光滑的打字纸制作的油印小报——尤其是它刊登的党中央消息和毛泽东同志的讲话让唐祖美和她的进步同学"视如珍宝"。

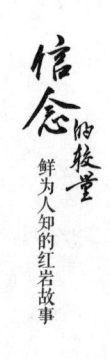

唐祖美回答道:"当然知道,我们经常传看,还组织小组学习哩。"

邓照明高兴地微笑起来,他告诉唐祖美《挺进报》被敌人破坏后的有关情况。他问道:"你家住哪里,环境如何?"

唐祖美对邓照明的询问感到突然,但还是告诉说她家住在江北陈家馆附近一个官家大洋房的楼房里,她和大妹唐祖容住在楼上,父母和其他人住在楼下。

邓照明进一步询问:"房东是什么人?"

唐祖美说:"房东姓徐,是名中医,在城里看脉,只是偶尔回家一次……"

越听越兴奋的邓照明一个劲地叫好,他严肃地说:"情况是这样的,解放战争进行得很顺利,现已进入全国大反攻,为了配合解放大军的进程,我们也要开展各种斗争。《挺进报》被敌人破坏后,党中央的指示精神和鼓舞人心的胜利消息都无法传达给我们的同志,因此我们决定恢复《挺进报》,继续发挥它团结教育群众的作用。"

唐祖美频频点头表示赞同。

邓照明说:"我们已初步研究过,由你的老师李郁萄——就是李累、程谦谋和你,你们三人成立《挺进报》小组。组长是李累,他负责收听、编辑。你负责刻印,程谦谋负责传送发行。你的家庭环境很单纯,很适合做这工作,当然,也需要随时保持革命的警惕性……"

考虑到党组织把这么一项光荣而艰巨的任务交给入党不久的自己,唐祖美万分的惊讶。她激动地说:"原来的《挺进报》字写得很小,又很清晰整齐。我的字写得很乱,合适吗?"

邓照明说:"字写得好坏是次要的,内容是最重要的。你可以练习一下仿宋体,既能提高刻印的清晰度,又是一个防范措施,使敌人难以认出刻写者的笔迹。"对于恢复后的《挺进报》办报方针,邓照明提出了要求:要吸取《挺进报》被敌人破坏的沉痛教训，不搞对敌攻心战，也不扩大发行范围，阅读对象只能以中共地下党员和进步分子为主。

从此每隔几天，唐祖美就到家住大溪沟蒲草田的中共地下党员李累家中，拿取李累从收音机上抄录的稿件。当万籁俱寂全家人进入梦乡以后，唐祖美悄悄起床刻写《挺进报》的蜡纸，找来原来的《挺进报》把报头勾勒下来——复刊的第一张《挺进报》被油印出来了，抑制不住激动的她用苏联小说中的俄语"乌拉"欢呼起来。

每当油印《挺进报》时，只要大妹唐祖容在家中，唐祖美都要叫她帮忙。还是学生的唐祖容尽管睡意蒙眬，但凡只要听到姐姐喊油印《挺进报》，她立即起床投入到紧张而又愉快的油印工作中。直到《挺进报》油印完成，姐妹俩把油印的油污洗刷干净倒了脏水才上床睡觉。一次，唐祖容端着一盆油印的污水到楼下时把母亲惊醒了。

母亲问道："你们深更半夜在搞什么？"

唐祖容说："四姐（唐祖美）在写信，把蓝墨水打倒了。"

母亲说："明天早上擦就行了嘛。"

唐祖容说："马上擦掉擦得干净些。"

姐妹俩就这样掩饰了过去，没有让母亲发现油印《挺进报》的秘密。每当一期《挺进报》油印完成之后，唐祖美把它包裹好放在提包里送给程谦谋和邓照明的联络员传递。也许是唐祖美年轻的女学生模样给她作了掩护，敌人从未对她进行过搜查，因此也没有出现过一次危险。

从李累那里取回的稿件放在什么地方让唐祖美绞尽脑汁：她深刻地知道，一旦稿件被敌人发现，就有被捕、坐牢和被严刑拷打的危险，甚至会付出鲜血和生命的代价——前一次《挺进报》被敌人破坏就留下了惨痛的教训。抽屉、书柜和枕头下这些平常的地方显然不能存放稿件。思来想去，姐妹俩终于发现了一个令人意想不到的地方：把稿件隐藏在很少使用的一个积

满灰尘的竹制蒸笼里。从此，唐祖美外出回家首先要看看那个蒸笼，如果它安然无恙静静地蹲在那里，她就放心地唱着歌曲做别的事情去了。一次，唐祖美从李累那里取稿件回来突然发现蒸笼不见了，顿时，她被吓出一身冷汗。

唐祖美急切地下楼问母亲："楼上的蒸笼怎么不见了？"

母亲不以为意地说："我当什么事，这么大惊小怪的。前面吴太太家来了客，借蒸笼去蒸丸子去了。"

唐祖美着急地问："拿去多久了？"

母亲说："刚走一会儿，说不定还在路上哩。"

唐祖美拔腿追了出去，没多久，她看见吴太太拿着蒸笼正兴致勃勃地往家赶。

唐祖美跑上去一边从吴太太的手中把蒸笼拿过来，一边说："吴太太，对不起，我来了好几个同学，他们想吃粉蒸肉，我中午用了，下午就给你送来……"

事后吴太太对唐祖美的母亲抱怨说："你们四小姐（唐祖美）好小气，拿走了的蒸笼硬给要了回去……"

不明原因的母亲感到莫名其妙。

恢复后的《挺进报》从1948年夏季办到1949年的春天，因程谦谋被李文祥出卖被捕和唐祖美另有工作任务到了璧山才结束。

华蓥山武装起义失败后，除在当地隐蔽和转移到华蓥山外的，大批的中共地下党员和游击队员就要被捕了。

在广安县代市镇和观阁镇的武装起义失败后，中共地下党组织为了避免更大的损失，暂停了其他地方的起义。在这种情况之下，原拟在中秋节起义的营山县地下党组织只好停下了准备工作。1948年8月16日，负责营山县骆市武装起义的中共地下党领导人王崇德在一片白色恐怖之下，秘密转移到了安化乡。考虑到王崇德是外地人容易暴露的情况，第一工委委员、营山县中共地下党特支书记王敏同几名共产党员反复商量后，决定让王崇德到有袍哥身份的中共地下党员李犹龙的家中隐藏。当晚，李犹龙把王崇德安排同儿子、中共地下党员李明志在一起住宿，并为王崇德取了化名肖长发，说是新请的长工。考虑到骆市已有多名共产党员惨遭枪杀，担心影响李犹龙父子安全的王崇德一度想离开。李犹龙安慰王崇德说："你放心，我是一个共产党员，在任何情况下都经受得住考验。"李犹龙不仅多次冒险为王崇德传递情报，而且还机智地安排王敏和营山县特支委员李煜生的住宿，帮助他们联络等工作。

早晨，李犹龙同李煜生正在家中的楼上谈论前一天的开会情况，他的小儿子大声说："外面来了好多穿黄狗皮的。"

李犹龙从窗口往下一看，只见数十名警察和乡丁把他家的院坝包围起来——原来是中共地下党员张志修被捕叛变，出卖了王敏和李犹龙等人，现在是来抓人了。

李煜生担心连累了李犹龙，他说："国民党不一定知道你是共产党，可能是来抓我的，让我冲出去。"

"不行！"李犹龙临危不惧地说，"前门已架起机枪，后门也被包围了，出去有危险，你躲在楼上，我去应付。"

李煜生在楼上的大柜子内躲藏起来。

这时，冲进屋内的警察大声喊："谁是李犹龙？快出来。"

李犹龙从容不迫地从楼上走下来，他对警察说："我就是李犹龙，诸位请坐。"

警察立即把李犹龙捆绑起来。一会儿，刚跑到室外的王崇德被捆绑着押了进来，儿子李明志也被敌人用枪押着。

风云突变，形势骤然紧张。

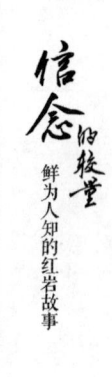

敌人仍然在室内搜索。

李犹龙镇定地对县警察中队长说:"弟兄们,不要误会,有话好说,这到底是为啥子嘛?"

中队长凶恶地说:"我们是县警察中队的,来此地搜捕共产党,你叫李犹龙吧?"

李犹龙说:"我是李犹龙,不是什么共产党,县里舵把子大爷李某某是我的拜把大哥,本人是仁字老大,哪敢通共产党啊?"

中队长听了李犹龙的介绍后态度缓和下来,他说:"那好,你先跟我们到县里走一趟。"

李犹龙得知警察和乡丁是专门逮捕他的,并不是逮捕王崇德和李煜生,心中禁不住万分高兴。他热情地对中队长说:"队长和弟兄们一大早就到这里来,还是吃了早饭再走。"并立即让家人准备早饭。

在家人准备早饭的时候,李犹龙寻找机会不断地同中队长谈话。李犹龙通过谈话得知,这位中队长才真正的是县里舵把子大爷的兄弟伙,最后,越谈越投机的中队长竟然为李犹龙松了绑。酒酣耳热之际,中队长拿出县政府的逮捕令给李犹龙看。李犹龙看见逮捕令上只有他一人的名字,心里更加放心了。他对中队长说:"我一人做事一人当,你们抓的人,一个是我家的长工老肖(王崇德),一个是我的大儿子。是否放了老肖,叫他给队长找一乘滑竿,饭后我们好一道进城?"

醉意蒙眬的中队长瞧了一眼长工模样的王崇德,同意放了他。李犹龙立即示意松绑后的王崇德快去给中队长找滑竿。王崇德借机脱险。王崇德出去之后没有回来,李犹龙又说:"滑竿怎么还未找到?叫我大儿子再去看看。"李明志出门找了一乘滑竿回来,然后也借机逃走了——只知道逮捕李犹龙的中队长对于二人再也没有出现并不在意。由于李犹龙机智应对,王崇德、李煜生和李明志三名共产党员成功脱险。

李犹龙被押到营山县政府审讯，他沉着地对付了敌人。由于敌人没有掌握李犹龙的真实情况，再加上当地知名人士的积极营救，李犹龙被关押了十多天后被保释回家。

李犹龙回家不久，徐远举安排漆玉麟率领特务来到营山破坏中共地下党组织，逮捕地下党负责人王敏。腊月十六这天，不知道张志修已经叛变的王敏找他谈话，乡丁将王敏逮捕了。是夜，雨雪纷飞，北风呼号，乡丁押解着王敏深一脚浅一脚地朝营山县城走去。在途经一片山林时，一直在寻找逃跑机会的王敏跳岩脱险了，然后他到一个中共地下党员的家中躲藏起来。得知王敏逃跑的消息后，第二天，漆玉麟带领特务赶到王敏的跳岩处察看。漆玉麟发现地上有血迹，断定王敏摔伤后不会走远，他一边向营山县县长请求调动警察在附近搜查，一边向张志修了解情况。只知道王敏化名叫李道行的张志修说：李道行一定是逃到关系密切的李犹龙家中去了。

漆玉麟率领警察和乡丁包围了李犹龙家后，冲进屋中用枪逼着李犹龙说："快说，李道行到过你家吗？"

李犹龙平静地说："我不认识这个人。"

特务说："他藏在哪里？"

李犹龙说："我不知道。"

特务和乡丁在李犹龙的家中一阵翻箱倒柜地搜查，依然不见王敏的踪影。没有抓获王敏的敌人把李犹龙吊起来一阵毒打，最后让张志修当面对质。李犹龙判断：张志修叛变了，我和王敏的共产党员身份已经被敌人咬死，但敌人搜查王敏说明他已经逃跑，我必须拖延时间让王敏跑得更远。

敌人询问李犹龙说："王敏是否在你二弟家中？"

李犹龙沉吟一下说："我知道一点，他可能在我二弟李怀普家。"

敌人急忙赶往李怀普的家中搜查，依然不见王敏的踪影。

这时，漆玉麟才发觉上了李犹龙的当。狡猾的敌人循着王敏逃跑方向挨

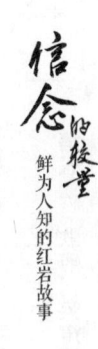

家挨户地搜查，费了九牛二虎之力才将王敏抓捕。

敌人把王敏和李犹龙押解到乡公所，采用火钳烙背、灌辣椒水和吊鸭儿凫水进行审讯。但二人坚贞不屈，守口如瓶。敌人把二人押解到重庆。在被关在西南长官公署期间，王敏再次被特务酷刑逼供，他除承认了共产党员的身份外，严守了党的秘密。之后，王敏被转移到渣滓洞监狱关押。在渣滓洞，特务仍把他当成"要犯"对待，严加审讯。

所长李磊、管理组长徐贵林把王敏押进审讯室，指着火烙铁、老虎凳和电刑威胁说："到这里来了，不交组织关系是过不了关的。你在川东川北是出名的共党头目，你的组织关系我们查出了一些，但你自己还保留了一些。今天把你请出来，还是你自觉地说好，不然请你上硬板凳。"特务的意思是要使用老虎凳的酷刑。

王敏说："在二处已经说光了，还有啥子说的呢？没有了。"

李磊凶恶地说："不行，你手上掌握的共党分子的关系还未交完。从实说完才算了结。"

徐贵林也威胁说："王敏，你老实点。"

王敏镇定地说："不光是城里二处说了，在营山时我早说光了。请你们调查了解吧。"

站在一旁的行动员黄纯清说："老实说完才行，不然，拉上老虎凳说吧，你清醒点。"

王敏说："什么清醒不清醒，我的脚都被你们的老虎凳撬断了，还保留什么不说呢？真的呀，被你们抓捕一月了，天天审讯，还有啥子说的呢……"

徐贵林气急败坏大喊："他狡猾，强辩。"他把手一挥，特务把王敏拉上老虎凳，绳子捆绑后开始往脚下加砖。特务威胁王敏要说出秘密。

王敏被剧烈的疼痛折磨得满头大汗。他说："你们放开我，我才说。"

特务停止了用刑。

王敏擦着脸上的汗水，一副承受不了刑罚的模样。他绘声绘色地编造一些细节，把暴露的关系——其中叛徒和特务掌握的情况说了一遍。没有暴露的党的秘密他始终守口如瓶。

有了"收获"的特务结束了审讯，把跛着脚的王敏押回牢房。

特务走远了，王敏哈哈大笑起来。

难友们围过来关切地问："整疼了吗？怎么还笑呢？"

王敏喜悦地说："没有，今天我胜利了，怎么不笑呢？"

女党员邓惠中一直在为武装起义从事联络和后勤工作。1948年8月17日，第八工委在武胜县三溪乡的起义失败之后，邓惠中更加忙碌了：她不仅组织中共地下党员和游击队员召开会议、分析敌情，而且还要筹措经费、转移人员和冒险传递情报。就在这时，一直作好被捕准备的儿子邓诚回到家中，早已加入中国共产党的他拿出木箱中的书刊和手帕赠送给哥哥和妹妹。

邓惠中看在眼里，依依不舍地询问儿子："要破釜沉舟吗？"

邓诚惋惜地说："可惜我还年轻，还想为革命做好多好多的事啊！"

肝肠寸断的邓惠中嘱咐道："要机智勇敢，假若被捕了，要坚强些，哪怕被敌人折磨至死，也不能说出党的秘密。"

母亲的担心果真变成现实——没有多久，正在传递情报的邓诚被特务逮捕。正当邓惠中准备营救儿子和其他被捕的同志时，被叛徒出卖的她厄运也降临了。

1948年9月12日夜，邓惠中正在家中焚烧文件等资料，突然外面人声鼎沸，狗疯狂地叫了起来。

得到叛徒密报的岳池县特委会曹秘书带领特务和乡丁包围了邓惠中居住的江西馆小学。

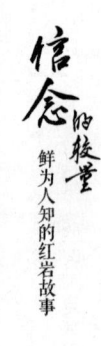

急促的打门声响了起来。

邓惠中叮嘱儿女不要慌张。

打门声越来越急了。

邓惠中镇定地走上去准备开门。

这时，邓诚的未婚妻张淑珍阻挡了她。

邓惠中从后门走出去，到相邻万寿宫的菩萨座子后的密室躲藏起来。

张淑珍迅速走上去把前门打开。

冲到屋内的特务问道："邓惠中在哪里？"

儿子邓叶甲回答："在外面没有回来。"

特务和乡丁在室内一阵紧张的搜查，没有发现邓惠中的踪影。

邓惠中躲过了逮捕。

曹秘书万分沮丧，气急败坏的他命令把邓叶甲、邓叶芸和张淑珍逮捕，关押在岳池县政府。

没有抓获邓惠中的曹秘书一筹莫展。正在这时，一个三青团的骨干分子向他报告说：江西馆小学与万寿宫菩萨座子的密室相通，邓惠中可能躲藏在密室里。

曹秘书大喜过望，带领特务、警察前往江西馆小学和万寿宫菩萨座子的密室搜查，终于将邓惠中逮捕。

邓惠中破口大骂。

让特务和警察颇感吃惊的是，这个传说中的"女匪首"不仅能夜行数十里来无踪去无影，而且还是一位令人闻风丧胆会使双枪的老太婆——但出现在他们面前的竟然是一位身体孱弱面貌平常的中年妇女。

敌人当夜采用酷刑逼供，邓惠中守口如瓶。无可奈何之下，曹秘书让叛徒出面对质。

当邓惠中知道自己的身份已被敌人掌握之后，她以钢铁般的意志同敌人进行了不屈不挠的斗争。

曹秘书劝降说:"你是政府的小学校长,受了别人的利用,好好说出来,当了共产党就当了嘛。承认了允许自新,要钱要地位任你挑。"

邓惠中义正词严地说:"共产党员素来没有自新的习惯。我是共产党员,你把我怎么办?"

曹秘书说:"那好,有勇气,你说一说,还有哪些人是共产党员?"

邓惠中说:"共产党员多得很,中国有,外国也有,世界上,成千上万的共产党员数不清,尤其是我们解放区更多。你们要我介绍,我们一起到解放区去,你们敢不敢?"

华蓥山"清剿"指挥官彭斌在一边劝说:"你是堂堂正正的小学校长,知书识礼,为啥不跟我们一起搞,不加入我们国民党而加入共产党?"

怒发冲冠的邓惠中说:"你们国民党那样腐败,谁加入?谁跟你们一起搞?我加入共产党是为了爱祖国爱人民,不像你们那些卖国贼、洋奴走狗,只知道压迫人剥削人……"

恼怒的敌人叫喊:"我们不相信,你就不怕死?"

热血沸腾的邓惠中回答:"怕死,我就不当共产党员了。"

曹秘书冷笑着说:"我们帮你打开嘴巴。"

凶恶的特务将邓惠中捆绑上老虎凳,采用惨无人道的手指钉竹签子、猪毛刺乳头等酷刑。但她毫不屈服。

邓惠中英勇对敌斗争的行为,让敌人也叹为观止。一个瞧得目瞪口呆的看守对人说:"这个女匪首嘴真硬,各种刑具都用了,就是不肯招供。"曹秘书也暗暗钦佩邓惠中的宁死不屈,他在私下对人说:"邓惠中真了不起,像她这样的人,国民党内无有也。"

在残酷的审讯失败之后,敌人又想出了一个毒辣的计谋——企图以母女之情软化邓惠中。这天,敌人将她年仅15岁的女儿邓叶芸押送到审讯室,导

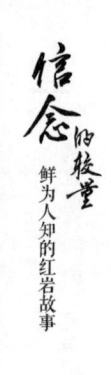

演了一场特殊场合的母女相会。

邓叶芸见到邓惠中扑了上去,她凝视着母亲身上的累累伤痕,禁不住热泪长流。

有着千言万语要同女儿倾诉的邓惠中控制着自己的感情,她抚摸着女儿劝告说:"芸儿,不要哭,好女儿不流泪,抬起头来,听妈妈的话……"

女儿想起了母亲以前嘱咐在敌人面前要坚强的话语,她抹去眼泪,不再痛哭。

敌人眼看一个希望又将破灭,他们又以杀害邓惠中来威胁母女俩。但母女俩毫不屈服。

邓惠中,本名张惠中,因钦佩丈夫邓福谦奔赴延安投身革命而改随夫姓。1904年,邓惠中出生在四川省岳池县南门外一个风景秀丽的山村。1939年加入中国共产党。在华蓥山武装起义的前夕,她担任中共第八工委妇女特别支部书记。为了巧妙应付血雨腥风的地下斗争,壮大地下武装组织,常常奔走在山村和岳池县城一带的她不断地改变着服装打扮来迷惑敌人:她时而把自己打扮成一个典型的当地妇女,身穿长衫手提礼物去走亲戚;她时而把自己打扮成一个阔太太,珠光宝气地坐在晃晃荡荡的轿子上出门办事;她时而把自己打扮成一个放牛匠,手拿镰刀背着竹背篼到山野间割草……为了把武器从警戒的县城运送到一个叫棕巴乡的地方分发给游击队员,颇有谋略和胆识过人的邓惠中想出了一个掩护运送武器的办法:她化装成一名军官的家属,一名中共地下党员化装成一名国民党军官。一切准备妥当后,邓惠中坐在轿子上,在一名"国民党军官"的护送下大摇大摆地押送武器出县城。当途经一个关口时,两名保丁强行要求邓惠中从轿子上下来接受检查。正在这危急时刻,"国民党军官"掏出手枪顶在保丁的下巴上恶狠狠地说:"太阳都落坡了,老子要到武胜去,少跟老子啰唆。"吓得胆战心惊的两名保丁不停地赔礼,遂放行。邓惠中把急需的武器安全地运送了出去。由于邓惠中会使用枪支，一双小脚能在漆黑的夜里奔走数十里，敌人把她描绘成了来无踪去无影的神秘"女匪首"，让人闻风丧胆。解放后，邓惠中在华蓥山英勇对敌斗争的故事成为经典小说《红岩》的创作素材，她成了家喻户晓的双枪老太婆的原型之一。

邓惠中一家人被捕不久，邓叶芸、邓叶甲和张淑珍被押解到重庆合川的"爱国青年感训团"集训，邓惠中和邓诚被转移到重庆渣滓洞监狱关押。

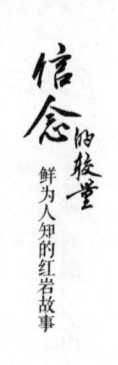

22
"我没有什么需要自白"

第八工委在武胜县三溪的武装起义失败后，第八工委委员蒋可然随即又组织参加了三元寨的战斗。由于敌众我寡，当战斗进行到第三天的时候，游击队不得不进行突围转移。在转移的过程中，有的游击队指挥员和干部掉队了，游击队司令部派遣蒋可然带队去寻找。在极端疲惫和非常危险的情况之下，蒋可然和游击队员走到南充兴隆场附近时，蒋可然不幸被捕了。

1948年9月下旬，蒋可然被押送到重庆渣滓洞监狱关押。在监狱里，特务首先给了他一个下马威：不仅关押40天不准放风，而且施以老虎凳、灌辣椒水和"披麻戴孝"等酷刑，但蒋可然坚贞不屈。他对同室的难友们说："我只承认了敌人知道的——自己是一个起义队员，其他什么也没有说。为了党，我愿舍出生命，也决不会说出党的秘密。"

蒋可然，又名蒋昌繁，1915年12月出生，四川省武胜县人。1935年加入中国共产党。

蒋可然与中共地下党员刘文涛假扮夫妻的故事耐人寻味。

通过努力，刘文涛考上了享受公费读书的大竹县师范学校，这对于出身贫苦的她来说无异于是一个令人万分高兴的事情。正当她怀揣理想兴冲冲前往学校上学时，党组织的安排让她上学的希望落空了。在开学前一天，同她直接联系的中共地下党员李玉兰大姐对她说：鉴于目前对敌斗争的需要，党组织安排她不再去读书，决定调动她到机关工作，并要与一个认识的男同志假扮一对夫妻。

刚满18岁还是学生的刘文涛听说要与男同志假扮夫妻，羞得面红耳赤地对李玉兰说："李大姐，请你转告组织，我服从组织安排，但不能扮成'夫妻'呀！"

李玉兰说："那扮成什么关系呢？"

刘文涛说："就扮成兄妹关系嘛。"

李玉兰说："恐怕这样不好掩护他的工作啊……不过，你们见面后可以再商量一下。"

第二天早晨，那位男同志果然来到了刘文涛的住宿处——他就是中共大竹中心县委书记蒋可然。蒋可然说他的化名叫蒋君甫，他询问刘文涛说李大姐是否交代清楚今后二人以什么身份出去工作。

刘文涛恼怒而羞涩地说："嗯，什么交代清楚了？是谁打的主意，叫我与别人扮成夫妻，我才不干呢！"

蒋可然说："这是组织的决定啊……"

刘文涛说："不管怎么说，还是兄妹关系为好。你不知道，亲戚朋友知道了，多丢脸啊。"

蒋可然说："可是，我俩去工作的地方，早已经知道我们是一对'夫妻'。"

刘文涛说："啊？你，你，真笑人！不管怎么说，我毕竟还是一个学生，你看我穿的还是童子军衣服呢，我还想念书……"

蒋可然劝说这是党组织由于地下工作的危险性才作出的决定，希望刘文涛冷静对待假扮夫妻之事。

尽管非常不愿意假扮夫妻这事，但刘文涛经过慎重的考虑后，还是决定

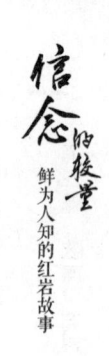

接受党组织的安排。她回家收拾行李后对父母假说是到大竹去读师范去了，踏上了假扮夫妻的艰难历程。

刘文涛按照约定的地点赶到一个叫七间桥的地方同蒋可然接头，但没有碰到他。她向路边一个店铺的老板娘打听今天是否有男子在这儿等人。

老板娘说今天上午有一个男子在这儿，说是等他的女人。

说到"女人"二字，敏感的刘文涛又是一阵脸红和不安。眼看天色已晚的她便在老板娘的店铺中住宿下来。

在宿舍里，刘文涛想起假扮夫妻的事，心中又掀起了一阵波澜，心潮起伏的她拿起颤抖的笔给蒋可然写了一封三页纸的信。她写道："君甫同志：说实在的，我怕极了，我以前在学校演戏就不演女角。还没有到工作地点，你就到处说我是你的女人，这多不好……"信中的主要意图是说想读书的她不愿意当别人的女人。

第二天，刘文涛将书信递给了蒋可然。蒋可然看后说请刘文涛慎重考虑，究竟是党的工作重要，还是"女人"二字重要。

二人按照安排前往中共地下党员谭绪的家中。谭家的小妹妹见有客人来了，兴高采烈地一边迎接一边喊："蒋嫂嫂来了，蒋嫂嫂来了！"

没有任何心理准备的刘文涛的脸唰地红了。

谭绪的母亲谭妈热情地接待了蒋可然和刘文涛"夫妻"二人。

寒暄之后，准备出去购买东西的蒋可然微笑着走近刘文涛说："你需不需要买什么呀？"

刘文涛一边后退一边说："不要，不要！"

蒋可然跟上去声音几乎是颤抖地说："连带带（绳子之类）也不买一根呀？"

刘文涛万分尴尬地说："我什么也不要。"

这哪像一对夫妻呀？但让二人庆幸的是谭妈没有在意二人的言行表情。

按照当地的风俗,"夫妻"二人分别在谭妈家住下了。后来,好心的谭妈向邻居借了一间屋子,无论如何要让"夫妻"住宿在一起。尽管二人说出种种理由来婉言谢绝,但谭妈坚持要二人住在一起。担心暴露了真实身份的二人就不好再推辞了。

但夫妻毕竟是假扮的,二人不能在一张床铺上睡觉。

看出了刘文涛不安的蒋可然找借口对谭妈说他的丈母娘要到这里来要,请谭妈再找一张床铺。

谭妈又在这间屋子里摆上了另一张床铺。

当天晚上,"夫妻"住在一间屋子里。蒋可然对刘文涛的表现不好有可能给党组织带来损失进行了批评。

自己受了莫大的委屈反而工作没有做好,刘文涛禁不住潸然泪下。眼下的形势更让她不安了:一方面是她表现不好,差点暴露了假夫妻的秘密,另一方面是二人之间原来"有一条男女不可逾越的鸿沟",可现在二人住宿在一间屋子里了,她担心下一步将会发生什么意外的事情。刘文涛痛苦万分,但又不知道怎么办才好。

蒋可然开导她说:"我也知道你的苦处,除我俩称'夫妻'之外,还有就是你失去读书的机会……"

在蒋可然的耐心教育下,理解了的刘文涛第一次露出了微笑。

夏天的夜晚,蒋可然睡在没蚊帐的床铺上不停地用手拍打着蚊子,每每这时,睡在同室另一张床铺上的刘文涛心中非常不安,她想道:"除了同情又有什么办法呢?难道能叫他同床吗?"

随着朝夕相处和工作交往的加深,令人怦然心动的爱情悄悄地降临了。当爱情瓜熟蒂落时,二人向上级党组织提交了结婚请示。到正式结婚这天,唐虚谷特意购买了糖果,三人在一起吃糖玩耍说笑半天,就宣告这个神圣的结婚仪式结束了——这个结婚仪式只有代表党组织的唐虚谷一个嘉宾,甚至

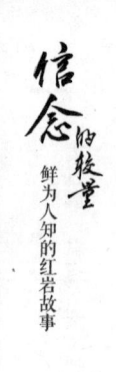

连结婚双方的父母都不知道。从此，假扮夫妻的工作生活就此结束。

1948年秋，在第八工委举行武装起义的前夕，蒋可然对刘文涛说："我愿做武胜县第一个为革命而牺牲的人，用生命去唤起民众。"

担心丈夫安危的刘文涛一下猛扑到蒋可然的怀中，眼含热泪地凝视着他，她深知丈夫此次离去很有可能面临残酷的牺牲，很有可能就会从此丢下年轻的她和年幼的儿子。顿时，刘文涛热泪滚滚，她不敢再继续往下想了，夫妻俩搂得更紧了，两颗年轻的心剧烈跳动。

分别的时刻到了。

蒋可然抱起儿子吻了吻他可爱的脸蛋，把儿子交给刘文涛后微笑着离开了魂牵梦萦的家庭。

刘文涛泪眼婆娑，她肝肠寸断地叮嘱道："可然，祝你一路平安，我等着你啊，等着你啊！"

但刘文涛再也等不到丈夫的归来了——蒋可然在武装起义失败后被捕，关押在渣滓洞监狱直至牺牲，二人从此再未见面。

夫妻分别竟成永别。

四川省广安县观阁镇的武装起义失败后，第五工委第二总队队长邓致久率领游击队冲破敌人的围追堵截，昼伏夜出地向莽莽苍苍的华蓥山奔走。一天，邓致久他们又被敌人包围了，一场激烈的战斗后，队伍冲散了。邓致久和游击队员黎功顺穿密林攀悬崖转移到了华蓥山。

观阁镇起义爆发后，心有余悸的广安县长给重庆绥靖公署主任朱绍良和四川省省长王陵基禀报说："头领系邓致久，县参议员"，"现为三民主义青年团观阁镇区队长，国民党区分部书记，担任本党重要职务，竟用此项身份发展奸匪工作，或诱惑思想不坚固分子为其所用，诚属危险"，呈请立即开除邓致久的国民党党籍，给予逮捕——一个中共地下党负责人打入国民党内部任职并天衣无缝地隐蔽起来，邓致久的机智可见一斑。恨得咬牙切齿的敌人在搜捕邓致久失败后，把魔爪伸向了他的家人——特务逮捕了他的妻子唐克珍，威胁她交出邓致久，否则要杀害她全家并把她押解到重庆。唐克珍的父亲闻讯进行营救，这个相继担任过金堂县县长和杨森军部秘书的老人给关系友好的杨森顾问周建侯写信，请他帮忙向杨森说情将女儿释放。

正在这时，狡猾的特务将唐克珍交给其父保释，限定她在三天之内交出邓致久，否则就要杀害她的全家并把其父送到重庆问罪。

在强烈的担心和害怕之下，唐克珍精神失常了，蓬头垢面的她拄着木棍在街头上走着，嘴里凄切呼喊道："邓致久赶快出来呀，你做点好事呀，这么多娃娃崽崽，你不出来要杀全家呀。"

就在三天时间快到的时候，唐克珍收到了周建侯营救邓致久的信件，她拿着信件去找特务，期待着能营救丈夫。

特务对唐克珍说："邓致久出来登记就可以了，我们保证他的安全。"

信以为真的唐克珍找到邓致久的弟弟，请他到华蓥山去寻找邓致久。

弟弟找到了邓致久。

无论如何也不肯下山的邓致久说："我死也要死在山上。"

弟弟说："敌人在观阁镇杀害了二十多人，一些掩护过中共地下党员的人士也惨遭迫害。你不下山去，我们全家人都性命难保。"

邓致久思考共产党人做事应该勇于承担责任，不能让无辜的群众受到伤害和牵连。他决定赴汤蹈火。

正是严寒时节，重峦叠嶂的华蓥山北风呼啸，一片苍茫。

趁着黑夜的掩护，邓致久和黎功顺下山了。

邓致久在路上对弟弟说："如果不对，我还是要车（走）。"

邓致久，又名邓世群、一江，1909年出生在四川省广安县。1928年加入中国共产党。

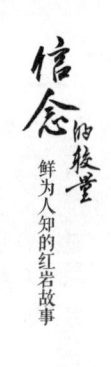

让邓致久始料未及的是，二人刚下山就被捕了。在押解二人到广安县城的路途中，特务担心群众武装营救，每到城镇人口多的地方，狡猾的特务安排人把邓致久用轿子抬着走，对外宣传说是送县参议员到县政府。轿子抬出城镇后，又把邓致久押着走。

在广安县政府，敌人用高官厚禄予以诱降被邓致久严词拒绝，从而保护了二十多名中共地下党员的安全。数十年后，当改革开放的春风吹绿了这片曾经血雨腥风和刀光剑影的旖旎山水之时，头发如霜的老干部们仍然深深地怀念着曾经一起出生入死的战友邓致久，对他宁死不屈保护共产党员的事迹钦佩不已。

敌人在诱降和审讯失败后，把邓致久转移到重庆渣滓洞监狱关押。

整个夏天都在为华蓥山武装起义筹集物资而奔走的杨汉秀第二次被捕马上来临了。

前来抓捕杨汉秀的是重庆西南长官公署第二处副处长杨元森。

1948年9月，一群特务包围了杨汉秀在四川省渠县的家，两个特务闯进屋内凶恶地说县长请她去谈话。

镇定自若的杨汉秀对特务说："我收拾一下跟你们走。"

杨汉秀趁特务在院子里等待的时机，她提出说要上厕所，并用眼神示意儿子赵在民跟她一道去。

杨汉秀和儿子走到了屋后面，她迅速将一个小包裹藏进了乱石之中。小包裹中除了杨汉秀在延安的照片外，最珍贵的是中共四川省委副书记王维舟介绍杨汉秀去见周恩来副主席的介绍信——在杨汉秀牺牲二十多年后的1977年，这封介绍信不仅被作为革命烈士的重要遗物被重庆歌乐山烈士陵园所收藏，而且还据此推断出在延安时化名吴铭的人实际就是杨汉秀。

杨元森逮捕了杨汉秀之后，为了威慑当地群众，进一步增加白色恐怖的气氛,特意调动一个连的军警押解杨汉秀前往大竹县。一行人刚走到渠河边上,杨汉秀一屁股坐在沙滩上说她要见年老的婆婆和眼瞎的姑姑,无论如何不肯再走一步路了。

蛮横的特务哪里会答应杨汉秀的要求。

杨汉秀呼天抢地控诉说:这个政府太伤天害理啦,不仅毫无根据地抓她,还要把没有依靠的年老婆婆和眼瞎的姑姑饿死啊。

理屈词穷的敌人只好答应了杨汉秀的要求。

婆婆被接来同杨汉秀见面了。

当地群众走到沙滩上看热闹来了。

杨汉秀又提出把到上学年龄的小女儿接来,同她一起到重庆上学。

无可奈何的敌人答应了。

小女儿被接来了。

杨汉秀又提出了一个要求,说她穿高跟鞋的脚走痛了,需要请两顶轿子来抬着她和小女儿走。

担心杨汉秀安全的婆婆一个劲抹眼泪。

小女儿被吓得哭泣起来。

围观的群众越聚越多了。

杨汉秀仍坐在沙滩上不起身。

杨元森威胁杨汉秀起身走路,但杨汉秀不予理睬。

同情杨汉秀遭遇的群众怒目而视。

杨元森担心这样僵持下去引起骚乱,只好雇来两顶轿子,抬着杨汉秀母女俩行走。

两顶轿子在前呼后拥的军警押送下逶迤而去——让杨元森恼怒而颜面丢尽的是,本是想借杨汉秀来威慑当地群众,但反倒让杨汉秀耍了一番威风。

杨汉秀,又名杨稚华、杨俊、吴铭,1912年出生在四川省广安县的一个

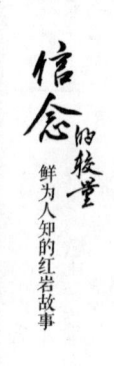

官僚地主家庭，是广安和渠县一带有名的杨大小姐。1942年加入中国共产党。杨汉秀的父亲是四川著名军阀、国民政府重庆市最后一任市长杨森的二弟，曾在杨森的部队中担任过补给司令之职。在第一次国内革命战争时期，杨汉秀随父驻防万县时，认识了受中共中央派遣住在万县杨森总部的朱德，她亲切地称朱德为朱伯伯。1939年，向往革命圣地延安的杨汉秀踏上万般艰险的历程，经过了无数的奔波、艰苦和危险之后，到达了西安的八路军办事处。在这里，杨汉秀见到了朱德夫妇。朱德回忆起了当年见过杨汉秀。杨汉秀对朱德说她想进延安学习，但又担心达不到条件。朱德说："你为来延安走了将近一年的时间，遇到这么多曲折险阻，这不就是最好的入学考试吗？"

杨汉秀到达延安后，先后在女大和鲁艺美术系学习。在这里，杨汉秀改名吴铭，她诚恳地说改名的原因："以表示愿为千百万人的翻身解放，甘当无名战士而牺牲的决心。"

抗日战争胜利以后，四川省委副书记王维舟抽调一批四川籍的干部返回四川加强国统区的工作，杨汉秀名列其中。这时恰巧周恩来要从延安返回重庆，王维舟吩咐四川省委秘书长魏传统写了介绍信，让杨汉秀去见周恩来。百忙之中的周恩来接见了杨汉秀，熟悉杨森等四川军阀情况的周恩来简要地分析了他们与国民党之间的矛盾。最后周恩来诙谐地对杨汉秀说："可惜你一回去就不能是吴铭同志，革命要你当大小姐，你就当大小姐吧。"1946年3月25日，杨汉秀同周恩来等人一道，乘坐美军观察组的飞机从延安返回了重庆。杨汉秀返回重庆后，利用她是杨森侄女的关系奔波在重庆、成都、广安和渠县等地，不分昼夜地为党积极工作，以至于没有时间关心家庭和子女。当她回到渠县的家中时，杨汉秀同儿子赵在民分别已达9年了。

对母亲有些陌生的儿子一下愣住了，站在那里一动也不动。

祖母对孙子说："快叫呀，这是你妈妈。"

杨汉秀上前一把紧紧搂住儿子，母子俩的泪水滚滚而出。这是儿子和女儿难得的幸福时光，母亲不仅关心他们的学习和生活，而且在傍晚来临的时候，儿子和女儿依偎在她身边，听杨汉秀讲述延安的生活或轻声地哼唱解放区的歌曲。然而这种幸福的日子没有持续多久，1947年的一天深夜，杨汉秀被特务逮捕了。"感到天都塌下来"的祖孙三人抱头痛哭。赵在民前往渠县警察局监狱探望母亲，对母亲的遭遇和自己的爱莫能助感到分外的难受。杨汉秀对他说："妈妈不怕死，你也不要怕。妈妈随时都有可能牺牲，即使我被害了，你更要坚强些，要成为一个勇敢的青年、进步的青年，长大后为妈妈报仇。"后来在多方的营救下，没有掌握证据的敌人把杨汉秀释放了。

1948年5月4日，杨汉秀在重庆中央医院生下了女儿李继业。由于早产，弱不禁风的女儿像一只小猫。但杨汉秀却说女儿像五月里刚成熟的果子"很精灵"，亲昵地称为"果儿"。但残酷的现实是，"果儿"没能享受到母爱。在"果儿"出生不到两个月的时间里，急着回渠县参加华蓥山武装起义的杨汉秀要离开女儿了——她要用自己筹备建房的资金购买枪支、粮食、衣物等送给游击队。走之前，她给女儿请了奶妈和养母。她对养母说："我要回老家去收租，由于天太热，我不能带小孩子去，一个月左右就回来了。"从此直到杨汉秀第三次被捕，最后牺牲，杨汉秀再也没有见到她牵肠挂肚的"果儿"。

1948年9月，在杨汉秀第二次被捕后，她的母亲被吓坏了。母亲特意带了几条金子赶到重庆宴请了同杨家有联系的特务和军警，希望他们帮忙营救杨汉秀。特务、军警都异口同声地说这事难办，杨汉秀之事只有找杨森和他的四姨太田蘅秋才好办：因为重庆市市长杨森和毛人凤与徐远举交往密切，而且他的四姨太田蘅秋同毛人凤的老婆向影心是姻亲姊妹。杨汉秀母亲来到杨森渝舍住宅，请田大婶田蘅秋帮帮侄女杨汉秀的忙。田蘅秋坐着杨森的汽车到监狱去了一趟，虽没能营救出杨汉秀，但使杨汉秀在老街监狱免除了刑

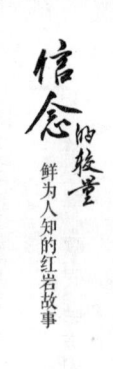

罚之苦，被转移到渣滓洞监狱关押。

1948年9月9日，返回成都家中的中共地下党员罗广斌被特务盯上了。

是日下午，警察分局的警察悄然来到罗广斌的家中。警察对其母亲说是查户口的，然后到罗广斌家中的花园走了一趟之后离开。有些警惕的罗广斌立即躲藏了。

在警察走后，罗广斌询问母亲警察到家中来干什么。

知道儿子的政治倾向而担心罗广斌安全的母亲说，警察是来查户口的。

罗广斌拿起报纸一看，报纸上说成都在当天进行了全市户口普查。罗广斌看到这一则消息，以为是纯属巧合的他顿时释然了。

但事实上，罗广斌的判断是错误的，特务的魔爪已经悄悄地伸向了他的家中。在刘国定叛变出卖罗广斌后，徐远举就着手逮捕他的事宜了——因考虑到罗广斌同父异母的哥哥罗广文系手握重兵的国民党兵团司令，不敢轻举妄动的他毕恭毕敬地把罗广文请到二处协商处理。

徐远举拿出刘国定的供词，征求罗广文如何处理罗广斌的意见。

出于自身利益考虑的罗广文说：我的弟弟由于被父母宠爱而不好管教，你们可在避开我父母的情况之下找来好好教育，并告诉了位于成都的家庭住址。

徐远举派遣左志良前往成都，同成都稽查处处长周迅予、特务队长张俊良商量采用以送书信的方式诱捕罗广斌。

1948年9月9日夜，尽管检查户口的警察走了，但一直不太放心的罗广斌把后门的钥匙放在了枕头边，以便在遭遇危险时从后门逃跑。

经过这件事的折腾，罗广斌睡意全无，直到天亮以后才沉沉睡去。

上午10时，罗广斌的堂妹来叫他说，外边一个自称为马识途送信的人要求见他。

正等待着同马识途联系的罗广斌急切地走了出去。

特务拔出手枪控制住罗广斌，并亮出了逮捕证。

罗广斌一看，逮捕证上写着"奸匪嫌疑"。

与罗广斌是邻居、一直被特务视为重要逮捕人物的马识途得以脱险。马识途在这次脱险后于1949年1月在成都再次脱险。

特务把罗广斌押解到成都稽查处进行审讯，并叫其父亲前往做说服教育工作。但罗广斌并不屈服。

1948年秋，在一个雾霭弥漫的时节，罗广斌被转移到渣滓洞监狱关押。出现在难友们和青年杨益言面前的罗广斌是"又黑又瘦"的"一身布衣"。当监狱中的难友们通过秘密渠道得知罗广斌是国民党兵团司令罗广文的弟弟时，同牢房的难友对他进行了轮番的审查和询问。

正当罗广斌为此感到难堪和痛苦的时候，江竹筠帮他解了围——她的一句话："我了解他"，让监狱中的同志们和难友们才放了心。但具有独立思考的杨益言却对罗广斌"并没有完全放心"。

直到经过慢慢的深入了解，杨益言对这个来自官僚地主家庭的浓眉大眼的青年人信任了起来。随着时间的推移和友谊的加深，杨益言把罗广斌"当作了自己完全可以信赖的战友"。

让杨益言想不到的是，在监狱中同罗广斌的交往仅仅是开始，在新中国成立后，相继被释放和脱险的二人为了创作小说《红岩》又在重庆重新聚首。更让二人始料未及的是，《红岩》以其巨大的影响力和感召力在国内的发行量高达700多万册，不仅被翻译成日、英、法等10种以上的文字，而且还被改编为电影、歌剧、京剧、话剧和电视剧等文艺作品，走进了神州大地的千家万户。

罗广斌，1924年出生在四川省成都一个显赫的官僚地主家庭。1948年3

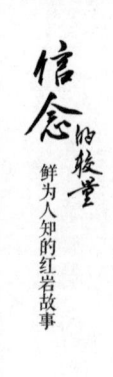

月，在江竹筠、刘国鋕的介绍下加入中国共产党。罗广斌这次是按照第一工委书记邓照明的安排，从秀山返回成都利用家庭关系做统战工作。

被捕的猝然降临，让刚踏进监狱的罗广斌不知所措，一片茫然，唯一强烈的感受是"度日如年"。刚开始脑海中"并没有为了人民革命事业牺牲自己"的信念的他，却始终牢记川康特委副书记马识途对他说的一句话："不管直接、间接影响别人被捕，都算犯罪行为。"他坚持的一个信念就是不能因为自己的行为而导致其他同志被捕。

徐远举鉴于罗广斌这种"犯人"的特殊性，他在给罗广文的书信中说：罗广斌只要"稍知悔悟，即行优先予以自新机会"。他在多次劝说无效后，特意安排冉益智前往监狱劝说罗广斌。

冉益智同张界来到了渣滓洞。

冉益智对罗广斌说："处长（徐远举）叫你承认关系，你有特别的人事关系，承认了可以恢复自由。"

罗广斌不予承认。

冉益智说："你承认了吧，又不要交出组织，可以不写悔过书而恢复自由，是合算的。"

但罗广斌依然不承认。

冉益智说："你不要过分坚持，免得以后玉石俱焚。"

罗广斌不为所动。

罗广斌的表现令难友们欣喜不已，纷纷给予鼓励。

罗广斌的不屈服惹怒了徐远举，他威胁要对罗广斌使用老虎凳，并给他戴上了脚镣。

罗广斌清楚地知道对于他这样官僚家庭出身的人来说，他的不屈不挠对于监狱中的难友们来说"是一个某种程度的示范作用"。在难友们的关心和鼓励下，罗广斌变得越来越坚强了。为了表达对难友们的感谢和自己的意志，他在《我的自白书》中写道："毒刑、拷打、枪毙、活埋你们要怎么干，就怎么干吧"，"我没有什么需要自白"。

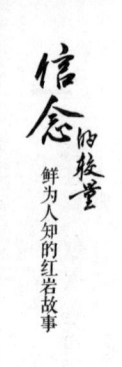

23
监狱中的追悼会

1948年10月下旬的一天，被捕的中共地下党员傅伯雍、游中象、陈鼎华和进步女青年盛国玉被捆绑在轿子上，在国民党三十多名士兵的押送下长途跋涉来到了长寿县（今重庆市长寿区）的长江边。

当轿夫把四人从轿子上"像条大草鱼一样投掷"到民生号轮船的底舱地板上时，高度紧张的傅伯雍感觉到"血液狂暴地在捆得发麻的四肢里回流"，双腿不能站立，疲惫万分。尽管四人受到了特务的审讯和虐待，但他们还是庆幸在押送的途中没有被秘密杀害。

十分困乏的四人席地而坐，押送他们的士兵从紧张的监督中松懈下来，有的直挺挺地躺在板凳上呼呼大睡，有的坐在地板上打盹，有的一脸疲倦地打着呵欠……但有的士兵仍然不敢大意，依然注视着傅伯雍等四人。

已是秋天，天空阴沉，一片萧瑟。浑黄的江水拍打着轮船的舱底和江岸，不时下起的霏霏细雨令长江两岸笼罩在雾霭之中，轮船的汽笛鸣叫在空旷的天际间传得很远，平添了几分寂寥与愁意。

轮船启动了。

经过一整天的溯江航行，押送傅伯雍一行四人的轮船到达了重庆。

当晚，四人被押送到位于老街32号慈居的西南长官公署关押。

数天后，特务来喊四人收拾行李，说是送他们到乡下一个叫训练班的地方去。四人被戴上了手铐，一个遮挡视野的青布套子从头上罩了下来，瞬间，四人的眼前漆黑一片。随即四人被推上一辆吉普车疾驰而去。

吉普车在重庆的大街上行驶，处在黑暗中的四人不辨东西。

傅伯雍寻思："敌人为何在头上罩布套？莫不是秘密载运我们到什么地方去活埋？"

突然，吉普车一阵鸣叫，随即停了下来。

正在这时，一阵巨大的"当当"的轰鸣声暴风骤雨般地响了起来，久久在山谷中回荡。

傅伯雍四人听见有人阻挡吉普车询问："有证件吗？"

吉普车接受检查后又出发了。

傅伯雍紧张的心情顿时放松了，他尽管不知道吉普车行驶在什么地方，但他清楚这是吉普车在通过一个关口——显然，特务不是运送他们去秘密的地方活埋。

吉普车行驶了一段路程后又停下来，隐约有人又在询问检查证件。

令傅伯雍惊诧的是，"当当"的巨大声音又响了起来——这个令人奇异的声音在一个地方响起之后，其他的地方也迅速响应，此起彼伏，响彻山谷，令人毛骨悚然。

这种怪异的"当当"声以后又多次响起——每一次都是在吉普车停下来被询问检查证件的时候。

傅伯雍猜想："准是一种预告对方发生某种情况的讯号"——在以后被关押的日子里，傅伯雍的判断得到了证实：这个令人恐怖的漫山遍野响起的"当当"声是监狱里各个岗亭的警卫为了相互警戒，特意打击汽车钢质轮盘发出的声音。

临近中午时分，吉普车在一个叫炭坪的地方停了下来，特务扶着戴着布

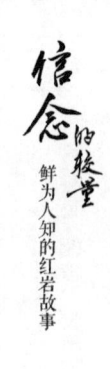

套的四人下车，由于眼睛看不见脚下的道路，他们只好随着特务的喊声"下梯坎""进门槛""跨上石梯""再过门槛"走路。最后，特务打开了四人手上的手铐，揭去头上罩着的布套。霎时，在强烈的光线下，四人的眼睛眯缝了起来。

特务说训练班到了。

傅伯雍定睛一看，哪里是什么训练班呢？这分明就是一座秘密监狱——渣滓洞监狱。

办理完登记手续和搜身后，盛国玉被送到女牢房关押，傅伯雍、游中象、陈鼎华三人被押到楼上的男牢房。

这时，发现又有人被捕的监狱中的"犯人"向风门口伸出头来察看情况。

傅伯雍仔细地观察着经过的每一间牢房，心中想道："这儿该不会碰到熟人吧？"但让他惊讶的是，在途经楼五室时，他意外地发现了一张熟悉的面孔——那是他的老乡和战友刘德彬。

避开特务的目光，刘德彬用充满热切和慰问的目光向傅伯雍点头示意。

傅伯雍被押到楼上八号牢房，当他跨进室内时，身后的门"哐当"一声无情地关锁了。早已被捕的中共第八工委委员蒋可然亲切地从傅伯雍的腋下接过被子平铺在左侧的地板上。

蒋可然歉意地说："二十几个人挤在长不到两丈，宽不足八尺的牢房里，每人地铺只占'一脚半'"——意思是说地铺的宽度非常狭窄，睡觉必须侧身才行。

不安的傅伯雍站在牢房的中央，不知道说什么才好。

就这在时，一股巨大的令人恶心的臭气扑鼻而来，让傅伯雍几乎喘不过气来。他仔细一看，臭气不仅来自室内解大小便的罐子，同时来自难友们没有换洗过的衣服和洗过澡的身体。

在令人窒息的环境里,傅伯雍的脑袋有些眩晕,他禁不住蹲在了地板上。

蒋可然看出了傅伯雍的难受与不安,他走过来拍着傅伯雍的肩膀说:"不要心焦,事到头,不由人。咱们坐监的,应该乐观些,随遇而安嘛。马上放风了,准备出牢门散散心。"

少时,放风的口哨吹响了,蒋可然拉起傅伯雍一起下楼放风。

让傅伯雍感觉意外的是,他竟然在楼上和楼下一室相继碰到朋友陶敬之和老乡萧中鼎等人。彼此都以热切的目光打招呼。

放风后回到牢房,傅伯雍收到了中共地下党员陶敬之托看守带过来的盐巴、草纸和食品——这些在监狱外非常普通的东西在监狱里却成了珍贵的礼品。

傅伯雍在整理草纸时发现上面隐约有八个小字:"勿露案情,安心休养。"心中一阵温暖,从此以后,傅伯雍觉得"狱中的岁月,并不孤寂"。

就在这时,一缕歌声随风而至:

　　欢迎啊,亲爱的战友!
　　欢迎啊,新来的同志!
　　你来自何方?
　　哪一个村?
　　哪一座城?
　　那里是否已
　　掀起解放的巨浪?
　　……

让傅伯雍感到奇怪的是,看守对这激励人心的歌声并不干涉。

傅伯雍询问蒋可然说:"坐牢的人也许唱歌?"

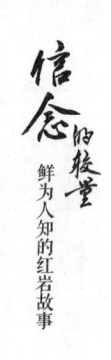

蒋可然说:"已经被抓来了,怎么不唱?嘴巴封得住?反正都是一样,你关我唱。要喊要叫由我,要砍要杀由你,斗得过的是老大,斗不过甘受刑罚。敌人最初也干涉,日子久了,把我们这群'亡命徒'也莫可奈何。"

临近15时,傅伯雍与同室的难友们吃过糠壳多、稗子多和沙粒多的中午饭兼晚饭后,分组在牢房内绕圈子和唱歌,然后再到有新鲜空气的天窗下做一百个深呼吸。轮到傅伯雍去做深呼吸时,感觉到新鲜空气可贵的他做完了一百个深呼吸后仍然不愿意离开天窗。站在身后的同志理解傅伯雍的心情,他主动退出去说:"我的一轮深呼吸,让给新的伙计享受吧。"

同志的关心让傅伯雍心中温暖,同时他深深地感到,在监狱外十分普通的阳光和空气对于关押在监狱中的人是何等的宝贵与重要!

夜幕降临了,傅伯雍同牢房中的二十多个人一样,一个紧挨着一个开始睡觉。当他刚合上眼睛时,感觉到颈项里和手臂上有小虫样的生物在爬动。他伸手一摸,发现是黑乎乎的虱子在他的身上蠕动。

傅伯雍的监狱生活艰难地开始了。

起来,饥寒交迫的奴隶!
起来,全世界受苦的人!
……

随着一个男声领唱的开始,激越高亢的男声合唱在渣滓洞监狱里响了起来。当第一个牢房响起歌声之后,受到歌声感染的十八间男牢房和女牢房的数百个难友加入了合唱的行列。骤然间,从胸腔里爆发出的巨大声音冲破了牢房的封锁,在每天傍晚时分的渣滓洞上空回荡:

满腔的热血已经沸腾,

>　这是最后的斗争。
>
>　旧世界打个落花流水，
>
>　奴隶们起来，起来！
>
>　……

　　在这激动人心的歌声中，难友们的脑海里浮现出一幅波澜壮阔的情景：千千万万的劳苦大众汇集成汹涌的革命洪流，在共产党领导下正取得一个又一个的胜利。蒋介石的部队节节败退，四面楚歌，腐朽黑暗的国民政府正在轰然坍塌。挣脱了枷锁的群众为庆祝解放大军的胜利在蔚蓝的天空下载歌载舞。在熊熊的烈火中，监狱的牢房门被砸碎了，难友们冲出去迎接亲人解放军……

　　《国际歌》的大合唱戛然而止，女牢房的女声大合唱唱起了清脆的陕北民歌《山那边哟好地方》：

>　山那边有好地方
>
>　一片稻田黄又黄
>
>　你要吃饭得耕田啦
>
>　没人给你做牛羊
>
>　……

　　此歌唱完，声情并茂的《兄妹开荒》又接连响起。当女声柔美婉转的歌声响起的时候，男牢房的难友们静静地倾听着，如痴如醉，一片神往。

　　最精彩的歌唱是华蓥山武装起义失败后被捕的中共地下党员和游击队员表演的——这些身穿土布的青年农民被特务称为"笼中老虎"。他们歌唱的是《十把扇儿》：

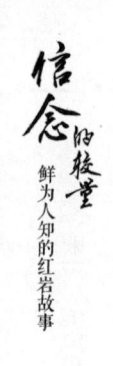

放牛娃儿从早到晚放牛割草满山坡
　　地主娃儿背起书包进学堂里去读书
　　我们干人莫有钱用街头巷尾去讨饭
　　地主老财游手好闲山珍海味吃不完
　　我们穷人脸朝黄土背朝天哪光眼看
　　……

　　悲伤忧郁的情调似乎不是从口中发出，而是从压抑已久的沉闷胸腔里迸发出来——歌词中的血泪控诉往往让难友们心潮起伏，热泪盈眶。最能体现"笼中老虎"虎威的是监狱中没盐巴食用的时候，他们更换了《打倒列强》的歌词歌唱：

　　肚子饿了，肚子饿了！
　　要吃饭，要吃饭！
　　汤菜没得盐巴！
　　汤菜没得盐巴！
　　难下咽，难下咽！

　　这哪里是歌唱？分明是对敌人残酷虐待的怒吼，是对敌人非人折磨的无情鞭挞。在度日如年的黑暗岁月中，难友们不仅唱歌，而且还创作了渣滓洞的洞歌来表达自己的情感。当特务从外边走过时，有的难友特意高声歌唱这一句："坐牢的已不再是革命战士，而是那些妖魔鬼怪豺狼虎豹"，以此来表达对敌人的无比仇恨。

　　每天一次的歌唱从下午5时放风时开始到7时结束。歌唱的歌曲五花八门，丰富多彩：不仅有同敌人针锋相对的《国际歌》《团结就是力量》和《坐牢怕什么》，而且有揭露国民党统治区黑暗与腐败的《古怪歌》《茶馆小调》《薪水是个大活宝》；不仅有苏联歌曲《囚歌》《卡秋莎》《感受不自由莫大痛苦》，而且还有从延安和解放区流传过来的《兄妹开荒》《朱大嫂送鸡蛋》《少先队队歌》；不仅有难友们自己作词或作曲的《叶挺囚歌》《正气歌》《把牢底坐穿》，而且最让人意外的居然还有情歌——这些歌曲有《岂有这样的人我不爱他》《在那遥远的地方》《康定情歌》等。每天歌唱的时候是监狱里全体难友们最为酣畅淋漓的时光，他们的痛苦和烦恼在歌声中得到了宣泄，他们的精神和心灵在歌声中得到了净化和抚慰，热情奔放地抒发了对幸福的回忆和对未来的憧憬。对一个真正的革命者而言，每一次歌唱都是激励，每一次歌唱都是陶冶，在令人热血沸腾的旋律中，他们的革命意志坚强如钢，他们的英雄气概气壮山河，乃至义无反顾、从容不迫地走向刑场。

牢房里不仅有歌声，而且还有忍俊不禁的笑声。这样的笑声往往是由女牢房发出的——一点并不好笑的事情让其中的一个女人笑了起来，同牢房的所有难友们都不约而同地放声大笑，一直笑得前仰后合，涕泪直流。女人尖细而清脆的笑声引起了看守的惊诧，看守吼道："不准笑！"女人回答道："笑都不能笑啊？""是不是所方规定不许笑？"女人反而笑得更加起劲，笑得东倒西歪，势不可当。女牢房的笑声传到男牢房，男牢房的难友就会从风门口伸出头来打听，一旦得知女牢房大笑的原因后，仿佛受到了传染似的，男牢房的难友们也会纵声大笑——笑实际是革命者在极端残酷的环境里一种不屈服的革命乐观主义精神的体现。

牢房里也有撕心裂肺的痛哭声。

严冬到了，关押在渣滓洞楼下六室的新四军战士龙光章的生命体征越来越弱了。

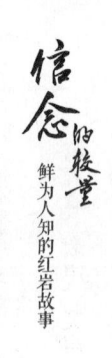

为了最大限度延长龙光章的生命，监狱里的难友们挖空心思采用一切可使用的办法：食物不够，难友们从口中节省下来给他；没有药品，千方百计从监狱外的秘密渠道搞来为他治病；夏天到了，女难友们为驱逐炎热而用自己的旗袍为他缝制短裤；严寒时节，难友们为他穿上最温暖的棉衣……尽管有难友们无微不至的关心和照顾，但在监狱中极端恶劣的生活条件下，龙光章的身体每况愈下，像耗尽了油的灯一样，他的生命之光越来越弱了，越来越暗淡了。1948年12月15日夜，走到生命尽头的龙光章溘然长逝。

眼看着一个朝夕相处的年轻战士被虐待致死，悲伤的难友们热泪长流，他们痛哭着，呼喊着，拼命地摇晃着牢房门……

牢房外，黑夜中的歌乐山松涛怒吼，细雨淅沥。一阵狂暴的风夹着冰冷的雨水吹进了牢房，更增添了渣滓洞的萧瑟和寒意。

龙光章，新四军江汉独立旅三十三团一营战士，在湖北房县掩护部队转移的战斗中受伤被捕，与他相继被捕的还有10名新四军战士。1948年春，在经历了敌人百般的折磨和长途跋涉后，龙光章和幸存的6名战士被转移到渣滓洞监狱关押。

当晚，渣滓洞所有牢房开始紧张地商量对敌斗争的办法，狱中党的领导集体经过认真的思考研究后认为：要利用这件事来团结同志们和难友们，坚决打击敌人的嚣张气焰，改善狱中残酷虐待难友们的环境，强迫敌人接受下列条件：第一，为龙光章购买一口棺材，用白布裹尸埋葬。第二，改善监狱中的非人生活，取消对政治犯的残酷虐待。第三，今后得重病的人一律送到医院进行治疗。第四，为龙光章召开追悼会，集体送葬。党的领导集体认为：即使敌人是暂时接受上述条件也是最大的胜利。

哪知，这些工作还没有进行，特务却提前行动了起来——第二天早晨，特务抬着棺材来到了六牢房门口，企图运走龙光章的遗体。

见势不对的难友们把特务堵在门口，各个牢房的呵斥声和怒吼声一浪高过一浪。瞬间，整个监狱沸腾了。

吓得不知所措的特务溜走了。

第二天上午，谈判代表走进了看守所长李磊的办公室，向李磊提出为龙光章召开追悼会等四项诉求。

绰号猩猩的李磊假装出一副沉痛的样子说："古人说得好：鸟之将死，其鸣也哀；人之将死，其言也善。人同此心，心同此理，兄弟当了多年所长，出现这种事，还是第一次……"

谈判代表质问："究竟同意不同意？"

李磊说："条件嘛，好说好说。龙光章之死，由于地方过于狭窄，人住得多，是根本原因……"

谈判代表又问："究竟同意不同意？"

李磊突然往桌子上"啪"地拍了一巴掌，声色俱厉地说："你们想要挟我？"

第一次谈判破裂。

特务有针对性地采取行动了，他们找来案情较轻的难友说：你们不要跟着一起闹事，要遵守狱规争取早日释放，否则要吃亏。特务抬着一口棺材再次来到六室准备强行运走龙光章的遗体。早有准备的难友们同特务对峙起来，有的坐在龙光章的遗体旁不让抬，两个新四军战士干脆睡进棺材里说："把我们和龙光章拖去一起埋掉算了。"这时，整个监狱的难友们发出了惊天动地的怒吼。心惊胆战的特务知难而退。

李磊又来到六室，他语气平和地说狱方给龙光章购买棺材，已经做得很仁义，在战场上被打死了还没有这样的待遇，让他们把龙光章抬出去埋葬算了。

难友们拒绝了李磊的要求。

黔驴技穷的李磊只得说让难友们派遣代表再次谈判。

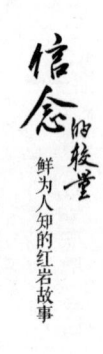

第二批谈判代表来到李磊的办公室，向李磊提出埋葬龙光章的四个条件。

李磊同意了前三个条件，他说："我从历史上都没有听说，犯人死了要开追悼会，哪有这一说？"深知为"犯人"召开追悼会是个政治问题的他无论如何都不答应。最后，无可奈何的他恐吓说要向上级报告——难友们知道这是监狱秘密杀害难友的习惯用语。

毫不畏惧的谈判代表寸步不让。

恼怒的李磊把谈判代表扣留起来。

谈判第二次破裂了。

得知消息的难友们义愤填膺。

狱中党的领导集体决定立即拿起唯一的武器：团结难友们开展绝食斗争。

特务加强了警戒：不仅每天的放风时间缩短，而且岗亭上增加了机枪。

双方剑拔弩张。

吃饭的时间到了。

看守送来的饭菜也不同往天：平时的霉米饭换成了热气腾腾的大米饭，特意增添的一桶回锅肉散发出令人垂涎欲滴的香味。按照18间牢房的数量，看守把大米饭和回锅肉分成了18份。

看守吹响了口哨，大声喊牢房的人打饭。

但出乎看守意外的是，牢房里竟然没有人前来打饭，整个牢房一片静谧——而往常打饭的时候，这里是熙熙攘攘，热闹非凡。

看守再次吹响口哨并呼喊打饭。

依然没有人理睬。

18桶大米饭和18份回锅肉冒着缕缕热气摆放在那里，无人问津。

已是13时了，饭菜仍然没有人领取。

李磊和看守长徐贵林焦急起来。

14时过去了。

早已冰冷的饭菜还是没人领取。

李磊、徐贵林和其他特务到各个牢房劝说难友们吃饭。

难友们冷眼相对。

看守更加心慌了，他们走到优待室去劝告非党人士说：你们的案情轻，不要同那些人一起凑热闹，以免加重案情。还是先吃饭，其他事情可以好好说嘛。

优待室的难友们也不予理睬。

第一天，没有一个难友吃饭。

第二天，仍然没有一个难友吃饭。

在饥饿之下，长期受到非人折磨的身体虚弱的难友在相继出现无力、心慌的病理反应后，七八个难友昏厥过去。

李磊终于沉不住气了：他清楚地知道，如果监狱中再发生死亡，不仅显得他无能，而且上级一定会追查他的责任，到那时，他将会受到免职等处理。

焦头烂额的李磊召集下属一阵紧急商量后，决定接受难友们提出的四个条件。

第三天早晨，一口棺材被特务抬到院坝。

李磊随即宣布说吃了早饭就召开追悼会——他的意图是迅速召开追悼会，让没有准备的难友们措手不及。

难友们又一次取得重大胜利。

担心出现意外情况的特务把岗亭上的机枪装上了子弹。

龙光章的灵堂设置在放风的院坝里，正面的墙上悬挂着难友们用草纸书写的挽联，其中的一副书写道："是七尺男儿生能舍己，作千秋雄鬼死不还

家。"灵堂的正中安放着一张铺了白布的方桌，中央的灵牌上书"龙光章灵位"。方桌上贡奉着祭酒、柑橘和名叫刀头的酱黄色猪肉等祭品。方桌前一个用野花野草扎成的硕大花圈书写着一个苍劲的"奠"字。

天空阴沉，云雾密布。

院坝里蜡烛摇曳，青烟缭绕。

所有的牢房门打开了，江竹筠、胡其芬、李青林、左绍英头上佩戴着绸带扎成的白色小花走了出来，男难友佩戴着青洋布衫做成的黑纱步履沉重地走了出来。在这三百多参加追悼会的人群中还有一位出生仅一个多月的婴儿——她就是在监狱出生的被难友们百般呵护地称为"监狱之花"的左绍英的女儿。这是"监狱之花"第一次见到这么多的叔叔阿姨，也是第一次见到宽阔的天空，她睁着一双水汪汪的大眼睛好奇地观察着这陌生的一切。

院坝四周站着的特务虎视眈眈，岗亭和高墙上的机枪枪口瞄准了参加追悼会的人们，枪上的刺刀寒光闪闪。

一阵凛冽的寒风吹起来了，院坝中悬挂的挽联哗啦啦直响。

在肃穆的气氛中，追悼会开始了。

面对着愤怒的难友们，主祭人李磊朝着龙光章的灵位三鞠躬，他虚与委蛇地说："龙光章去世了我感到非常的沉痛，我对不起大家。所方对大家是关心的，今后有人生病所方一定认真医治。希望大家今后一定要遵守法律和所方的规定，尤其不要绝食。"

新四军战士杨志纯一步跨上灵台控诉说："我们被捕的新四军一行11人，龙光章去世后，现在只剩下5人了。"杨志纯痛哭起来，他一边哭一边说："我们解放军对待你们俘虏，不打，不骂，从不虐待，愿留就留，愿走就发遣散费……而你们国民党……"

院坝里响起了哭泣声，难友们泪流满面。

在李磊看来，杨志纯的讲话无异于煽动，担心再出问题的他焦急起来。

台上的杨志纯声泪俱下，越说越激动。

气急败坏的李磊一边命令特务把杨志纯拉下来，一边冲上去用脚踢杨志纯。难友们向李磊围了过来。

追悼会场一片混乱。

正在这时，受到惊吓的"监狱之花"嘹亮地啼哭起来。

难友们的心中蓦地一惊：在这环境恶劣的监狱中，等待着这个苦难的孩子的将会是什么命运呢？

龙光章被埋葬在渣滓洞牢房外向阳的山坡上。从这一天起，他和监狱中的难友们开始日复一日地相互守望。

1948年12月22日，让难友们惊讶万分的是，坐牢已达8个月的中共重庆城区区委书记李文祥竟然叛变了！

1948年4月22日，由于刘国定的出卖，李文祥与妻子、中共地下党员熊咏辉一同被捕。在残酷的审讯中，李文祥坚贞不屈，保守了党的秘密。黔驴技穷的特务将他关押在白公馆监狱，而把熊咏辉关押在渣滓洞监狱。在非人的环境中，与陈然关押在同一牢房的李文祥渐渐消沉起来，萎靡不振。陈然知道他爱好文艺，劝他阅读文艺理论书籍。李文祥却说："懒得看这些理论的东西。"在特务审讯时，李文祥流露出对妻子依恋的情感，恰恰就是这样的破绽让狡猾的特务看到了迫使李文祥就范的希望。之后，每次审讯时，特务把李文祥押送到渣滓洞监狱，故意让他同熊咏辉见面。每一次见面他都对妻子哭泣，反而是熊咏辉劝他要坚持斗争，不要有太多的想法。12月中旬，特务押送李文祥到渣滓洞与熊咏辉见面后说：这是你同妻子最后一次见面了，你有什么话就说完。在特务的恐吓之下，李文祥彻底崩溃，担心被杀害的他打定主意投降了。陈然看出李文祥的变化后说如果李文祥叛变他就自杀，企图以此来阻止李文祥的投敌行为。但决心已定的李文祥不为所动，向特务选择了自首。李文祥出卖的中共地下党员有：程谦谋、何柏梁、李温如

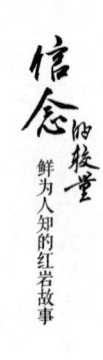

等十多人，导致多人被捕和程谦谋、何柏梁等人的牺牲。

恬不知耻的李文祥还为自己背叛革命找了三个冠冕堂皇的理由："一、我叛变不该我负责，我是被上级出卖的。我还坚持了8个月，我交出的名单中人，他们早该转移了。如果还不走，也不该怪我。二、我只有被枪毙和投降两种选择，苦了这么多年，眼看胜利了，自己却得不到胜利，太惨了。三、组织已经破坏，我只有为自己打算，为妻子着想。"

李文祥叛变后，监狱里的难友们为了降低这个晴天霹雳的消息对熊咏辉的沉重打击，逐步地向她透露了丈夫叛变的情况。一直相信丈夫能坚贞不屈的熊咏辉经历了非常痛苦的接受过程，饱受打击的她变得憔悴了。她深思熟虑后给男牢房的难友们书写了一封公开信，她说：李文祥的行为已经背叛了革命，我今后同他一刀两断，各自走自己的道路。我会坚定不移地同难友们战斗在一起，请难友们看我今后的表现。熊咏辉的坚定赢得了难友们的支持，男牢房鼓励和称赞的信件、纸条向她传递过来，给她增添了无穷的力量和勇气，战胜了痛苦和打击的她又开朗阳光起来。

但不幸的消息又传来了：李文祥要把熊咏辉接出渣滓洞监狱。一时间，她又被忧愁所笼罩——当了叛徒的妻子连选择继续坐牢也成了奢望。难友们耐心地劝告她说：这个难得的机会不要放弃，应该出去，只要自己拥有坚定的信念，"什么情况下也能继续革命"，今后要远离他。

熊咏辉哭着说："我往哪里躲，往哪里跑？我能去的地方他都知道呀！"

同一牢房的曾紫霞非常理解熊咏辉的艰难，主动伸出了援助之手：她告诉熊咏辉一个地址，让她在绝对安全的情况之下去找这个朋友，这个朋友能帮助她远离重庆。

怀着痛苦而复杂的心情，熊咏辉离开了渣滓洞监狱。

1949年9月，在社会各界的营救下，曾紫霞出狱了，一直惦记着熊咏辉的她到处打听熊咏辉是否到了她朋友那里，但音信全无。1951年，李文祥被人民政府判处死刑，但曾紫霞仍然不知熊咏辉的去向。就这样，数十年漫漫时光过去了，曾紫霞同其他幸存下来的难友们再也没有见到熊咏辉，并渐渐遗忘了她。直到后来一个偶然的机会，曾紫霞得到了熊咏辉的住址。当曾紫霞怀着极大的热情千方百计找到熊咏辉时，已经再婚的她不愿意再提起监狱中的那段岁月，仿佛那件事没有在她身上发生过一样。显然再说什么都是多余的，曾紫霞想道："也许痛苦已把她变成了另一个人。"

曾紫霞询问熊咏辉为什么不去找她的朋友把她送离重庆。

熊咏辉说："我已经是那样的处境，我怎能、怎敢再去牵连任何一个人！"

刹那间，曾紫霞意识到叛徒丈夫给熊咏辉一生带来了太多的痛苦和沉重的精神负担，尽管经历了漫长的岁月洗礼，这时的熊咏辉仍然是渣滓洞监狱坐牢时活脱脱的她。

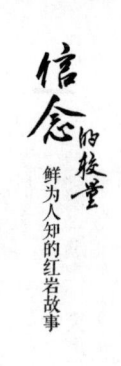

24
舞蹈把她们变成了美丽的天使

几乎就在李文祥叛变的同时，特务加紧了逮捕四川中共地下党组织另一个重要人物，川康特委书记蒲华辅即将被捕叛变了。

1948年年底的一天，几个特务、叛徒在二处的办公室里聊天。

已经提拔为上校情报课长的雷天元询问刘国定出卖的郑眼镜是什么人。

冉益智说他认识郑眼镜，郑眼镜本名蒲华辅，又叫蒲文昶，化名郑理中，戴一副眼镜的他被熟悉的人称作郑眼镜。

雷天元听后惊喜地说他同蒲文昶是铜梁县中学的同学，只是不晓得他叫郑眼镜。

踏破铁鞋无觅处的重要线索就这样轻易地得到了。

雷天元迅速向徐远举作了汇报。

徐远举喜出望外。

在破坏《挺进报》和中共地下党组织中双手沾满鲜血的徐远举已升任川、康、滇、黔四省的保密局西南特区区长。尽管如此，踌躇满志的徐远举并不满足，他一直在寻找线索期待摧毁中共川康特委等地下党组织，以此来飞黄腾达，实现自己的远大抱负。

念念不忘破坏中共川康特委的徐远举在这之前已经作过两次试探：第一次，派遣左志良前往成都逮捕罗广斌时，却让重要的共产党人马识途逃跑了。第二次，他派遣季缕前往成都四川大学逮捕中共地下党员、女学生陈为珍，四川大学的学生闹起学潮来，只好将陈为珍释放。并不甘心失败的徐远举同时安排刘国定到成都驻守，搜查蒲华辅的线索，但均无效果。

徐远举得到雷天元的汇报后，亲自前往成都了解情况，企图一举摧毁川康特委。1949年1月2日，徐远举成立川西特侦组，任命刘国定为组长、雷天元为副组长、骆安靖为书记，紧锣密鼓前往成都逮捕蒲华辅。雷天元一行到达成都后多方访问铜梁老乡打听蒲华辅的线索，同时又到华西坝等地区搜巡，期望能发现蒲华辅的行踪，但却是竹篮打水一场空。

蒲华辅的线索被保密局成都站发现了。

保密局成都站副站长刘鉴先、组长周生才接到逮捕蒲华辅的命令后，便着手研究抓捕方案。周生才向保密局成都站通讯员、中央军校胡教官打听蒲华辅的情况时竟然有了收获——胡教官与同乡蒲华辅在前段时间有过交往，他看见蒲华辅曾在复兴桥一带活动。刘鉴先遂安排特务在复兴桥一带蒲华辅有可能活动的地方布控。

一场围捕的大网撒开了，蒲华辅危在旦夕。

蒲华辅，又名蒲文昶、蒲正应，1909年出生，四川省铜梁县（今重庆市铜梁区）人。1927年加入中国共产党。1947年担任中共川康特委书记。

蒲华辅的危险本来是可以避免的——在刘国定、冉益智和涂孝文等人叛变后，中共上海中央局钱瑛曾明确指示：鉴于重庆地下党组织被敌人破坏严重，蒲华辅必须转移到农村去。川康特委副书记马识途也建议蒲华辅转移到安全有保障的农村去。但贪恋城市生活舒适、惧怕农村生活艰苦的蒲华辅找借口拒绝了，这为他后来的被捕留下了隐患。

1949年1月12日上午，全然不知危险降临的蒲华辅从家中出来途经复兴

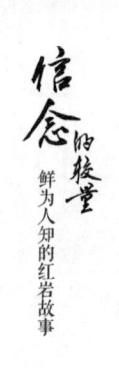

桥时，被守候在这里的胡教官和特务发现。蒲华辅走到了茶馆楼上，与已经到达的马识途会面，准备研究川康特委会等事宜。这时，机警的马识途发现他们已经被人监视了。他让蒲华辅先走，自己留下来应对。

神色紧张的蒲华辅起身下楼后，一个监视的人就紧跟了下去。

蒲华辅走出茶馆后时而向东时而向西不停地穿插在大街小巷里，直到确定没有人跟踪才返回家中。

在蒲华辅走下楼梯后，沉着机智的马识途才起身下楼，两个一直在监视他的人紧跟着下来——马识途更加确定他们是特务无疑。凭借着丰富的地下斗争经验，马识途成功地摆脱了特务的抓捕。

1月14日上午，蒲华辅按约定到北门内草市街一个茶馆同川康特委委员华健研究川康特委会议事情，再次被周生才等特务跟踪监视。有备而来的特务迅速对茶馆和附近的路口进行了警戒。发现异常的蒲华辅和华健立即跑出茶馆。惊慌失措的蒲华辅一路狂奔到了草市街的中共地下党员韩三思的家中，导致韩三思同他一起被捕。华健没跑多远也被守候的特务逮捕。

特务随即把三人押送到保密局成都站进行审讯。韩三思、华健面对特务的严刑拷打九死一生，但毫不屈服，守口如瓶。

特务把审讯的重点放在蒲华辅身上，最初的拳打脚踢他咬牙忍住了，但当特务准备实施"火背篓烙背"的刑罚时，蒲华辅的心理防线顷刻间崩溃了——这个党龄最长、职务最高的中共省委领导叛变了。蒲华辅出卖的中共地下党领导干部和党员有：妻子郭德贤、韩三思、马识途、华健、刘盛亚等三十多人。

收获巨大的刘鉴先打电话向徐远举汇报了蒲华辅的叛变出卖情况。徐远举一边称赞刘鉴先取得的成果，一边指示他立即逮捕蒲华辅出卖的中共地下党员。一切安排妥当后，徐远举带领雷天元、陆坚如、漆玉麟等大批特务火速赶往成都，企图一举破获中共川康地下党组织。

徐远举风尘仆仆赶到成都后,当即对蒲华辅进行了审讯。在徐远举凶神恶煞的呵斥和特务虎视眈眈的酷刑威胁下,蒲华辅再次出卖了下列中共领导干部和地下党员:丁地平、李维嘉、吕英、齐亮、马秀英、张学云、韩子重、黎强、王文鼎和王宇光等数十人。

这个共产党的高级干部说出如此众多的党内秘密,简直让徐远举欣喜若狂,他随即紧急安排特务兵分数路进行逮捕,除马识途、李维嘉、黎强等少数人脱险外,下列人员相继被捕:郭德贤、吕英、齐亮、马秀英、韩子重、王侠夫、曾鸣飞、张学云、丁地平等。

正当徐远举决定驻守成都,将川康特委的中共地下党组织一网打尽之时,不料风云突变——1949年1月21日,风雨飘摇的国民政府总统蒋介石宣布"引退",副总统李宗仁代理总统职权。在这种非常不利的局面之下,徐远举不得不结束抓捕行动,将蒲华辅、华健、齐亮、韩子重、吕英、郭德贤等十多人转移到重庆的渣滓洞和白公馆监狱关押。至此,由陈柏林传看《挺进报》被捕开始,导致中共地下党员特别是领导干部刘国定、冉益智和涂孝文等被捕叛变,从而引发一系列波及重庆、四川、上海和南京等地的大逮捕才宣告结束。

李宗仁代理总统后不仅使徐远举继续破坏川康特委的希望破灭,而且也对秘密关押在重庆集中营杨家山的杨虎城产生了影响。为了表示同共产党谈判的诚意,李宗仁宣布释放政治犯,特别下令释放因发动西安事变而闻名中外广受关注的张学良和杨虎城。杨虎城看到刊登释放他的报纸后,开怀大笑地说:"总算盼到了今天!"——这是从1937年12月杨虎城被关押后首次得到的重大喜讯,这一迟到的消息让他在度日如年的监狱中苦苦等待了12年之久。

代理总统都发布命令释放他了,彻底放心的杨虎城准备着出狱的事宜。

但令杨虎城和社会各界意想不到的是,代理总统发布的命令要节外生枝

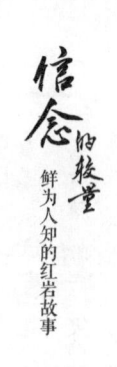

了。

保密局新任局长徐志道接到李宗仁的命令后，立即从广州向已迁移到上海的毛人凤打电话汇报。毛人凤遂前往浙江奉化溪口请示蒋介石如何处理。

蒋介石怒火万丈地说："如果张、杨当年听我的话，不闹西安事变，那我早就把共产党消灭了，不会搞到今天这样的局面。现在把他们放出去，杨就会去投靠共产党，于我们不利。杨在重庆的目标太大，马上将他秘密移押于贵州。"

毛人凤请示如何回复李宗仁。

蒋介石说："叫徐志道推脱说不归他管，要李宗仁直接找你，你就置之不理。"

毛人凤按照蒋介石的要求回复徐志道说，关押张学良和杨虎城的事由他管，请李宗仁直接找他。

李宗仁鉴于毛人凤已辞去保密局局长职务而公文不好送达，即命令重庆市市长杨森释放杨虎城。但老奸巨猾的杨森说他无法找到毛人凤，更不知道杨虎城关押在何处。之后，杨森飞往上海毛人凤的家中研究如何处理杨虎城的事情。杨森从毛人凤的口中得到了蒋介石的指示后，返回重庆答复李宗仁说仍然找不到毛人凤。

代理总统的命令成了一纸空文，李宗仁无可奈何。

为了找到毛人凤以便释放张学良和杨虎城，重庆和南京的报纸刊登了寻找毛人凤的消息。

西南特区接到毛人凤的命令后，徐远举、周养浩等到杨家山要求杨虎城离开重庆前往贵阳。

满心的希望化成了泡影，杨虎城勃然大怒，坚决不同意迁移贵阳，他说："要死便死在这里，我又不是小孩，任你们迁来迁去。"

但西南特区胁迫杨虎城一定要迁移贵阳。

经过周养浩等人多次做工作，杨虎城提出把关押在白公馆的宋绮云夫妇一同迁往贵阳等条件后，同意前往贵阳。杨虎城提出的条件得到毛人凤批准之后，乘坐徐远举联系的飞机，由周养浩和特务队长龚国彦秘密转移到警戒更严密的贵阳黔灵山关押。

一代名将杨虎城最后凄惨的岁月来临了。仅仅数月之后，他再次被秘密押回重庆，等待着他的将是血腥的屠杀。

1949年的春节到了，渣滓洞监狱的牢房里一片忙碌：男难友拔胡子捉虱子，更换干净一点的衣服；女难友努力把"最耀眼最漂亮"的花衣服和绸被面等表演"道具"寻找到之后，在牢房里一遍又一遍地练习秧歌舞。有的冥思苦想作诗，有的龙飞凤舞地撰写春联，有的准备新春礼物，有的制作贺年片……所有的这一切都是为了在正月初一这天开展文娱联欢会而准备的：原因是新入狱的难友和秘密渠道传来了振奋人心的重大消息——人民解放军在解放全中国的三大战役中取得了全面胜利，欣喜若狂的难友们决定在春节进行庆祝，并积极做看守黄茂才的工作。黄茂才想到正月初一"这一天从旧风俗不论城市农村人人都过上欢乐一天"，因此答应了。

正月初一的早晨，乳白色的浓雾遮挡了渣滓洞的牢房门。突然，一阵《国际歌》的歌声从一号牢房传了出来："起来，饥寒交迫的奴隶……"跟随着歌声，男牢房和女牢房的难友们大声地歌唱了起来。

嘹亮的歌声惊醒了睡梦中的特务，他们惊恐万状地喝令不准唱歌。

但特务的声音被歌声淹没了。

越唱越兴奋的难友们唱完《国际歌》，又唱起了《义勇军进行曲》《正气歌》等歌曲。

歌曲唱完后是难友之间赠送贺年片和新年礼品。这些用香烟盒纸和罐头广告贴纸制作的祝贺春节愉快、"迎接春天"的贺年片不仅有内涵丰富的古

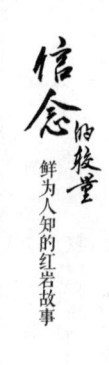

诗和寓意深刻的句子，而且有的还采用俄语和英语书写。新年礼品则是用牙刷塑料柄制作的小红心、五角星、纸壳扑克和象棋等。

最后是张贴春联。难友们吃完早饭，乘看守开门送出饭桶的时间，几个人用稀饭把春联张贴在牢房门的两边。含蓄隐晦的春联张贴了七八副之后，由于特务的撕毁，其他牢房明显带有抨击性的春联就不再张贴。楼下一室的春联是："歌乐山下悟道，渣滓洞中参禅"，横批是"极乐世界"。被捕的中共地下党员何柏梁评价说："我以为悟毛泽东思想之'道'，参马列主义之'禅'，未尝不可。此联含蓄，妙极，敌人钻不了空子，算上品。"

楼下七室的春联是："两个天窗出气，一扇风门伸头"，横批是："乐在其中"。

被同志们亲切称为艾老夫子的中共地下党员艾文萱对这副春联尤其欣赏，他评价说："此联一语道破洞中生活实况。一个'乐'字既是反语，言其'苦'极，又有双关意：革命者以解放人类为己任，虽苦犹乐。"

李磊看了这副春联总觉得是针对他们的，有些反感的他正想骂难友们。

早有预料的难友质问道："怎么样，难道渣滓洞的生活不是这样的么？"

李磊说："生活当然是这样的。不过，'乐在其中'，那个'乐'字总有点问题，应该改掉。"

难友讽刺地说："那么把'乐'字改为'苦'字，'苦在其中'。你看如何？"

李磊无言以对。

吃中午饭的时间到了，难友们第一次享受到特务送来的珍贵食品：肉、酒和花生。中午饭后，李磊、徐贵林和一些看守进城过春节去了，在黄茂才能做决定的情况之下，他同意了难友们表演文艺节目的请求——但担心出意外的他不仅增加岗哨，还在高墙上架起了机枪。

文艺表演的第一个节目是铁镣舞。随着牢房门的打开，一群戴着脚镣的难友蜂拥而出。他们的步履沉重而有力，坚定而铿锵。随着身体的舞动和双手的扭动，脚下的铁镣发出了钢铁碰撞的叮当声。表演得最为出色的是罗广斌，他舞动着青春的身体，时而快时而慢，时而左时而右，时而前时而后，迅疾时如电闪雷鸣，舒缓时似行云流水，轻柔时若春风化雨……共产党人对真善美的追求和对丑恶与黑暗的鞭挞得到酣畅淋漓的表现，被难友们永远定格在了记忆深处。

　　第二个节目是叠罗汉。在一阵敲打洗脸盆和饭碗的"音乐"伴奏下，七八个男难友龙腾虎跃，一个接着一个翻筋斗，一直从院坝的这头翻腾到院坝的那边，让人眼花缭乱，目不暇接。正在难友们喝彩称奇之际，表演者站立成一个大圆形，第二层的表演者踩着第一层表演者的肩膀上去，站立成第二层，直到重叠成三层。在三层最高处站立的是刘德彬，他手中拿着的红旗迎风飘扬，宛若一团熊熊燃烧的火焰。

　　这时，掌声雷动，歌声响起。

　　随着第一层的表演者开始转动，整个宝塔形的"罗汉"缓缓地转动起来，站立在顶峰的刘德彬趁机察看监狱四方的情况——这个节目是为越狱做准备、刺探敌人的岗哨等情况而特意编排的。刘德彬看见一条潺潺的小溪流淌到了嘉陵江中。

　　经久不息的掌声和欢呼声再次响起。

　　看守有的看得目瞪口呆，有的直愣愣傻乎乎地盯着，有的一个劲地为表演的精彩叫好，忘记了自己的身份和职责所在。看守据此判断说这些叠罗汉的表演者不仅练习过武术，而且身手不凡。

　　叠罗汉表演完毕，"舞台"上出现了一位步履蹒跚的年老乞丐拉着一个衣衫褴褛的孩子在饥寒交迫中乞讨。由何雪松扮演的老乞丐凄切地唱道：

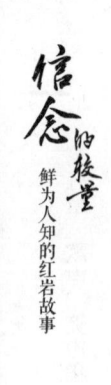

月儿弯弯照九州

几家欢乐几家愁

几家高楼饮美酒

几家流落在街头

……

最后上场表演的是女牢房的难友们。

身着列宁服的杨汉秀第一个出现在"舞台"上，喜气洋洋的她手里提着一个醒目的红色灯笼，上书四个大字："恭贺新春"。

院坝里响起了热烈的掌声。

身着绣花被面和花布衣服的女难友走了出来。青春洋溢的她们薄施粉黛，显得是那样的年轻、光彩而又婀娜多姿。

在全体难友们的关注下，她们杨柳扶风般地跳起了舞蹈。在对心中的理想和憧憬的演绎中，她们的舞姿欢快而抒情，歌声婉转而动听，表情夸张而粲然，她们的青春在热情奔放的表演中得到了尽善尽美的绽放。舞蹈、歌声、朝气和欢乐把她们变成了一群美丽的天使，变成了让人心灵震颤的精灵，把难友们带入了一个令人神往的崭新世界。

女难友的舞蹈和歌声激发起全体难友们的大合唱：

正月里来是新春

赶着猪羊出了门

猪呀，羊呀

送到哪里去

送给那英勇的解放军

……

惊恐万状的看守把机枪枪口瞄准了院坝中欢乐的人群，他们难以理解的是，这群生活在极端恶劣环境下随时面临死亡威胁的人居然还有心情这样高兴。

难友们嘲笑看守说："开联欢会，还有人架上机枪保卫我们的安全咧！"

平常，在国民党统治区歌唱和表演秧歌舞是被严格禁止的，如被发现即遭逮捕。而今天，在国民政府管理的监狱里，在看守黑洞洞的枪口之下，他们竟然公开表演和歌唱颂扬解放军的秧歌舞！这需要何等的胸襟和气魄，需要何等的乐观与从容——对一群捍卫信仰铁骨铮铮的共产党人来说，他们早已把严刑拷打和死亡置之度外，还有什么值得担心、害怕和忧愁的呢？那就纵情地唱吧跳吧欢乐吧。

春节联欢会之后，随着解放战争的进一步胜利，监狱中的难友们尽管时刻面临死亡的威胁，但他们并不放弃对生的追求，希望能活着出去看一看祖国的美丽山川，用自己的智慧和勤劳的双手去建设一个独立于世界民族之林的繁荣昌盛的崭新中国——这就需要有健康的身体和丰富的知识。在狱中党的领导集体的引导下，难友们提出了"加强学习，锻炼身体，迎接解放"的口号。而获得健康的身体和丰富的知识这两样宝贵的财富只能通过锻炼和学习。为了锻炼身体，难友们围绕着墙壁走圈、打太极拳和在地上做运动。鉴于学习条件恶劣，难友们千方百计想了许多克服困难的办法：没有笔，就用竹签或竹筷磨成尖细的"自来水笔"；没有墨水，就用破棉花烧焦拌水兑成"墨水"；没有纸张，就用香烟盒与其他废纸或把白衬衣撕成块状当纸张；没有课桌，就用枕头、床铺和被子替代；没有学习资料，就把记忆在头脑中的革命理论和古典诗词书写出来以供学习——这些依靠记忆背诵出来的革命理论有《新民主主义论》《论共产党员的修养》《中国土地法大纲》和唐诗宋词等。学习不分地点不拘形式，每一个人既是老师又是学生，所学的内容也是五花八门：不仅有语文、数学、物

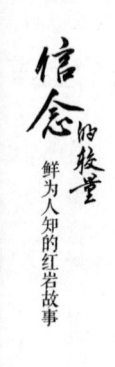

理和化学，而且还有历史、地理和诗歌；不仅学习英语，还特别爱好学习俄语——苏联作为第一个建立的社会主义国家是难友们十分崇尚和向往的，通过学习俄语希望有一天能到苏联去走一走看一看，为我国的社会主义建设提供可资借鉴的经验。难友们最感兴趣的还是唐诗宋词，只要有人背诵："黄河之水天上来，奔流到海不复回"，马上就会有几人用细小的声音接着背诵："高堂明镜悲白发……"难友们喜欢背诵和抄写的唐诗宋词有《石壕吏》《将进酒》《长恨歌》《琵琶行》《赤壁怀古》等。难友们还爱通过讨论把各自心中想象的社会主义景象描绘出来：这些包罗万象的内容有矿山该怎样设计、工厂如何建设，甚至某年某月将会出现哪些新生事物等。说得激动而具体时，干脆就用黄泥替代笔在地上为身边这座城市重庆的建设规划起来：首先要修建几条铁路；长江和嘉陵江是重点建设的地方，毫无疑问要修建几座大桥、巨型的水坝和发电站；甚至把关押他们的监狱和歌乐山也进行了规划——在这儿就建设美观的工厂……

李宗仁代理总统后，一批民盟成员和中共地下党员就要被释放了。

4月1日将在北京举行国共和平谈判，已在1月被国民党政府任命为重庆绥靖公署主任的张群迫于形势的需要与为和平谈判创造积极条件，他特意来到上海拜访民盟主席张澜。

张群说他要到四川去主持西南的军政大计工作，询问张澜有什么话说。

张澜一针见血地说："今天的大局你还不清楚吗？最好是跟人民走。"

张群说："我也明知不行了，但我不能背离蒋公（蒋介石），他对我有知遇之恩，我不好背他，只有跟他走。现在我要回四川了，表老（张澜），你还有什么意见？"

张澜说："你回去应该为四川人民做些好事嘛，首先应该释放政治犯，关起民盟那么多人应该放嘛……"

张群答应到重庆任职后斟情办理，随即又在上海宴请黄炎培。黄炎培为张群分析了国共两党面临的形势，指出国民党既然提出和平谈判，为了表示诚意首先就应该释放政治犯，希望国民党能把上海、重庆和成都被捕的民盟成员给放出来。

张群黯然神伤地说："我明知事已不可为，但对国民党四十年关系，对蒋四十年关系，还有什么办法？至于被捕的盟员，我到了四川就查……"

面对这样难得的机遇，张澜和黄炎培决定营救一批被捕的同志出狱。就重庆释放民盟成员的事情派遣民盟中央委员范朴斋去同张群洽谈，并开出一份释放37人的名单——这其中有共产党员，希望张群能把这些政治犯全部给予释放。

徐远举看了名单后说杨伯恺和田一平是共产党员不能释放。

范朴斋坚持说："我知道他们是民盟盟员，今天喊释放政治犯，他们即使是共产党员也应该放嘛。"

徐远举说名单上的刘国鋕是共产党员也不能放，还有几个人不是民盟成员。

范朴斋说："我开的名单我负责，这些人都是盟员，必须放。"其实，这份名单中有不少人是双重身份：他们既是民盟成员又是共产党员，民盟是想趁机多保释一些中共地下党员出狱。

接下来，徐远举同范朴斋就释放的同志如何接收和送到一个叫特园的地方交人等事宜进行了多次协商。

对于外界开展的营救，关押在监狱中的即将被释放的难友们并不知悉。1949年3月31日上午，管伙食的特务神秘地对兰又耕说："要放你们了。"被特务从渣滓洞监狱转移到杨家山的兰又耕、田一平和李康三人依照以往的经验判断，这是特务欺骗他们的，说不定还有坏事发生。没有多久，监狱主任骆俊明安排人把三人叫到图书室里等待，同时派遣人把三人的行李检查后

送到了大门口,而骆俊明一句话都没说就走了——这样的反常情况让田一平三人满腹狐疑,不知何故。在天要黑下来的时候,骆俊明的妻子做了一桌酒菜叫三人吃饭。三人更加诧异了:这难道是杀害前的"赏酒饭"？尽管想不明白其中的原因,三人交换了一下眼色后还是风卷残云般地把酒菜"消灭"了。饭后,特务押着三人往图书馆后面的一条小路走,三人一边走一边想:为何不走图书馆前面的公路而选择走小路,"莫不是前面山坡上已经挖好了土坑,枪毙后就掩埋在那里？"特务一路跟随着,并没有任何异常。一行人从小路走到了公路上,发现一群人站立在那里。一个青年悄悄地对田一平说:"前面已经走了两批,我们是第三批。"

特务显得很忙碌,有的叫大家检查行李,有的大声喊人到室内签字。一群人渐次走入室内,特务发给每人一张纸条,田一平拿过纸条在昏暗的灯光下一看,只见纸条上写着:"蒙政府释放,今后遵守政府法令,如有违反,将受到严厉处罚。"雷天元训话后,汽车载着田一平等数十人向重庆市区行驶,最后在上清寺特园的鲜英家的大门口停了下来。这时,大家才最终确定是被释放了,不由得兴奋万分。这一天被释放的有田一平、唐弘仁、仲秋元、屈楚、李康、孙文石等21人,其中前4人是中共地下党员。相对于众多被杀害在监狱中的革命人士来说,毫无疑问,被营救出来的21人是幸运的,他们活着离开了人间魔窟。

少数的人出狱了,更多的革命人士将被源源不断地抓捕进来。

1949年5月25日,重庆沙坪坝中央工校校长秘书薛传道被捕了。

薛传道实际上是可以避免被捕的——在前一天的深夜,中央工校的总务主任悄悄告诉他说:重庆警备司令部要传讯他,让他快点逃走。

薛传道镇定地回答说他没有什么问题,不准备走。

意识到危险降临的薛传道返回家中立即把书信、刊物、解放区的油印品整理后拟带出去请同学保管。

妻子商育辛见状反常遂问为何收拾东西。

薛传道如实向妻子说明了情况。

商育辛问怎样面对这件事。

薛传道说："不走。"

第二天下午，大雨倾盆。两个穿雨衣的特务冲进学校找到薛传道说请他到外面谈话。

明白自己被捕的薛传道最后向教务长交代了工作，然后请一位老师把他的雨伞交给妻子，他希望以此来把他被捕的消息告诉妻子和同事。

商育辛听到走廊里有人说特务在抓人的消息后意识到薛传道已经被捕。为了见最后一面和为丈夫带上换洗衣服，她跑到办公区和会客室寻找薛传道，但让她没有想到的是，当她跑到校长室时，她也被特务逮捕了，夫妻二人被押上了汽车。在军法处监狱，商育辛看到二人被捕的原因是："匪嫌"——共产党嫌疑。

一个国民党的中央候补监察委员居然起来强烈反对本党，薛传道的被捕在国民党统治区引起了轩然大波：这起事件不仅让国民党政府震惊和恐慌，而且令国民党政府颜面扫地而又尴尬万分。为了"以正视听"，国民党中央社不得不发表消息称："中央候补监察委员薛传道因参加共党活动，中央决议永远开除其党籍。"

6月上旬，夫妻二人被押送到罗汉寺监狱，特务对薛传道进行了审讯。

特务问道："你在党内任什么职务？"

薛传道说："中央候补监察委员。"

特务说："什么候补监察委员？"

薛传道说："你怎么还不知道？国民党中央候补监察委员。"

特务拍着桌子说："胡说，我问你在共党内任何职务。"

薛传道说："我不是共产党，哪有什么共产党的职务？"

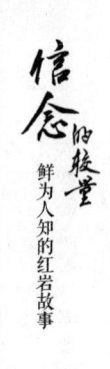

国民党的中央候补监察委员居然强烈反对本党，这让特务格外的仇恨，他们相继对薛传道使用了老虎凳和电刑的酷刑逼供。数天后，趁放风时在难友们的掩护下，夫妻二人在监狱中见了一面。出现在商育辛面前的薛传道面目全非，惨不忍睹：他佝偻着身体，不仅头上和手背被电刑烧灼伤，而且颈脸和胳膊等地方也是伤痕累累，最令妻子担心的是他的小便中仍然带血。早已把死亡置之度外的他对妻子说："死没有什么了不起，我早有思想准备。"

薛传道，1921年出生在上海一个家道中落的商人家庭。1937年考入中央工校读书。1946年被任命为中央工校的校长秘书。当年夏天，身为三青团团员的薛传道由于声望的影响，学校派遣他带领学生前往庐山参加三青团中央举办的夏令营及召开的全国代表大会。在参加庐山的夏令营中，由于他经常"揭露国民党的腐败现象，力主革新"，因而受到众多青年的拥护。伪装民主的国民党当局为了拉拢青年，同意选举他为国民党中央候补监察委员，名列第165名中的最后一名。在思想进步的妻子潜移默化的积极影响下，薛传道的言行与国民党政府渐行渐远，以至于到1948年的下半年，他彻底辞去了国民党内的一切职务，把三青团的文件、会议记录等资料付之一炬。他深恶痛绝地说："国民党、三青团这样糟，挂个名也感到耻辱！"1949年春天，他在《世界日报》发表《寻找新的教育思想》中一针见血地指出："中国社会的出路必然是在工农劳苦大众和进步知识分子结合下曲折地走上社会主义道路。"至此，薛传道完成了他人生的重大转变：从国民党的阵营中冲杀出来，身先士卒参加共产党领导的轰轰烈烈的革命斗争，由一个身居要职的民主斗士成长为具有无产阶级思想的革命战士。1949年7月，薛传道被转移到渣滓洞监狱关押。

1949年5月27日15时，家住重庆储奇门行街药铺的民革党员郑业瑞撰写完一封书信后从楼上走了下来，随手拿起一根凳子在大门边坐下准备看报纸。

就在这时，一个身穿美式服装的中年人从门口进来向柜台走去。他和气地对柜台里的人说："郑先生在家吧？"

一直清楚重庆最近风声很紧的郑业瑞知道来者不善——那个特务一定是来抓捕他的。郑业瑞想向柜台里的人示意说他不在，因特务在场无法传递。郑业瑞深知逃跑的可能微乎其微，但他不愿意就此束手就擒，必须作最后的努力。郑业瑞用背部对着特务，装作送信，从口袋中取出信件大步流星往外走去。

果然不出所料，走出来的郑业瑞发现门口的左右、街道上和街头对面的巷子都布置了身穿美式军装、西装和香港衫的行色可疑的人。毫无疑问，这些监视他的人都是特务。

继续走着的郑业瑞看见前面有一辆人力车，他想坐上人力车摆脱特务的纠缠。

一个特务迎面走来拍了一下郑业瑞的肩膀说："郑先生，几时回重庆的？"

郑业瑞说："先生你认错人了，我不姓郑，我姓李。"

早已清楚情况的特务说："哦，你不是郑先生？不见得吧，好，同我进去谈谈。"在他的示意下，五六个特务包围过来。

无路可走的郑业瑞在特务的挟持下只得回到了药铺中，他看见身着美式服装的特务正在威胁职员交出郑业瑞。

为了不牵连他人，郑业瑞承认自己就是特务寻找的人。

郑业瑞被押送到警备司令部，一群特务望着被捕的他兴高采烈，议论纷纷。一个特务嘲笑郑业瑞说："郑先生，你来了呀，我们这么多求驾的人脚都跑跛了哟。"

333

郑业瑞随即被押送到石灰市稽查处看守所关押,让他感到意外的是,他从第三间牢房中看到了伸出半个脑袋的同学毛晓初,二人会心一笑。郑业瑞想道:"倒是有个熟人了。"在被看守搜身后,郑业瑞同毛晓初关押在了同一间牢房。在看守离开之后,二人悄悄地谈话——郑业瑞这才知道毛晓初是两天前在重庆大学被捕的。已经被审讯过的毛晓初告诉郑业瑞怎样对付敌人的审讯。郑业瑞感谢毛晓初的关心,但毛晓初的话却给郑业瑞增添了更多的恐惧。

一会儿,一个据说是所长的人来到第三牢房,他凶恶的目光紧紧盯着毛晓初和郑业瑞,口中骂道:"真是糊涂虫,为什么把他们两个关在一间屋子内?"

所长走了之后,看守走来打开牢房门,把毛晓初转移到另一间牢房关押,然后对同室的难友说不准任何人同郑业瑞说话,否则要戴上脚镣。

黄昏放风结束后,看守把所有的"犯人"都关进了牢房,却把郑业瑞带到牢房旁边的屋子里,命令他等待审讯。

屋子里堆放着铁链、脚镣和一些叫不出名字的刑具。顿时,这些令人毛骨悚然的刑具让郑业瑞害怕起来,心脏怦怦直跳。当他想到"既然被捕,就只有死"这个念头时,心中的恐怖瞬间烟消云散。他继续想着:"我虽然不是一个了不起的革命人物,但在这个轰轰烈烈的革命过程中,总算也尽了一点力量,在革命就要成功的今天为革命而死不是也很值得吗?"这样的想法让郑业瑞感到分外的宁静和满足,年轻的有些紧张的面孔上竟然有了微笑。

22时左右,一群特务走了进来。审讯室内的油灯点燃了,霎时,油灯在夜风中忽暗忽明地闪烁着,似有幽灵鬼怪在室内游荡,气氛阴森而恐怖。

三个审讯的特务坐在桌子前。

一个身穿美式服装的特务煞有介事地询问郑业瑞的姓名、住址和身世等情况——也许是为了炫耀他的博学多才，他说每一句话都要夹带一个英语单词。

胸有成竹的郑业瑞说他是做药材生意的，其他什么都不知道。

郑业瑞的回答让"美式服装"咆哮起来，他命令特务对郑业瑞实施刑罚。

如狼似虎的特务一个抓住郑业瑞的头发，一个扭住郑业瑞的手臂，扑通一声把郑业瑞摔倒在地。拳脚和棍棒暴雨般地倾泻在郑业瑞的身体上，让他"从头到脚的每一块肌肉都尝到了痛苦的滋味"。

被打倒在地的郑业瑞尽管伤痕累累，但毫不屈服。

"美式服装"见硬的没有效果，又来软的。他假惺惺地叫特务把郑业瑞扶起来在椅子上坐下，说他们把郑业瑞的情况全部都掌握了，现在只是考验一下郑业瑞是否老实，年轻人不要执迷不悟，要识时务为俊杰。最后，他拿出材料：其中就有郑业瑞为重庆大学一个秘密报纸撰写的稿件《蒋介石的祸国殃民罪状》给郑业瑞看。

郑业瑞对没有签名的稿件不予承认。

"美式服装"见郑业瑞仍然不肯承认，黔驴技穷的他拿出郑业瑞写给毛晓初的信件和二人的照片，凶相毕露地问郑业瑞还有什么话说。

郑业瑞冷若冰霜地说："既然知道何必多问？"

"美式服装"进一步向郑业瑞发起了进攻，一定要郑业瑞交出组织，并在三分钟之内作出答复。

在短暂的三分钟之内，郑业瑞迅速从特务掌握的材料和自己被捕的直接原因判断：他的被捕最大可能同毛晓初被捕有关，要么是毛晓初叛变说出了他，要么是特务从毛晓初住宿之处搜查到了这些资料。而实际情况是二人创办刊物出了问题，从当年4月开始，郑业瑞找到在重庆大学读书的毛晓初创办宣传报道解放区的《前进中国月刊》。二人进行了分工：郑业瑞利用药铺

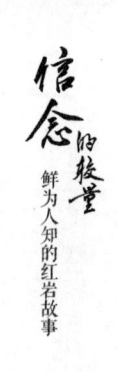

的收音机抄录解放区的消息、编辑文章和撰写评论等，毛晓初等人负责油印和发行。郑业瑞在将稿件邮寄给毛晓初的过程中被邮检特务发现导致二人被捕。

正当郑业瑞紧张地思考之际，特务们却吵闹起来，他们骂骂咧咧，有的说早就过了三分钟，有的说他死到临头都还不醒悟，应该立即用刑。

"美式服装"询问郑业瑞是否交代。

郑业瑞依然说没有什么可交代。

特务们气势汹汹。

他们野蛮地把坐在椅子上的郑业瑞连人带椅子推倒在地上。

郑业瑞猜测又要惨遭拳打脚踢了。

但特务却改变了刑罚。

特务搬来两根长凳，把其中一根长凳仰面朝天重叠在另一根长凳上，用铁链把一端连接在一起。特务把郑业瑞的双手按进两根长凳的缝隙之间，在他的每个指缝间插入一根铁筷子。准备完毕，特务使劲压长凳。

郑业瑞的十个手指被压得吱吱作响，但他仍然坚贞不屈。

特务更加恼怒，干脆整个人都站在长凳上——这样，郑业瑞手指承受的力量更大了。

在强大力量的压迫下，郑业瑞的手指破裂流淌出了殷红的鲜血，剧烈的疼痛让他昏厥过去。

特务用冷水朝郑业瑞的头上泼去。

郑业瑞苏醒了，强烈仇恨特务的他使出吃奶的力气挣扎起来，企图冲过去和特务拼命。

但特务似乎早有预料，边用力将郑业瑞按住，边还要他交出组织。

怒火中烧的郑业瑞干脆沉默起来，他猜测特务又要使用什么新刑罚，但却出乎郑业瑞意外。

特务歇斯底里地说明天再用酷刑，在给郑业瑞戴上沉重的脚镣后，两个特务把他拖进了牢房。在特务关门走后，一个难友下床扶起郑业瑞安慰一番，并说明天想法弄来酒和黄纸为他治疗伤痕。其他的难友也在小声地慰问着郑业瑞，这让他感到分外的亲切和温暖；但也有漠不关心的难友鼾声如雷。

之后，郑业瑞被转移到白公馆监狱，同王朴、刘国鋕、陈然和罗广斌等人关押在同一间牢房里。在白公馆期间，郑业瑞生命中一个重要的历程来临了——在铁骨铮铮的共产党人的教育和帮助之下，他经历了三个第一：第一次接受共产党的教育，第一次认识到了正确的革命方向，第一次学习了辩证法和唯物主义，白公馆是他"树立真正的革命人生观的起点"。他在九死一生后总结自己这一阶段的重要人生说：尽管以前参加了一些革命工作，但对革命的认识是肤浅的或者说没有认识，他剖析自己的心灵说："把革命只当作个人报仇雪恨的凭借或者个人扬名显姓的一条出路而已，就是被捕以后虽然硬过了几次严刑拷打，但这与其说是革命斗争性的表现，还不如说是英雄思想的支持。眼看到当时革命胜利已经指日可待，根据当时的情况判断，自知是活不出去的。与其卑躬屈节而死，不如硬过去留下个千古美名……"在残酷的血与火的考验中，郑业瑞的革命认识得到前所未有的提高，乐观自信的他在大屠杀前夕向刘国鋕和罗广斌等人申请加入中国共产党。

牢房外，灰蒙蒙的多雨的天空渐渐变得晴朗明净起来，巴渝大地生机勃勃，花草芬芳。

重庆的炎热季节快到了。

第六章　邓小平拍板买棺材

25　邓小平拍板买棺材

26　他们牺牲在共和国成立后

27　最后的紧急营救

28　狱中八条

29　虎口脱险

30　千古流芳

25
邓小平拍板买棺材

1949年的夏天来临了。

在一个大雨倾盆的夜晚，渣滓洞监狱左侧的围墙轰然倒塌，高度警惕的特务不仅增加了岗哨，如临大敌，而且还一律禁止所有的难友们放风。在这极度炎热和无聊的严酷环境中，皮灯影剧组居然从楼下八室应运而生了——游击队员卢秉良趁出牢房倒尿罐的机会在垃圾堆中找了几双破皮鞋冲洗后带回牢房，用小刀雕刻出生旦净末丑等表演人物。在牢房中悬挂上白色的幕布，借助白天强烈的阳光和夜晚的灯光把这些栩栩如生的人物投射到幕布上进行表演。每到表演时，游击队员蒋启平和杨子龙分别演唱小旦和老生的角色，卢秉良则演唱其他人物。

夜晚降临了，牢房门外的灯光亮了起来，卢秉良手拿皮灯影调整好幕布的高度后，一场以反对打内战的《夫妻对唱》的歌剧表演开始了。幕布上出现一男一女的半身人影，妻子的手搭在丈夫的肩膀上唱道："你为什么整天不快活？一个人愁着脸……"愁肠百结的丈夫不停地摇晃着脑袋唱道："这几天我心中压着一块磨，打内战，抽壮丁，保长说抽中了我……我怎么不着急？"

妻子愤怒地控诉，她唱道：

你讲的话实在有道理

打日本啦

当兵去

死了也愿意

不知啥道理

当兵打自己

孩子的爸

你怎么忍心啦

怎么忍心去

……

皮灯影不仅演唱诸葛亮的《空城计》和齐桓公的《困夹墙》等家喻户晓的古代节目，也表演具有很强的现实意义的当代剧目。皮灯影表演有时也吸引了特务过来观看，这些饱尝枯燥单调工作滋味的特务手中提着叮当作响的钥匙趴在八室的窗口观看。随着抑扬顿挫的歌唱和剧中描绘的故事情节发展，特务们忘记了自己的工作职责，渐渐地变得思绪悠悠，神情恍惚。

《夫妻对唱》表演结束，皮灯影又表演起自己创作的以游击队镇压恶霸地主为题材的《活捉包子明》，幕布上随即出现了一个头戴官帽作威作福的大地主形象。这是一件让游击队员们备感扬眉吐气而又痛快淋漓的事情，因此，他们表演得非常认真，唱腔铿锵有力，自豪和喜悦溢于言表。

皮灯影正表演得兴高采烈，特务突然冲进牢房把表演器具强行收走了。意犹未尽的卢秉良向牢房的难友们宣布说："皮灯影剧组完成历史使命，从此停止活动。"

由于倒塌的围墙没有修好，连续多天不准放风，再加上天气炎热饮水奇缺和室内空气的浑浊，24小时都关押在牢房内的难友们不仅憋得心慌，而且肺炎、高烧、泄泻和疟疾等疾病开始蔓延。为了早日修补好围墙恢复放风，难友们通过上厕所倒尿罐的机会协商后，多次向所方提出修补围墙恢复放风的建议。李磊和徐贵林经过考虑后同意了，并让特务到歌乐山的农民家中借来修筑围墙的墙板、锄头和竹箕等工具。

难友们听说马上就要修补围墙了，大家欣喜异常，摩拳擦掌，都强烈地渴望着走出牢房去劳动，哪怕是进行艰苦的修补围墙工作——对于长期关押在暗无天日环境中的难友们来说，能到室外去走一走看一看，晒晒太阳呼吸新鲜空气，这该是多么美妙和幸福的事情啊！

狡猾的特务出于对"犯人"越狱和逃跑的担心，对踊跃报名修补围墙的身体强壮的年轻人一个都没要，而是特意选择了受酷刑未愈和身患疾病的难友们参加：这些人有杨虞裳、陈丹墀、冉思源、白深富等十多人。

在荷枪实弹的特务虎视眈眈的监督下，修补围墙的劳动开始了。

随着难友们艰辛的劳动，修补的围墙在一层层地增高。

半晌时分，杨虞裳挖地的锄头脱落了，他趁机提出休息，其他修补围墙和挑土的难友们在哨兵的押送下到牢房喝水去了。

烈日炎炎，暑热蒸腾。

为了躲开骄阳的暴晒，杨虞裳、白深富和陈丹墀三人走到竹林下乘凉。三人放眼望去，围墙的两边是高耸翠绿的山峰，峡谷中乱石累累，溪水奔腾；右侧坐落着一个黑咕隆咚的小煤矿——渣滓洞就是由此而得名；一条林间小道蜿蜒在山野树林中，若隐若现；左边的公路上偶有军车来往，寂静肃杀⋯⋯

杨虞裳观察着监狱周围的情况，他警惕地对白深富说围墙不要修筑得太牢固，以免影响今后的越狱。

陈丹墀悄悄地附和说："只能应付了事，不可筑墙自围。形势发展快，

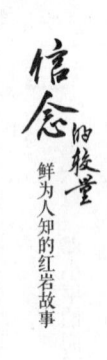

万一有一天……"他做了一个推倒围墙的动作。

白深富明白了二人叮嘱的用意。

在复工之后,难友们趁特务放松警惕的时机,把碎石头、沙土、石谷子挑运到墙板中,天衣无缝地修筑到围墙的夹心层里。经过一天多时间的修筑,一段貌似结实而实则如豆腐渣般的围墙修补好了——其中隐藏的秘密只有少数的难友知道。倒塌的围墙修补好后,整个渣滓洞又恢复了放风,难友们又开始享受那十分宝贵的走出牢房的短暂时光。

收工的当天晚上,杨虞裳得到从楼下八室的中共地下党员刘石泉秘密传递过来的一张小纸条:让他绘制一张渣滓洞监狱的地形图送出去——原来,一直准备集体越狱的狱中党的领导集体早就与监狱外的川东特委委员林向北取得了联系。对于一个真正的革命者而言,他们早就作好了死亡的准备,但他们又从来没有放弃过活着出去的念头和为之进行的努力,尤其是在眼看胜利指日可待的今天。杨虞裳当即与陈丹墀商量,把白天修补围墙见到的渣滓洞监狱所处的位置、敌人的警戒情况、歌乐山通往外界的羊肠小道等一一凭记忆画了出来,并特别在围墙的倒塌处标明红色箭头,以此作为越狱的出口。渣滓洞监狱的地形图绘制好之后,由难友们策反的一个特务黄茂才送出监狱外。

两天之后,牢房中开始悄悄流传杨虞裳和白深富撰写的两首《筑墙自围》的诗。杨虞裳写道:

筑墙自围莫笑咱

只为挣断铁锁枷

越狱脱险成功日

神州开遍自由花

一个多月之后,难友们修补的围墙在淅淅沥沥的秋雨中又垮塌了一个小缺口。此时，解放军正快速地向西南进军，自顾不暇而又惊恐万状的特务们再也不管倒塌围墙的事情。

难友们修补围墙的良苦用心没有白费：1949年11月27日，在重庆集中营大屠杀时，十多名革命志士就是从这个围墙缺口突围，成功脱险。

正当监狱中的同志为里应外合的越狱作准备的时候，监狱外的中共地下党组织也积极行动起来了。1949年7月，在重庆临江路45号，中共地下党组织在黎明前的一次重要会议召开了——川东特委的负责人刘兆丰、卢光特、李培根、李治平、蒋人风和熊扬参加会议。会议回顾和总结了前阶段的工作，研究调整中共地下党组织和宣传教育等工作。会议对当前的形势作了分析，认为川东特委有利的形势是：英勇的人民解放军在相继解放了南京、上海和武汉等大城市之后，与国民党军相比已在数量和装备上占绝对优势，大西南的解放指日可待。国民党统治区离心离德，人心涣散，波澜壮阔的爱国民主运动此起彼伏，国民党已面临四面楚歌的境地。会议也分析了对川东特委不利的一面：再度成为国民党中央政府驻地的重庆，在敌人强化统治和白色恐怖的情况之下，中共地下党组织面临的局面依然是敌强我弱。川东和川西聚集了国民党军宋希濂部、罗广文部和胡宗南部的数十万人，穷途末路的敌人在最后的时刻极有可能进行疯狂的破坏和屠杀，中共地下党组织依旧处在凶恶敌人的屠刀威胁之下。为了防止敌人在崩溃时刻进行疯狂的屠杀和破坏活动，会议决定充分发动组织和群众的作用，加强统战、策反、护厂、护校和护城等工作。会议讨论研究了营救重庆集中营被捕同志的措施，认为以前通过个别上层人物和社会关系，采取"贿赂"的方式去营救关押在重庆集中营的同志虽然收到了一些效果，但这种方式不仅党组织很难争取主动，而且营救的速度也太缓慢。会议决定在不放弃上述方法营救监狱中的同志时，要千方百计采取措施打入敌人内部进行里应外合的劫狱。至此，一场营救重庆集中营中被捕同志的帷幕拉开了。

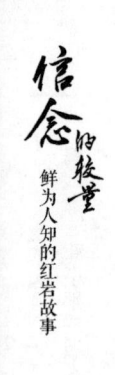

1949年8月，由蒋人风和林向北主持营救重庆集中营的渣滓洞和白公馆被捕同志的会议召开了。当林向北把川东特委准备营救渣滓洞和白公馆的同志们的决定一传达，这些从华蓥山武装起义失败后撤退到重庆隐蔽的游击队员早就讨厌了既不能打仗又不能多说话的日子。大家顿时七嘴八舌，摩拳擦掌。

有人说：渣滓洞和白公馆警戒得异常严密，一般人是很难进去的，干脆派遣人回到华蓥山武装起义的地方去组织游击队员来进行武装劫狱，营救被捕的同志们。

蒋人风否定地说："敌人驻扎在重庆周围的部队，既有杨森二十军的三个师，还有'内二警'的一个师，全部武装精良，外加满城的特务。这一路上关卡林立，就是我们组织好了人和枪，肯定也很难通过。退一万步说，就是通过了，进了重庆城，也难掩护下来。再说了，你们研究过渣滓洞和白公馆的地形没有？那里居高临下，又在一条山沟里，易守不易攻。'内二警'又是一个半特务性的警察部队，清一色的美式武装，我们这些没有经过正规训练的游击队，恐怕连靠近都很难，别说是进攻了。"

又有人提出说他和特务行动组长漆玉麟有些交道，只要组织上同意，他愿意去做工作请漆玉麟释放被捕的同志们。

蒋人风反对说："我们的策反对象，一定要对国民党前途产生动摇，而这个漆玉麟是个杀人不眨眼的刽子手，我们很多同志都是他抓进去的，他知道自己血债累累，人民饶不了他，肯定是铁了心为蒋介石送葬。我们这一去，岂不是自己往虎口里送？"

女党员陈联诗说，是否可让同徐远举有联系的堂兄去做工作，把关押在渣滓洞的同志们营救出来？

蒋人风说："这个徐远举，更是个罪恶满贯的死硬分子、大特务……眼看要解放了，我们不但救人不成，反而把人送到敌人的嘴里去。"

会议上提出的这些营救办法显然不行，川东特委只能另辟蹊径了。

就在这时，从岳池撤退到重庆的游击队员徐荣恒向林向北汇报说，他在磁器口街碰到的中学老师贾佐现在重庆交通警备第一旅担任中队长，贾佐让他到重庆交通警备第一旅去当兵，他请示是否可以去。

徐荣恒带来的消息让林向北眼前一亮：他知道重庆交通警备第一旅是一支担任警戒渣滓洞和白公馆的全副武装的特务组织，更让他惊喜的是，他早年在重庆万县从事抗日救亡运动时就同中共地下党员贾佐十分熟悉。

林向北把情况向蒋人风和卢光特作了汇报。

二人指示说这个机会对营救渣滓洞和白公馆的同志非常重要，不但可派遣徐荣恒去当兵，而且要尽可能地安排更多的同志打进去。打入的同志要注意隐蔽，多交朋友，掌握情况报向组织传递。

很快，林向北同贾佐见面了——分别十多年之后的见面自然令二人高兴万分。贾佐，又名陈昌、贾希夷。在贾佐的叙述中，林向北这才得知善于从事特工工作的他失去同中共党组织的联系后，独自打入重庆交通警备第一旅是为了等待时机寻找组织。

二人一阵高兴地说笑之后，贾佐说："你们说怎么办，我尽力配合就是。"

林向北说："不管怎么说，总得先安排几个人进去吧？"

贾佐说："这事正是时候，别看国民党现在整天喊着要坚守重庆，其实都在准备后事了。他们现在要办一个游击干部训练班，准备培训一批小特务，等全国解放后，潜伏下来和共产党打游击。你们让徐荣恒带上几个可靠的人进来，不要暴露和我的关系，也不能和我发生联系。我会让他们逐步取代中队中不可靠的分队长、事务长和文书，把这个中队牢牢掌握在我们手里。到那个时候，我们再做下一步打算。"

营救重庆集中营的同志获得如此快速进展，林向北禁不住心花怒放。

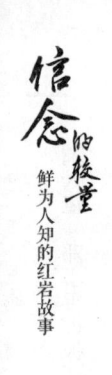

徐荣恒利用同贾佐的关系相继带领四个同志到重庆交通警备第一旅当兵，并被贾佐当成骨干使用。在这警戒森严的环境之中，徐荣恒等五人利用外出购物、请假看病和招兵等机会了解情况，搜集情报。正当贾佐准备把进去的五人取代队中的事务长、分队长等人以便掌握整个队伍时，意外发生了——因内部发生激烈的权力争夺，贾佐的中队长职务不仅被他人觊觎，而且最为严峻的是他的身份也受到了怀疑。无法在重庆交通警备第一旅继续潜伏的贾佐只好在一个深夜不辞而别。贾佐的离开让徐荣恒等五人也无法在重庆交通警备第一旅立足了，前功尽弃的他们只好撤退出来。

既然重庆交通警备第一旅对营救监狱中的同志们非常重要，川东特委绝不会轻易放弃，又开始千方百计寻找打入的线索。这个重要的时机再一次来临了，9月的一天，中共地下党员张平河在磁器口街看到了重庆交通警备第一旅招兵的布告，心中明白这个消息重要性的他立即走到磁器口正街寻找同学的亲友蔡遐欧打听招兵的情况。蔡遐欧说他有个老乡徐荣辉就在重庆交通警备第一旅干训班当军官。惊喜不已的张平河请蔡遐欧帮忙找徐荣辉说情，让他到重庆交通警备第一旅去当兵。张平河把能到重庆交通警备第一旅当兵的消息向林向北作了汇报。林向北欣然同意，嘱咐他多带几个人进去当兵。

经过蔡遐欧的牵线搭桥，徐荣辉同意帮忙。别人帮忙自然就要办招待，于是在磁器口正街的一家茶馆里，张平河宴请了徐荣辉和蔡遐欧——餐桌上的东西有三碗香片沱茶、两盘五香瓜子、两盘椒盐花生和一包美丽牌香烟。就这样，张平河取得了一名只管吃饭但无军饷的当兵名额。

张平河成功打入重庆交通警备第一旅后，川东特委决定让他做工作再带两名同志进去。张平河找到上司孙副官说："我有两个亲戚系失业青年，到重庆走投无路，想来混碗饭吃。"表示不要军饷进来当兵。

孙副官答应了。

于是，中共地下党员杜文举和陈立洪也到重庆交通警备第一旅当了传令兵。

为了防止可能出现的危险，三人更改姓名，组成了一个潜伏在敌人身边的战斗小组。张平河他们进入重庆交通警备第一旅发现，整个地区警戒森严，集中营的警戒更是严格，不仅设置了三道防线，而且通过每道防线必须持有特制的通行证才能通过。

张平河三人站稳脚跟后，林向北下达了命令：了解重庆集中营特别是渣滓洞和白公馆的兵力布置、警戒力量、武器装备和辖区路线等情况，然后绘制一张集中营的详细地形图送给川东特委。为了胜利完成党组织交办的任务，营救集中营内数百位同志，张平河三人研究：努力防止暴露目标，采取分别行动各自了解情况，然后进行汇总。三人利用传令兵和勤务兵的身份千方百计侦察重庆集中营内的情况：或是到渣滓洞下侧的溪沟中为长官挑生活用水，或是借外出到七星岗、磁器口和童家桥为长官传递书信及购买物品等之机，特意绕道到集中营内的松林坡、杨家山、白公馆和阅兵场等地侦察情况，把需要掌握的情况牢牢记忆在头脑之中。这时，聪明的陈立洪从主管干训班的孙副官手里把临时通行证搞到了，闯进渣滓洞监狱警戒的第二道防线。

就在蒋人风和林向北紧锣密鼓地开展营救重庆集中营内的同志们时，南方局领导人钱瑛从武汉派遣中共地下党员江伯言风尘仆仆赶回重庆向川东特委传达指示精神：在全国即将解放的时刻，要保护好城市，配合接管；要利用有利形势开展瓦解敌人的工作，加强政策宣传和策反，努力营救重庆集中营的同志等。在这个指示精神的激励下，位于重庆的川东特委、川西地下党先遣工作组和成都的川康特委就要向国民党的高级将领、警戒重庆集中营的内政部警察第二总队队长彭斌和重庆市市长杨森等发起一波又一波的策反攻势了。

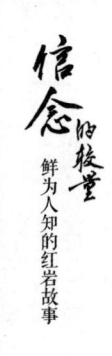

但让共产党人没有想到的是，国民党的屠杀却提前进行。

1949年8月，蒋介石从台湾飞到重庆，他一边调兵遣将准备在重庆作最后抵抗，一边指示毛人凤将重庆集中营的"犯人"予以清理，选择重要者先杀害一批。穷途末路心境凄凉的蒋介石几近疯狂，他多次对毛人凤说："今天之失败，是由于过去杀人太少，把一些反对我们的人保留下来，这对我们太不利了。"

毛人凤请示说是否把杨虎城送往台湾。

蒋介石指示说把杨虎城和宋绮云两家押回重庆秘密杀害。

毛人凤担心杀害杨虎城会引起张学良的不安，他说是否可把宋绮云全家押回重庆秘密杀害，而把杨虎城送往台湾继续关押。

蒋介石犹豫了一下说："留了他们做什么？还是在这里（重庆）把他们秘密搞掉了吧。"

严酷的命令下达后，屠杀的帷幕拉开了。

8月27日上午，在重庆罗家湾交警旅旅长何庆龙的公馆里，毛人凤召集西南特区区长徐远举、副区长周养浩研究杀害杨虎城事宜。

徐远举说可在川黔公路的荒山野岭进行杀害，然后就地埋葬杨虎城的遗体。

担心泄密的毛人凤否决了徐远举的建议，决定把杨虎城押回重庆集中营秘密杀害。同时鉴于重庆到贵阳的飞机常常因天气原因延迟，因而决定派遣周养浩改乘汽车早日启程前往贵阳迎接杨虎城。

会议结束时，毛人凤叮嘱周养浩说："白公馆有行动员，你回乡下（杨家山住宅）去找他们谈一谈，做秘密案子除用枪外，还有什么办法？但不要告诉他们是谁，你同他们谈后回头告诉我。我和徐远举要亲自召集他们商议决定，还要他们履行宣誓手续，以保秘密。"

周养浩回到重庆集中营内杨家山的家中后，打电话给白公馆看守所长陆景清，要求陆景清安排做过行动工作的人员到他的家中来商谈工作。

陆景清遂安排杨进兴、安文芳和杨钦典三人来到周养浩的家中。周养浩对三人说上边要做一件秘密的案子，除了用枪杀害外还有其他什么更好的办法。

杨进兴说不能用枪打可用刀杀害。

周养浩询问杨钦典和安文芳是否参加过杀人的工作。

也许是害怕，也许是确实没有用刀杀人的经历，杨钦典和安文芳均说没有经验，用刀屠杀并无把握。

周养浩说："你们没有经验，就不勉强。我另外想办法，你们协助。"

第二天，杨进兴又带着西南特区行动组副组长熊祥同周养浩研究屠杀事情。熊祥说用刀屠杀没有问题。

下午，周养浩向毛人凤汇报了执行屠杀人员的落实情况和拟到贵阳迎接杨虎城回重庆的日期。

毛人凤说："回来时，须早一天电告，最好在晚上到重庆，我派人过江来接你。此事可秘告张鹄，由其挑选可靠队员五六人护送。"

9月1日，周养浩同西南特区三科副科长郑文松带领一辆吉普车和两辆卡车前往贵阳迎接杨虎城。

9月2日中午，徐远举按照毛人凤的要求带领熊祥等六人前往重庆集中营大礼堂开会，研究杀害杨虎城的地点和方法。

毛人凤说："屠杀杨虎城等，最好不要用枪，以免有声音。"

熊祥说他和杨进兴已经商量好了，准备用刀和斧头屠杀。

毛人凤询问："这行吗？"

熊祥回答道："有把握。"

毛人凤说对杨虎城等人的屠杀在重庆集中营松林坡戴公祠进行，押送杨虎城的汽车一到就开始屠杀，并要毁尸灭迹。

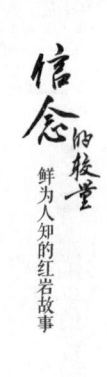

熊祥等人说屠杀没有问题，只要押送杨虎城的汽车一到即由二人扶持他进入室内，一刀刺入胸中就可毙命。

最后，毛人凤命令参加屠杀杨虎城的人员宣誓，确保行动秘密。

会议结束后，徐远举向毛人凤建议说松林坡戴公祠应加强警戒。

毛人凤说由他安排交警大队加强警戒就行。

徐远举说："据龚国彦讲，杨虎城的小箱子里存有一些英镑美钞，这批财产如何处理？"

毛人凤说："可以没收，拿来分奖金好了。"

周养浩一行风尘仆仆到达了贵阳。口蜜腹剑的他向杨虎城道喜说："总裁到了重庆，这次请你到重庆商谈西北问题，然后送到台湾去和张学良先生一起释放。"

从发动西安事变后已被关押达12年之久的杨虎城清醒地知道，连代总统李宗仁释放他的命令都无法执行成了一纸空文，眼看全国都快解放了蒋介石还会释放他？心中充满怀疑的杨虎城对周养浩说在贵阳还住几天再说。

狡猾的周养浩为了消除杨虎城的疑窦，从此不再提起回重庆面见蒋介石之事，每天陪同杨虎城到公园和街上游玩。

在这几天之中，一旦周养浩离开，心情沉重的杨虎城就同宋绮云进行秘密谈话，甚至多次谈到深夜——无法得知二人商谈的内容是什么，但以二人的智慧、知识和积累的人生经验来说，他们一定推测出了前景的凶险和周养浩的笑里藏刀。

深思熟虑的杨虎城答应同周养浩一道前往重庆。

周养浩随即把到达重庆的时间用密电向毛人凤作了汇报。

三辆汽车向着重庆出发了。

车上乘坐着两个不完整的家庭：一家是杨虎城同儿子杨拯中、小女儿杨拯贵和妻子谢葆真的骨灰。另一家是宋绮云和徐林侠夫妇及小儿子宋振中；

其他人是杨虎城的副官阎继明和张醒明及特务等人。

9月6日15时,三辆汽车行驶到重庆綦江东溪。周养浩担心汽车过早到重庆泄露了秘密,便嘱杨虎城在东溪休息,车队的事情交给特务队长张鹄负责,自己和郑文松乘坐吉普车往重庆行驶。

19时左右,周养浩的吉普车到达重庆南岸八公里,见到了手持毛人凤命令的杨进兴。周养浩看过命令后对郑文松说:为了避免影响杀杨虎城,当杨虎城一行到达时,让张鹄派人把阎继明和张醒明带到望龙门监狱另外关押。如果杨虎城怀疑就一同带到松林坡戴公祠杀害。安排完毕,周养浩按毛人凤的命令回到杨家山的家中休息。

杨虎城一行的车队到达重庆海棠溪时,郑文松以毛人凤要找阎继明和张醒明了解杨将军生活情况为由,把二人同杨虎城分开送到望龙门监狱关押。

已是深夜,心情复杂而黯然的杨虎城再一次来到了重庆。

载着杨虎城父子的汽车到达重庆集中营松林坡。

杨虎城下车后被特务搀扶着走上石阶,杨拯中抱着母亲的骨灰盒紧跟着拾级而上。

艰难地走完石阶的杨虎城父子被特务带到戴公祠左右两边的正房前。特务对他们说可各选一间房屋居住。

不知危险的杨拯中刚一走进屋里,埋伏在门后的特务把钢刀猛烈地刺入了他的胸膛。杨拯中惨叫一声,正要反抗之际,特务又是挥刀砍杀,年仅19岁的杨拯中倒在了血泊之中。

儿子的惨叫声被杨虎城听见了,心中惊诧的他刚回头看看是怎么一回事,熊祥手中寒光闪闪的屠刀刺进他的腹部,杨虎城一声惨叫后倒在地上。特务又是几刀,直到杨虎城气息全无。

一代名将杨虎城的结局竟然如此悲惨,他和张学良发动西安事变的气吞山河的壮举让国人无限崇敬和长久怀想。

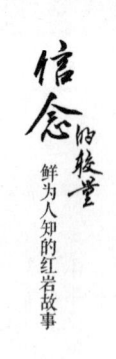

对于杨虎城父子惨遭杀害一事，宋绮云、徐林侠夫妇并不知晓。

凌晨2点多钟，宋绮云、徐林侠、宋振中和杨拯贵乘坐的汽车到达戴公祠，四人被安排到戴笠原住宅下方的警卫室内居住。

身体虚弱极度疲惫的徐林侠刚要坐下休息，几个持刀的特务冲了进来。

宋绮云和徐林侠夫妇明白就义的时间到了。二人心静如水，没有丝毫的畏惧和悲伤——因为从被捕的那一天开始，面对着严刑拷打和长期暗无天日的监狱生活的百般折磨，经历了太多苦难的他们早已作好为党献身的准备。

作为母亲，徐林侠心疼小儿子宋振中和杨虎城女儿杨拯贵的安全。她说："我们既然落在你们手里，就没想活着出去。不过，不许你们伤害这两个孩子。"

面目狰狞的特务一言不发，一步步逼向宋绮云和徐林侠挥刀砍杀。

从未见过血腥场面的两个孩子被吓哭了，紧紧地搂抱起来。

特务一边砍杀宋绮云和徐林侠，一边凶恶地对两个孩子喝道："不许哭！"

两个孩子吓得不敢哭了，万分恐惧的他们搂抱得更紧。

宋绮云和徐林侠倒在了血泊之中。

安文芳掐住杨拯贵的脖子。瞬间，小女孩停止了呼吸。

杨钦典把宋振中按倒在地上掐脖子。

痛苦挣扎的宋振中高喊着："我没有罪，我要出去……"他用手去掰杨钦典掐住脖子的手，双脚乱踢。

杨进兴冲过来把血淋淋的屠刀狠狠地朝宋振中刺去。

宋振中倒在了地上，肋骨裸露着的胸口流淌着鲜血，两只瞪得很大的眼睛死死地盯着天花板，一动不动——在襁褓中就一直关押在监狱的小男孩宋振中成为共和国最小的烈士之一，他惨遭迫害和机智勇敢地对敌斗争的故事被中国一代又一代的小朋友讲述和缅怀。

1949年12月16日,中共中央向杨虎城的亲属发出唁电:

> 惊悉杨虎城将军于本年九月十七日(实为9月6日)在重庆监狱被国民党特务匪徒秘密杀害,杨将军夫人和次公子杨拯中,秘书宋绮云夫妇等也先后惨遭毒手,极为痛愤。杨虎城将军在一九三六年与中国共产党合作,推动全国一致抗日,有功于国家民族。杨将军由此受到蒋匪介石的囚禁达十二年之久,并因坚持爱国民主立场而牺牲,这个牺牲是光荣的。杨将军的英名,将为全国人民所永远纪念。谨电哀悼,并望勉节哀思,为继承杨将军的爱国事业,彻底消灭反动匪帮的残余而奋斗。

中央人民政府的唁电是:

> 杨虎城将军长期系狱,复遭残害,举国闻讯,同伸愤慨。将军推动抗日,有功民族解放事业。今日牺牲,将永远为人民所悼念。

12月中旬,杨虎城的儿子杨拯民从西安出发前往重庆迎接杨虎城的灵柩,他拜访了西南局的领导人刘伯承、邓小平和张际春。

邓小平询问杨拯民棺材的质量如何。

杨拯民犹豫地说:"还可以。"

敏锐的邓小平说:"不好,换个好的。这叫共产党办事,必须办好,有个影响问题。"他随即安排下属为杨虎城购买一口质量好的棺材。

杨拯民多年后回忆说,邓小平这一"犀利决断","赢得了陕西同乡和十七路军旧部的好评与敬佩"。

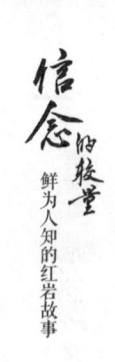

1950年1月15日,"追悼杨虎城将军暨被难烈士大会"在重庆举行,刘伯承、邓小平和张际春等领导人亲临会场祭奠。

1月30日,杨虎城和宋绮云等人的灵柩运到古城西安,西北局领导人彭德怀、习仲勋到西安车站参加了迎接灵柩仪式。2月7日,杨虎城埋葬在陕西省长安县。是日,北京在东交民巷军事管制委员会设置灵堂祭奠,中国共产党中央委员会、中央人民政府、中国人民政治协商会议全国委员会、各民主党派、中央人民政府主席毛泽东、副主席刘少奇、政务院总理周恩来等赠送了花圈和挽联。

1956年12月,在北京召开的纪念西安事变二十周年会上,当周恩来见到杨虎城的女儿杨拯坤和杨拯美时,他说:"你们两个人年龄相差很大,长得却很像。"他评价杨虎城说:"他是千古功臣。"1996年,在西安事变六十周年的纪念会上,国家主席江泽民说:"西安事变的发生及和平解决,结束了十年内战,促成了第二次国共合作,推动了中国从长期内战到全面抗战的重要历史转折。"

26

他们牺牲在共和国成立后

就在杀害杨虎城的这一天，保密局又秘密启动了杀害中共地下党员和民主人士的计划。是日，徐远举因受蒋介石和西南军政长官张群的派遣，拟前往昆明协助卢汉主持"九九事件"大整肃。临行前，徐远举对下一步的屠杀计划作了安排。

接到徐远举的屠杀命令后，保密局西南特区副区长李修凯、西南长官公署二处副处长杨元森、西南特区二科科长濮齐伟、二处二课课长雷天元、国防部军法局高级法官毛惕园会同签办，决定将《挺进报》事件、川东地下党和华蓥山武装起义逮捕的分别关押在重庆集中营的共产党人进行屠杀。经西南长官公署二处和西南特区清理，拟定了杀害共产党员和川康民革组织负责人的名单：其中共产党员有陈然、刘国鋕和王朴等42人，川康民革组织负责人有王白与和李宗煌等5人。迁移到台湾的保密局批准了屠杀计划，要求屠杀采用公开与秘密的两种方式分两批进行。

又一个屠杀计划拉开了序幕，共产党人和川康民革组织负责人的生命危在旦夕。

在国民党的屠杀和共产党人秘密营救的较量中，中共地下党组织派遣的人员又一次出动了。

1949年10月上旬的一天，滞留香港的国民党政府立法委员、进步人士胡子昂接受了一个非常艰巨的任务，川东特委派遣《华商日报》记者汪锋对他说："党组织经过慎重考虑，希望你返回重庆去做国民党内政部第二警察总队长彭斌的工作，力争把他策反过来为人民做点好事，同时为营救重庆集中营内的同志们创造条件，如果能不放走蒋介石更好。"

川东特委为何派遣胡子昂冒险去做彭斌的工作？因为彭斌指挥的国民党内政部第二警察总队是一支非同寻常的部队：它的前身系国民党陆军新编第二十五师和新编独立第一师两部，是国民党政权的一支集"军、警、宪、特"为一体的部队，名义上直属内政部警察总署领导，实际上接受西南长官公署和重庆市政府的指挥监督，同时又受重庆警备司令部的节制。这支武器装备精良的部队担任的主要任务是对驻渝的国民党中央和地方高级机关、重庆外围地区、重庆市区和歌乐山等地区的警备。而关押中共地下党员和难友们的重庆集中营就位于歌乐山地区——这是川东特委、川康特委和其他中共地下党组织一直努力策反彭斌的重要原因。如果彭斌能为中共地下党组织所用，那么关押在重庆集中营内的大批共产党人和难友们的命运将会被改写。

中共地下党组织安排胡子昂返回重庆去做彭斌的工作主要基于这样的思考：胡子昂同彭斌不仅是亲戚老表关系，而且同其弟弟彭勋武还是同学，最为重要的是彭勋武的妻子是胡子昂的表妹。胡子昂接到任务后思考：策反说服彭斌的工作艰巨，且异常危险，稍一大意即被逮捕。但他转念一想：悄悄返回重庆，对外说是处理自己银行和其他生意上的事情。如果真的遇到麻烦就请熟悉的张群等人帮忙，短暂停留几天应该问题不大。

凑巧的是，这时胡子昂分别收到两个重要人物的邀请：一个是张群请他去做西南长官公署的秘书长，另一个是广东行政院财政部长徐可庭请他去当副部长。胡子昂心中暗喜：正好可以利用这两人的邀请为返回重庆做彭斌的工作打掩护。胡子昂想好回重庆的办法后答应了中共地下党组织，一边悄悄做返回重庆的准备工作，一边给重庆的亲友撰写了一封书信：说在香港有诸多的事情要处理无法返回重庆——此举是让重庆的亲友认为胡子昂不会返回重庆。为了出其不意，胡子昂乘坐飞机悄悄地返回了重庆，下飞机后既不回家，也不会见任何亲友，找一个小房间住下后立即找彭勋武商谈同彭斌见面的事情，然后再找可靠的人向彭斌传递消息。在彭勋武和其他人士的帮助下，彭斌同胡子昂见面了。

颇有心计的彭斌试探着询问："怎么样？近来与共产党各方面有些交往吧？"

胡子昂掩饰地回答："我是资本家，就是这一条，想干共产党也没法。你想想，我怎么能跟共产党联系？根本两条道路都不同。"

彭斌说："我想你也不会。"

胡子昂说："不过国民党有些做法也太不对了，这样搞下去是不成的。老兄，我现在香港住起，没有事情做，在那里是住不下去的，还是想做点生意，你要多帮我一点忙。"

彭斌客气地说："那有啥话说？弟兄之间应该嘛。"他停顿一下补充说："现在生意也不好搞，要稳到一点。"

胡子昂眼看谈话正在进入他设置的主题，他接着彭斌的话说："我就是为此而来找你研究的。对共产党我们不谈别的，如果一点联系都没有，万一他们一步跨进来，我们不就垮了吗？他们到了重庆，我们怎么办？先怕要找点人给我们联系到一点关系，使生意能够做下去。这是非常之重要的命脉，不然我全家都要破产。"

谁知彭斌听了怒火万丈。他直言不讳地说："共产党来了，你还想保家？老实说，你不谈这些话，我也不谈。哪怕你是个老哥，我是个老弟，我是不相信你的，我对你的行动是有些怀疑的。"

胡子昂说："你都不相信我，就没有办法了。我这个人对自己很明白，

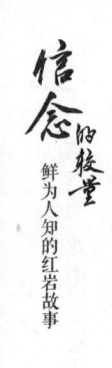

没有其他什么，就是平常公正一点，喜欢说点话，说过了早就甩到脑后了，根本就不搞党派政治那一套。我只做生意，怎么能把钱拿到手，这就是我的本事。"

大约是胡子昂的谈话很合胃口，彭斌开诚布公地谈出了真实想法。他说："我们已经谈了两三次了，前几次我还怕你在那边（共产党）联系好了，有啥子情况前来试探我。今天我才向你说，你对国民党既然有这样一个看法，我觉得你的看法还是正确的。共产党，大家说共产共妻，那硬是杀人不眨眼。我跟你说，我就整死了若干共产党，见到共产党我就整……"彭斌又说："目前委员长（蒋介石）叫我在这里负这么大的责任，我是忠心耿耿的。"

彭斌的话语中充满了对共产党的仇恨，对蒋介石却又是那么的忠诚。他反而警告胡子昂说："我劝你不要听香港、上海那些谣言，那是破坏我们国家的，要注意。"

胡子昂见谈话无法再深入下去了，更不能提出让彭斌武装起义营救重庆集中营内的同志们。他掩饰地说："你放心，我很稳当，共产党宣传的那些东西，我是不会听的。我想的首先是搞生意，根本不想那一头，我是想如何稳定起来拿点钱，我家里一穷二白，你是晓得的。现在比较活动一点，就是靠自己在各方面有点办法，如果我们能挂点钩，他们（共产党）进来了，我们也能生存。现在看来，他们进来，我们生存很难。"

彭斌若有所思地说："有他（共产党）就没有我。"

这是胡子昂第四次同彭斌商谈。

胡子昂知道再继续努力也不会有任何效果了，反而会给自己带来极大的危险，意识到"消息走漏出去不得了"的他立即准备离开这虎狼之地，迅速返回香港。恰恰这时，中共地下党组织通知他说：今天，你已被列入到国民党政府的通缉名单中的并列第一名，重庆的敌人要逮捕你，要特别小心注意安全。

显然，要乘坐明天的飞机离开重庆已经是非常困难的事情。

非常时期只能采用非常办法了，情急之下，胡子昂找到重庆行辕的张伯常帮忙，张伯常又去找张群放行。张伯常和张群把预留的飞机票拿一张出来，也不更改姓名，由重庆行辕写个条子交给胡子昂带走，"就说有紧急事要办"才乘坐这班飞机的。

第二天一早，胡子昂来到飞机场。他的一个学生碰到他后激动而惊讶，说很早就在这里等候胡子昂了。

学生的话把胡子昂"吓了一大跳"——胡子昂以为学生是来逮捕他的。二人聊了几句之后，胡子昂见学生没有反常的行动，遂要求学生把他带到飞机的座位上。胡子昂在飞机上坐下来之后，感觉心脏还在怦怦直跳。

飞机到达广州后，胡子昂担心国民政府会用电报查找他的行踪，便向徐可庭打电话假说要同他商谈工作的事情，并把徐可庭安排来看望他的亲信催走，十万火急地赶往火车站，乘坐火车到达了香港。当胡子昂回到宿舍把皮包往桌子上一放时，妻子惊奇地大叫起来："哎呀，你是怎么回来的？外面已经传遍了，说你回不来了。"

至此，川东特委通过胡子昂策反彭斌的事情失败，这也就意味着营救重庆集中营内的同志们和难友们的计划失败。

尽管胡子昂策反彭斌的工作失败了，但共产党人毫不气馁，在川东特委、川康特委和川西地下党先遣工作组等中共地下党组织的努力下，一波又一波策反彭斌的工作相继展开。据史料显示，上述党组织通过彭斌的亲属和下属等企图策反彭斌的途径一度达到七条之多。但因后来蒋介石将彭斌的家属运往台湾作人质，所有的策反努力均遭失败。临近重庆解放前夕，仓皇逃跑的彭斌才在成都率部起义，但对中共地下党组织配合劫狱为时已晚。

保密局按照蒋介石的指示正在紧张准备着，又一次屠杀来临了。

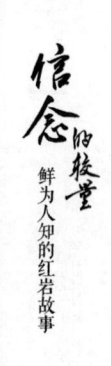

1949年10月26日上午，一个研究执行具体杀害革命人士的会议在慈居的办公室召开，杨元森、陆坚如和李磊等人参加了会议。会议决定对中共川康特委委员华健、华蓥山游击大队长楼阅强、被捕后叛变的中共遂宁县横山区委书记袁儒杰、中共《挺进报》特支宣传委员成善谋、中共梁山垫江特支书记蓝蒂裕、中共重庆北区工委委员王朴、中共《挺进报》特支组织委员陈然、中共万县县委书记雷震、中共川康特委书记蒲华辅、中共川东临委副书记兼下川东地工委书记涂孝文10人进行公开枪毙。会议决定由西南长官公署二处和军法处报送张群签呈，由二处司法股长张界审核盖章。枪毙以重庆警备司令部的名义进行，地点选择在重庆大坪一个名叫七牌坊的地方，时间定在当月28日。

10月28日，山城重庆大雾迷茫，细雨霏霏。

早晨，张界和熊祥率领二处和西南长官公署的警卫士兵十多人乘坐一辆汽车开进了渣滓洞监狱。看守恶狠狠地叫喊蓝蒂裕的名字。蓝蒂裕知道最后的时刻来临了，他俯下身体用联络暗号敲打楼板，小声地叫喊楼下七室的老乡傅伯雍，把早已打好腹稿的一首诗《示儿》口述给他，请傅伯雍捎给年仅5岁的儿子蓝耕荒。蓝蒂裕从容不迫地朗读道：

你——耕荒
我亲爱的孩子，
从荒沙中来，
到荒沙中去。

今夜，我要与你永别了。
满街狼犬，遍地荆棘，
给你什么遗嘱呢？

我的孩子！

今后，
愿你用变秋天为春天的精神，
把祖国的荒沙，
耕种成为美丽的园林！

蓝蒂裕朗读完毕，随即被押上汽车。

蓝蒂裕，1916年出生，四川省垫江县（今重庆市垫江县）人，中共地下党员。在他长期的革命生涯中有两次遇险与发行《新华日报》有关。1941年，他在重庆北碚以老师的身份为掩护悄悄从事着《新华日报》发行工作，邮检特务发现后把他逮捕并进行了残酷的审讯——这是蓝蒂裕第一次被捕。但蓝蒂裕毫不屈服。特务继而把他反绑双手关押在一间屋子里。半夜时分，他趁士兵睡着之机，把绑捆双手的绳子在室中石头上磨断，再用手抠掉竹壁上的泥土挖掘出一个洞跑了出来。特务发现后鸣枪追来。机智的蓝蒂裕深一脚浅一脚跑到一个山洞中隐藏起来。特务走后，遍体鳞伤的他跳进了寒冷而湍急的嘉陵江中奋力向对岸游去。他上岸找到了妻子，一边对吃惊的妻子叙述遇险的情况，一边拉着妻子向重庆市区转移。蓝蒂裕转移到重庆巴县（今巴南区）西彭乡中心小学从事教导主任工作，而暗地里仍然从事着《新华日报》的发行工作。但不料又被特务发现了，两个企图逮捕他的特务悄悄来到了学校。得到消息后的蓝蒂裕急切赶回家中收拾东西准备再次转移，危急之下，妻子把丈母娘送给女儿作陪嫁的一百银元缠在他的身上。蓝蒂裕走出家门穿越大街小巷企图甩开特务，但早有防备的特务紧追不舍。蓝蒂裕往山上一片柑橘林飞奔，他一边跑一边把头上的博士帽和身上的呢大衣扔掉。两个特务眼见财物就去捡拾。蓝蒂裕见特务连衣物都要捡拾，灵机一动的他把身

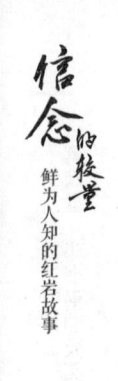

上沉重的银元取出来一把把撒在路上。特务见钱眼开，慌乱而兴奋地捡拾银元去了，哪里还顾得上抓捕他的事情。机智的蓝蒂裕又一次成功脱险。

1948年12月10日，正在积极筹备武装起义的蓝蒂裕被捕了——这是他的第二次被捕。在梁山县（今重庆市梁平县）监狱，敌人使用火烧背部的"烧八团花"的酷刑，火烧皮肉发出的嗞嗞声让整个审讯室中充满了恐怖的气氛，皮肉冒出的焦臭味四处弥漫。为了忍受剧烈的疼痛，蓝蒂裕咬破了嘴唇，九死一生。妄图利用酷刑逼迫蓝蒂裕就范的敌人失败后打起了他母亲的主意：他们通知蓝蒂裕母亲为其送饭。一天早晨，在凛冽的寒风中，母亲佝偻着身躯拄着竹棍来到了监狱。当她见到日思夜想的遍体鳞伤的儿子时，颤颤巍巍的母亲伤心欲绝，泪如泉涌。母亲年轻时守寡，唯一的儿子是她的心头肉啊。蓝蒂裕想到连累母亲和自己今后的处境凶多吉少，心如刀绞。但他马上意识到这是敌人利用母亲的眼泪企图瓦解他的阴谋时，他强忍着悲痛对母亲说："妈，儿子是为天下受苦受难的穷人坐牢的，是光荣的啊。就算我为此而死也是值得的，你要坚强些啊。"数日后，蓝蒂裕被转移到重庆渣滓洞监狱关押，母子从此天各一方，再未谋面。

同蓝蒂裕一起被押走的还有雷震、楼阅强、华健和袁儒杰。特务到白公馆监狱押走了陈然、成善谋和王朴。而蒲华辅、涂孝文二人是从重庆集中营杨家山优待室被押赴刑场。史料显示，身为中共高级干部的蒲华辅、涂孝文在沦落为叛徒后，渐渐地不再与特务合作并日趋强硬起来——蒲华辅被敌人刑讯逼供，双手受到残酷的摧残，以至于吃饭时手拿筷子都颤抖夹不住饭菜，于是再也不说党的秘密。也许，这就是恼羞成怒的敌人枪杀二人的原因。

汽车载着陈然等10人行驶到位于左营街的重庆警备司令部后，被押进二道门内的院坝。

警备司令部戒备森严，如临大敌。

行刑的法官严肃地坐在礼堂中间的公案上。

陈然看了一眼法官，哈哈大笑说："要枪毙我们，看看你们自己还能活多久？"

楼阅强冲到法官前怒斥道："人民解放军马上就要来了，我们已经胜利了。你们的狗命危在旦夕！"

法官开始宣读10名"犯人"的"罪行"。

革命者义正词严的怒斥声一浪高过一浪。

法官心慌意乱，草草收场。

武装士兵把反绑着双手的"犯人"押上汽车。

在登上汽车时，须发拂面而又文弱的王朴用他的肩膀和戴着手铐的手奋力把革命同志推上汽车。

不知谁被脚镣绊住了，差一点摔倒。视死如归的成善谋说了一句俏皮话，大家哄笑起来。

王朴最后艰难地爬上了汽车。

高度紧张的士兵走上押送的汽车。

汽车启动了。

众多围观的百姓拥挤到路边。

王朴趁机向百姓宣传共产主义理论。

高亢激越的《国际歌》响了起来，传得很远。

汽车驶过民生路，驶向七星岗。

歌声变成了声震云天的口号："中华人民共和国万岁！""中国共产党万岁！"

街道边伫立观看的百姓熙熙攘攘，他们的表情愤怒而钦佩。

汽车驶过了观音岩和两路口。

依然响起革命者的口号声和歌声。

共产党人舍生取义和慷慨以赴的场面感染了街道边的许多人：抱着孩子的妇女热泪盈眶，老太太诅咒着国民党政府的残暴行为，热血沸腾的穷苦工人紧紧捏着拳头……

汽车在大坪七牌坊刑场停了下来。

10人被武装士兵押着走上山岗。

两个士兵前来扶持陈然往上走。

陈然用他强健的肩膀把士兵推开，怒吼道："滚开，老子自己会走！"

陈然等人走上了山岗。

屹立在山岗的陈然高喊口号。

枪声响了。

陈然的身体摇晃了一下。

又一声枪响了。

没有倒下的陈然依然呼喊着口号。

行刑的士兵大惊失色，双手发抖。

指挥者命令用机枪射击。

机枪暴风骤雨般地响起。

无数的子弹洞穿了陈然的胸膛。

年仅25岁的陈然倒下了，他盼望革命胜利后的众多理想再也无法实现。

其他9人也倒在了血泊之中。

1949年10月28日，《大公报》刊登了杀害陈然等人的消息：

蒲华辅等十人今日执行枪决

（本市讯）警备部消息：奸匪蒲华辅、楼阅强、袁儒杰、涂孝文、蓝蒂裕、王朴、陈然、雷震、华健、成善谋等十人都系蜀匪党首要，抗战期间即经匪党密派赴川东、川南、川北、川西及宁雅所属各地，建立组织。政协会后，更积极活动，互通声气，以重庆为联络中心，并在重庆设置秘密电台，办理地下活动报纸，企图伺机大举叛乱，策应匪军入川。幸经我有关当局防范周密，将匪方电台及报社破获后，各地奸匪地下组织，亦随即全部摧毁，并将以上各匪徒，在各地先后捕获。均经证明为实，依法各判处死刑，定今日执行枪决，以昭炯戒。

王朴牺牲的噩耗传来，早就意料到儿子迟早会牺牲的母亲金永华大义凛然地站了出来，她一边利用国民党报纸刊登的失误向社会指出大坪枪毙的不是自己的儿子，是"王仆"而非王朴，一边利用董事长的身份稳定中共地下党组织创办多年的学校，使当地的中共地下党组织能够继续以学校为基地正常开展工作。

姨妈金永芳受金永华嘱托到大坪七牌坊料理王朴的遗体来了。

在血腥的枪杀现场，金永芳已经认不出自己的姨侄：倒在血泊中的王朴形容枯槁，须发拂面，一双大睁着的眼睛静静地仰望着灰蒙蒙的天空——他大睁双眼是为了"眺望已在天安门城头升起的国旗"，也许，他还有五彩缤纷的理想和人生的抱负没有付诸实践而心有不甘？

悲痛欲绝的金永芳从王朴那双大睁着的熟悉的眼睛才认出自己的姨侄。她泪如雨下，浑身颤抖着去合王朴的眼睛：她用手把王朴的眼睛合上了，但手一松开，王朴的眼睛又睁开了。

王朴为何死不瞑目？难道是为了一睹亲人的容颜，抑或是对国民党有太多不共戴天的仇恨？

金永芳肝胆俱裂，她泣不成声地叮嘱道："王朴，三娃子，好些走，好些走啊……"

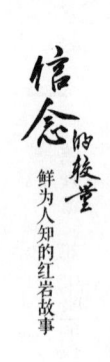

1950年1月15日，在重庆召开的"追悼杨虎城将军暨被难烈士大会"的纪念专刊中，对王朴的评价是："他是白公馆'政治犯'中的杰出人物。"

王朴的母亲金永华是一位伟大而极富智慧的知识女性。她出身于一个名门望族的封建家庭，父亲是四川总督赵尔丰的幕僚，母亲是知府千金。身为长女的她自幼聪明，手不释卷，在偌大的家族中，颇有才华的金大小姐渐渐声名远播。在传统重大节日到四川总督府拜贺时，连赵尔丰见了她也称之为才女。辛亥革命后家道败落了，为了争取到上学读书的机会，她宁可不当小姐而当起了侍候富家小姐读书的陪读丫头，到成都益州女子学校上学。学校在城南，家庭在城北，在侍候富家小姐读书的几年时光中，少女的她天不亮就起床动身，黎明的路上很少能碰到行人，很多时候见到的是那些发着吱吱嘎嘎叫声的倒粪车。几年之后，在益州女子学校上学的富家小姐学业平平，倒是陪读的丫头成绩出色。她博闻强记，"嗜书如命"，不仅熟悉中国古代名著《史记》《离骚》等，而且知晓李白、杜甫和韩愈等诗人的传诵千古的优美诗篇。她不仅能龙飞凤舞地书写一手漂亮的毛笔柳楷，而且对四大名著之一的《红楼梦》烂熟于心，甚至能把重要的章回目录一字不差地背诵下来。她少女时代的憧憬就是按照《红楼梦》来编织和描绘的，以至于她续弦嫁到富裕的王家每天指挥十几个男女佣工劳动时，至亲姐妹对她开玩笑说："还到哪里去找王熙凤啊！"——意思是她就是活脱脱的王熙凤，姐妹们笑，她也笑。她在广泛的涉猎中不仅吸取了中华民族源远流长的思想文化精髓和泱泱大国的浩然正气，而且还崇敬诸葛亮、岳飞、文天祥、秋瑾等彪炳史册的仁人志士，以至于在儿子王朴的影响和与共产党人打交道后做出了毁家纾难捐赠巨额财产的壮举。

金永华续弦嫁到王家后，不仅要侍候好公婆、丈夫，还要照顾丈夫前妻留下的一双儿女，而且在处理这个大家庭的各种事务和人来客往中做到井然有序，无可挑剔。1926年，金永华和丈夫带着6岁的儿子王朴漂洋过海到日本经商，经过几年艰苦卓绝的拼搏，这对身在异国他乡的饱受歧视的夫妻为家庭赚取了整整七万银大洋，她赢得了公婆的尊重。1947年，已经加入中国共产党的王朴为了动员母亲捐赠全部家庭财产，他向母亲郑重地表明了身份。中共重庆北区工委书记齐亮和工委委员黄友凡同金永华协商达成协议：金永华把江北县和巴县田产变卖后的资金交给党组织使用，到重庆解放后归还。金永华经过两天两夜的思考，这个"平生舍不得自制一件皮袍的老太太"作出了惊人之举：两次变卖大量的田产和商铺等，把价值2000两黄金的家庭财产全部无偿地捐赠给中共地下党组织。1949年9月，黄友凡等人奉命到南京向二野前委报到，他向邓小平汇报了金永华变卖田产支援中共地下党组织的事情，当初曾协议重庆解放后归还。邓小平指示说："解放后由人民政府按金价折合偿还。"重庆解放不久，中共重庆市委委员萧泽宽报经西南局领导人邓小平批准，把金永华捐赠的财产折合成人民币开具支票。当黄友凡把支票交给金永华时，她拒绝接收。她说："我把儿子交给党是应该的，现在要享受特殊是不应该的；我变卖家产，奉献给革命是应该的，接受党组织归还的财产是不应该的；作为家属和子女继承烈士遗志是应该的，把王朴烈士的光环罩在头上作为资本向组织伸手是不应该的。"这"三应该三不应该"一度闻名遐迩，享誉全国。在重庆主持工作的邓小平得知金永华和王朴母子的事迹后，接见并宴请了金永华，并从此记住了她。三十多年后的1983年，金永华受邀请到北京开会，她作报告反响强烈的消息被日理万机的邓小平看见了。邓小平关心地询问："王朴的母亲还仙健吗？"

金永华捐赠巨额财产的壮举在解放初期的土改、"文革"和其他一些历史时期曾受到怀疑，连她的儿子王容对"已有定论的史实还存疑义"。1984年初的一个星期天，他应邀请为白发苍苍的老母亲填写入党申请书。在这庄严的时刻，王容"心中的一种不透彻又冒了出来"。决心要问个明白的他停下笔试探着说："娘，1947年那时候，胡宗南还占着延安，对不？"

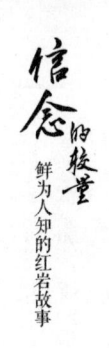

母亲平静地说："我晓得，报上尽在吹。"

王容进一步问道："那时候你身边有我们一窝拖哩。"——王容隐含的意思是在父亲去世后，母亲要养育他们大小六兄妹。

母亲说："嗯——老幺才8岁。"她明白儿子的意思后站起身踱着步说："我想过的，我可以教书，国文算术都可以。"——这是指她与中共地下党的关系被国民党特务发现之后采取应对的办法。

王容说："不准你教呢？"

母亲回答说："那就去帮人（做保姆）。"

王容的心猛然地紧缩了，他惊叹的是，在1947年危机四伏的时候，她为中共地下党组织捐赠价值2000两黄金的家庭财产竟然是"如此地不顾一切并藐视一切：甘当仆妇"。——而她在王家每天安排工作的时候，她可指挥男女佣工一度达到十多人。王容想道：如果当年母亲被国民党当局查获了"通匪资匪"，国民党能放过她这样严重危害国家安全的"敌人"吗？担心继续询问母亲会不高兴，他忍住了这个话题。

母亲洞察了儿子的心思，她一吐为快地说："王容，要到了那一步（被捕坐牢），你们就莫怪娘的心肠硬，我就没有法子再去管你们一窝拖了。"

在解放之初的土改中，按人民政府的政策规定：卖出不到三年的土地仍归原主退押，亦即向政府缴纳一定比例的款项。金永华为此要向政府缴纳1000多亩土地的租押金，这笔巨额的资金无异于一个天文数字，"只知剥削有罪"的金永华没有理直气壮地向工作队说明出卖土地的资金早就捐赠给中共地下党组织且拒绝偿还。她为了千方百计地筹集资金，把家中所有值钱的东西都出售了，但所准备的资金不到一半。农民不依了，工作队发火了，一位青年甚至把盒子炮"啪"地摔在了桌子上。金永华更加战战兢兢，心急如焚。最后还是党组织出面解围——在重庆市委工作的知情人向市委报告了金永华家的情况，由组织补上这笔不足的款项才使这件事情得以解决。事后问她为什么不向党组织说明情况，金永华说："我怎么开得了口嘛？"在"文革"中，金永华被打成地主婆，不仅挨批斗，还被抄家，要她交出隐藏着的金银珠宝。抄家者荒唐地认为：一个能拿出2000两黄金来捐赠给中共地下党组织的人肯定留着更多的黄金，至少留着2000两黄金，无论如何，总之家中还留着黄金。但令抄家者大失所望的是，多次翻箱倒柜地寻找后什么值钱的东西都没找到。经过抄家后，家徒四壁的金永华只能打地铺睡稻草了，就在这样困难的时候，她也没有动摇过对共产党的信任。王容为母亲的遭遇愤愤不平。金永华开导他说："往大处多想些。起蒂蒂，要不是共产党，我还真是个地主婆。该接受改造嘛。"

尽管受到了不公正的待遇和"笼罩在地主剥削的巨大阴影中"，但金永华对共产党的一腔赤诚却始终没有改变。从1950年起，金永华就开始申请加入中国共产党，由于受"左"的严重干扰，她年复一年的入党申请没有被批准。但她持之以恒，锲而不舍，一直坚持到34年之后——1984年以84岁的高龄才终于加入中国共产党。她兴奋地对王容说："我84岁了，现在可以放心地去见你三哥（王朴）了。"1991年12月31日，金永华这位与世纪同庚的老人以92岁的高龄溘然长逝。那一天，重庆这座号称火炉的难得见到雪花的城市竟然纷纷扬扬地下起了雪，一夜之间，整座城市白雪皑皑，银装素裹。重庆市委、市政府、市人大、市政协的主要领导前往吊唁金永华，评价是："为革命事业作出了特殊贡献。"

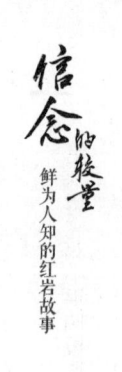

27
最后的紧急营救

随着中华人民共和国的成立和解放军快速地向大西南地区挺进，保密局按照蒋介石的指示加快了破坏、屠杀、潜伏等工作。在公开杀害陈然、王朴等10人后，徐远举下达了屠杀江竹筠等30人的命令。1949年11月6日，雷天元、龙学渊、陆坚如、熊祥和李磊等在慈居的会议室开会，商讨"奉令密裁匪谍三十名一案"。保密局西南特区一份右上角标注"极机密急件"的文件中，对这次屠杀活动的安排和执行细节等作了这样的记载：

奉令密裁匪谍三十名一案，遵照指示会同二处二科科长雷天元同志、警卫组组长漆玉麟同志、第二看守所所长李磊同志、本区行动组组长熊祥同志等，研究商讨乃于本（11）月7日先赴造时场实地勘察并即研究执行技术问题，谨将研商结果与意见分呈于后：

一、执行主官拟由本区二处二课、科长共同负责主持。

二、执行地点经实地勘察结果拟以造时场山后岚垭（即前本局电信总台）为最适宜，该地区无人居住，仅有卫兵二人，事前可先调离，由挖坑组人员驻守，以保机密。

三、执行工具拟用手枪予以击毙。

四、执行时间拟于挖坑工作完成后之次日开始执行。为便利拍照起见仍以白天执行为宜。

五、执行布置与准备：

1. 拟设挖坑组，由警卫组派警卫六名，本区派警卫二名，以出公差名义携带行李，事前不告之其任务与地点，由熊组长祥偕事务员易大清率领，赴指定地点开始掘坑工作。在工作期与外界隔离，食宿由区负担，膳食由易大清同志负责办理（购炭米自办）。挖坑三个，每一方丈宽，二丈深，预计二日至三日完成。

2. 拟设执行组，派熊组长负责，以本区行动组六人、警卫组二人担任执行。

3. 摄影工作拟由张法官界担任。为免照坏慎重起见，借备相机二部，并购备胶片，每机对匪尸连拍二次，以免冲洗不清之虞。

4. 拟分三批执行，以十人为一批，于一日内完成密栽任务。

5. 拟请发购置挖坑工具、相机、胶片、膳食等费用等五百元，并发卡车一辆，事后报销。

6. 拟于工作毕后，会同二处签请核给奖金。

六、执行步骤，拟以新设立第三看守所名义将第二看守所移解三所借以掩护，免在押犯人骚动，于提解时，由张法官界、李所长磊讯明正身制作笔录并签名后提至刑场枪毙，并由主官莅场验明无讹，于尸身标识姓名摄成照片后由掘坑组掩埋，又于执行时其警戒由挖坑组担任，掩埋时由执行组担任警戒，事毕报备。

七、执行时之受刑名单由二处二科造册办理。

八、拟执行时地报台局备查，执行完毕检具照片名册报台局核备。

……

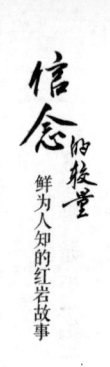

11月7日，按照安排，雷天元、漆玉麟、李磊等人到造时场电台岚垭实地察看行刑地点后，向保密局西南特区代区长廖宗泽书写请示杀害江竹筠等30人的执行报告。廖宗泽批准按原定计划执行。

保密局西南特区杀机四伏，磨刀霍霍。

重庆集中营内的共产党人危在旦夕。

几乎与此同时，一直在锲而不舍营救重庆集中营内战友的川东特委把目标锁定在毗邻渣滓洞监狱的国民党二十四兵工厂——站在该厂的高地不仅可以清楚地看见渣滓洞的碉堡和人员分布情况，更为重要的是炼钢部的工人张平江是张平河的哥哥，思想进步的张平江早已按照党组织的要求安排了一些中共地下党员到该厂工作。蒋人风和林向北鉴于营救时间紧迫，命令张平江和中共地下党员积极行动起来打入二十四兵工厂的警卫队，争取把敌人的枪掌握在自己的手中。张平江通过炼钢工人的关系做通了警卫队副队长的工作。副队长同意补充两名新兵到警卫队工作。蒋人风和林向北挑选了两个精明的同志由陈立洪带进去，其中一位正好补充当机枪手掌握了一挺机枪。

蒋人风和林向北喜出望外，二人向二十四兵工厂的同志带信说："这是一个难得的好机会，一定要谨慎行事，到时候我们再派支队伍打进去，配合你们封锁敌人的碉楼，消灭碉楼里守敌，这样就有可能实现解救战友的计划。"

就在这时，张平河、陈立洪、杜文举已把重庆集中营内的情况侦察清楚，张平河和陈立洪转移出来到二十四兵工厂的张平江的宿舍里着手绘制重庆集中营的地图。这张珍贵的地图绘制在一张白布上，内容有从二十四兵工厂、歌乐山、童家桥、红槽房到重庆集中营白公馆和渣滓洞的路线图和警戒线，并用特殊的标记注明了兵力布置、军械仓库、岗亭哨所、营房住地、电网设置、道路通行等情况，同时还用文字对第一至第三道防线的岗哨瞭望、武装力量的驻防和车辆通行检查等都作了说明。地图紧张地绘制完成之后由陈立洪带出交给林向北。至此，营救工作又向前推进了一步。

此时，在蒋人风等人的努力策反下，眼见国民党政权兵败如山倒的重庆反共保民第一师师长廖开孝愿意"反正"，配合中共地下党组织开展工作。

惊喜不已的蒋人风立即给廖开孝布置任务：进攻重庆集中营的渣滓洞和白公馆，营救关押在里面的共产党人和难友们；在敌人撤退时维护重庆城内的治安等。

但廖开孝只接受其他任务，他说渣滓洞地势险要防守严密，他这支由工商界从业人员改编而来的部队实在没有进攻的能力，爱莫能助。

希望通过廖开孝的部队营救重庆集中营的同志们的计划失败后，鉴于形势紧急，蒋人风通过敌人联勤总部参谋把林向北和廖亚彬介绍到渣滓洞和白公馆附近的三十粮秣库从事文书和库丁工作。蒋人风给林向北下达的任务是：加强同张平河等同志的联系，专门指挥营救工作。

在进行武装营救的同时，林向北一家人通过各种关系也在积极营救关押在重庆集中营的战友：他的妻子廖宁君与段成操是同乡亲戚，而段成操的丈夫是社会关系广泛的重庆中国新闻社社长袁建之。依照亲戚辈分的称谓，廖宁君称段成操为段姨妈，而称袁建之为袁姨爹。

廖宁君通过段成操向袁建之试探说她的亲戚被关押在重庆集中营里，想请他帮忙进行营救。

思想进步的袁建之说以前曾帮助别人从监狱里买过人，现在依然可以用钱把人买出来。

林向北迅速把这一情况向川东特委作了汇报，并说愿意和妻子承担这一重任。

川东特委经过慎重的研究认为：在国民党政府即将崩溃的前夕，有的特务想搞交易捞点钱之后逃跑，有的特务想借机将功赎罪，拿钱购买关押在监狱中的同志，有这种可能。但这是以共产党的身份去同穷凶极恶的敌人进行

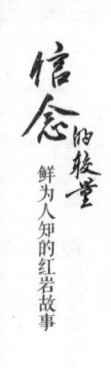

面对面的谈判交易，如果某一细节处理得不好，在胜利即将到来的时候营救没有成功，反倒造成牺牲就没有必要了。

卢光特叮嘱林向北说："为了防止出现不必要的危险，凡是和你们有联系的同志都要切断关系。你们筹钱去试探一下，如果可能要尽力多营救一些同志出狱。"

深感责任重大的蒋人风在屋中踱着步说："这个事情，要慎重考虑，要慎重考虑啊。"

林向北的岳母陈联诗果断地说："这是个救人的好机会，去，当然要去。但是你们不行，我去。"

廖宁君反对母亲说："伯娘，这件事情是我说起的，要去也是我去啊。您这么大的岁数了，教我两招就成，怎么能够亲自去出面？"

一身是胆的陈联诗说："亲自出面又怎么样？别说当年了……我这辈子，这样的事情经历得多了，就是出了什么危险，也能应付。再说我已年过半百，其他的事情做不了，就这样的事情是行家。"

廖宁君说："您也太小看我了，怎么说我也是个'老地下'了嘛，眼看都要解放了，我就不相信他们还敢掀起什么大浪。"

陈联诗斥责女儿说："你懂什么？年纪轻轻的，光知道勇敢勇敢，勇敢就能办好事情？这是和敌人面对面地谈，半句话不对头，就可以把你抓起来，眼看就要解放了，万一出个什么事情，我怎么对得起你爸爸……"她哽咽起来，眼噙热泪。

蒋人风说："你们母女俩，都不要争这'生死牌'了。依我看，我们现在已经暴露了宁君，陈大姐你树大招风，就不能再出面了，万一真的再出什么事情，我没法向组织上交代。这样吧，我们现在赶快动员大家想办法，凑钱救人，能救出一个是一个，要不然就晚了。宁君你现在去告诉你那袁姨爹，让他去和那边的特务讲价钱。"

廖宁君前去同袁建之联系了。

袁建之带回的消息说："对方喊价十两黄金购买一个人出监狱，我跟他讨价还价才降为五两黄金购买一人。"

廖宁君惊愕地叫起来："天哪，一两黄金值60多块银元，五两黄金要300多块呢，我们哪里去找这么多钱啊！袁姨爹你得再去跟他们讲价钱，都什么时候了，还想……"

心急如焚的袁建之让廖宁君赶快筹钱买人。

在短时间内筹集巨额的资金让廖宁君十分棘手。为此，廖宁君一家人都行动了起来：陈联诗、林向北除了把自己的银元、金戒指和有价值的东西毫无保留地奉献出来之外，还动员身边的亲朋把所有的银元和值钱的东西拿出来凑钱。有的同志把自己所有的银元和金项链拿了出来，说如果钱还不够愿意把值钱的衣服拿出来卖了凑钱。廖宁君把父亲留给她的结婚纪念品金项链也捐献了出来。经过大家的努力，终于凑足180块银元和几件首饰。

蒋人风把银元交给廖宁君。他神色严肃地说："宁君啊，这次的任务可不比往常啊，你要尽一切努力把两个同志救出来，自己也得做最坏的打算，万一有什么不测，宁愿牺牲自己，也不能……从现在开始，你得割断一切组织关系，我们会派人和你联系的。"

为了防止出现意外的危险和特务找上门来，林向北和陈联诗在廖宁君出门后立即把家搬迁了。

廖宁君把银元和首饰交给了袁建之。她说把妹夫陈作仪和表哥刘石泉购买出狱。

袁建之购买一只火腿和一副麻将送给了西南长官公署二处的张法官。

张法官说买人他有办法，但有一个操作过程，需要时间去联系。

这样，廖宁君和林向北只能眼睁睁地等待。

似乎，他们的成功营救指日可待。

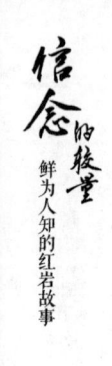

让他们无论如何也想不到的是，敌人的屠杀提前了。

1949年11月14日，秋高气爽，阳光和煦。

渣滓洞监狱女牢房的难友们为人民解放军进军西南的胜利而欢欣鼓舞，喜形于色。江竹筠正在牢房中的床铺上整理学习提纲——凭借着记忆把头脑中的《新民主主义论》和《论共产党员的修养》默写出来提供给监狱中的同志们学习使用。

这时，一辆卡车和一辆吉普车朝着渣滓洞监狱疾驶而来。

随即，监狱里骤然响起令人心悸的敲打竹梆的"梆梆"声。霎时，难友们产生了不祥的预感：特务又要提人了。

站在院坝中的徐贵林说凡是叫到姓名的人要立即准备转移。

特务打开女牢房的门，吼叫江竹筠和李青林准备转移。

听到特务的吼叫，从容不迫的江竹筠把没有默写完的学习提纲悄悄塞给难友黄玉清。她拿起梳子对着墙上的破镜子认真地梳理头发。

担心敌人下毒手的难友们走过来，围着江竹筠盯着她的脸看。

江竹筠心静如水，毫不慌乱地梳着头。梳好头发后，江竹筠脱下囚服，换上蓝色的阴丹士林布旗袍，穿上红玫瑰色的毛线衣。她习惯地拍拍身体上的灰尘，整理了一下旗袍，到镜子前观察自己的衣着打扮，在牢房中走了几步——那情形似乎要去一个非常庄重的场合参加一个隆重的典礼。

特务不停催促江竹筠快走。

江竹筠依然沉稳如常。

一个女难友把江竹筠的生活用品收拾在一个布包里送给她带走。

江竹筠说："留给大家用吧，看见这些东西，就等于看见我一样。"

女难友从江竹筠的话中明白她即将面临牺牲，布包顿时从惊愕的她的手中滑落下来。

难友们热泪长流，肝肠寸断。

在这最后的时刻，江竹筠像是鼓励大家也像是激励自己，她坚毅地说："要勇敢一些，每一个革命者，当他面临着最后考验的时候，都应该脸不变色心不跳。"

江竹筠说完话向牢房外走去。

心情沉痛的女难友们的目光一直注视着她，她们舍不得江竹筠走。

江竹筠走到门口停下脚步，回过头来深情地看一眼居住了无数白天和黑夜的牢房。她说："同志们，永别了！"

人们撕心裂肺地呼喊着江竹筠，目光透过牢房的铁签子门紧紧地盯着她。

江竹筠扶着被特务审讯折断了腿的李青林向外走。

她们走到了男牢房门口。

心潮起伏的男难友向二人道别。

二人向他们点头致意，走向院坝中的卡车。

二人在汽车前停下来，再次回过头来凝视熟悉的牢房和并肩战斗的难友们。

难友们的心揪紧了。

二人登上了汽车。

望着二人远去的背影，难友们的泪水夺眶而出。

难友们知道，二人的"转移"凶多吉少，他们再也见不到二人了。

与此同时，特务从男牢房里提出了众多的共产党人。

这一时刻，提出和没提出的人都心情复杂，饱受煎熬。这一时刻，豪迈与悲伤夹杂，信念与心疼相伴，凄楚与理想交融，无论生死，这一情景都将铭刻在他们的心灵深处，直至永远。

被特务提出的共产党人换好衣服后同各个牢房的同志们握手道别。

齐亮大声地说："再见了，同志们，快胜利了，我们先走一步……"说

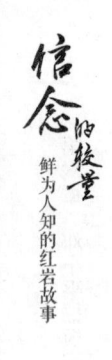

完，他向牢房外走去。在经过女牢房时，他听到妻子马秀英的呼喊。

齐亮向妻子走过去。

眼含热泪的妻子从牢房铁门中伸出双手紧紧地抓住了齐亮，无论如何都不肯松手——她清楚地知道，丈夫此一去就是生死之别，今生今世再也见不到他了，而他是那样的年轻，他们夫妻的共同理想抱负还没实现。悲痛欲绝的马秀英浑身颤抖，嘴嗫嚅着却一句话也说不出来。

看见妻子如此悲伤，齐亮百感交集，但他很快控制住自己的情绪。在特务的催促下，他和妻子的手分开了。

望着齐亮渐行渐远的身影，马秀英昏倒在牢房的铁窗前。

被特务提出来的唐虚谷和同志们握手告别。刘德彬扑上去一把抓住唐虚谷的手喊道："老大哥……"再也说不出话的他热泪长流。

热血偾张的唐虚谷用手指点着特务说："现在，我们的命运虽然握在他们手中，但大的一头，却掌握在我们人民解放军手中！"他昂首挺胸地走出了牢房。

唐虚谷走到女牢房对妻子张静芳说："你如果能出去，要照顾好孩子，让他们跟党走！"

张静芳握住唐虚谷的手说："老唐，你放心走吧，等着我！"这对从小青梅竹马又双双一起闹革命的夫妻从此永别。仅仅13天之后，张静芳也牺牲在大屠杀中。

一批又一批的共产党人被特务从监狱中提出后相继登上汽车。

视死如归的共产党人和监狱中的难友们不约而同唱起了《囚歌》。霎时，激越高亢的歌声震荡着歌乐山亘古不变的翠绿山峰，长久地在晴朗的天空中回响。

汽车开动了。

站立在汽车上的共产党人再一次向牢房中的难友们挥手告别。

牢房中的难友们热血沸腾。

寒风吹起来了，江竹筠身穿的红色毛线衣像一团熊熊燃烧的烈火渐渐远去。从此，身穿红色毛衣和蓝色阴丹士林布旗袍的江竹筠被演绎成一个经典的画面，走入共和国数不胜数的影视和歌剧文艺作品之中。

难友们心如刀绞，泪水再一次模糊了的视野。

这天，特务从渣滓洞监狱中提出的共产党人有江竹筠、李青林、齐亮、唐虚谷、杨虞裳、陈以文、陶敬之、何忠发、袁尊一、王敏、盛超群、胡友猷、明昭、游宗相、蒋可然、黄楠材、朱麟、谯平安、邓致久等29人。从白公馆监狱提出共产党人有邓兴丰。当天，他们全部被枪杀在电台岚垭。重庆解放后，长眠在九泉之下的30名死难者被评为革命烈士，受到人们的长久怀念。

尽管敌人进行了严密封锁，但江竹筠等人遇难的消息被狱中的中共地下党员通过秘密渠道传递给了监狱外的中共地下党组织——这个人就是被江竹筠和曾紫霞等共产党人成功策反的渣滓洞看守黄茂才。

在人民解放军快速向重庆进军的时候，风雨飘摇的国民党政府开始遣散人员了，黄茂才就在这些被遣散人员之中。得知消息后，准备回家的黄茂才向男牢房告别后来到关押胡其芬的女牢房。他说："胡其芬，我被遣散了，要走了。"

胡其芬说："黄先生，我们知道。你走了我们怎么舍得你，我们的工作怎么做嘛？"

黄茂才说："我没有办法。"

胡其芬说："这样的话，我现在请你及时给我带一封重要的信出去，交给重庆地下党。"

在时间紧急的情况之下，监狱中的中共地下党员骨干迅速分析研究后由胡其芬执笔，向中共地下党组织撰写书信。1949年11月21日，胡其芬化名

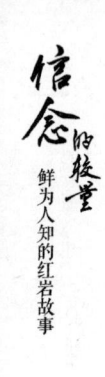

"吉祥"急切地书写了这份最后的报告,"盼外面朋友亦设法布置抢救":

10月20日(实为28日)歌乐山难友公开被枪决10人后,11月14日又秘密于白公馆附近电刑房内烧死50人,竹姐(江竹筠)亦在其中,我们无限沉痛。又闻所内传说即将结束,除17人决定释放外,其余还有第三第四批将处决,每个人都笼罩着死亡的阴影。兰先生(黄茂才)归来又带给我们一线生的希望,这就全靠你与朋友营救我们的努力了。第三批传令已下,可能周内办理！！！

我们是第二看守所(渣滓洞监狱),与二十四兵工厂连界,现住有210余人,十之八九都是经过长期革命工作的锻炼、在敌人面前表现忠贞亮节的人。看守我们的人有三个团体:而今直属长署二处的官兵有十二三人,交警队五人,连上官兵百余人。他们最近见敌迫害我们,表示深厚的同情与愤慨。对共军即将到来感到惶恐,都想逃亡,我们亦争取到个别分子,想掉头转向我们。但时机未成熟,力量太薄弱,监视重重,无法发挥力量,一直与我关系较近的是连上士兵与交警。近日进行作战演习,行装已预备好,等待命令,即行出征。管理组官员亦有部分遣散,兰亦在遣散之列。希你找朋友定为他解决职业及经济问题,留他在渝待过这段时间,以便我们之间今后必要的联络。其他有关我们处境情况,他可详细告你。

其次,提供我们的意见作营救我们的参考。公开争取切实保障政治安全,秘密谈判以保障张群及徐远举将来优厚待遇,作为将来交换条件。徐远举掌握生杀大权,这样可以拖延处决,等待大军到来。此外希望派人到禁区来工作,我们侧边有一炭厂,是私人经营。同时我们尽量争取监视我们的友军，在局势紊乱内部时机成熟时，盼外面朋友亦设法布置抢救我们。我们即积极进行了解周围情况，有充分了解时，再设法通知你。兰此次见你时，定将外面情况、对政治犯处理消息、组织上的准备以及盼望我们在这里进行的事项，详细告知，不日他即离所，不能再带你的回信与我们了。

以后万一兰先生离开，我们必要与你接头又有妥当人时，我们代表人（用）周梦华名称。

第二批人是秘密处决，可慎重，不必要说即不说，以免引起朋友麻烦，但对组织上可作秘密谈判材料。

吉祥（以后我们沿用此名）十一月二十一日

胡其芬原名胡永萱，又名胡南、胡启芬，1938年加入中国共产党，1945年12月，跟随周恩来相继在重庆和南京工作。被捕前担任中共重庆市委妇委书记。撰写这封书信的一个星期之后，强烈渴望着能走出监狱迎接胜利的胡其芬牺牲在敌人的血腥大屠杀中，年仅30岁。在歌乐山烈士陵园，珍藏着一把由胡其芬自制的团扇，扇面上题有"清风徐来"四个字。

胡其芬这封极其重要的书信由黄茂才带出后交给重庆大学女学生况淑华，况淑华在第二天把书信交给了中共川康特委沙磁区工作组组长刘康。

刘康接到书信后热血沸腾，心急如焚。紧急行动起来的他们决定单独组织武装力量营救重庆集中营的同志们，并设计了两条撤退路线：一条道路是通过中梁山撤退到北碚，一条是通过磁器口渡过嘉陵江撤退到江北第十区的山坡地带隐蔽。为了取得较好效果，刘康兵分二路：一路安排中共地下党员

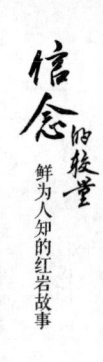

王烈立即前往北碚，同北碚管理局局长卢子英协商营救出来的同志撤退到北碚后的掩护等事项；一路安排中共地下党员杨子明前往江北第十区进一步做关系较好的区长陈秉国的工作——刘康要求，最好动员第十区的部分起义人员直接参与中共地下党组织的武装劫狱，如果不行，也要千方百计搞些枪支弹药为营救作准备。

刘康的命令下达后，各路人马紧急行动起来。王烈马不停蹄地赶回北碚，通过与卢子英的下属和进步教授王文哲的接触和试探，拟就同卢子英谈判的内容有八大项，其中第三条就是保护民主人士不受伤害——这个条件隐藏着的真实含义是从渣滓洞和白公馆被营救出来的同志撤退到北碚后，卢子英要"提供保护及物质上的支持"。

但事情进展并不顺利。

卢子英的"意思是一切由王文哲转告"，但王烈坚持当面谈判，因而时间被耽搁了。

人员的联系组织等事项也遇到不同程度的困难。刘康多年后回忆说："要把这些人组织起来，都要一个一个去跑。那时交通条件极不方便，完全靠走路靠两只脚去联系这些人。"

一切都需要时间。

刘康和同志们锲而不舍地努力着。

解放军步步向重庆推进。

四面楚歌的国民党政府惶恐不安，他们的破坏、屠杀和潜伏进程加快了。

重庆的形势越来越紧张。

留给刘康的时间不多了。

最令人惋惜的是，中共地下党组织开展工作都是单线联系，因而分属川东特委的林向北和川康特委的刘康对对方进行的营救互不知情。如果双方知情联合起来进行武装劫狱,那么关押在重庆集中营内的同志们的命运也许将是另一番景象。

但残酷的现实没有假设。

让刘康和林向北他们想不到的是,敌人的又一次秘密屠杀开始了。

1949年11月22日,杨汉秀的危险又一次降临:这天,重庆刑警处处长张明选、督导长钟恕、第二股长宋世杰、第三股长宗慎云等人按照重庆市市长杨森的要求,秘密研究杀害杨汉秀的办法。

钟恕说:"租用一只小船在晚上悄悄将杨汉秀押到长江的江中心,把杨汉秀勒死后丢弃在长江里,这样做神不知鬼不觉。"

宋世杰说:"最好用汽车把杨汉秀运输到城外的郊区,在汽车里把她勒死后埋藏在野外的荒地里。"

张明选觉得宋世杰的主意好,决定第二天采用此办法杀害杨汉秀。

杨汉秀对此一无所知。

1949年4月,在亲人的央求下,杨汉秀的伯父杨森把关押在渣滓洞监狱中的杨汉秀保外就医,软禁在重庆金汤街市民医院的特等病房里,责令她不得再从事共产党的活动。之后,杨汉秀住进杨森公馆渝舍对面的杨传三的公馆里。

在这段时间里,忙碌的杨汉秀没有时间关心寄养在母亲和别人家中的三个儿女,却抽出时间冒着风险潜回广安,把处境危险的左绍英的女儿王凯隐藏并请农民照料起来。

1949年9月2日下午,重庆发生灾难性大火,致使重庆下半城至东水门和朝天门等地惨遭大火的焚烧:据国民党警察局调查共烧毁大小街巷39条,以及众多的银行钱庄、机关、学校和仓库等,死亡2874人,伤4000多人。为了平息民怨,杨森煞有介事地抓捕一个药剂师和小孩以共产党纵火犯的名义屠杀了。

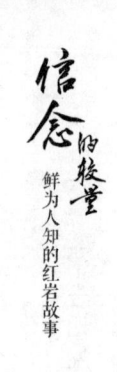

这场突如其来的凶猛大火不仅造成重庆市民生命财产损失惨重,而且也导致杨森和杨汉秀的矛盾日益尖锐。在家庭和社会公开场合,杨汉秀揭露说杨森是这场大火的制造者,并给予毫不留情的抨击。

杨家姨太太吓得魂飞魄散,她们说:"你这样招凶,市长听了,要活剐你的。"

无所畏惧的杨汉秀冷笑着说:"究竟谁剐谁,到了杀场才晓得。"

怒发冲冠的杨森杀心顿起。他深思熟虑一番权衡后决定"大义灭亲",这样做可以达到一石三鸟的效果:不仅博得了忠于国民党的美名,而且可以嫁祸于共产党,同时又铲除了家族中的这个"祸害"。

杨森向张明选下达了逮捕并杀害杨汉秀的命令。

张明选接到命令后,率领第二股组长刘怀琦等人前往杨传三公馆将杨汉秀秘密逮捕——这是杨汉秀漫长革命生涯中的第三次被捕。当晚,杨汉秀被押到重庆刑警处办公室,宗慎云、宋世杰和钟恕对杨汉秀进行了审讯。三人询问她是否还在进行共产党的活动、重庆九二大火是何人指使?

横眉冷对的杨汉秀一概说不知道。

张明选得知审讯情况后说:"不必审讯了,杨森是要我们把杨汉秀处死。"

1949年11月23日上午,刘怀琦、宗慎云、钟恕等人前往重庆与巴县交界处的一个名叫金刚坡旁边废弃的碉堡内挖掘埋尸坑。之后,刘怀琦返回重庆刑警处向宋世杰说准备好了,可以行动。宋世杰押着被蒙着脸的杨汉秀坐在小轿车的中间,她的两旁坐着看守所长项正邦和组员谢春浓。宋世杰、刘怀琦和组员黄雪中坐在后面的吉普车上押解。

两辆汽车启动了,沿着成渝公路疾驶而去。

就要到达金刚坡了。

汽车仍在疾驶。

项正邦和谢春浓拿出绳子凶相毕露地套在杨汉秀的脖子上。

自知死亡来临的杨汉秀拼命挣扎。

项正邦和谢春浓使劲拉紧绳子。

汽车仍在飞奔。

渐渐地，杨汉秀没有动静了，悄无声息地瘫倒在汽车的座位上。

项正邦和谢春浓仍然高度紧张。

两辆汽车到达金刚坡停了下来。

恐慌的刽子手把杨汉秀的遗体从汽车中抬出来放在事前挖掘好的碉堡内土坑里。

刘怀琦用相机对着杨汉秀的遗体拍摄照片。

经过简单的掩埋后，刽子手们仓皇逃走。

从此，杨汉秀冷冷清清孤孤单单地躺在荒山野岭里，任凭雨雪的侵袭和山洪的冲刷，一躺就是25个春秋——直到1975年夏天，歌乐山的农民反映说在金刚坡废弃的碉堡里发现了一具戴手铐的女尸。重庆歌乐山烈士陵园闻讯派人调查核实后，根据医学专家的鉴定和特务的口供，这才得知戴手铐的女尸就是杨汉秀。1977年，杨汉秀的女儿李继业等亲属得到去金刚坡清理遗骨的通知。而这时，距离杨汉秀在李继业不满两个月时的分别已是近30年的时光了。李继业在同重庆歌乐山烈士陵园和民政局的同志前往金刚坡的途中，"无时无刻不在思念"母亲的她激动得"几乎不能控制自己"。李继业心中想道："妈妈呀！你知道吗？你的女儿今天终于找到你，就要见到你了，你再不会一个人冷冷清清地躺在这荒郊野岭了。妈妈，你知道吗？你最放心不下的小女儿就要来到你的身边。"

由于当时敌人对杨汉秀的遗体掩埋较浅，再加上数十年山水的冲刷，杨汉秀的遗骨寥寥无几。在当地老农的指点下，李继业和其他同志一道用手在泥土中挖着扒着，仔细地寻找每一块零碎的骨头。每当寻找到一块妈

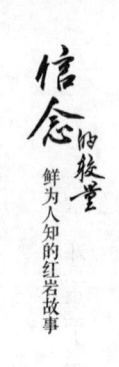

妈的遗骨，李继业小心翼翼放在口袋里，然后把口袋贴在胸前。这样，她就和母亲心贴心面对面地拥抱在了一起。似乎，因多少次想念母亲而"梦中哭醒"的李继业感受到了母亲的心跳和体温。那一刻，李继业泪如雨下。

1980年11月25日，杨汉秀的遗骨迁入重庆歌乐山烈士陵园安葬，从此，她的英灵和牺牲在大屠杀中的同志们的英灵相伴在了一起，朝朝暮暮迎接着一批又一批来自五湖四海的怀着崇敬心情的参观者。

作为担任重庆市长和重庆卫戍总司令的国民党政府的高级官员，杨森与共产党不共戴天，势不两立，但共产党却偏偏找上门来了——就在他处死亲侄女、共产党员杨汉秀后，为了保卫重庆城内百姓的生命财产安全和营救重庆集中营的同志们，川东特委派遣的民主人士就要同他打交道了。

实际上早在10月份，川东特委通过杨森的秘书葛覃了解到杨森对破坏重庆不积极，似有争取可能的信息。川东特委立即安排人员通过民主同盟的重要成员鲜英和重庆工商界开展做杨森的工作。鲜英与杨森不仅是成都陆军速成学堂同住一间宿舍的同学，而且杨森的"管家太太"田蘅秋与鲜英的妻子是关系密切的亲家。川东特委派遣中共地下党组织重庆社会大学党支部负责人马克奇负责联络鲜英这一渠道。马克奇接受任务后，在重庆永巷子的一个茶馆内向鲜英熟悉的中共地下党员苏云传达了川东特委的指示：要求苏云做好迎接重庆即将解放的工作，通过鲜英策反杨森，从而保护重庆百姓的生命财产安全和营救重庆集中营内的同志们。

苏云说："我认识鲜英20余年，也认识他的子女，他的三儿鲜恒是杨森的未婚女婿，五儿鲜继坚大学毕业才两年，同我们合伙开店做米生意，思想进步，想由我介绍入党。"

马克奇说："你去摸一下底，先叫鲜继坚当联络员，与他父亲、三哥联络交换意见，向杨森传达川东特委的四项条件。"

这时，解放军已经解放了秀山、彭水、黔江等地，重庆城内的国民党党政军要员惊慌失措，纷纷忙着转移财产，疏散家属。

接受任务的苏云来到重庆上清寺特园找到鲜继坚说："重庆即将解放，情势紧迫刻不容缓，此事关系到重庆市的存毁安危，党需要你急办完成。"——通过其父亲鲜英向杨森传达川东特委的四项条件。鲜继坚立即将川东特委的指示向鲜英作了转告，鲜英找来三儿子鲜恒商量后决定派遣他前往杨森的渝舍公馆同杨森面谈。因为在特务众多的重庆城中，年轻的鲜恒前往杨森公馆不易引起注意，更为重要的是鲜恒在同杨森的女儿杨北宜谈恋爱。鲜恒火速乘车赶到渝舍后同杨森在花园里见了面，代表父亲向杨森转告了中共川东特委的四项条件：第一条，杨森所属的二十军从重庆撤退时，保证对市区的建筑和大溪沟发电厂不要进行破坏，确保市民的生命财产安全。第二条，保护政治犯，尽最大的努力营救重庆集中营内的同志们出狱。第三条，杨森率二十军起义，在解放军进城前要保证重庆不被国民党的军警特务所破坏，共产党和解放军保证其生命财产安全。第四条，活捉蒋介石，杨森留在大陆按起义将领对待。

杨森听了鲜恒转告的四项条件后沉默了一会儿说："第一条能办到，我保证部队在撤退时不破坏重庆的建筑，不骚扰百姓，确保群众的生命财产安全。第二条营救重庆集中营内的政治犯我没法做到，因为关押的这些共产党员是蒋介石亲自过问和徐远举直接负责的，我的稽查处无权过问。第三条率部队起义没有可能，你看见门口停放的两辆吉普车了吗？那是蒋介石专门安排人来监视我的，我稍有二心即刻引来杀身之祸。我与你父亲不同啊，你父亲是民主同盟的发起人，同共产党人合作有功，而我对共产党有过，解放军来了不会放过我，我别无选择只有到台湾了。关于部队我遵照你父亲的意见作了安排，已交喻孟群和杨汉烈指挥，让他们在我去台湾后率部起义。第

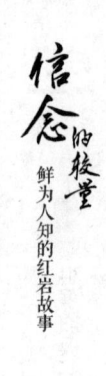

四条就更难办到了。我有几个家眷和一些财产带不到台湾了，麻烦你们照顾一下，希望共产党既往不咎。请你禀报令尊，我承诺的事一定办到，决不食言，但其他事情爱莫能助。"

鲜恒返回家中向鲜英禀报了杨森的意见，鲜英听后冒险带着鲜继坚乘车来到渝舍再做说服杨森的工作。杨森的回答一如之前。

至此，川东特委寄予厚望的通过策反杨森营救重庆集中营同志们的计划失败。

后来的事实证明，杨森和鲜英都践行了诺言：作为国民党在重庆最后逃跑的高级军政官员，杨森在解放军进城之前没有对重庆进行破坏，使众多的群众生命财产安全得到保护，而且他所属的二十军在喻孟群和杨汉烈的率领下起义。尽管在解放后因保护战犯家眷和财产而受到非议，但鲜英仍对迁移到特园家中的杨森家眷和一些财产进行了保护。

28
狱中八条

1949年11月23日，就在杨汉秀被杀害的这一天，毛人凤向保密局法官徐钟奇和稽查处长兼丙种会报主任秘书周养浩下达了杀害白公馆与新世界看守所的共产党人和进步人士的指示。他说已同杨森说好了，把丙种会报逮捕关押在新世界看守所的革命人士进行清理，选择情节较重者予以屠杀，并列表请杨森批准。

接到命令后，徐钟奇前往白公馆监狱同看守所长陆景清进行清理，拟就了准备杀害的共产党员、进步人士、原军统违纪分子和学生等三十多人的名单上报蒋介石。很快，蒋介石批准了白公馆的杀害名单。与此同时，周养浩命令丙种会报秘书徐善谋、第二科科长濮齐伟将关押在新世界看守所的三十多名革命人士清理后签请枪毙。周养浩审核后迅速上报杨森审定。

11月26日晚，接到毛人凤屠杀命令的陆景清召集副所长谢旭东、看守长杨进兴等开会研究屠杀事宜。会议决定由看守组执行屠杀，事务组负责掩埋遗体。当晚，在漱庐何龙庆公馆，毛人凤把渣滓洞的屠杀名单交给徐远举执行——早在当月中旬，从台湾赶到重庆的毛人凤就分别向西南特区和重庆稽查处下达了蒋介石的破坏、屠杀、潜伏和游击四大任务。按照毛人凤的指示，徐远举命令西南特区副区长李修凯、第二科科长龙学渊、二处二课课长

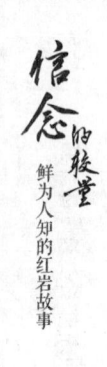

雷天元将渣滓洞关押的一百多名共产党员、民主人士的案卷上报给毛人凤审核。毛人凤把案卷交给徐钟奇审核。徐钟奇同助手夏鸿钧、夏德贵审核后列出屠杀名单上报毛人凤，毛人凤批准屠杀计划。

在新生的人民共和国的土地上，一场空前绝后的大屠杀拉开了帷幕。

11月27日上午，在西南长官公署二处处长室里，徐远举召集雷天元、龙学渊和熊祥开会研究渣滓洞的具体屠杀事宜。会议决定：渣滓洞的大屠杀由雷天元和龙学渊主持；大屠杀由行动组长熊祥和渣滓洞看守所长李磊担任；为了秘密进行不使用枪杀，采用绞死或勒死的方式杀害，同时把二处寄押在白公馆的革命人士押解到渣滓洞一起杀害；要加强重庆集中营内外的警戒，大屠杀后对被杀害人士的遗体连同渣滓洞监狱进行焚烧，尽可能地不留任何痕迹。

同日，毛人凤向陆景清下达了屠杀白公馆人士的命令。陆景清和下属顿时紧张地忙碌起来。

上午，白公馆事务组的人员在白公馆附近的地方挖掘掩埋遗体的土坑。

中午，陆景清召集白公馆所有看守特务开会，要求所有的人员在下午严禁外出。

与此同时，中共地下党组织为营救重庆集中营的同志们仍在作锲而不舍的努力。这天，为了尽快把关押在渣滓洞监狱的中共地下党员陈作仪和刘石泉购买出狱，廖宁君来到袁建之的家中催促联系办理事宜。

袁建之来到张法官的家中，直接把钱递给了张法官。

张法官说："不忙，要等事情落实了才交钱。"说完，他起身联系购买人的事情去了。

张法官走后，袁建之就在张法官的家中等待，而廖宁君则在袁建之的家中等待。尽管都是等待，但二人的心境却迥然不同：袁建之知道，为共产党购买政治犯最容易引来杀身之祸，担心自己安危的他越等越焦急。而廖宁君则处之泰然，如果能把陈作仪和刘石泉购买出监狱，就是牺牲了自己也值得。但令二人大失所望的是，一直到当天深夜，张法官才气喘吁吁地回到家中，他说购买人的事办不成了，他托的人已逃离了重庆。

11月27日中午，重庆正阳学院的女学生黄彤光按照事先的秘密约定，准时来到了重庆集中营大门前与上午驾驶汽车到达的《国民公报》的记者夏在汶见面——二人此行的重要目的是营救关押在白公馆的黄显声出狱。

史料显示，一直受到国民党优待、在监狱中有一定自由的黄显声越狱有较大的可能性。他在监狱内外都有得天独厚的条件：在白公馆监狱内，同情黄显声遭遇的看守宋惠宽、杨钦典和罗欢德不仅常常帮助黄显声传递书信和携带生活用品，而且希望在机会成熟时帮助他逃离出狱。在大屠杀前，感觉时间紧迫情况危急的杨钦典曾劝说黄显声越狱，熟悉警卫人员的他愿意为黄显声搞一张通行证，并带路护送黄显声逃出白公馆。但令人扼腕叹息的是，希望在重庆临近解放时尽可能地多带些同志越狱的黄显声没有听从杨钦典的劝告。让黄显声和杨钦典都始料不及的是，白公馆大屠杀第一个目标就是从黄显声开刀。

在监狱外，黄显声昔日的同狱难友、恋人黄彤光同宋惠宽商量如何帮助黄显声越狱，宋惠宽出主意说在他值守夜班时，选择凌晨零点至三点之间，他愿意冒险带着黄显声从后山的小路越狱。黄彤光还通过女同学夏有寅和其哥哥夏在汶商量营救黄显声越狱的事情。富有正义感的兄妹表示，只要黄显声能够出狱，他们愿意提供汽车把黄显声转移到潼南的老家隐藏起来。

有了监狱内外的帮助之后，黄彤光开始行动了。她让宋惠宽带条子和口信给黄显声，催促他尽快作好出狱的准备。但令黄彤光感到意外的是，担心自己越狱后会给监狱中的同志们引来杀身之祸的黄显声无论如何也不同意自己一个人获得营救。在黄彤光一再做思想工作之下，黄显声终于答应了，但他希望营救在重庆临近解放的时候进行：他想趁混乱的时候把民主人士周均

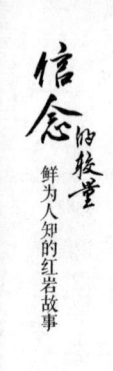

时、张学良的副官李英毅等十多人一同营救出狱。通过与宋惠宽和夏在汶兄妹的沟通联系，大家决定把营救黄显声的时间安排在宋惠宽值夜班的时辰：即11月28日凌晨零点至三点之间，监狱内由宋惠宽做工作带领黄显声等人出狱，监狱外则由夏在汶用汽车接应。只要黄显声成功越狱，夏在汶就用汽车把他转移到潼南老家隐藏，直到解放。同时，为了解除宋惠宽的后顾之忧，使越狱计划成功实现，黄彤光按照黄显声的吩咐，由黄显声提供生活费，特意把宋惠宽的妻子孩子接到了位于磁器口洗布塘的黄彤光家中生活。

11月27日中午，黄彤光和夏在汶在重庆集中营门口碰面后就按照事前的约定给宋惠宽打电话：目的是告诉宋惠宽一切准备妥当，按原计划进行营救黄显声的工作。但让二人颇为焦急的是电话总是打不通。好不容易把电话打通了，但宋惠宽急切地说无法出来就挂断了电话。

黄彤光和夏在汶搞不懂宋惠宽这句话的意思，有心再打电话询问但又怕引起特务的怀疑，唯一的办法只有在门口无奈等待。

二人所不知道的是，此时的白公馆已是杀机四伏，箭在弦上。在陆景清的命令下，宋惠宽也无法出监狱同黄彤光商量按原计划进行营救黄显声的事了。

二人一直焦急地等待到14时仍不见宋惠宽出来，意识到情况有变的二人只好返回磁器口洗布塘的家中继续等待。

让黄彤光和夏在汶无论如何都想不到的是，他们准备营救的黄显声马上就要被敌人杀害了。

地处长江和嘉陵江之滨的重庆的冬天历来雾霭弥漫，天气阴暗，11月27日下午却是阳光灿烂。正当黄彤光和夏在汶在为营救黄显声作努力的时候，一直在为营救重庆集中营内的同志们和难友们奔走的刘康再次召集中共地下党员，正在沙坪坝一个宽阔的茶园里开会。此时，为了武装劫狱，他们经过紧张的准备工作，不仅筹集了五十两黄金，而且人员和武器也得到进一步的落实。现今最大的问题是渣滓洞的看守黄茂才被遣返回家后，他们无法得知监狱里的情况。刘康他们需要搞清楚渣滓洞的敌人兵力布置和进出通道等情况，然后尽快进行武装劫狱。刘康和与会者离开茶园的时候，阳光依然明媚。他们同样始料不及的是，敌人的大屠杀马上就要开始了。

下午，白公馆的共产党人和难友们发现了一个不同寻常的情况：监狱里出现了许多陌生而严肃的武装特务，他们一律脚穿美式长筒靴子，胸前背着冲锋枪；原来手枪装在皮套里或隐藏在衣服里的特务今天却暴露无遗；特务们不停地在牢房的铁窗外来来往往，神情紧张。看到这样的情形，同两个孩子一起关押在楼上的郭德贤心中想道："今天可能就要为党牺牲了，流尽最后一滴血的时候到了。"正在吃午餐兼晚饭的老资格共产党人许晓轩敏锐地觉察到了，他从风洞中伸出头大声对难友们喊道："同志们，这是最后的晚餐了！"

对生死早已置之度外的共产党人异口同声地回答："迎接苦难！"

此时，渣滓洞大屠杀的准备工作也在紧张地进行之中。雷天元、龙学渊率领熊祥、王少山等6人前往位于五灵观的保密局公产管理组副组长张秉午的家中，召集渣滓洞看守所长李磊、看守长徐贵林研究具体屠杀办法。会议决定：屠杀时间从19时开始，对渣滓洞所有关押的人员全部枪毙，包括原准备释放的人因分别关押在各个牢房而无法清理也一同杀害；为避免枪声引起骚乱和意外，决定采用绳索勒杀，如有困难再采用枪杀的办法。大屠杀现场周围由交警大队和警卫连进行严密的警戒。

16时，陆景清向杨进兴下达了白公馆屠杀的命令。

杨进兴接到命令后同杨钦典闯进了黄显声的牢房。杨进兴欺骗黄显声说：周养浩主任请他去谈话，李英毅也一起去。

对死亡比生存思考得更多的黄显声知道最后的时刻来到了——也许，此刻他感到最为内疚的是辜负了黄彤光对他的那份深情和千方百计的营救。

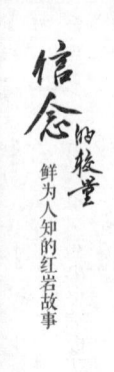

黄显声更换了衣服，戴上礼帽，昂首挺胸地同李英毅一起走出牢房。

黄显声和李英毅走到了楼梯。

曾多次品尝过黄显声珍贵糖果的郭德贤的年幼女儿郭小波喊道："黄伯伯，给我一点糖嘛。"

黄显声转过身来看了一眼孩子，默默无语向孩子挥了挥帽子，然后同李英毅一起走出了白公馆。

黄显声和李英毅迈步走向一条叫梅园的小路。

杨进兴和杨钦典心情高度紧张地跟随着。

灿烂的阳光从树林中洒落下来，星星点点，斑驳陆离。山林中人迹罕至，万籁俱寂，没有风声鸟声和喧哗声，只有皮鞋行走在石板上发出的空旷声音。

黄显声和李英毅走上一个叫步云桥的地方，二人随即跨过了小桥的桥头。

紧跟在后面的杨进兴朝黄显声连开两枪，一枪打中他的右臂，一枪打中他的背部。

黄显声一个踉跄，回头怒目而视后倒在了冰冷的土地上。

与此同时，杨钦典枪杀了李英毅。

此时，不知道黄显声已经被杀害的黄彤光和夏在汶等仍在家中等待宋惠宽的消息，思考下一步的对策。直到28日凌晨，完成了屠杀任务的宋惠宽才姗姗来到黄彤光的家中，告诉她黄显声已经被杀害，让她去收殓遗体，黄彤光这才知道二人已是阴阳相隔——她所企盼的黄显声安全出狱然后做一对永远相爱伴侣的希望被残酷的现实彻底粉碎，顿时痛彻心扉。数天后，黄彤光和夏在汶带领解放军战士发掘出了黄显声的遗体。出现在黄彤光面前的黄显声苍老而安详，宛若沉睡一般。黄彤光抚摸黄显声的遗体，整理他的衣服。当她拉起他的手臂时，黄显声殷红的鲜血流淌了下来。霎时，黄彤光肝胆欲裂，热泪滚滚。

杀害黄显声和李英毅的枪声被监狱中的难友们听见了，他们知道敌人的血腥大屠杀开始了。

全体难友们不约而同地歌唱起《义勇军进行曲》，呼喊着"中国共产党万岁""中国人民解放军万岁"等口号，诅咒敌人残暴的大屠杀……

原军统违纪人员白银山、刘笃一等人被一批又一批提出来杀害了。

枪声、歌声、口号声和特务的呵斥声交织在一起，组成一场声音洪大此起彼伏的交响曲，震撼着千年不变的歌乐山。这巨大的声音让每一个共产党人和革命者热血沸腾，慷慨以赴，让每一个执行大屠杀的敌人心惊胆战，瑟瑟发抖。气急败坏的敌人用枪口指着难友们说不准唱不准喊口号。

刘国鋕怒发冲冠吼道："你们这些狗东西也活不了几天了，你们的头头跑不了啦，你们算什么东西！"

特务说："马上枪毙你们，看谁活不了。"

刘国鋕奋力高喊："你们有今天，我们有明天！"

就在杨进兴率领白公馆的看守特务对自己掌握的革命人士进行疯狂的第四批屠杀的时候，全副武装的雷天元和熊祥率领部下杀气腾腾地来到白公馆，提出了刘国鋕、中共地下党员丁地平和谭谟。

刘国鋕镇定自若地说："不忙，等我作首诗啰。"

特务野蛮地怒吼："刘国鋕，要枪毙你了，作他妈的啥子诗？"

刘国鋕说："你们即将灭亡，新中国是我们的！"

刘国鋕、丁地平和谭谟被特务押出牢房。

刘国鋕回过头对罗广斌等人说："再见吧，同志们，我先走一步了。如果哪位同志活下来，一定要把刽子手们今天凶残的屠杀向人民公布。"

三人一边走一边高喊口号：

"反动派一定要灭亡！"

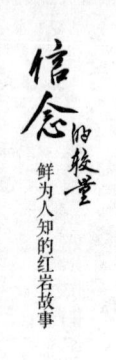

"人民就要胜利了！"

"中国共产党万岁！"

解放军进攻重庆近郊的炮声隐约可闻。

刘国鋕的心情为之一振，血脉偾张的他激情高呼：

> 同志们，听吧！
>
> 像春雷爆炸的，
>
> 是人民解放军的炮声！
>
> 人民解放了，
>
> 人民胜利了！
>
> 我们——
>
> 没有玷污党的荣誉，
>
> 我们死而无愧
>
> ……

这是一位年仅28岁的共产党员在生命最后时刻发出的呐喊。

三人被特务押解着往松林坡走。

丁地平对敌人破口大骂。

刘国鋕骂完蒋介石、国民党政府后，继而又骂徐远举和特务。他高呼中国的革命一定成功，为革命而死无上光荣。

松林坡刑场到了。

三人被敌人一阵乱枪打倒。仇恨刘国鋕的敌人在他死后仍不解恨，用枪托和刺刀砸头捅嘴，直到他的嘴被捅破，头被打扁，眼珠都流了出来……

无论敌人多么残暴，都不能使真正的共产党人玷污党的荣誉。

但令人意外的是，身中三枪的谭谟居然没被打死。黎明时分，在寒冷的山风中苏醒过来的他蹒跚着离开了松林坡刑场——谭谟由此成为白公馆大屠杀中唯一从刑场脱险的人士。

天下雨了，山谷中的寒风刮了起来。

枪声、口号声、呼喊声和诅咒声响彻被黑夜吞噬的歌乐山。

大屠杀仍在继续。

王振华和黎洁霜夫妇被提了出来。

同戴一副手铐的夫妇俩各自抱着一个孩子：大儿子王小华刚满两岁，小儿子王幼华出生才八九个月。

王振华，1909年出生在哈尔滨，1940年5月，因创办进步报刊被捕。之后特务逮捕了他的恋人黎洁霜，二人相继关押在白公馆监狱和息烽监狱。息烽监狱撤销后又转移到白公馆关押。追求进步宁死不屈的夫妇二人在异常残酷的监狱中生下一对儿子，依靠为数不多的霉米饭来艰辛哺育他们。

一家人被特务押着慢慢地走。

牢房里数十双饱含热泪的眼睛紧张地盯着他们——难友们以为敌人再坏也不至于杀害两个儿童。

难友大声喊："把孩子留下！"

特务不予理睬，一个劲地催促夫妇俩快走。

在凶相毕露的刽子手面前，两个孩子被吓得哇哇大哭。

黎洁霜心如刀绞，她对特务说：你们多打我几枪，把孩子放了，他们还小。

杨进兴冷酷地说不行，要斩草除根。

黎洁霜撕心裂肺地痛哭起来。

王振华厉声禁止妻子的痛哭。

一家四口人全部被枪杀在松林坡，死时两个孩子分别搂着父母的脖子，娇嫩的腰部以下被子弹打得粉碎。

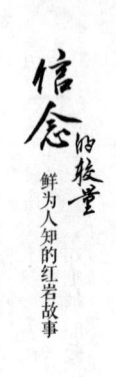

枪声、口号声依然响彻漆黑的夜空。

学生李仲达、石作圣和冯鸿珊被提出来了。他们原是国立中学的学生，1941年误入重庆集中营，被军统特务逮捕。

谭沈明同时被提出。同敌人不共戴天的他指着刽子手杨进兴破口大骂："你这至死不悟的屠夫，任你逃到天涯海角，也要把你捉回来。人民绝不会放过你，终有一天要抽你的筋，剥你的皮！"

仇恨的杨进兴用刀刺割谭沈明，把他和三名中学生枪杀在桃园。

民主人士周均时、周从化、王白与和黎又霖被雷天元一行提出来押赴刑场杀害。

许晓轩、文泽和宣灏也被提出来了。

在生命的最后时刻，怀着对中国共产党的无限忠诚与深厚感情，许晓轩这位铁骨铮铮的共产党人给监狱中的同志们留下了至今仍有教育意义的遗言："请转告党，我做到了党教导我的一切，在生命的最后几分钟，仍将这样……希望党在胜利以后，经常注意整党整风，提高党的战斗力，不断纯洁党的组织。"

许晓轩把自己的棉衣脱下披在一位难友身上。他说："我穿着没多少用了，同志，你披上吧，能用多久就用它多久。"说完，昂首阔步走向刑场。

刑场上，许晓轩仍在痛骂敌人，高呼口号。数粒子弹射中了他单薄的身体，瞬间，面容清秀的许晓轩一动也不动——他的英灵回到了魂牵梦萦的妻女身边。在许晓轩壮烈牺牲整整31年后，1981年，妻子姜绮华来到了重庆白公馆牢房，她用手轻轻地抚摸着照片上依然年轻的许晓轩深情地说："晓轩，我回来看你来了！"姜绮华心潮澎湃，泪流满面。

就在杨进兴和雷天元率领刽子手分别对自己管制的"犯人"进行疯狂大屠杀的时候，关押在白公馆楼上的郭德贤最为紧张和害怕：这种紧张和害怕不仅来自对自己生命安全的考虑，更多的担心是两个无辜孩子能否活着出去,一个是4岁的女儿郭小波,一个是两岁的儿子郭小可。郭德贤想道:作为一个共产党员,自己今晚是必死无疑了,但敌人不至于杀害我的两个孩子吧?但当她想到王振华、黎洁霜夫妇和他们的两个小孩都惨遭杀害时,郭德贤不寒而栗,万箭穿心:敌人连那两个小孩都残忍地枪杀了,他们会放过我的小孩吗!

心如刀绞的郭德贤把两个孩子的衣服脱下让他们睡觉,在孩子的身边摆放了难友们平时通过秘密渠道送来的两颗糖果。郭德贤用铅笔在纸条上写上两个孩子的姓名、出生年月、是郭德贤小孩等情况,把纸条装入仁丹盒子缝在郭小波的衣服里。郭德贤这样做的目的是:在她被杀害后,两个孩子第二天睡醒把糖果吃完,发现妈妈不见了,孩子会走下楼到外面去,也许附近的居民发现了或是遇上了好心人,两个孩子将会被他们收养的。如果母子三人都死了,别人也会从纸条上知道母子三人的情况。做完这些事情后,郭德贤坐在进入梦乡的孩子身边,望着两个惹人疼爱的孩子,想到他们即将失去妈妈的照顾和面临的凶险,郭德贤悲痛欲绝。

1949年11月27日,夜幕降临了,漆黑的山谷中寒风凛冽,雾霭迷茫。

就在白公馆监狱一片刀光剑影血雨腥风的时候,渣滓洞监狱里的共产党人和难友们同往日一样唱了一会儿歌和扭了一会儿秧歌舞之后,有的开始聊天,有的躺在床铺上闭目养神。但细心的难友们还是发现了异常情况:狱役不见踪影,早该收回厨房的饭盆还摆放在牢房边无人问津,一片狼藉;办公室和院坝都更换了大号灯泡,监狱大门的内外照射得如同白昼;监狱里出现陌生面孔,警戒的特务陡然增多了;夜晚从来不工作的李磊和徐贵林腰挎手枪到了监狱,正神情紧张地对特务安排工作;特务们进进出出,非常忙碌;办公室的电话不时骤然响起,焚烧文件和档案的火光闪烁;荷枪实弹的特务聚集在外院的办公室里,虎视眈眈……

见到敌人如此反常和忙碌,共产党人和难友们判断一定是解放军就要向

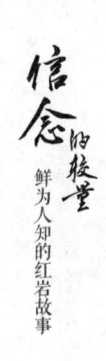

重庆发起进攻了。这不由得让他们高兴万分，尽管监狱中的共产党人和革命人士早已把生死置之度外，但让他们始料不及的是，一场震惊中外的大屠杀马上就要开始了。

青年诗人史德端分析说："可能解放军已打到重庆外围的綦江县来了，否则敌人不会这么忙乱。"

中共地下党员刘石泉说："天快亮，路正黑，要百倍提高警惕哟。"

——此刻，他不知道的是，廖宁君为购买他出狱正在作最后的努力并焦急地等待着打通敌人的关节，他更不知道的是，他马上就要面临敌人的屠刀了。

19时，几辆卡车和一辆吉普车轰鸣着向渣滓洞监狱疾驰而来，一群杀气腾腾手持冲锋枪的特务下车后走进了灯火通明的办公室。

没多久，特务李福祥和余相北手拿名单到牢房中提人，他们从楼上和楼下的牢房中提出了中共地下党员何柏梁、古承铄、蔡梦慰、吕英、李明辉、刘石泉等人。

难友们警惕地询问为何提人。

特务说转移到白公馆监狱关押。

被提出来的共产党人提着简单的行李，从容地同难友们握手告别。

曾为重庆中共地下党组织筹备和掌握钱粮的原安生公司经理何柏梁说："山城解放了，我在安生公司楼上大厅设便宴招待同志们……"

刘石泉最后叮嘱道："胜利即将到来，同志们要保重！"

共产党人走上了汽车。

对敌人怀着满腔仇恨的难友们唱起歌曲，呼喊着口号。

汽车载着共产党人风驰电掣而去。

渣滓洞依然响着悲壮愤懑的歌声和口号声。

女牢房的邓惠中和陈继贤被提出去了。

男牢房的中共地下党员韩子重和李承林也被汽车押走了。

共产党人和革命志士被提走了一批又一批，他们都以慷慨以赴的勇气和坚定不移的信念从容地走向死亡。

正在这时，执行渣滓洞大屠杀的指挥者李磊高度紧张，按照目前的屠杀速度，渣滓洞众多的"犯人"到28日上午都无法按计划完成杀害任务。他立即打电话到白公馆，请求正在那里执行枪杀任务的雷天元前往渣滓洞进行支援。接到电话的雷天元焦头烂额——此前，他已接到徐远举的电话，徐远举说据情报显示，解放军在这两天就要进攻重庆，国民党的警戒部队天亮前撤退，要求他在拂晓前一定要把渣滓洞和白公馆的"犯人"屠杀完毕。

此时已是27日晚8点多钟，明白责任重大的雷天元把白公馆所有的"犯人"交给杨进兴看管后，火速率领二处的刽子手坐上汽车前往渣滓洞增援。

雷天元前脚一走，已完成了屠杀任务并担心成为解放军俘虏的杨进兴决定离开白公馆这个恐怖之地。他给陆景清打电话汇报说屠杀任务已经完成，二处寄押的案犯由雷天元执行了，现请求撤离。陆景清同意后，杨进兴下令把白公馆分别关押在楼上和楼下的"犯人"全部集中到楼下二室。至此，白公馆监狱的"犯人"都在两间牢房中：一间是楼下二室，一间是楼上关押郭德贤母子三人的牢房。

杨钦典询问这些人怎么处理。

神色慌张的杨进兴说："你暂时留下来看守西南长官公署二处寄押在这里的'犯人'，他们由雷天元回来处理。陆景清所长安排另有任务，他先回城去了。"

杨钦典目瞪口呆。

杨进兴率领看守冲出白公馆。

杨钦典知道杨进兴逃命去了，而此刻留下他无疑要承担更大的责任和更多的危险。

夜空中传来解放军进攻重庆的炮声。

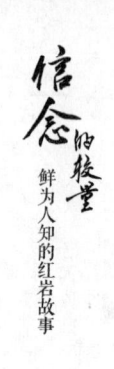

不知所措的杨钦典更加恐慌。

杨钦典，河南省郾城县人，18岁时在胡宗南的部队当兵，1946年到白公馆监狱担任看守工作。这个良知未泯的特务在共产党人陈然、罗广斌、谭沈明等人多年帮助教育下，渐渐地向着共产党人希望的方向转化，并由衷钦佩这些共产党人。

在极度的恐慌与矛盾之中，杨钦典朝着二号牢房走来了。

对敌人突然停顿下来的大屠杀，难友们紧张而焦急地询问杨钦典说："下一步怎么办，是杀还是放？"

杨钦典说雷天元到渣滓洞支援去了，杨进兴回城另有任务，他只能等待听从命令。

罗广斌焦急地说："杨先生，我们知道你也是穷苦人，我们这些人为了穷苦人的翻身被国民党关在这里。重庆马上也要被解放军共产党解放了。你如果能够把牢门打开让我们跑出去，今后我们给你证明：你是个好人，而且一定安排你回家去……"

杨钦典说时间还早哩，让他慢慢考虑一下再说。

杨钦典犹豫起来了，他想不明白的是：是选择同杨进兴等特务一样逃跑，还是听从罗广斌等政治犯的劝告把他们都释放了？如果选择释放这些政治犯，共产党会不会既往不咎，不再追究他以往犯下的罪行？最终，无法想清楚的他干脆把白公馆监狱的大门锁了，孤独一人朝山上的小路走去。

山上漆黑一片。

痛苦地思考如何办的杨钦典在旷野中徘徊。

恰巧这时，白公馆监狱的伙房杂役李育生向他走来了。李育生得知情况后对杨钦典说：目前唯一的出路是把罗广斌他们这些政治犯都释放了，争取从宽处理，解放后这些人会为他作证的。李育生的一席话不仅拯救了杨钦典，更为营救监狱中19个鲜活的生命带来重大转机。

尽管杨钦典并未下定决心，但他在李育生的劝说下二人一起返回了白公馆监狱。

牢房中的难友们万分焦急，望眼欲穿。

杨钦典和李育生走到了二号牢房前。

杨钦典的重新出现让牢房中的难友们大喜过望。

罗广斌问道："你怎么办，到哪里去？"

杨钦典说："到成都去，大部队在成都。"

罗广斌说："你不要到成都，你走不到成都那里就解放了，共产党先接管成都。"

杨钦典说："我咋办？"

罗广斌劝说："你要想坐飞机跑台湾，根本没你的份，搞那么多年，你还不是个上士？只要你设法能救出一个，把今晚大屠杀公诸社会各界，你就算立了大功，你要相信共产党的政策……"

杨钦典思想激烈地斗争着，一声不吭。

罗广斌说："你要想办法嘛。"

杨钦典依然没说话。

在一旁的毛晓初着急地叫喊："能给我们搞到枪就好了，我们能打出去就打出去！"

郑业瑞也在附和着说话。

担心引起骚乱的杨钦典大声喊："各人坐回自己的位置，不准乱动，谁动就打了谁。"说完后走出去了。

这时牢房传出消息说只有罗广斌能够到台湾去，其他的人全部都要被枪毙。

毛晓初听后跑到罗广斌面前告诉自己的家庭地址，请罗广斌一定要给他家里捎个信。他说："叫我妈不要伤心，叫我老婆自处，她还年轻。"

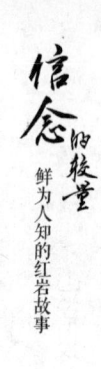

郑业瑞和其他难友见状纷纷上前请罗广斌给各自的家庭带信，牢房里热闹起来。

见到这种混乱的情况，罗广斌恼怒地说："我一人不能出去，要死大家就要死在一起，信也带不了。"

杨钦典经过一番艰难的抉择后下定决心释放这些"犯人"了。他走向二号牢房门前同罗广斌商谈办法：他出去先把岗哨撤了，如果没有异常情况就在楼上跺脚三声，然后难友们向外冲。

罗广斌和李荫枫听后心中一阵狂喜。二人叮嘱杨钦典说：为了安全，出去后千万不要跟随国民党的部队逃跑。

罗广斌骤然紧张起来，感觉到肩上担子格外的沉重。他想道："这种混乱的状况，不加以组织，是没法子突围的，但自己也毫无把握。"他想念起陈然、王朴、刘国鋕和许晓轩这些英雄人物来了，如果他们活着，不仅能热情地组织号召大家突围，而且还会奋不顾身地带领难友们冲锋陷阵。但他们都英勇地就义了，只有我这个共产党员义不容辞地担当起这份责任，努力组织大家突围。

杨钦典走进来把二号牢房的钥匙交给罗广斌后又出去了。

罗广斌召集大家严肃地说："我是共产党员，大家一定要相互帮助，团结合作，保证突围成功。杨钦典答应了把通路的门先打开，二号房的钥匙给了我，他有信号。楼上蹬足三声就表示通路的门打开了，过了十分钟，我们才能打开二号房冲出去。"为了帮助年老的难友们成功突围，罗广斌自任领队，指定他本人、毛晓初、杜文博、郑业瑞和周居正五人组成五个小组，分别带领年纪大的难友们突围。

罗广斌宣布完毕，难友们急不可待地换衣服、穿鞋子和整理东西。牢房里顿时混乱起来，一片忙碌。

突然，楼上响起了杨钦典三声跺脚的声音。

罗广斌拿出钥匙打开二号牢房门。

心情激动而又紧张的难友们冲了出去。

按照事前的布置，罗广斌和周居正迅速冲到楼上帮助郭德贤母子三人。

听到脚步声的郭德贤心想这次是拉她出去枪毙了，年轻的她担心特务在枪杀前的侮辱，因而准备了一把剪刀握在手中——如果特务企图侮辱她，她就用剪刀狠狠地刺特务。特务被刺冒火后一枪把她打死就算了，以免受到侮辱。

脚步声越来越近了。

手握剪刀的郭德贤万分紧张。

罗广斌带着周居正和李荫枫急促地跑到郭德贤的牢房前打开了门。

罗广斌喊道："郭姐快跑，特务出去了。"

惊喜的郭德贤叫醒沉睡的两个孩子，穿上衣服跑到楼下。她背起郭小可，周居正背起郭小波，在罗广斌的带领下往山下的停车场和公路上跑。

刚跑到白公馆的停车场，没有撤退的特务厉声喝问："什么人？"

机警的周居正回答："二处的。"

特务问："口令？"

不知口令的周居正无法回答。

特务的机枪猛烈地扫射过来，密集的子弹像下雨一样。

在一片漆黑的雨夜，逃出监狱的难友们怀着强烈的求生欲望或向乱石堆中冲去，或向杂草丛中跑去，或向茂密的树林中奔去。顷刻间，一同冲出牢房的难友们被特务的机枪扫射冲散了，各自选择有利路径向着茫茫的黑暗中逃生。

罗广斌带领着难友在前面奔跑。

一直奔跑了很久，罗广斌返身一看，他的身后只跟着杨其昌一人，其他的难友都不见了。罗广斌为没有把难友们完整地带在一起而惭愧，同时又令

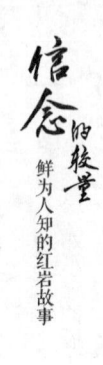

他感到欣慰的是，难友们只要冲出重庆集中营，人身安全就有保障了。

特务的机枪猛烈地扫射在郭德贤身后石头上发出清脆的响声，慌不择路的她背着郭小可奔跑到白公馆厨房后的石梯那里隐蔽。

逃生到这里的李荫枫询问道："你伤了没有？"

郭德贤摸摸儿子又摸摸自己竟然没有受伤，就是脚软得迈不开步。

特务的电筒光和机枪声紧跟着追过来了。

郭德贤背起儿子同李荫枫拼命往山上跑，一直跑到半山腰再也没有力气后停了下来。

李荫枫说："你就在那草里休息一下。"他一边说一边把身上的大衣脱给了郭德贤。

特务的电筒光又追过来了。

李荫枫隐藏起来。

危急之下，无力再跑的郭德贤按住儿子屏住呼吸躺在草丛中。

特务搜索着走过去了，郭德贤惊出一身冷汗。

当特务的机枪扫射时，背着郭小波逃生的周居正心中一慌摔倒在山坡上，郭小波被摔了下来。周居正在黑暗中摸索寻找郭小波，但不见孩子的踪影。不能呼喊的他便悄悄隐藏了起来。

特务追赶而来。

在伸手不见五指的黑夜中，年仅4岁的郭小波被吓得不知所措。发现身边没人的她从地上爬起来隐藏在农田的水沟中。特务的汽车亮着灯光从她身边呼啸而过。恐慌的她叫喊了一声"妈妈"。

郭小波的呼喊被郭德贤听见了，这让担心女儿安危的郭德贤既高兴又紧张。想答应女儿的郭德贤怕引来特务也默不作声。

受到极度惊吓而又疲惫不堪的郭小波见没有人答应，倒在田坎边呼呼大睡。

特务仍在附近搜索。

郭小波倒在田坎边沉睡后,再也听不见女儿呼喊的郭德贤焦急万分,但又无可奈何:她既不能寻找又不能呼喊。她心中只能朝好的方面想:或许是怕引来特务的追赶,周居正用手捂住了女儿的嘴不让她叫。

特务的汽车吼叫着疾驶而去。

郭德贤母子依然躲藏在草丛中。

紧张地躲藏了一会儿之后,郭德贤从草丛中站起身来放眼望去,只见渣滓洞方向大火熊熊,满天通红。郭德贤判断渣滓洞那边出大事了。她背起郭小可朝渣滓洞相反的方向歌乐山爬去。郭德贤艰难地走着,突然感到脚钻心地疼痛,她仔细一看,这才发现脚上的鞋子不知在什么时候跑掉了。郭德贤背着儿子一直不停地奔跑着,在天亮时分终于跑到了成渝公路上。公路上逃难的人群来来往往,络绎不绝。郭德贤判断自己已经逃到了安全地带,放下心来的她这才仔细端详自己:风尘仆仆的她不仅把突围时穿的旗袍弄脏了,鞋子跑丢了,而且头发也十分零乱——这是一个活脱脱的典型的富裕家庭逃难者形象。她看见路边有一户人家,极想休息的她走过去一看,里面有一位年老的妇女。计上心来的郭德贤对老妇人说她男人是做生意的,现重庆打仗兵荒马乱,想在老妇人这里住宿一夜。

老妇人见郭德贤带着孩子不像坏人,就同意了。老妇人说她这里的伙食不好,只有红苕吃。

郭德贤感激地说有红苕吃也可以。

好心的老妇人把郭德贤母子俩留宿一夜,还为母子二人分别找来一双鞋子穿上。

郭小波睡醒后天已亮了,一群撤退的国民党士兵从田坎边路过,不知道怎么办的郭小波在这些士兵前徘徊。

士兵问:"你要到哪里去?"

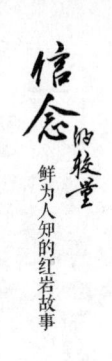

郭小波回答说:"我不晓得。"

士兵把郭小波抱起放在汽车上,行驶到当时叫精神堡垒后改名为解放碑的地方把郭小波放下汽车。郭小波在这里漫无边际地闲逛起来。夜幕降临了,郭小波在水果摊旁边坐下来。

水果摊主王素珍一直留心着这个小女孩,她询问道:"妹儿,你从哪里来啊,啷个还不回去呢?你到这儿一天了,我要收摊了。你还不快点回去?"

郭小波说:"我是白公馆的。"

王素珍清楚住公馆的都是有钱人,可奇怪的是面前这个小女孩怎么穿得这样破烂呢?收摊时,王素珍把郭小波带回家中为她洗澡更换衣服,视为自己的女儿一般。

11月29日,九死一生的郭德贤母子历尽艰险来到脱险同志联络处,当罗广斌告诉她郭小波与周居正已失散并组织学生在歌乐山寻找未果时,郭德贤顿时昏厥。

郭小波失踪引起党组织的高度重视,派遣人在重庆的大街小巷张贴寻人启事和到《大公报》登广告,悬赏寻找小女孩郭小波。凑巧的是,刊登寻找郭小波广告的《大公报》就张贴在王素珍的水果摊旁边。读者的议论引起她的注意,没有文化的她请人阅读了一遍之后,得知报纸寻找的小女孩就是她收养的郭小波。惊喜不已的王素珍叫了起来:"波儿(郭小波),你的妈妈找到啦!"王素珍和丈夫抱起郭小波往临江门的脱险同志招待所跑。这样,从虎口中脱险经历生死考验分别了十多天的小女孩郭小波终于回到母亲的怀抱。

在国民党保密局进行的惨绝人寰的大屠杀中,白公馆监狱共有19人在杨钦典的帮助和罗广斌的带领下脱险,他们是:罗广斌、郭德贤、郭小波、郭小可、周居正、郑业瑞、李荫枫、杜文博、毛晓初、周绍轩、王国源、杨其昌、尹子勤、李自立、秦世楷、段文明、贺奉初、江载黎、任可风。

在脱险仅仅28天之后，罗广斌怀着对牺牲的共产党人和其他遇难者的深厚感情，把他们对中共党组织的嘱托和意见以及对中共重庆地下党组织领导人叛变的悲愤与痛恨，撰写成二万多字的《关于重庆组织破坏经过和狱中情形的报告》，向党组织提出了振聋发聩的八条意见：

1. 保持党组织的纯洁性，防止领导成员的腐化。
2. 加强党内教育和实际斗争的锻炼。
3. 不要理想主义，对上级也不要迷信。
4. 注意路线问题，不要从右跳到左。
5. 切勿轻视敌人。
6. 注意党员，特别是领导干部的经济、恋爱和生活作风问题。
7. 严格整党整风。
8. 严惩叛徒特务。

白公馆监狱共有27人被杀害，被认定为革命烈士的有19人，他们是：刘国鋕、丁地平、许晓轩、文泽、谭沈明、周从化、周均时、黄显声、黎又霖、陈兴宥、陈河镇、王振华、黎洁霜、王白与、石作圣、李英毅、冯鸿珊、宣灏、李仲达。同时遇难的还有王振华和黎洁霜夫妇在监狱中所生的两个小孩：王小华、王幼华。

未定性的有6人，他们是：张碧天、刘笃一、陈为诚、何仲甫、奇丕彰、白银山。

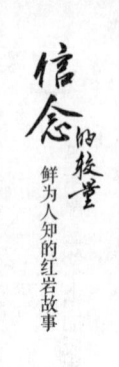

29
虎口脱险

就在罗广斌率领白公馆的难友们冲出监狱的时候，赶到渣滓洞的雷天元和李磊等人鉴于时间的紧迫，决定对难友们进行集体大屠杀。

天下小雨，万籁俱寂。

突然，李磊和徐贵林站在渣滓洞的院坝中间大声喊："楼上各室都转到楼下来，要办移交了，由重庆卫戍司令部接管，快！"

二人话音刚落，李福祥和余相北就跑到楼上来了。二人称马上要办理移交，让楼上所有的人员到楼下集中。

难友们问："移交给谁？"

李福祥说："移交给重庆警备司令部杨森。"

在一阵急促的走动之后，楼上的所有难友被转移到了楼下。这样，楼下一至七号牢房关押的全部是男难友，八号牢房关押的是集中在一起的女难友。

对于敌人在深更半夜采取的集中，每一个难友的心中都充满了疑问。三号牢房的薛传道说："解放军快进攻重庆了，重庆可能和平解放，对我们这些政治犯有可能释放。"

新四军参谋吴正钧说："穷途末路的敌人有可能狗急跳墙。"

巴县小学教员、中共地下党员伍时英说："从特务这几天的紧张和取消放风等行动看，我们处境险恶，不能掉以轻心，要做最坏的思想准备。"

六号牢房也议论纷纷，各抒己见，有的难友判断甚至很乐观：他们认为把难友们移交给警备司令部是个好事——善于投机取巧的杨森难道不起义投靠共产党？这样他们就有救了。

曾担任万县九区保安副司令的萧中鼎说："我们不要轻信特务的谎言。杀、放、带走三条路，我看现在是凶多吉少，大家还是准备当烈士吧。"

难友说："萧司令，现在是什么时候了，你还吊儿郎当，满不在乎？"

萧中鼎严肃地说："人生自古谁无死，死要死得其所，当烈士光荣嘛。"

中共地下党员何雪松劝告说："大家不要争论了，还是请萧老师观察特务的动静吧。"

站在门边的萧中鼎把头从风门口伸出去看，隐约发现特务正在办公室里开会。

夜空中下起霏霏细雨，寒风飕飕地刮着。

大约15分钟后，每个牢房的门前都站立着一个手持机枪的士兵。

萧中鼎立即向难友们说："同志们，门前站起了，架起机枪了！"

就在这时，特务从办公室倾巢而出冲向各个牢房。

突然，徐贵林吹响口中的哨子，哒哒的枪声猛烈地响起，震荡着漆黑而寂静的夜空。共产党人的口号声惊天动地：

"共产党万岁！"

"毛主席万岁！"

"打倒国民党反动派！"

……

刹那间，整个牢房枪声大作，弹片横飞，烟尘弥漫。

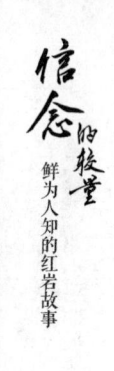

当敌人的枪声骤然响起时，三号牢房的原新四军排长李泽一步跨到牢房的角落里躲过机枪的扫射。为了彻底消灭每一个"犯人"，敌人的机枪从门洞里伸进来寻找射击目标，就在这时，用衣服作掩护的李泽一跃而起抓住敌人的枪管拼命地往牢房里拖。但由于机枪的弹盒卡在太小的门洞口，加之枪管已打得发红烫手，有着丰富作战经验的李泽没有成功。李泽的手一松就被敌人打死在门口。

与此同时，面对敌人的突然袭击，七号牢房的中共地下党员张学云猛地冲了过来，一下把傅伯雍掀到安全死角后，使出全身力气抓住敌人的枪管不放。但终因敌人的子弹盒被门洞卡住，瞬间，张学云被子弹击中后倒在了傅伯雍的身上。数十年后，步入晚年的傅伯雍感激地说："张学云是我的救命恩人。"

站立在五号牢房门口的中共地下党员胡作霖面对敌人的疯狂射击，为了把生的希望留给身后的难友们，他强有力的双手紧紧抓住牢房铁门，以结实的血肉之躯阻挡敌人的子弹。瞬间，胡作霖的身体被敌人的子弹打成了蜂窝。

六号牢房的中共地下党员李子伯大声怒吼："刽子手们，你们不要乱打枪，我们共产党人是不怕死的。要打枪，让我们站出来打好了！"敌人的子弹猛烈射向李子伯。李子伯摇晃一下站直了。敌人的子弹再次向他射击，李子伯轰然倒下。

淅淅沥沥的小雨飘洒着。

口号声、枪声、呼喊声、诅咒声、怒吼声和被打伤后痛苦的呻吟声交织在一起，组成了一部宏大而悲壮的乐曲，响彻云霄。

敌人的机枪仍然哒哒地射击着。

一批又一批的难友前仆后继地倒下了，他们牺牲时离重庆解放仅仅只有两天的时间。

正在指挥大屠杀的徐贵林听见牢房中传出说话声和呻吟声，命令刽子手转移到后窗去向牢房中开枪。

刽子手们迅速跑向后窗，伸出黑洞洞的枪口再次向各个牢房扫射。

又有一些难友中弹倒下。

口号声、呼喊声、诅咒声没有了，八个牢房悄无声息，只有偶尔传出的呻吟声。

细雨依旧。

担心没有斩尽杀绝的徐贵林命令刽子手进入牢房补枪。

刽子手端着机枪，一脚踹开牢房门，冲入牢房对准那些还在呻吟、呼吸和挣扎的难友们又是一阵射击。

当徐贵林进入三号牢房补枪时，幸免于难的少年蒲小路从难友们的遗体中站起来向牢房门冲去——13岁的他被特务以共党探子的名义逮捕关押。

徐贵林一把抓住蒲小路的衣领提起来狠狠地摔倒在地，口中骂道："你这小共党，还想跑吗？"举起驳壳枪朝蒲小路的头上打去。蒲小路的脑浆和鲜血溅到旁边假装死亡的中共地下党员孙重的脸上和身体上。

敌人进入八号女牢房对准横七竖八躺在血泊中的女难友一阵扫射。这时，床铺下两个不满周岁的婴儿哇哇哭叫起来。那是在枪声响起之时，婴儿的母亲左绍英和彭灿碧奋不顾身把小孩往床铺下的死角中推去，并用身体为婴儿遮挡雨点般飞来的子弹才躲过了枪杀。婴儿的哭声惊动了李磊，他凶恶地说："斩草除根。"敌人对准床铺下的婴儿打了一梭子子弹，婴儿的哭声顿时消失。

在敌人补枪完毕后，交通总队副队长钟铸人按照徐远举的命令把运输到渣滓洞的汽油和木柴点燃。霎时，渣滓洞火光冲天，烟雾弥漫。

尽管敌人从牢房的前后两面开枪扫射，但三号牢房中还是有四位难友侥幸躲过了敌人的两轮枪杀。敌人进入室内补枪时，倒卧在牢房中间接近墙壁

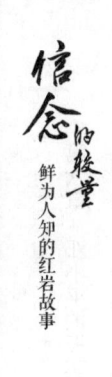

的孙重身上包裹着浸满鲜血和泥灰的棉被，强忍着喉咙因硝烟的呛入不能咳嗽的痛苦，紧紧地闭上眼睛装死。

慌乱的敌人补枪后从牢房中走过去了。

孙重等四人又躲过一劫。

火越烧越大，渣滓洞监狱如同白昼。

孙重坐了起来，他定睛一看，满屋都是难友们的遗体和滚滚浓烟。感觉手脚异常麻木的他检查一下自己的身体，双手双脚活动自如，居然没有受伤。再摸一下头脑，除难友们的鲜血脑浆和泥沙沾满头发外，也没有伤口。万分悲愤的他迅速掀开棉被，猛地朝牢房门冲去。

但孙重无法打开牢固的牢房门。

浓烟熏得人睁不开眼，几乎使人窒息。

形势越来越危急。

一个极度微弱的声音传了过来。

孙重朝发出声音的地方一看，只见一位华蓥山游击队员的腹部被子弹打穿一个洞，肠子露出腹腔外鼓了起来。游击队员一边呼叫，一边示意孙重帮助他冲出牢房。孙重走过去营救他，把他鼓起来的肠子按进腹腔，从衣服上撕下一块布包裹起来。孙重的手一松开，那堆肠子又暴露了出来。孙重伸手去拉他，游击队员的手一松就牺牲了。无比悲痛的孙重继续寻找出门之路。

与此同时，同一间牢房的周洪礼也在寻找脱险之路。在敌人的猛烈扫射中，三号牢房硝烟弥漫，鲜血喷溅，众多的难友纷纷中弹倒下。机警的周洪礼身裹被子一骨碌滚落到床铺下，躲过了敌人从牢房前和牢房后的两轮射击。敌人进入牢房补枪时，一些尚未死亡的难友又被打死。敌人的皮靴踩到他的头脑边，假装死亡的他屏住呼吸一动也不动，成功躲过了敌人的第三次射击。当敌人撤退后监狱中一片安静的时候，周洪礼从被鲜血浸透的地上坐起来，这时，他才发现自己的右臂被敌人的子弹击中，鲜血淋漓，疼痛难忍。怀着对敌人的刻骨仇恨，周洪礼奋力站起来向浓烟滚滚的牢房门冲去。

敌人在对三号牢房进行扫射的时候，中共地下党员李泽海正坐在床铺上。他头朝桌子上一趴，子弹从他的后脑头皮上一掠而过，一粒子弹打在他的右臂肩膀上。在敌人的枪林弹雨中，忍受着剧烈疼痛的李泽海就地一滚，钻入床铺下昏迷过去。没多久，苏醒后的李泽海冲到牢房门前同孙重聚在了一起。

这时，躲过敌人轮番枪杀的同一牢房的伍时英也冲到了牢房门前。会聚在牢房门前的难友有孙重、伍时英、周洪礼和李泽海四人。

火越烧越大，形势越来越危急。

伍时英见孙重高度紧张，他叮嘱道："越是危急关头，越要沉着。"

伍时英指挥孙重、李泽海和周洪礼拼命拔开牢房门绞链上的铁钉，在牢房门的下端打开了一个洞口，四人从洞口跑出三号牢房，从走廊上跳到了监狱的院坝中。

院坝中火光冲天，烈焰逼人。

伍时英呼喊孙重："小孙，小孙，不忙出去。我们到后院去救人，多救一个多为革命保存力量。"

本想继续往外冲的孙重听伍时英这么一说，心中想道："说得对耶，不能光顾我自己跑哇。"孙重，又名孙志成，浙江定海人。1947年9月，由许建业介绍加入中国共产党。1948年4月，身为技术工人的他同工人代表黄位贤等就反内战、争温饱同资本家进行谈判时被特务逮捕，他同黄位贤被关押在渣滓洞监狱。

转身到后院救人的孙重从一个高大的盛水黄桶上爬上去，越过长廊，跑到牢房的后面。牢房前面火光冲天，后面却阴森黑暗。孙重从一、二号牢房搜寻过去希望能发现活着的难友，但一号牢房没有活着的人了，他蓦地想起

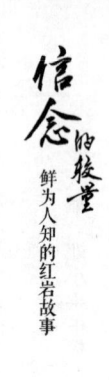

同他一起被捕的人称小广东的黄位贤。

强烈希望小广东还活着的孙重大声地喊:"小广东啊,小广东!"

但无人答应。

孙重知道二号牢房已经没有活着的人了。他看见了这样一幅惨景:一位死亡难友的身体一半已经钻出了二号牢房的窗外;墙下的水沟边还躺着几个人,孙重跑过去一摸鼻孔早就没气了。孙重见一、二号牢房没人可营救,就从牢房后面一间间地检查过去,突然听到从六号牢房发出的声音。他从窗子看见里面有人影晃动——企图冲出来的人在砸窗子。

六号牢房里面的人是萧中鼎和刘翰钦。在敌人开枪时,一直站在六号牢房风门口观察敌人动静的萧中鼎向难友们招呼说:"注意,敌人要下毒手了。"军人出身的他一个大步跨越到左边墙角蹲下身体,躲过了敌人密集的子弹。敌人进入牢房补枪时对着满面鲜血的萧中鼎的头脑打了一枪,锋利的子弹擦着萧中鼎的颈部飞过后划出一道伤口。假装死亡的他忍受着疼痛,一声不吭。

敌人补枪后退出牢房放火焚烧。

萧中鼎确信敌人撤退后才从难友的遗体中站起来,撕下一块衣袖布简单包扎了一下颈部的伤口。

这时,萧中鼎发现同一牢房的刘翰钦被难友的遗体掩埋着正在奋力挣扎。

萧中鼎走过去扶起刘翰钦走向牢房门,但非常坚固的牢房门让二人无法脱险,遂又走向后窗取下床铺上的木板狠狠向燃烧着的后窗打砸,却怎么也打不开。

敌人正在向从牢房中冲出去的难友射击,刺耳的枪声再次哒哒地响起,熊熊燃烧的烈火眼看就要涌进牢门了。

千钧一发。

孙重发现了他们。他大声喊伍时英道:"伍老师,伍老师,六牢房有活着的。"

伍时英说:"我来。"

孙重和伍时英从地上抱起一块巨大的石头向六牢房的后窗猛烈砸去。几声巨响后,后窗被砸出一个大窟窿。孙重的手伸进牢房把萧中鼎和刘翰钦拉了出去。

孙重看见是被监狱中的难友们称作萧司令的萧中鼎走出牢房,他非常高兴地说:"这下好了,搞武装斗争的有经验嘛。"

这时,尚未撤退的敌人发现了越狱的难友们,再次使用机枪封锁。

孙重大吃一惊,他紧张地询问萧中鼎道:"萧司令,情况不妙,我们刚才撞窗子可能声音太响被敌人发现了,这该怎么办?"

萧中鼎说:"你不慌,跟着我跑。"

冲出牢房的难友们相互搀扶着走出来,集中以后又去各个牢房寻找是否还有生还者,最后难友们弯着腰紧跟着萧中鼎跑向院坝,只见敌人架起的机枪封锁了道路。

身后烈火燃烧,身前是凶恶的敌人,而且敌人随时有可能再杀回马枪。那样,逃出了牢房的难友们将面临灭顶之灾。

机枪哒哒地响着,情况万分危急。

萧中鼎对难友们说:"机枪要打一阵停一下,你听到我喊冲才冲,不能乱冲。"

难友们听从萧中鼎的指挥停顿下来。

敌人的机枪需要重新装子弹,停止了射击。

短暂的一刹那。

萧中鼎喊道:"冲啊!"

难友们跟随着萧中鼎向院坝的围墙缺口冲去。

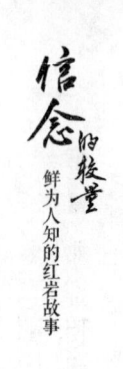

敌人阻击难友们逃跑的机枪又一次响起。

伍时英中弹倒在了围墙的缺口处。

难友们冲出围墙的缺口后，冒着敌人的枪林弹雨各自分散逃命：年老的萧中鼎往平缓的山沟里跑，傅伯雍往熟悉的监狱打米房跑，慌不择路的一些难友往厕所里跑……

情急之中孙重想道："这时敌强我弱，如果都往山沟里跑，敌人前面一堵，后面一追，就无路可逃。不如多往几个方向跑，生还的可能要大些。"灵机一动的孙重观察发现，前面是山沟，右边是敌人，后面是燃烧的大火，他唯一的选择只能向左前方前进。年轻的孙重立即朝左边的山坡跑去。

天上细雨飘洒，渣滓洞浓烟滚滚，敌人的机枪喷射着火舌。

孙重拼命地奔跑着。

面对山高、坡陡和路滑，跑得气喘吁吁的孙重越来越慢了。他一边跑一边想："我难得爬山，敌人也难得追，拼起老命也要干。"

以极快的速度跑到半山腰的孙重终于体力不支，大口喘气的他倒在了地上。

渣滓洞枪声密集，敌人正在喊叫追杀，难友的口号声再次响起。

孙重想到如果还倒在地上不跑，敌人一会儿搜索过来，自己就会被敌人杀害在山坡上。他一骨碌翻身坐起，站稳脚跟向着漆黑的歌乐山山峰爬去。当孙重艰难地爬到歌乐山最高峰的时候，他回头一看，渣滓洞的大火已经熄灭，只有烟雾还在升腾。

东方出现鱼肚白，天就要亮了。

极度疲惫非常想坐下来休息的孙重想到自己还没有跑出重庆集中营，担心再度落入虎口的他振作精神又一鼓作气奔跑起来。当他一口气跑到一个叫金刚坡的树林中放心休息时，危险又一次降临。

几个持枪的地主武装便衣——反共保民军的乡丁把孙重包围了。乡丁厉声询问后把他捆绑起来。孙重发现，被乡丁抓获的还有从渣滓洞监狱五号牢房跑出来的难友钟林和杨纯亮。

三名难友血迹斑斑，蓬头垢面。

乡丁检查发现，钟林的手心不仅被子弹打穿，而且还从他身上搜索出两颗带血的子弹头。狡猾的乡丁由此判断三人是从渣滓洞监狱跑出来的逃犯。

三人坚持说是从重庆磁器口过路的，并不是渣滓洞的逃犯。

乡丁小头目说："把他们送进城郊卫戍司令部，他们总会说的。"

这时，围观的乡民越来越多。

孙重想把他们三人送到卫戍司令部的杨森那里只能是死亡，不如现在说明身份与死抗争。孙重大声地控诉说他们三人是从渣滓洞监狱跑出来的难友，现在解放军就要解放重庆了，请乡民帮忙营救他们。

孙重的宣传居然有了效果：乡民不仅要求乡丁把捆绑三人的绳子解开，而且还端来水给三人喝。

众怒难犯之下，乡丁不再像刚才那样凶恶，但乡丁头目仍然坚持要把孙重三人交给卫戍司令部。

孙重三人被乡丁押解着从公路上往城里走去。

三人想到从渣滓洞监狱躲过敌人的大屠杀之后，没想到落入乡丁之手，而送到重庆卫戍司令部必定是凶多吉少。悲愤满腔的三人一边走一边向来往群众控诉敌人的残暴行为。

杨纯亮因脚被敌人打伤走在后面。被押解的孙重和钟林走到重庆市立师范学校门前的马路上，对面走来了重庆湘辉学院的进步学生刘继涛。

刘继涛询问乡丁头目说："你们押的是什么人？"

小头目说："都是从渣滓洞跑出来的共党分子。"

刘继涛说："还不赶快放了。解放军已打到南岸，城里机关空了，当官

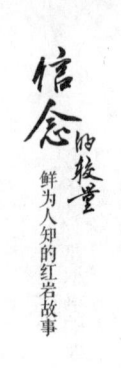

的早就跑光了，你们想找死吗？"

乡丁吓得目瞪口呆。

围观的群众劝告说重庆马上就要解放了，赶快把人释放了。

乡丁把捆绑孙重和钟林的绳子解开释放。

刘继涛叫再次脱险的二人赶快往山上的小路走。

临近解放的重庆敌人逃窜，一片混乱。

搞不清楚外界情况的孙重和钟林向后山的密林深处跑去，在荆棘丛生的一个古坟墓洞中隐藏起来。

远处枪声不断，国民党残兵一直不停地从山下的公路上通过。担心再度落入敌人之手的二人不敢轻举妄动，只能在古坟墓洞中苦苦等待。

钟林在大屠杀中被子弹打穿的手掌这时开始发炎，疼痛难忍。为了不让自己痛苦的呻吟声传到古坟墓的洞外，钟林用牙齿紧紧咬住衣服避免发声。钟林，又名林涛，1948年2月加入中国共产党。1948年12月，因叛徒出卖被捕。

夜晚降临，寒冷的北风刮起来了。相依为命的二人脱下一件外衣用树枝支撑在古坟墓的洞口，用以抵挡严寒和北风的侵袭。饥饿难耐时，孙重悄悄爬出洞外寻找可以果腹的东西，终于在地里找到一点萝卜和红苕，这成了二人的美味佳肴。

尽管在古坟墓洞中的躲藏度日如年，但由于无法得知外界的信息，二人不敢贸然走出洞外。

两天三晚的时间过去了。

钟林的伤口发炎越来越严重，显然不能继续在洞中等待。

第三天凌晨，孙重和钟林协商：由孙重出去侦察外面的情况，如果他平安就找人来抬钟林下山，如果他没有回来就说明遇难了。分别时，钟林祝孙重平安顺利，把自己的鞋子脱下送给孙重穿上——他在脱险时把鞋子跑掉了。

黎明时分，担负着营救钟林重任的孙重走下歌乐山，一位老大娘告诉他说重庆已经解放两天了。

　　孙重激动万分，为了尽快找到党组织去接钟林，急不可待的他拦截一辆过路的汽车往市区疾驶而去，在沧白路找到中共地下党员唐弘仁，告诉他说歌乐山古坟墓中躲藏的钟林负伤急需营救。唐弘仁立即找了一辆小汽车向歌乐山奔去。

　　当孙重和唐弘仁走到古坟墓洞中时，令二人大吃一惊的是钟林不见了。原来孙重下山后，钟林从外面过路行人的谈话中得知重庆已经解放，欣喜的他呼喊行人营救他下山。在群众和刘继涛的帮助之下，钟林被辗转送到重庆临江门介中公寓的脱险同志联络处。当孙重和钟林这对九死一生的难友再次见面时，热泪滚滚的二人紧紧地拥抱在了一起。

　　头部和颈部负伤的李泽海冲出渣滓洞的围墙缺口后向着歌乐山的山峰上跑，几个特务在后面紧追不舍。

　　李泽海一口气跑到七八里远一个名叫江家湾的地方，在茂密的草丛中躲藏起来。李泽海，1929年出生在四川省遂宁县，1947年6月加入中国共产党，1948年11月，因中共遂南中心县委委员袁儒杰出卖被捕。

　　天蒙蒙亮。

　　尾随而来的特务在山垭口询问乡民说是否有犯人跑过来。

　　乡民说没有犯人跑过来。

　　特务悻悻而去。

　　这时，另一个危险降临了。一条凶恶的狗追着一身是血的李泽海狂吠，无论怎样驱逐都无济于事，似乎要把李泽海撕碎一般。李泽海想道："我这条命没有死在特务手里，要死在狗的口中。"

　　狗的狂吠引起人的注意，一阵急促的脚步声朝着李泽海隐藏的地方走来。

　　李泽海高度紧张。

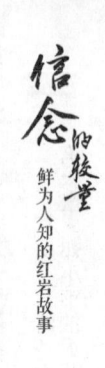

脚步声在草丛中哗哗作响。

李泽海想："我还有有利条件，他在明处，我在暗处。管它呢。"

脚步声越来越近了。

李泽海的心脏怦怦直跳，脑子急速想道："为啥追我呢？打不赢你，也要咬你几口，我反正也多活几个钟头了。"

李泽海从草丛中站起来一看，原来是一个中年妇女。

妇女苟维芹也发现了李泽海。

李泽海说："大姐，你不要怕，我是被国民党拉起当壮丁的，同连长不和，把我弄到渣滓洞关起。我是刚逃出来的，让我在你家躲几天？"

苟维芹答应了，并为李泽海送来一碗热气腾腾的萝卜饭。这是李泽海从渣滓洞脱险逃生后第一次吃饭，那饭菜之香让他永生难忘。

这样，李泽海白天到室外的草丛中躲藏，晚上到苟维芹的家中住宿。

一天下午，苟维芹又来到李泽海藏身的草丛中，她无可奈何地说："必须走，我不能留你。"——按照当时国民政府的规定，帮助"犯人"将以匪论处，此时乡下的地主武装还控制着乡村。

天黑下来，李泽海要动身了。苟维芹用布给李泽海做了一床被面，把一件蓝布长衫给李泽海穿上，并把他头上的伤口用毛巾进行包扎——经过一番打扮，李泽海完全变成一副老百姓的模样。李泽海走入了逃难的老百姓之中，经过八天的长途跋涉回到家乡四川遂宁。在当地县医院里，医生从他的身体中取出两粒子弹时，李泽海顿时昏厥。

30
千古流芳

身上三处受伤的周洪礼同难友们一起冲出渣滓洞的围墙后沿着山坡拼命地往北奔跑。因天黑道路泥泞，周洪礼不知摔了多少跤。为了走得快些，他干脆把被鲜血浸透的裤子脱下扔掉，在寒冷的夜晚穿着一条短裤行走。他走到一户乡民的家中，请乡民留他休息一下。

乡民为难地说这里离渣滓洞太近，他不敢留周洪礼在家中休息。

周洪礼继续艰难地往前走。他走过河沟翻过山坡后，眼前又出现了一户农家。周洪礼担心自己浑身血迹和穿着监狱的服装会带来危险，他走上前去请乡民让他休息一下，并为他找一件破烂的衣服把身上的囚衣换了。

乡民答应了，进屋找来一件破烂的妇女衣服给周洪礼。

由于周洪礼的右手臂被子弹打伤不能活动，同情的乡民拿来剪刀把他的右衣袖剪掉才穿上妇女衣服。周洪礼，四川省宣汉县人，1921年出生，1948年2月，在当地学校任教的他因从事中共地下党开展的进步活动被捕。

天亮了。

周洪礼这才发现帮助他的乡民骨瘦如柴，家中一贫如洗。

周洪礼感谢乡民后上路了，走了一段山路后，一个男青年见他一边走一边流血。男青年惊诧地说："你这样走就走得脱了？"

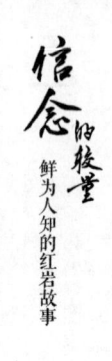

周洪礼请他帮忙。

男青年把周洪礼带到家中。热心的男青年和妻子弄来炉子取暖，盛一大碗米汤给周洪礼喝，并用一种名叫白宝丹的药为他止血。

正在这时，有人说甲长清点拉壮丁的人数来了，周洪礼只得迅速离去。

周洪礼从金刚坡的山路走到了巴县新发乡，他刚翻过一个山垭口，对面走来几个持枪的反共保民军的乡丁。

周洪礼叫苦不迭，再躲藏已经来不及了。

警惕的乡丁也发现了周洪礼。

乡丁看见周洪礼的身上有伤且头发烧焦，判断是渣滓洞监狱逃跑出来的犯人，不由分说地把周洪礼捆绑起来押送到新发乡乡公所。

新发乡反共保民军大队长冯继忠见到又押进来一个犯人，凭经验判断周洪礼要么是渣滓洞的逃犯，要么是杀人越货的土匪，命令乡丁对周洪礼进行审讯。

乡丁将周洪礼吊到房梁上进行拷打，恶狠狠地询问他是不是从渣滓洞逃出的犯人。

周洪礼说他是生意人，途经金刚坡时遭到土匪抢劫并被打伤。

冯继忠命令乡丁把周洪礼关押到乡公所的牢房里。让周洪礼惊讶的是，他竟然碰到从渣滓洞逃跑出来后被反共保民军抓捕的难友杨培基。杨培基，四川岳池人，1948年3月加入中国共产党，同年8月被捕。二人在牢房里分析认为：在这偏僻的乡村被反动的地主武装抓捕，前景一定是凶多吉少。但无论如何都不能承认是从渣滓洞逃跑出来的政治犯。

在抓捕周洪礼和杨培基后，手握重庆卫戍司令部颁发"十杀令"的冯继忠同亲信一番紧急的商议后，决定在夜间对二人执行枪毙，并对枪杀地点和刽子手等事情进行了安排。

周洪礼和杨培基危在旦夕。

就在这节骨眼上,一个关乎二人生命安危的人物出现了:他就是新发乡民教主任方继康——到乡公所办事的他发现今天这里警戒森严,如临大敌。他打听后得知从渣滓洞监狱逃跑出来的共党分子被抓捕了,今晚要执行枪毙。方继康系中共(江)津巴(县)边区委员会的中共地下党员,受党组织派遣,他利用自己出色的办学成果和机智勇敢独自一人在新发乡开展地下工作,深受袍哥大爷和地主兼族长冯鼎亨、乡长冯文杰的器重。心中焦急的方继康为了搞清楚情况,他用钱买通看守进入牢房同周洪礼和杨培基了解情况。

由于不知方继康真实身份,周洪礼和杨培基说他们是生意人,其他一概不知。

灵机一动的方继康随即用英语询问。

周洪礼也用英语如实回答从渣滓洞逃跑出来的情况。

了解二人的情况后,方继康心中也想清楚了,他决心在这临近解放一片混乱、地方势力复杂的背景之下,充分利用反动势力之间的矛盾和各自寻找出路的心理,营救周洪礼和杨培基。方继康赶往冯文杰的家中,请冯文杰和他一起十万火急地前往冯鼎亨的公馆。

方继康说:"听说冯继忠大队部关押两名共党分子,说今夜要处决,不知二位老伯知不知此事?我做小辈的很着急,此事非同小可,眼看解放军就到了,新发乡还在杀共产党。冯继忠他可以拉队伍逃跑,二位老伯和冯姓大族的族人恐怕不好交代吧?"

冯鼎亨赞同地说:"这里没外人,现今国民党败局已定,冯继忠一意孤行,他可跟老蒋跑,我和文杰脱得了手吗?要不是你来说,几乎误了大事。"

冯文杰为难地说:"要设法,但冯继忠大权独揽,我与大伯(冯鼎亨)管不了他呀。"

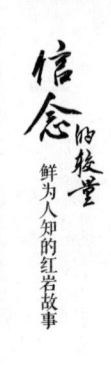

冯鼎亨急切地说:"让我们快快想个办法,看方老侄有没有好主意?"

方继康见事情正在朝着自己设计的方向发展,不禁有些欣喜。他说:"大队长冯继忠是铁了心要杀,二位老伯是说不动他的。何不给他来个调虎离山,稳住他,刑场上来个瞒天过海,偷梁换柱,走个假过场。只要瞒过他就成。话又说转来,这件事只有二位老伯出面才办得到。"

冯鼎亨和冯文杰说看守和刽子手都掌握在冯继忠的手里,这事不好办。

方继康说:"看守和杀手,都是老伯手下的袍泽兄弟和冯家的族人,只要先找到他们讲明形势,晓以利害,就说大队长已说妥,听冯大爷(冯鼎亨)的没错。乡丁们都会听你们二位的。"

冯鼎亨询问如何对付冯继忠。

方继康侃侃而谈:"我已想好,冯继忠最贪口福,最见不得烟灯,一见摆上鸦片烟,魂都要出窍。天黑后,由乡长出面,说冯大爷请他到公馆商量时局要事,客房摆好烟灯,缠住他让他吃个够,等他过足烟瘾,刑场那边已按我们的安排行事了。"

冯鼎亨问如果冯继忠追究起来如何处理。

方继康说:"这也好办,您老和二姨太陪他抽大烟,9点半过后人拉出去了,冯乡长赶来找他回报,就说岗哨和行刑的乡丁四处找不到他,就找到冯乡长,紧急报告对面山头发现有便衣活动。在紧急情况下冯乡长只有做主,按大队长的布置已执行了。接着叫行刑的冯老幺跑来向他报告,他定会相信。至于现场自有安排,请放心,不会出娄子。"

冯鼎亨和冯文杰虽然对方继康的营救计划并不完全相信,但鉴于形势的严峻、时间的紧迫和与冯继忠的矛盾,也同意方继康设计的营救方案并积极配合。

一场惊心动魄的营救开始了。

黑夜来临,冯文杰把刽子手冯老幺和看守召集到乡公所说:"重庆马上就要解放了，我们不能再杀害共产党员，你们把周洪礼和杨培基押到刑场释放后，朝天打几枪就撤退回来。现冯继忠和冯鼎亨正在研究事情，其他的问题由我们来对付。"

与此同时，冯鼎亨安排姨太太以研究要事为理由把冯继忠请到家中，一边抽鸦片烟一边谈论解放军进攻重庆如何办的事情。

冯文杰安排妥当后，执行杀害任务的乡丁把周洪礼和杨培基押到一个叫打鼓峡的垭口刑场释放，象征性地朝天打几枪就撤退了。

乡丁的枪声让冯继忠心惊肉跳，他从烟榻上站起来拔出手枪往外冲，迎面碰到了冯文杰。

冯文杰说：刚才乡丁报告说发现对面的山上有共党的便衣活动，我担心出问题，在找不到你的紧急情况下命令把周洪礼和杨培基枪毙了。

这时，刽子手冯老幺也跑来向冯继忠报告说两个犯人已按他的指示枪毙了，并将犯人的遗体就地掩埋。

冯继忠不仅没有怀疑，反而对冯文杰在危急时刻的帮忙感激涕零。

周洪礼和杨培基在刑场上被释放后，早就在此接应的人为二人解开捆绑的绳子，两个轿子抬上二人趁着黑夜的掩护迅速地翻越山峰朝一个尼姑庵奔跑。在尼姑庵等候的方继康同周洪礼进行了简单的交谈，轿子在山中转移一圈后，悄悄在黎明时分抬进冯鼎亨公馆。

至此，周洪礼和杨培基又躲过一劫。

但形势不容乐观：尽管冯继忠的反共保民军按命令已经开赴华蓥山，偏僻的新发乡仍然是地方武装控制的天下，散兵游勇和土匪趁机兴风作浪，拦路抢劫。

对于周洪礼和杨培基在自己的公馆中躲藏，冯鼎亨担心泄露消息而无法承担责任。

方继康去找冯鼎亨的姨太太做工作。

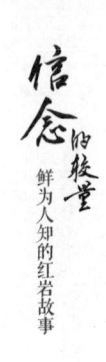

贫苦出身深明大义的姨太太一口答应下来，她把自己的卧室让给周洪礼和杨培基躲藏，还非常周到地照顾二人的生活：不仅为二人站岗放哨，而且找来衣服让二人更换，同时杀鸡炖汤补养他们的身体。

这时，周洪礼的伤口恶化，出现化脓发烧症状。1949年12月3日，一直在为周洪礼伤口焦急的方继康找来一顶轿子亲自送他到重庆。历经磨难，方继康终于把周洪礼送到重庆临江门脱险同志联络处。这时，杨培基也到达这里。二人热泪长流，庆幸大难不死回到了党组织的怀抱。

七号牢房的唯一幸存者傅伯雍同其他难友冲到围墙的缺口处时，眼见众多的难友被敌人打死在这里，无法穿越围墙缺口的他返回跑到打米室内，在燃烧的火光中看见打米室的楼板下有一条流淌着凉凉泉水的水沟。正在着急寻找躲藏之处的他拿起扁担插入楼板的缝隙之中撬起一块楼板，从门后找来破军毯掩盖在楼板的缝隙上，纵身跳下水沟。

傅伯雍的心脏怦怦直跳。

这时，一阵轻微的脚步声朝楼板走来。

傅伯雍顿时高度紧张——他判断是特务搜索来了。他抱起一块石头准备给搜索的特务予以猛烈打击。

楼板上的人说："是哪一个？跑得比我还快呢。"

这是傅伯雍熟悉的声音。他从楼板的缝隙中向上看去，原来是隔壁牢房的难友刘翰钦。

傅伯雍招呼刘翰钦快下去，并嘱咐他用破军毯把楼板的缝隙掩盖好。

刘翰钦纵身跳下水沟。

在饱经血腥与烈火的洗礼之后，这对噙着热泪的共产党人在冰冷的水沟里紧紧拥抱在了一起。刘翰钦，1911年出生在四川南充，1947年加入中国共产党，并参加了轰轰烈烈的华蓥山武装起义。1948年被捕。

渣滓洞监狱烈火熊熊，难友们的遗体被焚烧发出的焦煳味分外刺鼻，敌人的枪声不时响起，爆炸声此起彼伏。

不停喘息的二人在一块大石头上坐下来。

已是拂晓，刘翰钦想起被敌人杀害的中共地下党员楼阅强送给他的泥巴烟斗遗留在牢房中，他想进去寻找出来作为一个珍藏的纪念品。

意识到危险的傅伯雍阻挡说："不能出去，外面情况弄不清楚，万一被敌人发现逮住了怎么办？特务们虽已撤退，但反动政府还有地主武装呀。你上去取烟斗，被坏人抓去报案领赏，怎么活出去为难友报仇呢？"

一阵疲倦袭来，二人坐在石头上睡了一会儿觉，因担心危险很快又醒了。二人研究是否马上走出水沟，但考虑到集中营的国民党部队和警察有可能没撤退和自己一身的血迹而放弃，决定继续在水沟中观察情况。为了寻找走出水沟的路，傅伯雍和刘翰钦分别到水沟的出口和入口观察情况。经过察看，水沟的下方是悬崖峭壁，水沟的上方可以走出去，但无法确定水沟上方的岗亭中是否还有敌人驻守。傅伯雍走到水沟上方向岗亭看了很久，只见岗亭上平时哨兵敲打的竹梆静静悬挂在那里，杳无声息。

傍晚来临了。饥肠辘辘的刘翰钦看见老鼠和蝙蝠从石壁上一掠而过，准备抓来充饥。可机灵的小动物一晃就不见了，怎么也抓不着。刘翰钦叹息地说："唉，坐牢倒霉，跑出来了还倒霉，到手的东西都得不到唷。"

傅伯雍鼓励说："叹什么气，倒啥霉呢？狱中绝食的时候，难友们相互鼓励：饿死事小，失节事大。为张恕涛事件绝食，为龙光章开追悼会绝食，两天不吃饭都熬过去了，现在才一天。"

1949年11月28日夜，二人趁着黑夜的掩护走出水沟，向着歌乐山山峰爬去。他俩费了九牛二虎之力翻到半山腰，在一棵茂盛的大树下停下了脚步。二人放眼远眺，只见沙坪坝和磁器口万家灯火，汽车轰鸣。

在漆黑的夜晚，二人继续艰难地朝山上攀登。没走多久，刘翰钦跌到坑

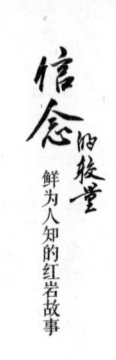

里去了。傅伯雍拿一根松树伸下坑去拉刘翰钦，颇费一番周折才把刘翰钦拉上来。二人继续朝山顶爬去，在山垭口路边的一条石凳上坐下休息。

刘翰钦说："大概脱离敌人警戒线了，我们在这儿多待一会儿吧，我俩背靠背打个盹好不好？"

傅伯雍不同意说："现在情况仍摸不清，好容易才爬上山顶来，这是路边，万一附近有敌人的盘查哨所，碰上会倒霉的。"

二人向一个僻静的密林走去，相互依靠着准备睡觉，但因饥寒交迫无法入睡。

刘翰钦说："天大亮了，咱俩不能一块走，若被敌人发现逮住，大家都活不了。还是分头走吧，敌人若捉住一个，另一个还可活出去，好将敌人大屠杀的滔天罪行公之于世。如我俩都活着冲出去了，岂不更好？只要我们活着冲出魔窟，将来是后会有期的。"

二人的手紧紧地握在一起。

刘翰钦从衣服里摸出一把牛骨梳子折成两半，一半留给自己，一半郑重地送给傅伯雍。他动情地说："你我是生死与共的同志，都在敌人的囚牢里度过艰苦岁月，受过严峻的考验。现在一起从死亡集中营挣扎出来，是真正的患难知己。重庆到底哪一天解放，谁也说不清楚。如果有幸能在解放后的山城相会，我们再次碰头时，就用两截牛骨梳子相合，以示你我从集中营冲出来的牢固友谊。"

激动万分的傅伯雍接过半截梳子装入衣服口袋中。

二人商量好如果碰到敌人的盘问，无论如何都不承认是从渣滓洞跑出来的政治犯，并想好了各自去的地方。

11月29日拂晓，大批身穿黄色军装的国民党溃兵、汽车和马匹从远处的公路不断通过，绵延不绝。

分别的时刻到了，二人再一次握手，相互叮嘱着注意路上的安全。

刘翰钦迈步朝歌乐山下走去。

傅伯雍目送着刘翰钦，直到他的身影湮没在一片野草之中。

傅伯雍转身向巴县西里永兴场的一位同学家中走去——他在这里度过了脱险过程中的最后时光，直至知道重庆解放。

刘翰钦走下歌乐山后来到嘉陵江边，他脱掉浑身血迹的衣服，向江边一个渔翁说他是从国民党部队里逃跑出来的，现在过江去投靠亲戚，希望能得到渔翁的帮助。

善良的渔翁帮助了刘翰钦，不但请他到船上吃了一顿饱饭，还把他渡过了嘉陵江。刘翰钦上岸走到亲戚家中借钱后步行回到故乡南充。

时光荏苒，岁月如流。傅伯雍和刘翰钦在歌乐山分别后一直惦记着牛骨梳子吻合的事。直到1982年，发现了刘翰钦通讯地址的傅伯雍发出一封邀请信，信中说："一定把你那半截骨梳带来吻合，了结我们患难兄弟未了的心愿。"没有多久，二人相见了，但几乎都认不出对方。尤其刘翰钦的变化最大：当年风华正茂的一个青年，如今已是老态龙钟，不仅满头白发一脸皱纹，而且还左眼失明右耳失聪。

泪如雨下的二人紧紧拥抱在一起。

傅伯雍询问另一半牛骨梳子的事情。

刘翰钦声音哽咽地说他保存的半截牛骨梳子在大办钢铁时，同柜子一道被村子的人收去炼钢，化作了一缕轻烟。

而傅伯雍保存的半截牛骨梳子却善始善终。1982年，重庆市博物馆征集革命文物，傅伯雍珍藏达32年之久的半截牛骨梳子被当作难得的宝贝连同他脱险时穿的血衣一同被博物馆的同志收集去了，作为见证重庆大屠杀的珍贵文物，至今仍陈列在博物馆里，供纷至沓来的参观者铭记历史。

四号牢房的张泽厚在躲过敌人从房前屋后和进屋补枪的三轮枪杀后，侥

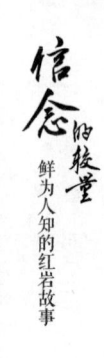

幸地活了下来。这时，整个牢房一片火海，烟雾弥漫，敌人的枪声不断地响起。张泽厚从着火的牢房冲出，跑过走廊，纵身跳到院坝中。就在这时，他觉得左脚受到猛烈撞击，随即鲜血喷出，他一看发现自己的脚踝被敌人的子弹打伤了。无法再继续奔跑的他拖着受伤的脚艰难地朝围墙下的厕所爬去。

张泽厚爬进厕所，搬开粪便坑上的坑板钻进臭气熏天的粪便坑里躲藏起来。这时，无法从围墙缺口突围的几位难友也逃到这里，迅速打开粪便坑板钻进来同张泽厚拥挤在一起。

搜索的敌人从没盖上坑板的洞口发现了难友们，瞬间，凶猛的子弹雨点般扫射过来，趴在张泽厚身体上的几位难友被打得血肉模糊，张泽厚顿时昏厥。不知过了多久，张泽厚苏醒过来，检查发现自己一共身中八枪：左腿和手掌被严重打伤，右手的两个手指被锋利的子弹削掉。张泽厚，又名张忠志，1906年出生于四川省岳池县，1938年加入中国共产党。1948年8月，参加华蓥山武装起义失败后被捕。

夜深了，尚能走动的难友在敌人撤退后各自逃生去了，整个渣滓洞监狱一片死寂，陪伴张泽厚的只有阵阵的寒风和难友们横七竖八的遗体。他不知道的是，这时整个渣滓洞只有两个人活着，一个是他，另一个是女难友盛国玉。此刻，她也同样趴在男厕所的尿槽里等待营救。

新的一天来临了，一缕阳光照射到粪便坑里，张泽厚挣扎着企图爬出粪便坑，可无论怎么努力，由于受伤严重和失血过多，都失败了。

张泽厚只能在恶臭和冰冷的粪便坑里继续等待。

上午过去了，下午来临了。直到太阳快要落山的时候，院坝中响起脚步声。担心是敌人搜索的张泽厚急忙又在粪便坑里隐藏起来。张泽厚看见一个青年来到了这里，激动的他大声呼救。哪知青年听到喊声却飞快逃走，一直跑了很远才停下来。这个青年是二十四兵工厂的工人，昨天一夜的枪声和口号声吸引他来到这里察看究竟，映入他眼帘的是尸横遍野和斑斑血迹，强烈地刺激着他稚嫩的神经，心惊胆战的他被张泽厚的呼救声吓破了胆。他冷静地思考后又返回厕所，小心地接近张泽厚。当终于看清楚是一个活人时，他把张泽厚拉出粪便坑后便离开了。

剧烈的疼痛和饥饿折磨着奄奄一息的张泽厚。当他看到围墙下的碾米槽时拼命地向前爬去，一直爬了很久才爬到碾米槽，急切地在碾米槽的地上寻找米粒送进口中。

又一个恐怖、寒冷和疼痛的夜晚过去了，濒临死亡的张泽厚迎来又一个黎明。1949年11月29日早晨，把他拉出粪便坑的青年工人和他的几个邻居再次来到渣滓洞院坝，把张泽厚抬进能躲避寒风的一间屋子中，对他说解放军已经打到重庆南岸，现在外面的情况很混乱不安全，要他耐心等待营救。中午时分，得知消息的青年工人的邻居——一位善良的老大娘给张泽厚送饭来了。她看到伤痕累累的张泽厚不停地掉眼泪，从竹篮中端出一碗热气腾腾的猪肝稀饭一口一口地喂张泽厚吃下。

已经两天两夜没吃饭喝水的张泽厚激动万分，他拉着老大娘的手感谢她的救命之恩。

1949年12月2日，解放军和脱险同志来到渣滓洞监狱，发现了极度虚弱的张泽厚。这时，他已在渣滓洞监狱里躺了三天三夜。至此，生命力极度顽强的张泽厚被立即送到宽仁医院进行截肢手术治疗。

八号女牢房在经过敌人从门前和后窗的两轮枪杀后还有两人活着：一个是盛国玉，一个是年仅23岁的中共地下党员胡芳玉。

敌人进入牢房补枪了，盛国玉假装死亡倒在血泊之中。

细心的敌人试探着用枪在盛国玉的腰部打了几下。

盛国玉依然一动也不动。

以为盛国玉已经死亡的敌人走了过去。

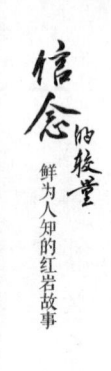

一会儿，企图毁尸灭迹的敌人放火焚烧渣滓洞。霎时，烈火升腾，浓烟滚滚。

尝试着坐起来的盛国玉把床铺弄响了，引起了胡芳玉的注意。

胡芳玉以为活着的人是张静芳，她呼喊张静芳的别名："张大，张大，走啊。"没等盛国玉回答就向牢房门走去。

敌人从火光中发现了胡芳玉，一枪把她打死在牢房门前。

盛国玉看见胡芳玉被打死后不敢冲出牢房，她仍然待在牢房里。

火越烧越大，牢房门被无情的大火吞噬，呼呼燃烧的楼板也掉了下来，情况万分危急。

被烈火浓烟包围的盛国玉想到反正是死，不如冲出去让子弹打死倒还痛快一些。盛国玉站起身来向着牢房门冲了出去，在连续跃过几堆大火后，纵身从台阶上跳到院坝里。这时，她才发现脚上的鞋子跑掉了，更让她奇怪的是既没看见敌人，又没有听到刺耳的枪声。不知敌人是否撤退的她迅速向男厕所冲去，惊慌失措中，她不管厕所尿槽的恶臭和肮脏，整个人躺在尿槽里。一阵疼痛袭来，瞬间，盛国玉失去了知觉。

第二天拂晓，二十四兵工厂的家属妇女宋臻祥和徐超走到渣滓洞察看情况，发现了仍然躺在尿槽中的盛国玉。她们询问道："还有活的没得？打你们的那些人走了，快点起来跑哟。我们是兵工厂的家属，你们不要怕。"

二人检查盛国玉的手说："这个还是活的，快抬出去。"

二人冒险把盛国玉抬到家里，为她洗脸更换衣服和鞋子。鉴于反动武装经常到兵工厂来盘查生人的户口，两个妇女送了一点钱给盛国玉，让她立即离开家属区。她们一再叮嘱盛国玉道，不要说是从家属区她们这儿跑出去的，姓名也要更换，然后把盛国玉送出了警戒区。这时，重庆尚未解放，举目无亲的盛国玉只好随着逃难的群众一起东躲西藏。1949年11月30日，一直发着高烧、两天没吃饭、身体极度虚弱的盛国玉听说重庆已经解放了，从磁器口前往沙坪坝的途中碰到宣传队的学生。热心的学生得知盛国玉的情况后，把她接到学校住宿，同时与脱险同志登记处联系。脱险同志登记处很快把盛国玉送到高滩岩陆军医院接受治疗。发着高烧的盛国玉在梦话中说到已被杀害的难友胡其芬，这事被胡其芬的姐姐、主治医生胡永芬知道了，她由此给予盛国玉更为精心的治疗和特别的关心。一个多月后，渣滓洞大屠杀中唯一的女幸存者盛国玉康复出院。

1949年11月27日，在国民党进行的血腥集体枪杀——史称"11·27"大屠杀中，渣滓洞监狱共有15人脱险，他们是：孙重、李泽海、刘翰钦、刘德彬、盛国玉、傅伯雍、周洪礼、周仁极、钟林、杨培基、杨纯亮、杨同生、萧中鼎、张泽厚、陈化纯。

2009年11月，渣滓洞仅存的4名脱险者孙重、傅伯雍、李泽海、盛国玉应邀参加重庆市"11·27"烈士殉难60周年纪念活动，白发苍苍、步履蹒跚的他们在重庆渝中区东方花苑酒店又相聚了。那一刻，亲眼目睹祖国富强和幸福生活来之不易的他们泪光闪烁，热情相拥。

据统计，渣滓洞监狱共有180人被杀害，其中被定为革命烈士的有166人，他们彪炳千秋的姓名是：蔡梦慰、伍时英、伍大全、古承铄、李泽、李犹龙、李仲弦、李明辉、李子伯、李承林、李铭三、李怀普、李仲炳、李维邦、李维田、李惠明、李健民、薛传道、邓惠中、邓诚、邓积玉、陈邦文、陈柏林、陈本立、陈鼎华、陈作仪、陈俊卿、陈仲书、陈诗伯、陈少白、陈贻、陈尧能、陈丹墀、陈紫金、陈继贤、陈用舒、张铭新、张国雄、张国维、张德明、张力修、张孟晋、张永昌、张学云、张朗生、张现华、张静芳、张守正、张兆琦、张鹏程、张光伟、杨翱、杨子龙、杨华友、杨泉新、杨积超、杨光沛、王锡敏、王德伟、王屏、王钧、王树林、黄位贤、黄宁康、黄绍辉、黄铁材、黄玉清、胡芳玉、胡砚锋、胡小咸、胡其芬、胡其恩、胡作霖、马秀英、马正衡、朱世君、朱镜、刘文蔚、刘振美、刘石泉、

刘笃君、刘祖春、刘德惠、袁德朗、章培毅、易仲康、程仿尧、汪进仪、郭俊铎、黎功顺、刁侠平、聂滨、叶正邦、许盛清、白深富、何雪松、赵时衡、赵家麟、周尚文、周志钦、周鸿钧、周殖藩、周显涛、周后楷、傅绍裔、傅立志、吕英、席懋昭、郑继先、郑寄松、文学海、廖瑞卿、廖模烈、毛锡霖、吴正钧、史德端、邵文徽、邵全安、潘鸿志、潘仲轩、韩子重、唐慕陶、唐玉琨、唐征久、唐建余、唐忠良、唐茂传、唐文渊、苟明善、苟悦彬、赖德国、夏惠禄、郭重学、高精益、高天柱、师韵文、向成义、蒲小路、程谦谋、何懋金、屈懋修、郝耀青、丁鹏武、蒋开萍、蒋启平、彭灿碧、罗娟华、左绍英、荣增明、荣世正、何柏梁、何敬平、艾文宣、冉思源、沈君实、沈迪群、余祖胜、曹文翰、粟立森、卢秉良、涂鑫源、韩秉炀、丰伟光、盛腾芳、颜昌豪、段定陶。

其中两名儿童是：苏菲娅和卓娅。

没定性有10人，他们是：刘干、陈世林、李君平、赵金声、张泽安、张健、杨绪藩、邓华朗、周柏芝、胡子韩。

被杀害的叛徒是任达哉和陈永福——令人感到悲哀和可耻的是，出卖了灵魂和信仰的他们仍然没有被敌人信任，被毫不留情予以杀戮。

1949年11月28日下午，周养浩接到杨森审定的屠杀新世界看守所"犯人"的命令，遂下令稽查处行动组长廖雄负责执行。接到杀害命令后，不敢怠慢的廖雄召集行动组副组长王耀彩，书记金刚，组员李家华、麦育平、周奎等二十多人在稽查处开会研究杀害事宜。由于解放军已打到重庆的近郊，与会者对屠杀地点提出不同意见：有的提出押到大坪杀害，有的说在新世界防空洞枪毙适宜，有的则认为在化龙桥防空洞里处决更理想。最后决定大屠杀地点在重庆集中营的松林坡，时间是29日上午，"犯人"遗体掩埋的挖坑工作与布置由王耀彩等人负责，屠杀由李家华等7人执行。廖雄将会议布置落实情况向周养浩作了汇报并得到认可。

29日9时，新世界看守所的32名"犯人"被廖雄率部属用汽车押往重庆集中营松林坡，分两批全部枪杀。在杀害的32人中被定为革命烈士的有27人，他们是：黄细亚、彭立人、张中、孙一心、赵晶片、王坤荣、胡仁杰、涂天应、周去非、李泰生、艾仲伦、钟奇、钟凌云、陈公旦、谭讷、张蕴咸、曹仲温、韦延光、韦延鸿、谢汝霖、向梅卿、高明、单本善、聂晶、封忠孝、岳德明、顾雪庄。

没定性的有5人，他们是：朱恺、徐涣初、苏荣先、高德锡、傅先织。

1950年1月15日，"重庆市各界追悼杨虎城将军暨殉难烈士大会"在重庆青年馆大礼堂举行。中国人民解放军第二野战军司令员刘伯承、政委邓小平亲自到大礼堂祭奠。重庆军事管制委员会主任张际春、重庆市市长陈锡联、副市长曹荻秋、中共重庆市委副书记张霖之、烈士家属、社会各界代表、工人、干部和学生等参加了追悼大会。张际春在悼词中说："杨虎城将军的死，几百烈士的死，是光荣的。他们是为正义而死，为反抗国民党反动派的卖国独裁而死，为争取民族和四万万人民的生存与解放而死，他们与我们在战场上的冲锋陷阵英勇牺牲是一样光荣的！""他们每一个都表现了人民民主革命斗士的英雄气概，和视死如归的无畏精神。"

革命烈士的认定工作是一个永远令人百感交集的话题：由于他们从事工作的隐蔽性、国民党的毁灭证据，导致一部分革命烈士在牺牲多年后才得到认定，有的革命烈士甚至到中共十一届三中全会以后才得到追认，并引起了国家领导人的关注。席懋昭就是这样一个人物。席懋昭，又名席哲明、席克进，四川省仪陇县人，1912年1月出生，1933年加入中国共产党。1935年5月，长征途中的中央红军转战到了四川省懋功雪山下的灵关村。为了恢复被敌人破坏的中共上海局和打通同共产国际的联系，向共产国际汇报遵义会议的结果和红军的近况，党中央决定派遣时任中央政治局委员、常委陈云同

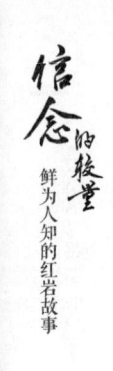

志秘密前往上海。中央红军指挥员找到正在天全县为接应红军忙得不可开交的席懋昭，安排他护送陈云出川。席懋昭接受任务后，同陈云一起突破国民党部队和警察的层层封锁，经过十多天的1400多华里的长途跋涉，途经雅安、成都和重庆三大国民党重点警戒的城市，安全护送陈云到重庆朝天门码头登上前往上海的轮船。席懋昭由此被四川剿匪总司令部通缉被捕。1937年11月，在延安学习的席懋昭同苏联回国的陈云再次见面了。欣喜的陈云询问起席懋昭同他分别后的情形与在延安学习和生活的情况，并赠送给席懋昭一双棉鞋和一筒罐头。1948年3月，席懋昭被国民党西康省党部特委会逮捕，转移到渣滓洞监狱关押直到英勇牺牲，但一直未能被认定为革命烈士。整整35年过去了，1983年4月，当陈云得知席懋昭牺牲的消息后向四川省委和仪陇县委询问情况，关心席懋昭是否被定为革命烈士。1983年12月，日理万机的陈云为席懋昭撰写了证明材料："这些情况以及照片，和我的记忆完全吻合，因此可以断定，席懋昭就是当年护送我从灵关殿（村）到成都、重庆的那位同志"，"我认为，应当肯定席懋昭同志为革命烈士，并记下他在完成护送我出川这一党的重要任务中的功绩"。1984年5月，四川省人民政府追认席懋昭为革命烈士，记大功一次。

慷慨就义，英烈们对理想信仰的追求坚定不移，无与伦比。

感天动地，英烈们义无反顾地奉献青春与热血，让人心潮澎湃，难以忘怀。

流芳百世，英烈们壮怀激烈和可歌可泣的故事将永远镌刻在共和国的史册上，令人长久地追忆。

后　记　不仅仅是铭记

最早得知红岩英雄的故事是从电影《烈火中永生》和相关的连环画中，而那时，我还是一个生活在偏僻山村的懵懂少年，文化生活和物质生活极度匮乏。

当时，我不知道这些共产党人和革命人士火一样的革命激情、钢一般的坚强意志从哪里而来，他们的信念为何这般坚定不移，他们的铮铮铁骨怎样铸就，他们面对酷刑和死亡为何能够从容不迫；更不知道其中众多惊心动魄的故事就发生在身边这座饱经沧桑的城市——重庆。

随着人到中年和对非虚构文学作品的酷爱，我越来越关注身边这座日新月异的城市曾经发生过的重大历史事件：譬如重庆称谓的由来、全面抗日战争爆发后重庆作为中国战时首都的地位与作用、日机对重庆长达五年的无区别大轰炸、军统局在重庆歌乐山创办集中营、国共谈判、有关渣滓洞和白公馆监狱的故事等，并开始这方面的史料搜集和采访。随着对海量般的史料的阅读和研究的深入，我的目光渐渐聚焦到了红岩英雄上，我惊讶地发现关

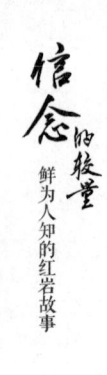

押和牺牲在重庆集中营、息烽集中营等地的共产党人和革命人士,他们是那样的年轻,不仅风华正茂,而且仪表堂堂;她们是那样的朝气蓬勃,不仅美貌如花,而且胆略过人。他们都有一个共同的理想,那就是砸碎旧世界,建立一个平等、民主和富强的崭新中国;他们为了信仰什么艰难险阻都可以克服,包括深入龙潭虎穴潜伏、在暗无天日的监狱里长久关押、面对敌人的严刑拷打,乃至妻离子散和家破人亡;他们为了革命什么都可以牺牲,包括舒适的生活、温馨的家庭、圣洁的爱情、巨额的财富和只有一次的宝贵生命。

2009年初,在进行了大量的阅读、拟订了近10万字的写作提纲和经过谋篇布局的深思熟虑后,我开始写作了。在同共产党人和革命人士长达5年的"对话"后,终于艰辛地完成了本书。我事后总结为两句话:写作过程万般艰难,却又如此兴味盎然。

我写作这些共产党人和革命人士的故事不仅仅是为了铭记他们,而且还期望达到以下几个目的:一是希冀让读者明白他们为何心甘情愿地去赴汤蹈火,舍生取义。如此,也就弘扬了主旋律和传播正能量,亦同目前中共中央开展的社会主义核心价值观教育高度吻合。二是力求本书所有的史料和故事细节经得起历史的检验,还历史本来面目。三是在浩如烟海的书籍之中,祈望本书不至于浪费读者的时间和精力,多年后都值得一读。

感谢重庆出版集团和本书的编辑老师。

感谢著名作家张正隆和李春雷多年给予我的帮助和指导。

蔡佑祥

2015年5月8日于重庆万盛